Edith Kreutner

Stille Wege Osttirol

54 ausgewählte Touren

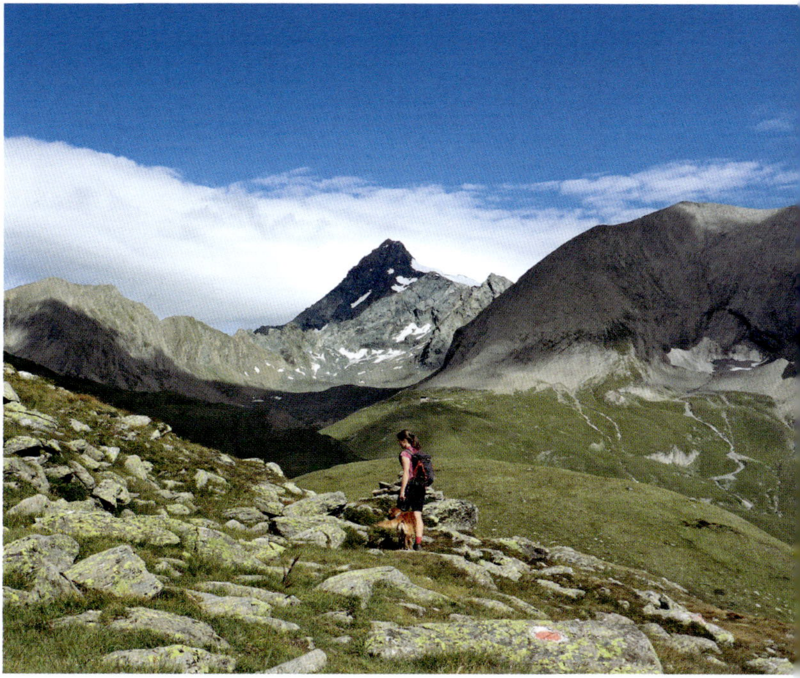

ROTHER
BERGVERLAG

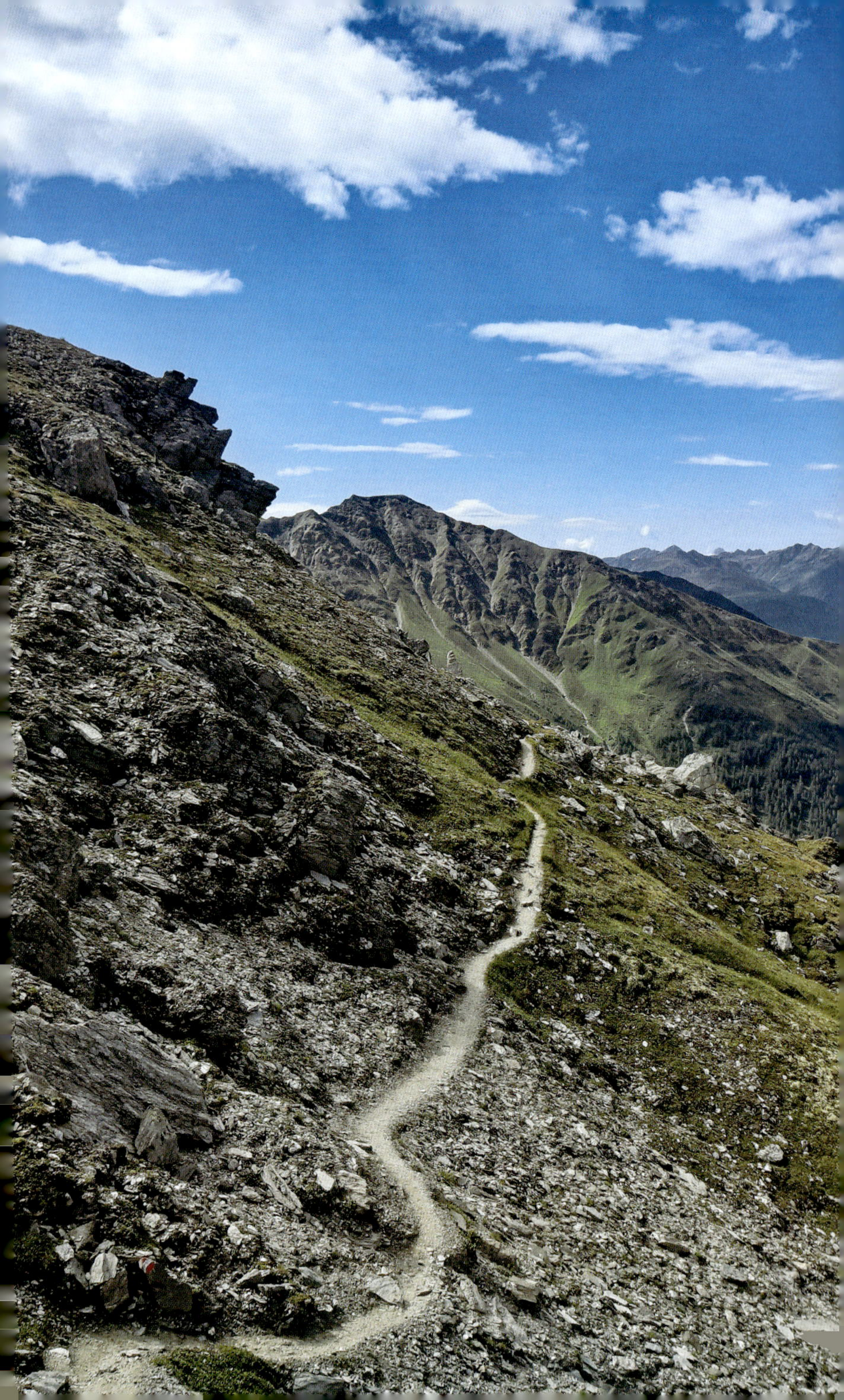

Vorwort

Osttirol – dieser durch den Vertrag von Saint Germain nach dem Ersten Weltkrieg de facto von Tirol abgetrennte Tiroler Bezirk – lockt vielen Bergbegeisterten ein Lächeln auf die Lippen. Welch Möglichkeiten gibt es doch in diesem von den Hohen Tauern und den Dolomiten geprägten Gebiet! Als Nordtirolerin mit starken Banden nach Osttirol schätze ich mich glücklich, die Sommer meiner Kindheit bereits auf den Almen und Bergen rund um Lienz verbracht zu haben. Erinnerungen an einsame Bergseen, in denen man schwimmen kann, an Grate und Gipfel mit schier unendlicher Fernsicht kommen hoch und steigern die Sehnsucht nach Wanderungen in Osttirol. Denn es ist etwas Besonderes dort, die starke Verbindung von Kultur und Natur, die harte Arbeit der Bergbauern, die die Landschaft auf wunderbare Weise prägt, die scheinbar unberührten hochalpinen Gegenden und eine Gastfreundschaft, die zum Glück zumeist noch verschont vom Massentourismus ihresgleichen sucht. Wer gerne abseits der großen Besucherströme unterwegs ist und die Ruhe der Alpen genießen möchte, der ist in Osttirol gut aufgehoben. Speziell für diese Wanderer stellt der vorliegende Wanderführer seltener besuchte Bergziele vor oder beschreibt stillere Routen zu bekannten Zielen. Die Recherche-Wanderungen führte ich in den Jahren 2019 bis 2021 durch und durfte dafür meinen Erfahrungsschatz auspacken, alte Routen wiederbeleben, Alternativen aufzeigen und auch viele neue Gegenden kennenlernen.
Die vorgestellten Wanderungen decken fast alle Schwierigkeitsgrade und Längen ab, reichen von einfachen Wegen mit tollem Alpenpanorama bis hin zu anspruchsvollen Steigen auf Dreitausender mit Blick auf Gletscherfelder und mehrtägigen Touren, die alpine Bergwandererfahrung erfordern. Wer auf diesen stillen Touren unterwegs ist, genießt auch die Verbindung mit der Natur, bringt Wissen über Wetter und alpine Gefahren mit, denn selten ist man in kürzester Zeit bei einer Schutzhütte oder Liftstation, um Unterschlupf zu finden. Aber gerade dieses Sein in und mit der Natur, dieses ursprüngliche Element des Bergerlebnisses ist ein besonderes und macht einen integren Part des Wanderns und Bergsteigens aus.
Dank gebührt Freunden und Spezialisten vor Ort, die mich mit Tipps und Ideen versorgten, den Erhaltern der Wege und Schutzhütten, die mit ihrer unermüdlichen Arbeit das Wandern erst ermöglichen, und natürlich meinen Wanderfreunden, die mit mir die Touren erkundeten!
Ich wünsche allen, die die Ruhe der Berge suchen eine wunderschöne Zeit in einer atemberaubenden Gegend! Mein Herz schlägt für Osttirol, ich hoffe, ich kann auch Sie mit diesen Touren begeistern!

Frühjahr 2022 — Edith Kreutner

Wiener Höhenweg zum Peischlachtörl (Tour 38).

Inhalt

Vorwort . . . 3
Top-Touren . . . 8
Allgemeine Hinweise . . . 10
GPS-Tracks und Koordinaten der Ausgangspunkte . . . 14
Wichtige Telefonnummern und Adressen . . . 18
Wissenswertes . . . 20

Villgratental

1 **Gaishörndl, 2615 m, und Pürglesgungge**
Von Kalkstein . . . 24

2 **Kreuzspitze, 2624 m, und Rotlahner, 2748 m**
Von Kalkstein über das Rosstal . . . 27

3 **Gannekofel, 2488 m**
Übergang von Kalkstein nach Innervillgraten . . . 30

4 **Schwebaskofel, 2274 m**
Über die Prantekammernalm . . . 33

TOP 5 **Rotes Kinkele, 2763 m, und Remesseen**
Rundtour oberhalb von Innervillgraten . . . 36

6 **Innervillgrater Bergbauernhöfe-Runde**
Von und nach Innervillgraten-Dorf . . . 40

7 **Hochgrabe, 2951 m**
Von Innervillgraten durchs Einattal . . . 42

TOP 8 **Gabesitten, 2665 m, und Kessetaler Seen**
Von Innervillgraten über die Ahornalm . . . 46

9 **Falkamsee, 2632 m**
Von der Volkzeiner Hütte im Winkeltal . . . 49

TOP 10 **Sauspitze, 2604 m, und Grabenstein, 2665 m**
Im hinteren Winkeltal . . . 52

TOP 11 **Am alten Salzsteig**
Ins Volkzein im Winkeltal . . . 56

12 **Brandalm, 2033 m**
Von Obwurzen im Winkeltal . . . 60

13 **Wurzfläche, 2514 m**
Aus dem Winkeltal . . . 62

14 **Winkeltaler Almen und Herrgottslärche**
Von Außervillgraten ins Winkeltal . . . 66

Lesachtal

15 **Schusteregg, 2029 m**
Aus dem Schustertal bei Kartitsch 70

16 **Gatterspitze, 2430 m**
Über den Obstanser Almboden 72

17 **Öfenspitze, 2334 m, und Hochegg, 2477 m**
Rundtour von Kartitsch-Rauchenbach 75

TOP 18 **Hoher Bösring, 2324 m**
Von Rodarm und retour übers Leitertal 78

19 **Gripp und Dorfberg, 2114 m**
Von Obertilliach nach Kartitsch 82

20 **Höhenweg Obertilliach–Rals–Bergen**
Rundtour von Obertilliach-Dorf 85

21 **Hochspitz, 2580 m**
Von Winkl hinauf zum Grenzkamm 88

22 **Kircher Almen**
Von Eggen im Lesachtal 92

Hochpustertal, Lienzer Dolomiten

23 **Spielbichl, 2072 m**
Zwischen Anras und Abfaltersbach 95

24 **Zum Finsterkofelkreuz, 2630 m**
Von Anras in die Villgratner Berge 98

TOP 25 **Geigenseehütte und Regenstein, 2891 m**
Trekkingtour vom hinteren Kristeinertal 102

26 **Tullnkogel, 2552 m**
Oberhalb von Assling 107

27 **Pustertaler Almenrunde**
Vom Wilfernertal bei Lienz 110

28 **Rotstein, 2702 m**
Aus dem Wilfernertal via Huber Kaser 112

29 **Lavanter Kolm, 1939 m**
Vom Kreithof bei Tristach 114

TOP 30 **Lavanter Alm, 1877 m**
Von Lavant im Drautal 117

Schobergruppe, Iseltal, Tauerntal, Glocknergebiet

31 **»Beim See«**
Im Landeggtal 120

32 **Vier-Almen-Weg**
Von der Felbertauernstraße nach Matrei-Stein . . . 124

33 **Thiemeweg**
Von und nach Matrei in Osttirol 128

34 **Edelweißwiesen und Äußere Steineralm**
Rundwanderung von Glanz 131

35 **Bretterwandspitze, 2887 m**
Von Glanz oberhalb von Matrei in Osttirol 134

36 **Teischnitztal**
Vom Kalser Dorfertal 137

37 **Felsenkapelle und St. Peter, 1695 m**
Vom Weiler Burg bei Kals am Großglockner 140

38 **Eselsteig-Höhenwanderung**
Rundtour via Glorer Hütte 142

39 **Leibniger Tor, 2515 m**
Vom Weiler Oberleibnig 145

40 **Kapelle Maria Schnee, 1230 m**
Von St. Johann im Walde nach Oberleibnig 148

41 **Hoher Prijakt, 3064 m**
Über die Hochschoberhütte 150

TOP 42 **Kleine Schoberrunde**
Über Hochschober- und Lienzer Hütte 154

43 **Trelebitschsee, 2336 m**
Im Debanttal 160

44 **Schlaitner Panoramaweg**
Von Schlaiten im Iseltal 162

45 **Friedensweg nach St. Helena, 1279 m**
Von der Erasmuskapelle in Thurn-Prappernitze . 164

Defereggental

TOP 46 **Gritzer Seen, 2504 m**
Von der Speikbodenhütte bei St. Veit 166

47 **Beilspitze, 2587 m**
Gipfel südlich von St. Veit in Defereggen 169

48 **Ratzeller Bergwiesen**
Vom Weiler Hof bei Hopfgarten in Defereggen . . 172

TOP 49 **Großer Zunig, 2776 m**
Von Ratzell über die Glanzalm 175

Virgental

50 **Weißspitze, 3300 m**
Von Wallhorn bei Prägraten via Eisseehütte 178

51 **Rundwanderung Berger Kogel, 2656 m**
Zwischen Prägraten und Virgen 182

52 **Über die Hohe Bank**
Von Obermauern nach Wallhorn 185

53 **Merschenalm, 2249 m**
Vorbei an der Würfelehütte von Virgen aus......188

54 **Oberstkogel, 2570 m**
Gipfelüberschreitung von Virgen-Mitteldorf 192

Stichwortverzeichnis..........................196

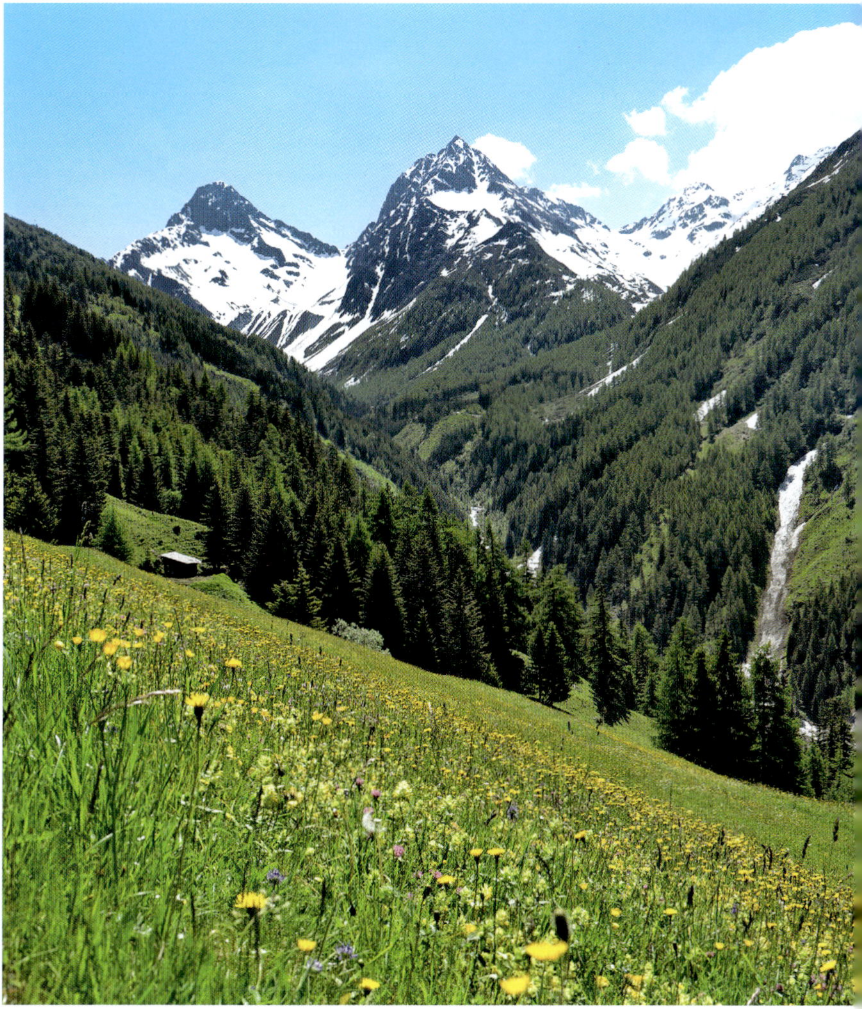

Glödis, 3206 m, und Ganot, 3102 m, vom Kalser Lesachtal aus aufgenommen.

Top-Touren

Rotes Kinkele und Remesseen
Gipfeltour mit Besuch bei den Remesseen, der Rückweg führt hoch über dem Einattal mit Blick auf die Dolomiten (Tour 5, 7.00 Std).

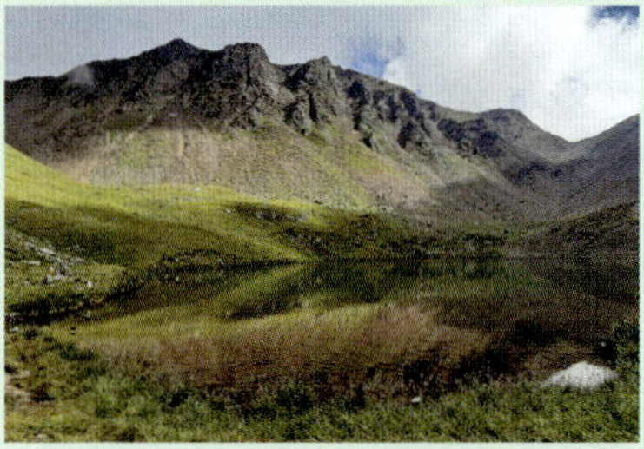

Gabesitten und seine Seenlandschaft
Ein unscheinbarer Gipfel, der aber das Ziel dieser äußerst abwechslungsreichen und aussichtsreichen Wanderung darstellt (Tour 8, 6.30 Std.).

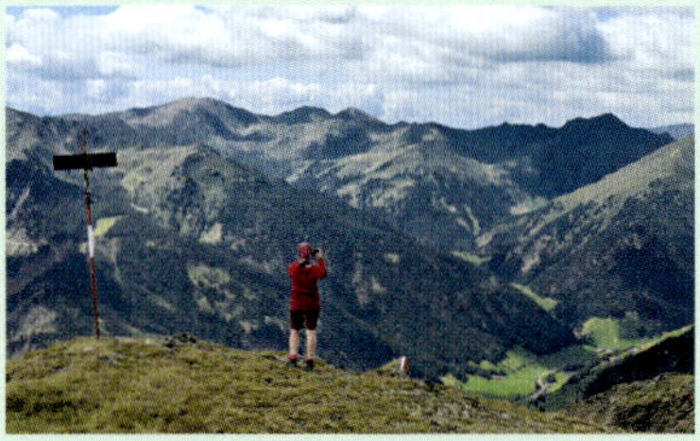

Sauspitze und Grabenstein
Gipfelduo über dem hinteren Winkeltal mit herrlichem Panorama, dazwischen das malerische Hochtal der Villponer Alm (Tour 10, 5.30 Std.).

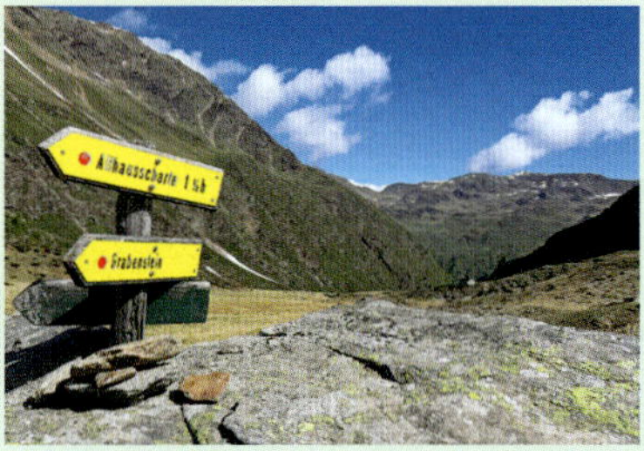

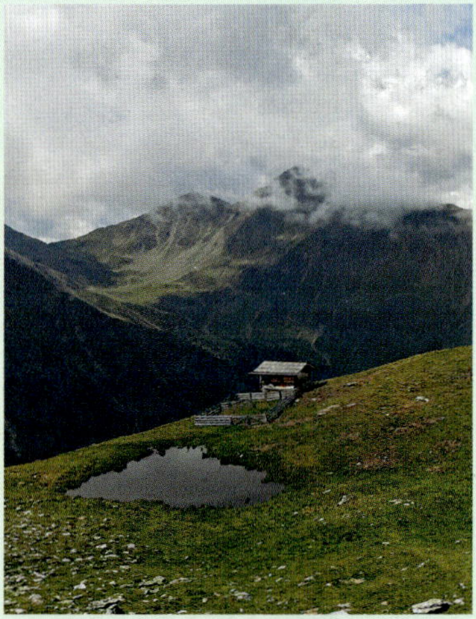

Am Salzsteig über die Almböden
Weitläufige Almweiden, gespickt mit kleinen Bergseen hoch über dem Winkeltal – ein Wildblumen-Dorado (Tour 11, 6.30 Std.).

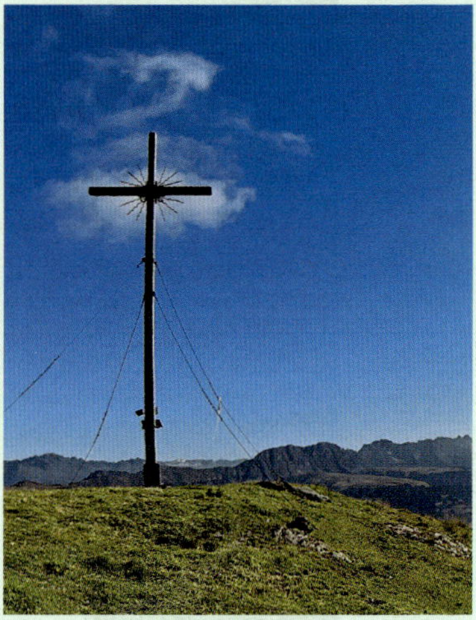

Hoher Bösring und Stuckenseen
Paradetour des Osttiroler Lesachtales. Zeigt, was diese Gegend so speziell macht: Die Kombination aus kleinen Tälern, Bergseen, Almrosenflächen und Gipfelglück (Tour 18, 7.00 Std.).

Geigensee-Trekkingroute
Wo sich die Gipfel dreier Wandertäler treffen, führt diese Zweitagestour hin. Übernachtet wird in der malerisch gelegenen Selbstversorgerhütte am Geigensee (Tour 25, 2 Tage).

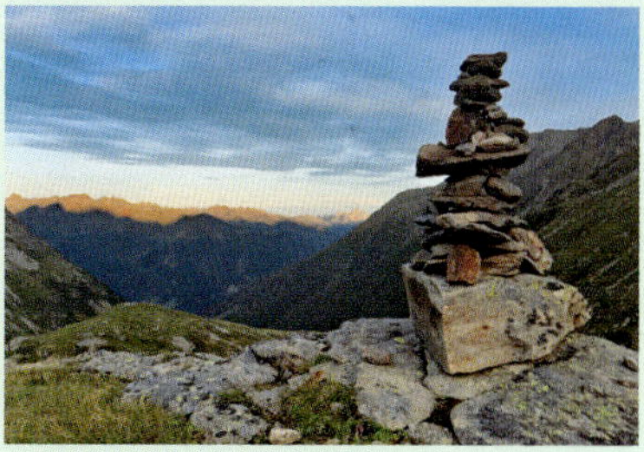

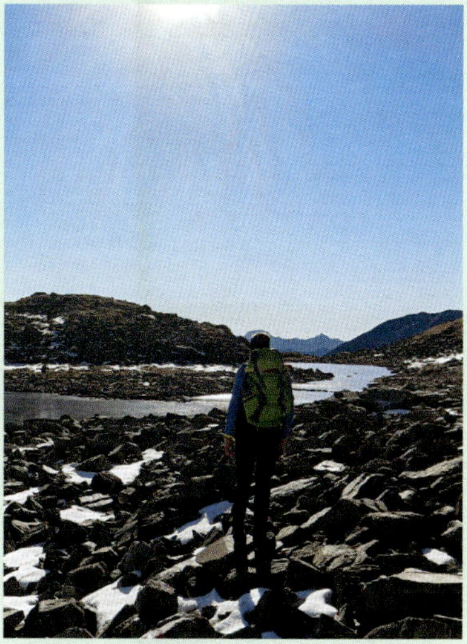

Lavanter Alm
Ein verstecktes Hochtal mit prächtiger Alpenflora und geschichtsträchtiger Jagdhütte mitten in den Lienzer Dolomiten (Tour 30, 6.00 Std.).

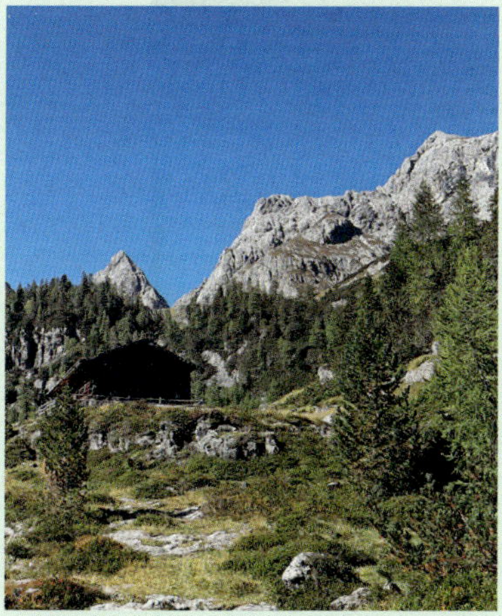

Kleine Schoberrunde
Mehrtagestour in der Bergeinsamkeit der Schobergruppe, mit Übernachtung in der Hochschober- und der Lienzer Hütte (Tour 42, 3 Tage).

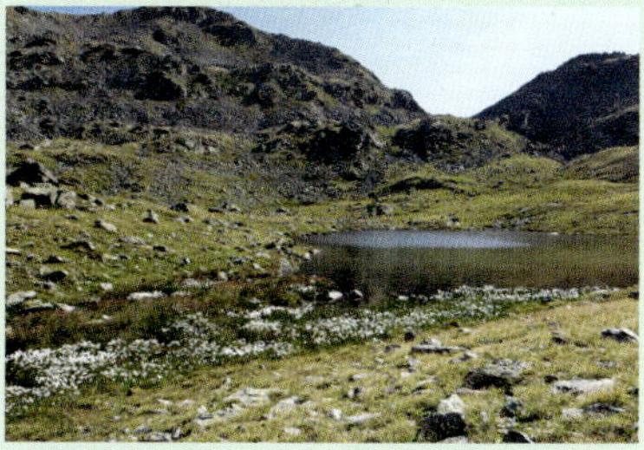

Gritzer Seen
In die Bergkulisse der Lasörlinggruppe eingebettete Seen, die im Hochsommer sogar zum erfrischenden Bad einladen (Tour 46, 4.30 Std.).

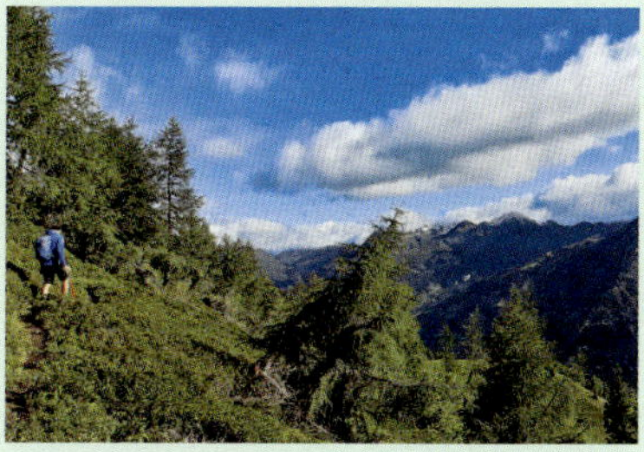

Großer Zunig
Stille, anspruchsvolle Route auf den Hausberg von Matrei in Osttirol – über Almrosenhänge mit Glocknerblick vorbei an Bergseen hinauf zum mächtigen Gipfel (Tour 49, 7.30 Std.).

Allgemeine Hinweise

Tourenauswahl

Was macht eine stille Tour still? Die in diesem Wanderbuch vorgeschlagenen Touren sind – jede auf ihre Art – attraktive und besondere Wanderungen, die den Bonus mitbringen, dass sie in seltener besuchte Regionen führen, andere Routen auf Gipfel empfehlen und somit den viel begangenen Wanderwegen ausweichen. Absolute Bergeinsamkeit mag man hier oft antreffen, vor allem in den ohnehin stilleren Gebieten, wie etwa den Villgratner Bergen oder im Lesachtal mit seinen Seitentälern. Natürlich kann es aber auch bei solchen Wanderungen vorkommen, dass just am Wandertag eine Gruppe genau dieselbe Idee hatte, komplette Abgeschiedenheit ist also nicht garantiert. Bitte beachten Sie auch die bei manchen Touren unter »Hinweise« angegebenen Tipps, denn dort werden teilweise auch noch Informationen zum Wandereraufkommen gegeben.

Tourenplanung

Ob eine Wandertour ein Erfolg wird und mit Freude erlebt werden kann, das hängt auch stark davon ab, die richtige Tour ausgewählt zu haben. Eine passende Bergwanderung muss vielen Faktoren gerecht werden: Haben alle Teilnehmenden genug Kondition und Erfahrung? Sind alle trittsicher und schwindelfrei? Erlaubt das Wetter das geplante Unterfangen, wie sehen die Wegverhältnisse aus – liegt etwa noch Altschnee oder hat starker Regen Bäche anschwellen lassen und Wege rutschig gemacht? Traditionell werden in den Bergen sommerliche alpine Unterfangen in den Morgenstunden begonnen. Das hat nicht nur mit den besseren Wetterbedingungen zu tun (geringere Gewitterneigung am Vormittag) sondern auch mit den Temperaturen. Ebenso erlaubt eine Zeitreserve am Nachmittag, dass man, sollte man doch länger für eine Wanderung brauchen oder sollten andere

Unterwegs am Salzsteig (Tour 11).

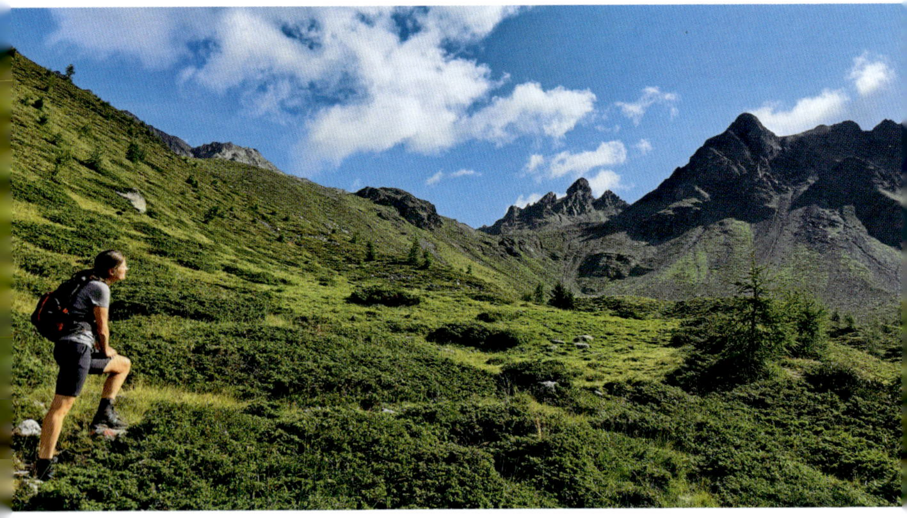

Umstände mehr Zeit in Anspruch nehmen, doch noch bei Tageslicht das Tourenziel bzw. den -ausgangspunkt erreicht.
Um die Auswahl der Touren einfacher zu machen, sind bei jeder Wanderung wichtige Informationen im **Tourenkopf** auf einen Blick erfassbar: Schwierigkeitseinstufung, Gesamtgehzeit und -strecke, Höhenunterschied im Auf- und Abstieg sowie in Form von Symbolen die mögliche Erreichbarkeit mit öffentlichen Verkehrsmitteln, Kindereignung, Einkehr- und Übernachtungsmöglichkeit, Begehungshäufigkeit oder ob zumindest Teilstrecken fürs Mountainbike geeignet sind. Den Tourenbeschreibungen vorangestellt sind **Kurzinfos** mit kompakten Informationen zum Ausgangspunkt und dessen Erreichbarkeit, zu Anforderungen, Gastronomie auf der Route sowie weitere Hinweise und mögliche Varianten.

Gehzeit und Höhenunterschied

Die angegebenen Zeiten beziehen sich auf die reine Gehzeit eines durchschnittlichen Bergwandernden für die ganze Tour, also Hin- und Rückweg. Bitte planen Sie für Pausen und etwaige Verzögerungen unbedingt noch etwas zusätzliche Zeit ein. Je nach persönlicher Verfassung, Gruppendynamik, Kondition und Wetterbedingungen kann es zu teilweise bedeutenden Abweichungen von den angegebenen Zeiten kommen. Bei jeder Tour sind auch die Höhenmeter und die Gesamtkilometerleistung vermerkt. Diese können zur genaueren persönlichen Einschätzung herangezogen werden, ebenso wie die zu jeder Tour gehörenden Höhenprofile.
Der Höhenunterschied bezeichnet die Gesamthöhenmeterleistung im

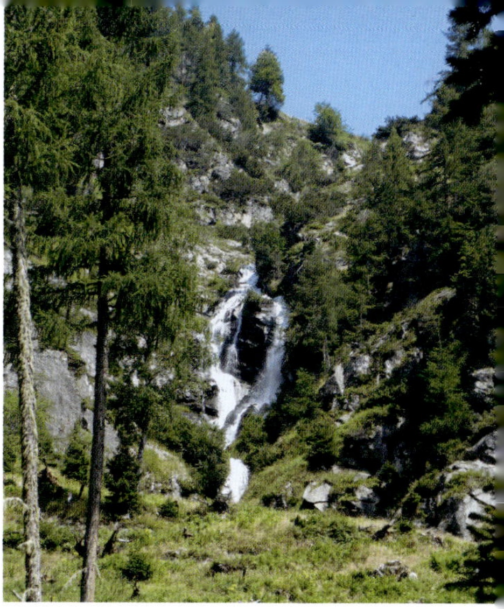

Der Leibniger Wasserfall (Tour 39).

Verlauf einer Tour, also inklusive aller Zwischenaufstiege. Kaum eine Tour kommt ohne zumindest einen kleinen Zwischenanstieg/-abstieg aus, und so ist der Wert i.d.R. nicht identisch mit der Differenz zwischen höchstem und niedrigstem Punkt.

Ausgangspunkt

Hier finden Sie eine möglichst genaue Beschreibung des Ausgangspunktes. Stille Wanderungen führen zumeist von nur kleinen Parkplätzen weg, oft sind es nur Parkbuchten. Achten Sie unbedingt darauf, keine Zufahrten zu Feldern oder Forststraßen zu verparken. Wer früher aufsteht, hat hier oft einen Vorteil! Die Adressangaben für Navigationsgeräte sind so gewählt, dass sie möglichst nahe an den Ausgangspunkt herankommen, sind aber nicht unbedingt der Ausgangspunkt selbst. Bitte folgen Sie den entsprechenden Beschreibungen. Bei besonders abgelegenen Wanderungen, wie etwa im Winkeltal, gibt es keine Adressangaben. In solchen Fällen sind die GPS-Koordinaten aufgeführt.

Die Routen wurden auch so ausgesucht, dass eine große Anzahl von Ihnen mit Öffis erreichbar ist. Manche Bushaltestellen liegen aber nicht direkt am Ausgangspunkt; dann wird in der Kurzinfo erklärt, wie man von der relevanten Haltestelle zum Startpunkt kommt. Beachtet werden muss nur, dass zusätzliche Zeit hierfür nötig ist, da die Gehzeit sich immer auf die beschriebene Route vom Ausgangspunkt aus bezieht. Die angegebenen Busverbindungen können sich natürlich ändern.

Anforderungen

Dieser Abschnitt gibt Auskunft über den Charakter der Wege und zu wichtigen Voraussetzungen wie etwa Schwindelfreiheit oder Orientierungsvermögen. Es ist aber selbstverständlich, dass hierfür nur Faktoren angeführt werden können, die berechenbare Größen darstellen, wie etwa Wegetyp und -qualität, Geländeformation und Grad der Ausgesetztheit. Faktoren wie Wind und Wetter können aber dazu beitragen, dass die Anforderungen höher sein können, als hier im Wanderführer angegeben. Regionale Tourismusverbände wenden andere und teilweise nicht einheitliche Kriterien bei der Klassifikation der Wanderwege an, weswegen eine »rote« Tour in diesem Wanderführer durchaus auch auf Wanderwegweisern vor Ort als »schwarze« ausgewiesen sein kann. Manche Touren weisen nur ein Kriterium der höheren Kategorie auf, wie etwa eine ausgesetzte Passage auf einem sonst einfachen Weg. Dies führt zur Einstufung in »mittel« statt »leicht«.

Um die Anforderungen auf den ersten Blick gliederbar machen zu können, sind sie im Tourenkopf farblich gekennzeichnet:

■ Leicht

Blau gekennzeichnet sind Wanderungen auf gut befestigten, nicht ausgesetzten Wegen und Pfaden. Solche Touren haben kaum steile Passagen und sind zumeist auch von Anfängern mit einem Grundmaß von Kondition zu schaffen. Trotzdem sollte man auch hier immer die detailliertere Beschreibung der Anforderungen genau studieren.

■ Mittel

In diese Kategorie fallen die durchschnittlichen Bergtouren in Osttirol. Sie können in Abschnitten auch leicht ausgesetzt sein und über Geröll oder Blockwerk führen. Man sollte sowohl Trittsicherheit mitbringen wie auch ein Grundmaß an Orientierungsvermögen für schlechter oder kaum markierte Abschnitte. An kurzen Abschnitten kann auch die Zuhilfenahme der Hände vonnöten sein.

■ Schwierig

Als solche sind Touren gekennzeichnet, die ins alpine Gelände führen, wo man etwa auch im Sommer noch Schneefelder antreffen kann, eventuell Kletterpassagen im I. Schwierigkeitsgrad überwinden können muss und vor luftigen Wegen keine Angst haben darf. Ebenso fallen in diese Kategorie Wanderungen mit ausgesetzten, seilgesicherten Passagen. Alpine Erfahrung, absolute Trittsicherheit sowie Schwindelfreiheit und ein guter Orientierungssinn sind hier Voraussetzung. Gerade auf »stillen« Touren sind die Wege nicht stark begangen und man muss sich oft auch an den geografischen Gegebenheiten orientieren können.

Einkehr

Bewirtschaftete Almen, Gasthäuser und Jausenstationen am Weg oder am Ausgangs- und Endpunkt der Wanderungen werden hier aufge-

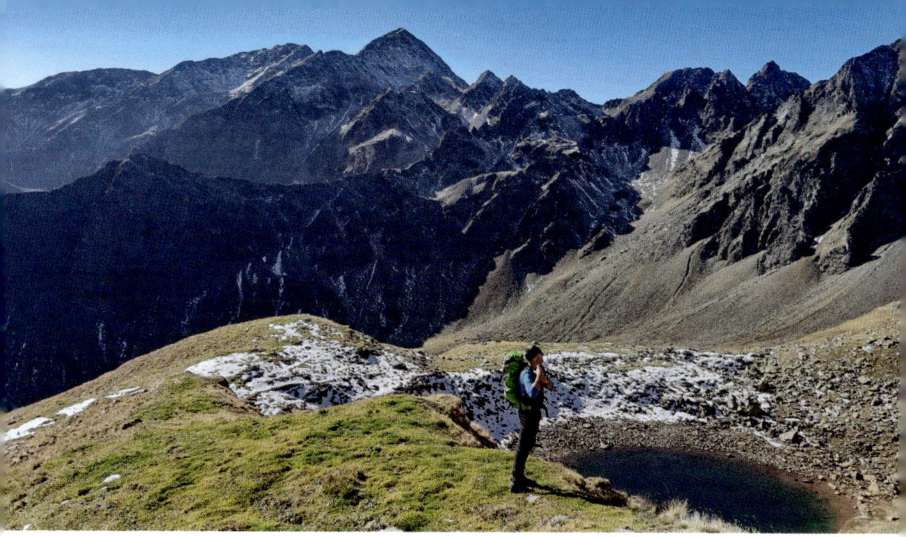

Beim Schwarzsee kurz vor der Bocksteinscharte (Tour 25).

führt. Kontaktmöglichkeiten (Telefonnummern, Webseiten etc.) sind angegeben, ebenso wie reguläre Öffnungszeiten, wie etwa bei Schutzhütten. Es wird aber angeraten, für die eigene Tour vor allem in den Randzeiten selbst nachzufragen.

Ausrüstung

Was man bei einer Wanderung mit sich führen sollte, ist natürlich stark von der Art der Tour abhängig, die man vorhat. Die folgenden Tipps und Hinweise gelten für die meisten Wanderungen in diesem Wanderbuch. Mindestausrüstung:

- Schuhwerk: Wasserdichte Bergschuhe mit griffiger Profilsohle empfehlen sich für alle Wanderungen. Talnahe und einfache Wanderungen kann man auch mit Trekkingschuhen oder Geländelaufschuhen absolvieren. Gerade aber bei feuchter Witterung ist man etwa auf grasigen Hängen froh über höheres Schuhwerk.
- Bekleidung: Wasserdichte Jacke, Fleecejacke, Wanderhose (Jeans eigenen sich nicht für Bergtouren – sie schränken die Bewegungsfreiheit ein und trocknen schwer), Ersatzwäsche.
- Getränk: Viele Touren in Osttirol führen an Brunnen und Quellen vorbei; diese sollten aber nie als gegeben angenommen werden und vor allem im Hochsommer braucht man viel Wasser. 2 l/Person sollten als Mindestmaß gesehen werden.
- Müsliriegel und Brotzeit: Gerade auf den hier vorgestellten stillen Touren ist eine Einkehr in einer Hütte oder Alm selten möglich. Deshalb ist eine kräftespendende Jause wichtig.
- Notfallausrüstung: Trillerpfeife, Rettungsdecke, Erste-Hilfe-Set.
- Wanderkarten: Verlassen Sie sich besser nicht auf ihre Apps am Smartphone. Gerade bei Schlechtwetter oder Kälte versagen Akkus oft im falschen Moment. Wanderkarten auch unbedingt herunterladen, nicht auf Handyempfang hoffen!
- Bargeld und funktionsbereites Mobiltelefon.
- Wanderstöcke: Zur Entlastung der Gelenke und Muskulatur sowie zur Stabilisierung.
- Grödel/Steigeisen für Schneefelder: Bei Touren im Frühling oder nach ersten Wintereinbrüchen im Herbst.

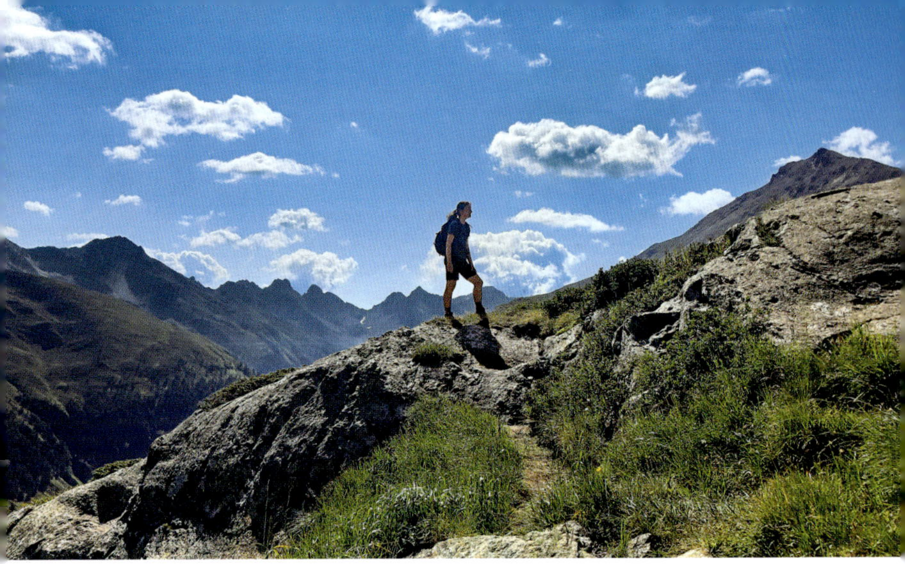

Auf dem Weg zum Falkamsee im Villgrater Winkeltal (Tour 9).

Karten

Bitte führen Sie immer auch eine Landkarte mit sich und verlassen Sie sich nicht nur auf eine Wanderapp am Handy. Sollte man vom Weg abkommen, hilft einem eine Wanderkarte bei der Positionierung im Gelände und ist bei wenig Gewicht Gold wert.
Für das Wandergebiet sind folgende Karten zu empfehlen:

- Freytag & Berndt WK 182 Lienzer Dolomiten – Lesachtal – Villgratner Berge, 1:50.000
- Freytag & Berndt WK 181 Kals – Heiligenblut – Matrei – Lienz, 1:50.000
- Freytag & Berndt WK 123 Matrei – Defereggen – Virgental, 1:50.000
- Alpenvereinskarte AV 41 Schobergruppe, 1:25.000
- Mayr Wander-, Rad- & MTB-Karte 480 Hochpustertal XL ,1:25.000
- Kompass Wanderkarte 46 Matrei in Osttirol, Kals am Großglockner, 1:50.000
- Kompass Wanderkarte 45 Defereggental, Villgratental, Lasörlinggruppe, Villgrater Berge, 1:50.000

GPS-Tracks und Koordinaten der Ausgangspunkte

Zu diesem Wanderbuch stehen auf www.rother.de GPS-Tracks und Koordinaten der Ausgangspunkte zum kostenlosen Download bereit.
1. Auflage, Passwort: 329801atk
Sämtliche GPS-Daten wurden von der Autorin im Gelände erfasst und auf einer digitalen Karte nachbearbeitet. Verlag und Autorin haben die Tracks und Wegpunkte nach bestem Wissen und Gewissen überprüft. Dennoch können wir Fehler oder Abweichungen nicht ausschließen, außerdem können sich die Gegebenheiten vor Ort zwischenzeitlich verändert haben. GPS-Daten sind zwar eine hervorragende Planungs- und Navigationshilfe, erfordern aber nach wie vor sorgfältige Vorbereitung, eigene Orientierungsfähigkeit sowie Sachverstand in der Beurteilung der jeweiligen (Gelände-)Situation. Man sollte sich für die Orientierung auch niemals ausschließlich auf GPS-Gerät und -Daten verlassen.

Gefahren im Gebirge

Es versteht sich von selbst, dass in Gebirgen Gefahren lauern, an die man als unerfahrener »Flachländer« vielleicht gar nicht denkt oder ihre Schwere eventuell unterschätzt. Die folgenden Ausführungen sollen bei der Abklärung und Einschätzung dieser Gefahren helfen. Auch wenn es oft schwerfällt: »Der Berg ist auch morgen noch da« und ein Umkehren bzw. ein Abbruch oft die sicherste Option.

- Schneefelder können in höheren und vor allem in nördlich ausgerichteten Lagen bis in den Herbst hinein eine Gefahr darstellen. Insbesondere in der Früh sind sie oft gefroren, und auch wenn sie nicht besonders steil sein mögen, so ist ein Anhalten nach einem Ausrutschen oft nur schwer möglich. Und kaum jemand hat im Sommer Grödel oder einen Eispickel dabei.
- Bei steilen, eventuell feuchten Grasflanken sollte man sich ähnlich konzentrieren wie auf Schnee und Eis und sich der Gefahr eines Ausrutschens bewusst sein. Die meisten Unfälle passieren beim Abstieg!
- Orientierung: Gerade bei den für diesen Wanderführer ausgesuchten Touren sind nicht immer alle Wege gut markiert und ein paar unachtsame Minuten können schon dazu führen, dass man sich verlaufen hat. Ein Tipp: Immer in der ganzen Landschaft unterwegs sein, nicht nur am Weg, sich die Gegebenheiten einprägen und mit der Landkarte vergleichen. Im Notfall zum letzten bekannten Punkt zurückgehen!
- Trinken und essen Sie genug: Wer erschöpft und ausgezehrt unterwegs ist, trifft schneller fahrige Entscheidungen, stolpert leichter und setzt so sich und auch seine Gruppe Gefahren aus.
- Gerade in den Monaten Juni bis August sind Gewitter im Hochgebirge sehr häufig. Nicht nur Blitzschlag sollte in die Berechnung der Gefahren einbezogen werden, sondern auch das Auftreten von Erdrutschen, oder etwa das Anschwellen sonst kleiner Bäche nach starkem Regen, der mit Gewittern einhergeht.
- Wetterumschwünge sind besonders im Hochgebirge nicht zu unterschätzen! Hagel und Schnee sind auch in den Sommermonaten möglich, man möchte nicht in kurzen Hosen und T-Shirt und ohne richtige Ausrüstung im Rucksack davon überrascht werden. Wetterbericht genau studieren!

Verhalten im Notfall

Bewahren Sie möglichst Ruhe und analysieren Sie die Situation! Die Einleitung der Rettungskette erfolgt über die Europäische Notrufnummer 112 oder die 140 der Bergrettung. Nicht überall im Hochgebirge gibt es jedoch Mobilfunkempfang; schicken Sie im Falle des Falles eine Person auf einen Gipfel oder einen Punkt zurück, wo sie sich an Handyempfang erinnern können. Verletzte Personen vor Witterungseinflüssen schützen und möglichst nicht allein lassen – Hypothermie ist bei Verletzungen im Hochgebirge eine große Gefahr und sollte nicht unterschätzt werden!

Beste Wanderzeit

Aufgrund seiner geografischen Lage hat Osttirol – und ganz speziell Orte wie Lienz oder das »Sonnendorf« genannte Virgen – eine besonders begünstigte Lage. Im Frühjahr sind niedrig gelegene Touren bereits im Mai möglich, doch auf den Bergen liegt der Schnee noch lange. Da Schneefallmengen im Winter, der Aufbau der Schneedecke und

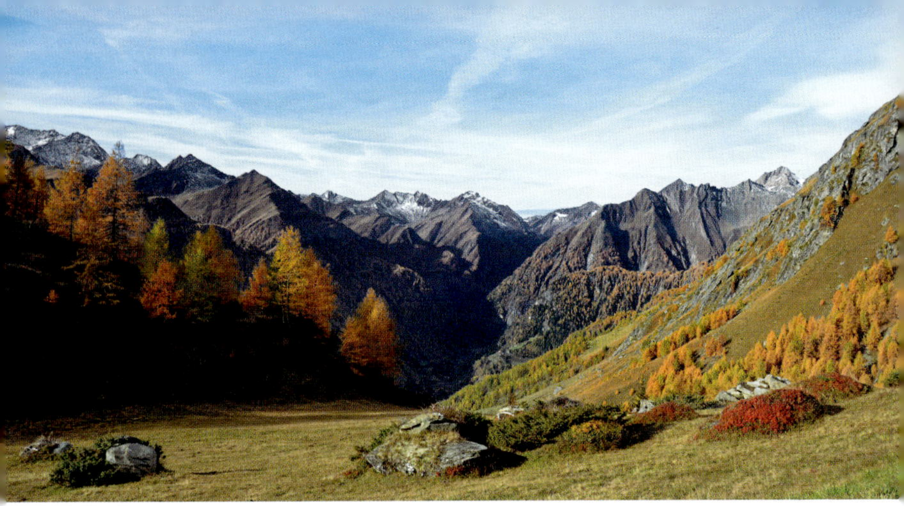

Herbstfarben im hinteren Virgental bei den Wallhorner Mähdern.

natürlich auch das Frühlingswetter Auswirkungen auf die Menge der Schneefelder im Hochgebirge hat, ist es ratsam, sich vor Ort zu erkundigen. Webcams, die im Hochgebirge installiert sind, können auch hilfreich sein, aus der Entfernung die Schneelage einzuschätzen.

Juli und August sind vom Wetter her meist verlässliche Wandermonate, man muss aber die Gewitterwahrscheinlichkeit ebenso einberechnen, wie die Hauptreisezeit, die zu mehr Aufkommen auf Bergen führt.

Eine Lanze brechen möchte ich hier für die Monate September und Oktober. Oft ist der Herbst ein wirklich goldener und steht dem »Indian Summer« in Nordamerika in nichts nach: Die Fernsicht ist zu dieser Jahreszeit meist berauschend, über der Baumgrenze färben die Heidelbeersträucher ganze Hänge in tiefes Rotbraun, die in Osttirol häufig vorkommenden Lärchen setzen gelbe Farbakzente und nach den belebteren Sommermonaten atmet die Natur so richtig auf. Temperaturen über 20 °C sind keine Seltenheit, wenn auch nicht die Norm. Und nachdem das Vieh um diese Zeit meist schon von den Almen getrieben wurde, können auch diejenigen, die sonst uneingezäunten Kühen mit Respekt begegnen, freier wandern. Bedenken muss man natürlich, dass frühe Wintereinbrüche zu Schnee in den Höhenlagen führen kann, das Mitführen der richtigen Ausrüstung ist wichtig. Auch ohne Schnee sollten eine Daunenjacke, Mütze und Handschuhe zu dieser Jahreszeit immer mit dabei sein.

Mit Kindern unterwegs

Wahre Empfehlungen für Wanderungen mit Kindern auszugeben, ist sehr schwer. So manches Kind im Volksschulalter steckt eine hohe Gipfeltour auf einen Dreitausender weg wie nichts, ein anderes ist auch kürzere Touren nicht gewohnt. Generell langweilen sich Kinder eher bei langen Etappen auf Forstwegen und finden abwechslungsreiche, vielleicht sagenumwobene Touren interessanter. Generell obliegt es aber den Erziehungsberechtigten abzuwägen, ob die Wanderung für ihren Zögling geeignet ist, weswegen spezifische Aussagen zur Kindereignung bei den Touren nicht gegeben werden.

Umgang mit Weidevieh

Weidevieh ist im Almbereich (bis etwa 2500 m für Rinder und durchaus auch noch darüber für Schafe und Ziegen) in Osttirol zahlreich anzutreffen. Halten Sie unbedingt Abstand, bleiben Sie am Weg, streicheln Sie die Tiere nicht und behandeln Sie sie mit Respekt. Hunde sollten an der Leine gehalten werden und das Weidevieh weder verbellen noch anderweitig in Aufruhr versetzen. Sollte es trotzdem zu einer Abwehrreaktion des Viehs kommen, lassen Sie die Leine des Hundes los und bringen Sie sich selbst in Sicherheit. Besondere Vorsicht ist bei Mutterkuh-Haltung gegeben – Mutterkühe können ausgeprägte Beschützerinstinkte haben!

Auf den Wanderungen kann man nun immer öfter Warnschilder sehen, die sich auf die Wolfspopulation beziehen, die sich in Osttirol heimisch zu machen scheint. Es gibt allerdings kaum Sichtungen und diese scheuen Tiere werden Wanderern nicht gefährlich.

Regionale Ortsbezeichnungen

Gegen Ende der Völkerwanderungszeit kamen südlich des Alpenhauptkammes slawischstämmige Siedler in den Bereich von Kärnten und Osttirol und ihre Spuren sind im Alltag in den Ortsnamen und Flurbezeichnungen noch ersichtlich. Wer ein wachsames Auge hat, dem fallen in Osttirol aber auch Unterschiede in der Bezeichnung von etwa Berggipfeln auf, wie zum Beispiel beim Gipfel in Tour 1: Ist er in einigen Karten als Pürglesgungge eingetragen, findet man diesen Berg in anderen Publikationen aber auch als Pürglers Kunke, Pürglesgunge oder Pürgles Gunge. Auch die Beschreibungen auf Wegweisern entsprechen manchmal wohl mehr dem Ortsgebrauch als den gängigen Landkarten. Ähnliches trifft auch auf die Unterscheidung zwischem dem Lesachtal und dem Gailtal zu: Die geografische Grenze ist der Pass nach Kartitsch, auch vor Ort wird aber gerne einfach vom Lesachtal gesprochen. Der Einfachheit wird in diesem Buch auch Lesachtal als Bezeichnung für das die Orte Kartitisch, Obertilliach und Untertilliach umfassende Gebiet verwendet.

Langer Rede kurzer Sinn: Die Schreibweise einiger Flurnamen und Ortsangaben muss man in Osttirol recht flexibel betrachten. Wenn es bei ei-

Seltener als Kühe und Schafe werden auch Pferde, hier Haflinger, über den Sommer auf die Alm gegeben.

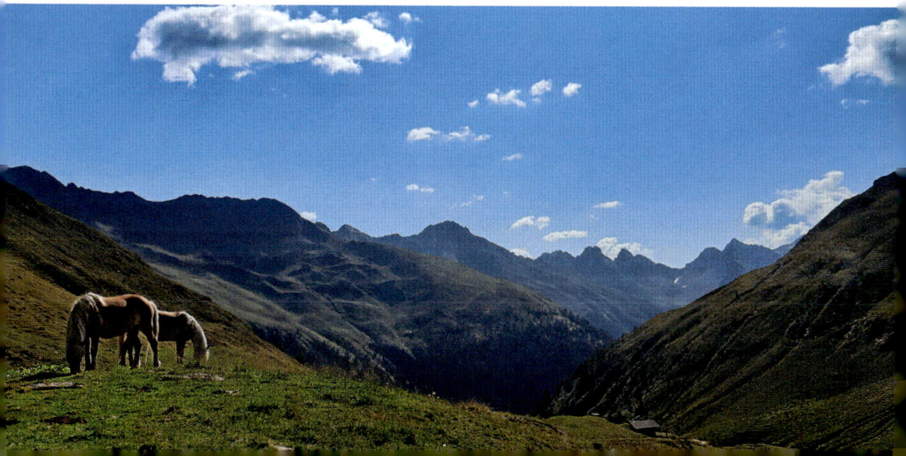

ner Tour zu eventuell irritierenden Anschreibungen auf Wegweisern etc. kommen sollte, so ist dies in der Tourenbeschreibung vermerkt.

Anreise und ÖPNV

Osttirol erreicht man entweder über den Felbertauerntunnel, über Spittal (Tauernautobahn) oder von Südwesten über Südtirol. Fernzüge und -busse verkehren nach Lienz.

Generell ist Osttirol gut vernetzt, man kommt auch zu vielen kleineren Orten mit öffentlichen Verkehrsmitteln, Parkplätze sind noch mehrheitlich gratis und zu vielen Ausgangspunkten im Hochgebirge führt weit hinauf eine (Schotter-)Straße. Mit der Gästecard, die man vor Ort vom Vermieter ab einer Übernachtung bekommt, kann man den gesamten öffentlichen Verkehr in Osttirol gratis benutzen; die Karte inkludiert auch Fahrten auf der sonst kostenpflichtigen Kalser Großglocknerstraße.

Passende Verbindungen findet man auf der Website des Verkehrsverbundes Tirol (www.vvt.at).

Zusätzlich gibt es Anrufsammeltaxis, die auf vorgegebenen Routen fahren und im Vorhinein telefonisch bestellt werden müssen. Solche Taxis gibt es für die Pustertaler Höhenstraße (Tel. +43 676 841540700) und auch für die Route Huben–St. Jakob in Defereggen (Tel. +43 664 1964433). Das Herz-Ass-Wandertaxi fährt von Anfang Juli bis Ende September Wander-Ausgangspunkte im Villgratental an und muss auch vorgebucht werden (Tel. +43 664 99450741 www.herz-ass-villgratental.at/mobil).

Wichtige Telefonnummern und Adressen

Alpine Auskunft

Österreichischer Alpenverein, Olympiastr. 37, 6020 Innsbruck, Tel. +43 512 59547-0, www.alpenverein.at (inkl. Alpenwetterbericht online)

Tourenportal der Alpenvereine von Deutschland, Österreich und Südtirol: www.alpenvereinaktiv.com

Verkehr

Verkehrsverbund Tirol: Service-Tel. +43 512 561 616, www.vvt.at

Felbertauernstraße: Info-Tel. +43 4875 880611, www.felbertauernstrasse.at

Notrufnummern

Europaweite Notrufnummer: 112
Bergrettung: 140
Polizei: 133
Rettung: 144
Ärztenotdienst: 141
Feuerwehr: 122
Pannenhilfe und Abschleppdienst: 120 (ÖAMTC), 123 (ARBÖ)

Tourismusinformationen

Tourismusverband Osttirol: Mühlgasse 11, 9900 Lienz, Tel. +43 50 212 212, www.osttirol.com

Tourismusinformation Matrei: Rauterplatz 1, 9971 Matrei in Osttirol, Tel. +43 50 212 500, www.matreiosttirol.com

Tourismusinformation Kals: Ködnitz 7, Kals am Großglockner, Tel. +43 50 212 540, www.kalstourismus.at

Tourismusinformation Virgen: Virgental Str. 77, 9972 Virgen, Tel. +43 50 212 500, www.osttirol.com/virgen

Tourismusinformation Prägraten: St. Andrä 35, 9974 Prägraten am Großvenediger, Tel. +43 50 212 530

Tourismusinformation Defereggental: Unterrotte 44, 9963 St. Jakob in Defereggen, Tel. +43 50 212 600, www.osttirol.com/defereggental

Nationalpark Hohe Tauern: Nationalparkhaus Matrei i. O., Kirchplatz 2, 9971 Matrei in Osttirol, Tel. +43 4875 5161-10, www.hohetauern.at

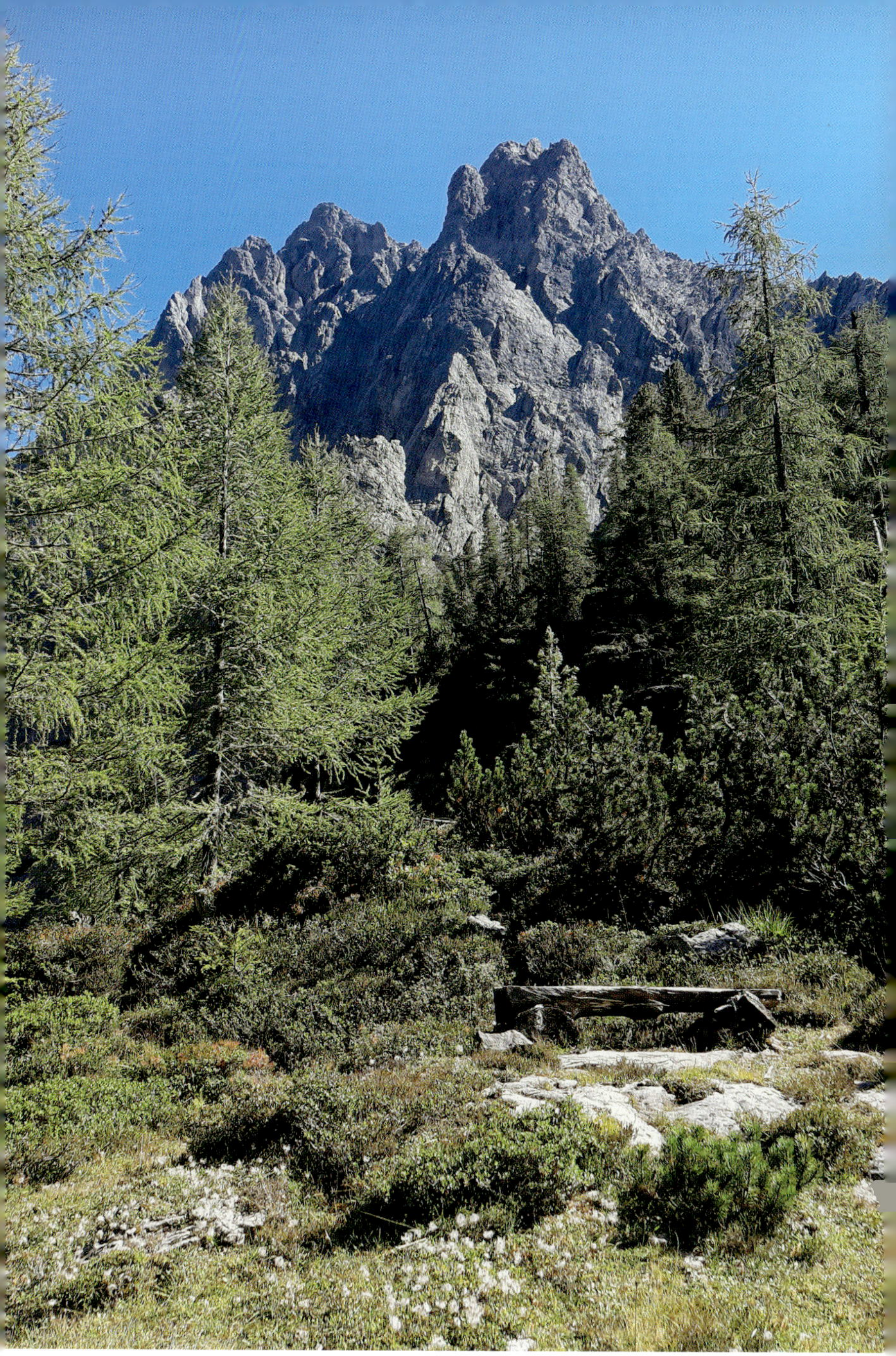

Rastmöglichkeit nahe der Lavanter Alm, dahinter thronen Schneeklamm und Hochstadel (Tour 30).

Wissenswertes

Wanderbares Osttirol

Jahrzehntelang waren viele Teile Osttirols touristisch kaum erschlossen und Bräuche und Traditionen blieben erhalten. Davon profitieren wir Wanderer auch heute. Im Norden des Bezirkes dominieren die Gipfel der Hohen Tauern die Szenerie, hier ist das Reich der Gletscher und Dreitausender, allen voraus der Großglockner. Auch wenn der Gipfel von Österreichs höchstem Berg eigentlich auf Kärntner Seite liegt, so errang Kals als Ausgangspunkt schon früh einen touristischen Bekanntheitswert und den mit ihm einhergehenden Ausbau der Infrastruktur. Die Skigebiete in Sillian, St. Jakob, Lienz und Matrei in Osttirol führten auch in diesen Gebieten zum Bau größerer Tourismusanlangen. Bis auf wenige Ausnahmen sind dies aber keine großen Hotelklötze.

Das Villgratner Gebiet mit seinem großen Seitental, dem Winkeltal, verfolgt touristisch gesehen eine ganz andere Linie: »Kommen Sie zu uns, wir haben gar nichts« lautet das Motto hier. Natürlich bezieht man sich damit auf die Abwesenheit von Skischaukeln und großen Hotelanlagen. Aber der sanfte Tourismusansatz der Region geht auf und die kleinstrukturierten Vermietungsbetriebe freuen sich über die gute Buchungslage. Da viele der namhaften Gipfel und aufgrund ihrer Höhe schon mehr Bergbegeisterte anlockenden Dreitausender im Villgraten nicht zu finden sind, ist man, sofern man auch mit weniger hohen Bergen zufrieden ist, hier dafür öfter fast allein unterwegs. Im Run auf die bekannteren Wandergebiete rund um Kals, Virgen, Lienz und Matrei bleiben etwa auch das Hochpustertal zwischen Lienz und Sillian oder das Lesachtal oft übersehen.

Beim Betrachten der Tourenauswahl wird nicht unentdeckt bleiben, dass die Mehrzahl der stillen Touren in ebendiesen Regionen zu finden sind – man könnte fast meinen, hier gibt es in jedem Tal einen kleinen Schatz zu entdecken!

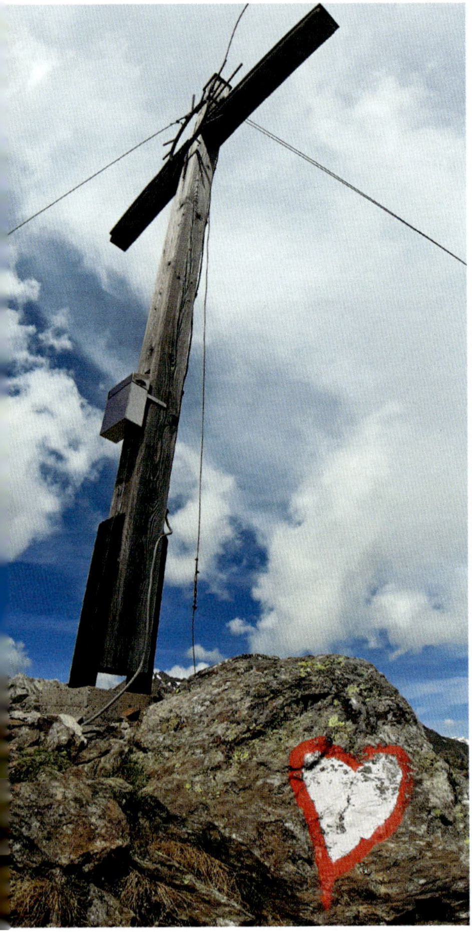

Ein Herz für den Berg: Verzierung beim Finsterkofelkreuz (Tour 24).

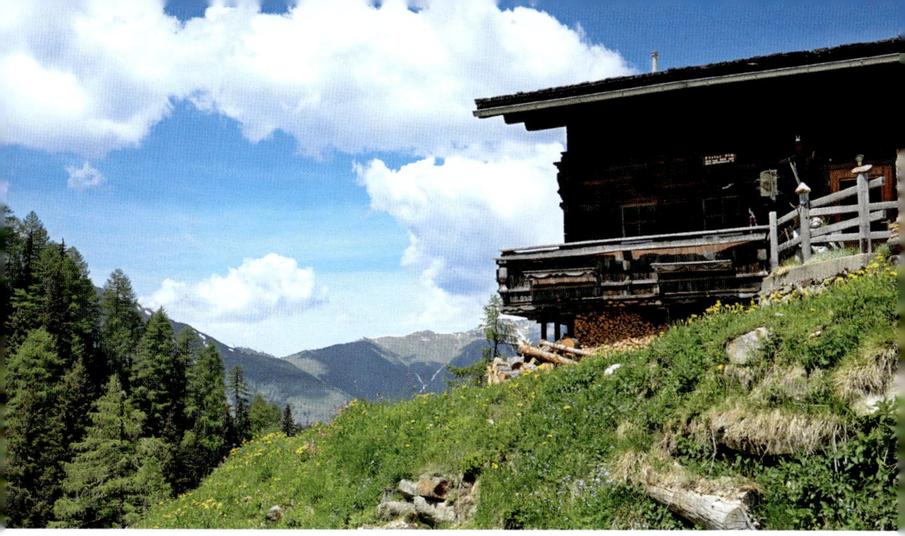

Osttirol ohne Almen wäre nur schwer vorstellbar.

Der Wert der Almwirtschaft

Oft weckt der Anblick einer einfachen Almhütte Sehnsüchte nach einem Leben abseits der Hektik im Tal, nach einträchtigem Zusammenspiel von Mensch und Tier, kurzum: Almen sind Sehnsuchtsorte und werden im Tourismus auch als solche vermarktet. Die touristische Nutzung der Almen ist mittlerweile aber auch für viele Bauern ein unverzichtbares Einkommen, sei es durch Bewirtung der Gäste oder auch durch Vermietung der urigen Hütten.

In der modernen Gesellschaft muss aber der Spagat zwischen diesem Traumbild und der anderen Seite, der Alm als wirtschaftliches Standbein der Bauernschaft, gespannt werden. Almen sind Kulturlandschaften, nur durch ihre Bewirtschaftung bleiben sie erhalten und wachsen nicht zu. Auch heute noch werden jedes Jahr Tausende Schafe, Ziegen, Rinder, Pferde und auch Schweine auf die Almen getrieben. Da die Grasflächen im Tal limitiert sind, können die Tiere so in den Sommermonaten auf den hohen Flächen grasen, während in den Tallagen Heu als Winterfutter geerntet wird. Bergmähder (Wiesen im Hochgebirge, die zur Heugewinnung dienen) werden auch heutzutage noch in oft harter Handarbeit gemäht, das Heu gewendet und dann ins Tal transportiert. Früher brachte man das Heu erst im Winter, und dann mit Schlitten in oft halsbrecherischen Aktionen, hinunter zum Vieh am Heimathof. Ein Ausfall der Alpung (etwa durch Vermurung der Alm oder bei extremen Schlechtwetterverhältnissen) kann für die Bauern eine ernsthafte wirtschaftliche Bedrohung darstellen. Viele Bauern verbringen auch zumindest einen Teil des Sommers noch bei ihrem Vieh. Schotterstraßen zu den Almen erlauben auch den Auftrieb von Melkvieh, die Milch wird dann mit dem Auto, dem Traktor oder manchmal auch noch mit der Seilbahn ins Tal gebracht, vom Milchtankwagen abgeholt und zur Molkerei transportiert. Seltener, aber doch auch immer noch, wird auf den Almen selbst die Milch zu Käse und Butter verarbeitet, die Molke stellt nicht selten Schweinefutter dar. Häufiger hingegen sieht man heutzutage Jungvieh

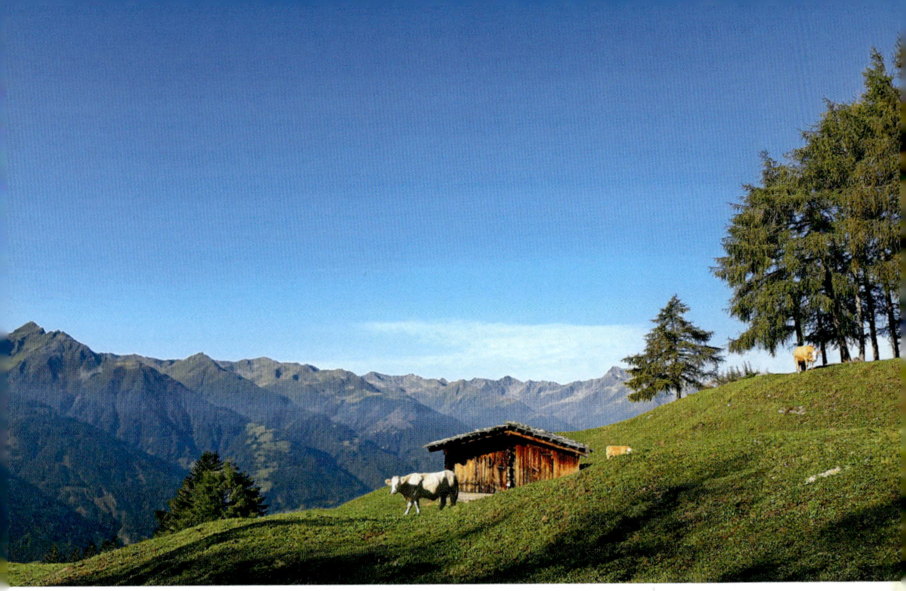

Almlandschaft auf dem Weg zu den Edelweißwiesen (Tour 34).

auf den Almen, etwa gerade entwöhnte Kälber, aber auch tragende Kühe, die gerade keine Milch geben. Diese Art der Almwirtschaft ist weniger arbeitsintensiv und auch für Nebenerwerbsbauern eher machbar. Die alten Flurnamen erzählen uns auch noch viel über die Gewohnheiten in früheren Zeiten: Ochsenalm, Schafbichl, Schafboden etc. In Osttirol sieht man vorrangig Tiroler Grauvieh, Tiroler Braunvieh, Fleckvieh sowie Pinzgauer und auch teilweise Pustertaler Sprintzen auf den Almweiden. Hochleistungsrassen wie etwa Holsteiner Rinder sind den Gegebenheiten nicht gewachsen, müssen die Kühe im Hochgebirge doch nicht nur trittsicher sondern auch ganz schön hart im Nehmen sein.

Bergschafe steigen in Höhen, in denen auch die berggängigste Kuh sich nicht mehr hintraut und haben schon so manche Bergsteiger überrascht, wenn sie gerade keuchend eine steile Passage überwunden haben und dann am Ziel eine Herde Schafe zufrieden grast.

Das respektvolle Miteinander von Almwirtschaft und Tourismus bzw. Wanderern ist für den Fortbestand von beidem unerlässlich. Deswegen schließen wir Wanderer hinter uns wieder alle geschlossen vorgefundenen Gatter, verhalten uns leise und verschrecken das Vieh nicht, das wir sowieso mit Respekt behandeln, bleiben auf den Wegen und nehmen unseren Abfall wieder mit ins Tal. So können wir auch in vielen Jahrzehnten noch den Zauber verspüren, den es ganz definitiv auf den Almen Osttirols gibt!

Weiterführende Literatur

- Jungmeier M. & Drapela-Dhiflaoui J. (2021): Almen im Nationalpark Hohe Tauern – Natur, Kultur und Nutzungen. Tyrolia-Verlag, Innsbruck, Österreich.
- Rieder H. (2013): Am Berghof – Lebensgeschichten unserer Vorfahren. Creart, Luttach, Italien.
- Lechner E. & Hölzl R. (2008). Tiroler Almen. Loewenzahn Verlag, Innsbruck, Österreich.

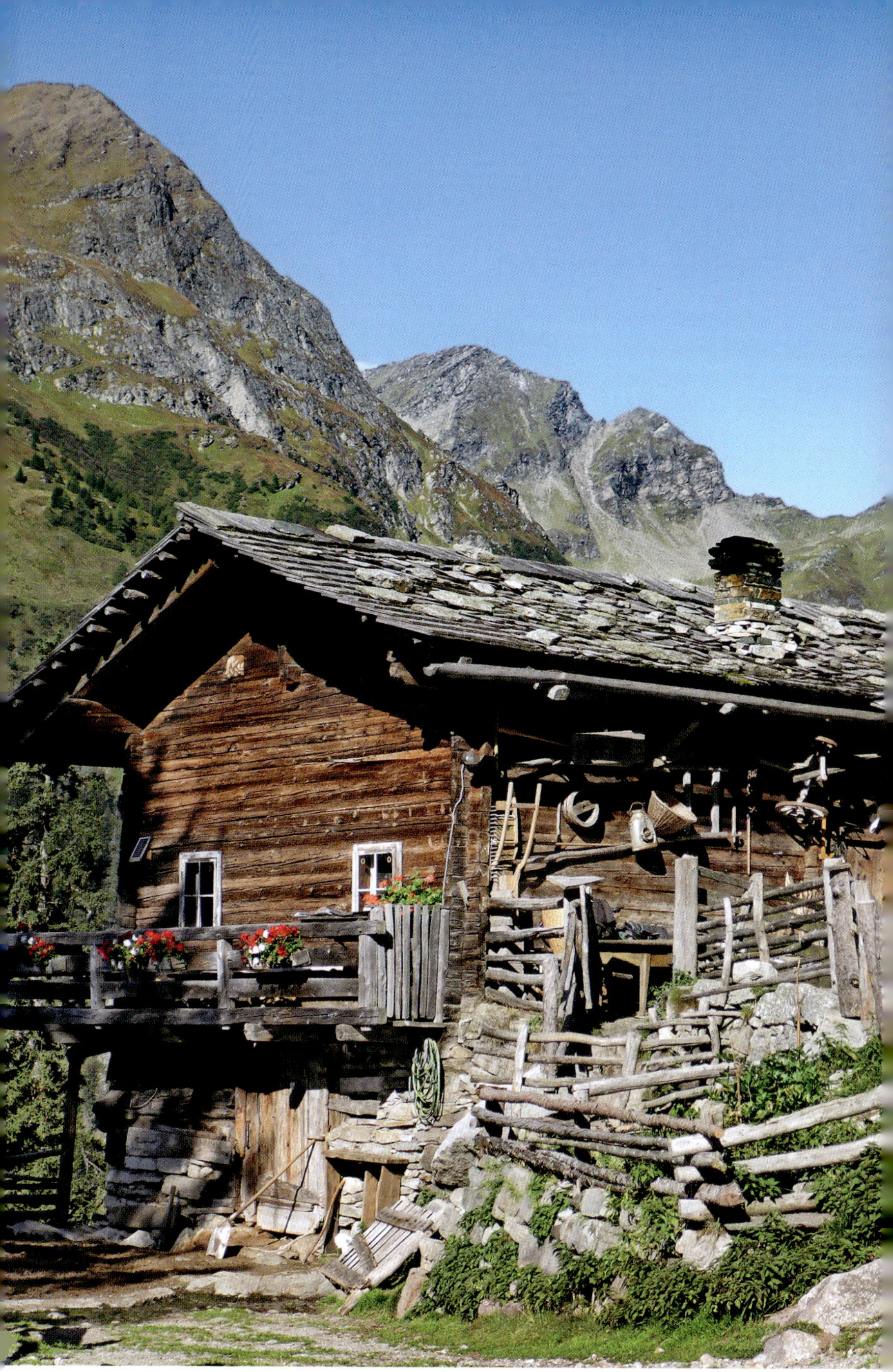

Die liebevoll gepflegte Obere Taxeralm (Tour 32).

1 Gaishörndl, 2615 m, und Pürglesgungge

Von Kalkstein

6.00 Std. | 13,3 km | ↗ 1100 m | ↘ 1100 m

Auf Schmugglerpfaden im Grenzland

Zwischen 1810 und 1814 und nach den beiden Weltkriegen gab es reges Schmuggeltreiben zwischen den Alpentälern von Villgraten und Gsies. Waren es anfänglich vor allem Rinder, die ob besserer Preise über die Jöcher getrieben wurden, so waren es später vermehrt Zigaretten und Lebensmittel. Heute sind von Kalkstein aus nicht mehr Schmuggler und Zöllner unterwegs zu den Jöchern, sondern vor allem im Winter zahlreiche Skitourengeher, die hier die für diesen Sport schon fast idealen Hänge nutzen. Im Sommer wird in schwerer Handarbeit bis auf 2200 Meter Höhe gemäht und das Weidevieh kümmert sich wenig um die bedeutende Geschichte dieses Grenzgebietes. Bedrückendes Zeugnis des Ersten Weltkriegs liefern die Militärruinen im Bereich des Gaishörndls und auf den Hängen des Toblacher Pfannhorns ab, ein Schützengraben dieser Zeit liegt direkt auf der hier beschriebenen Route.

Ausgangspunkt: Innervillgraten, Ortsteil Kalkstein, 1639 m. Großer Parkplatz für Wanderer beim Gasthof Badl. Navi: Kalkstein 160a, 9932 Innervillgraten.
ÖPNV: Bus Linie 966 von Sillian bis Haltestelle Innervillgraten Kalkstein.
Anforderungen: Bis auf eine kleine, etwas ausgesetzte Stelle am Bonner Höhenweg eine technisch wenig anspruchsvolle Wanderung. Kurzer unmarkierter Abschnitt zur Pürglesgungge hinauf und ebenso von dort hinunter zum Fahrweg unterhalb der Zollhütte.
Einkehr: Keine unterwegs; Restaurant Badl-Alm am Ausgangspunkt, Tel. +43 4843 20026, www.badl-alm.at.
Hinweise: 1) Im Bereich des Gaishörndls kann es während der italienischen Ferien auch etwas belebter sein, der Rest der Wanderung verläuft auf stillen Routen. 2) Beim zweiten Gipfel dieser Tour kommt es auf den gängigen Landkarten zu Abweichungen, was die Bezeichnung betrifft: Von Pürglesgungge bis hin zu Pürglers Kunke findet man viele. Wichtig ist aber, einfach nur zu wissen, dass alle Bezeichnungen für den sanften Gipfel über dem kleinen See nordöstlich des Gaishörndls verwendet werden (siehe auch »Regionale Ortsbezeichnungen« S. 17).

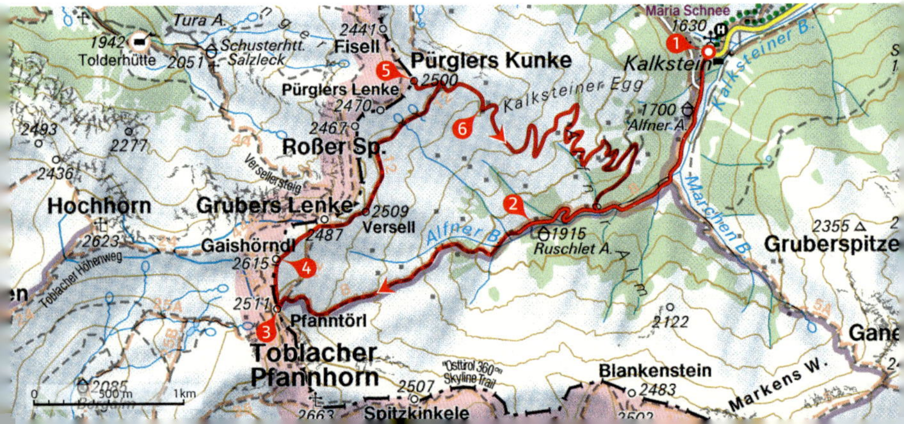

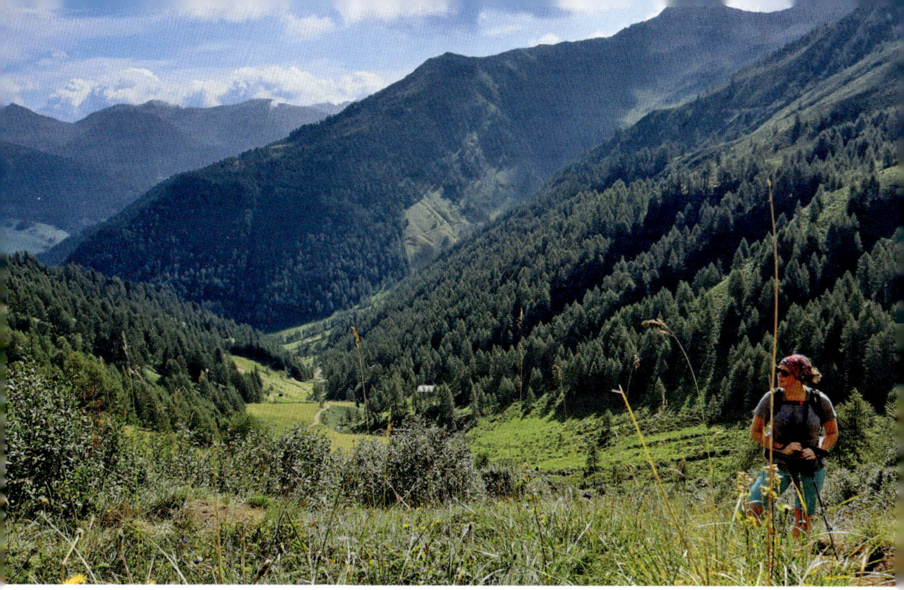

Nach der ersten Steilstufe ein Blick zurück in Richtung Kalkstein.

Von der Überblickstafel für mögliche Wanderungen im Bereich **Kalkstein ❶** wandern wir auf dem breiten Almzufahrtsweg durch einen Lärchenwald bergan, den Schildern für Toblacher Pfannhorn und Gaishörndl (Wegnummer 8/12) folgend. Nach dem Wald zweigt rechts der Weg zur Kreuzspitze ab, wir aber wandern geradeaus weiter, an der Alfenalm vorbei und halten uns bei einer Gabelung nach einer Brücke dann rechts. Am Alfenbach entlang geht es nun bergauf, rechts zweigt dann ein weiterer Almzufahrtsweg ab; auf ihm kommen wir später dann von der Pürglesgungge zurück. Jetzt geht es aber zuerst noch in zwei Kehren bergan, auf der linken Talseite sehen wir bald schon die **Ruschletalm ❷** und kurz darauf führt auch unser Weg an einer Almhütte vorbei. Einige Dutzend Meter nach dieser halten wir uns bei einer Gabelung rechts. Der breite Weg endet und wir steigen nun auf einem markierten Steig bergan, anfangs noch dem Bach folgend, dann schwingt unser Pfad nach rechts und führt in Kehren, aber doch recht steil, durch den mit Schwarzerlen bewachsenen Hang. Sobald diese Geländestufe überwunden ist, befinden wir uns in hügeligen Hochalmwiesen und können vor uns schon das Gipfelkreuz des Gaishörndls erkennen.

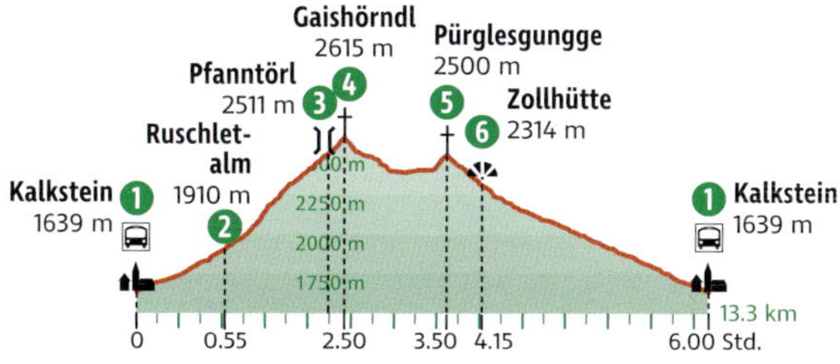

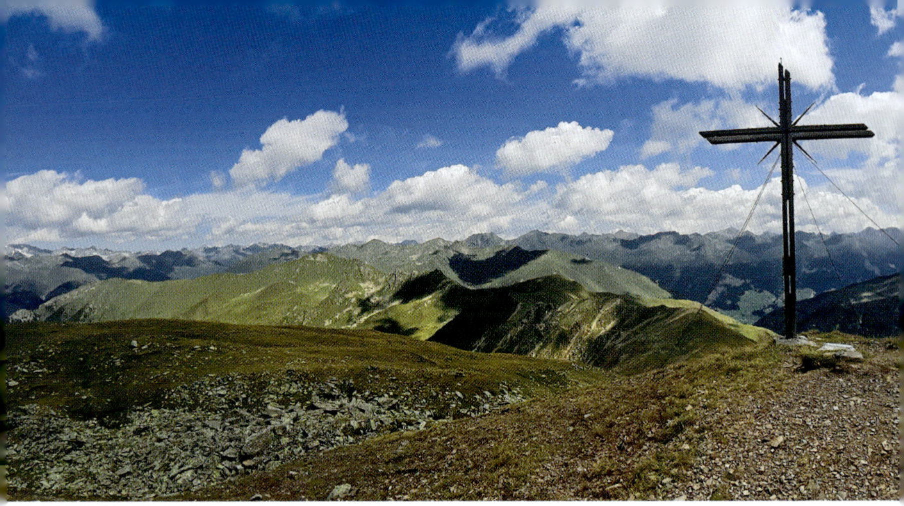

Der breite Gipfelbereich des Gaishörndls erlaubt ausgedehntes Rasten.

Der markierte und deutlich auszumachende Weg führt uns jetzt sanfter bergan. Bei den nächsten Wegweisern halten wir uns links und erreichen das **Pfanntörl ❸**. Hier verlassen wir Österreich und steigen, einem Zaun folgend, auf der italienischen Seite hinauf zum Gipfelkreuz des **Gaishörndls ❹**, 2615 m.

Ohne Markierungen geht es auf einem Steig auf der Nordostflanke vom Kreuz hinunter zur Gruber Lenke und der schon von Weitem sichtbaren Infotafel dort. Hier nehmen wir den Bonner Höhenweg auf. Er führt uns, angenehm und fast die Höhe haltend, zu einem idyllisch gelegenen Bergsee unterhalb des rundlichen Gipfels der Pürglesgungge. Diesen erreichen wir, indem wir vom Wegweiser am nördlichen Ende des Sees einer Wegspur den Hang hinauf folgen. Kein Kreuz, sondern nur ein Steinhaufen ziert den höchsten Punkt des eher unscheinbaren **Pürglesgungge-Gipfels ❺**, 2500 m, der aber trotzdem eine gute Fernsicht bietet.

Auf bereits bekanntem Pfad gelangen wir wieder zum See. An dessen Ostufer gehen wir nun so lange dahin, bis wir unter uns auf einem Hügel einen kleinen Betonbau sehen können. Es handelt sich um eine alte **Zollhütte ❻**: Von ihrem Standplatz hatten die Zöllner wirklich eine perfekte Aussicht zur Überwachung der Jöcher! Wir erreichen sie, indem wir einen kleinen Pfad nehmen, der von unserem Standort in einem nach links ausholenden Bogen bergab zur Hütte führt, vorbei an einem flach in den Hang gebauten Viehunterstand. Die Zollhütte steht als Notunterkunft offen, Sitzgelegenheiten rund um die kleine Hütte erlauben eine ruhige Rast mit perfektem Ausblick.

Erholt nehmen wir nun die letzte Etappe dieser Wanderung in Angriff: Wir gehen auf den kleinen Sattel zwischen Zollhütte und flachem Viehunterstand zurück und von dort aus auf einem kleinen, schwach sichtbaren Pfad bergab zu einem von Weitem sichtbaren Almzufahrtsweg. Dieser bringt uns knieschonend und in vielen Kehren über schöne Almwiesen mit wettergegerbten Heuhütten wieder hinunter ins Alfental, wo wir auf dem vom Aufstieg bekannten Weg zurück zum Ausgangspunkt in **Kalkstein ❶** kommen.

Kreuzspitze, 2624 m, und Rotlahner, 2748 m

Von Kalkstein über das Rosstal

2

7.30 Std. | 14,8 km | ↗1260 m | ↘1260 m

Im Reich der Gämsen und Almrosen

Das hintere Villgratental hat eine recht wilde Schmuggler-Geschichte hinter sich, wurde hier doch durchaus willkürlich über die Jöcher die österreichisch-italienische Grenze gezogen. Die Bauern dies- und jenseits dieser neuen Linie verdienten sich ein kleines Zubrot durch den Schwarzhandel mit Zigaretten, aber auch anderen Waren. Heute sind die beiden Regionen stark miteinander verwoben und die Schmugglerpfade sind nur noch für Touristen von Bedeutung. Auf dieser Wanderung, die Ausdauer erfordert, sind wir auf Osttiroler und Südtiroler Seite unterwegs, aber Pass brauchen wir trotzdem keinen vorzeigen. Nachdem die Kreuzspitze recht leicht erreichbar ist, zieht sie noch ein paar Bergwanderer mehr an, am Rotlahner ist man aber dann meist allein: Bis vor Kurzem gab es auf diesem erstaunlich flachen Gipfel – verglichen mit dem schrofigen Aufbau des Berges – noch Platz im Gipfelbuch aus den frühen 1980er-Jahren.

Ausgangspunkt: Innervillgraten, Ortsteil Kalkstein, 1639 m. Großer Parkplatz für Wanderer beim Gasthof Badl. Navi: Kalkstein 160a, 9932 Innervillgraten.
ÖPNV: Bus Linie 966 von Sillian bis Haltestelle Innervillgraten Kalkstein.
Anforderungen: Bis zum Gipfel der Kreuzspitze einfache Wanderung auf breiten Wegen und guten Steigen. Der Übergang und der Anstieg zum Rotlahner sind dann teilweise etwas ausgesetzt und erfordern Trittsicherheit.
Einkehr: Keine unterwegs; Restaurant Badl-Alm am Ausgangspunkt, Tel. +43 4843 20026, www.badl-alm.at.
Hinweis: Die Tour ist bis kurz nach der Lipperalm ❷ auch MTB-tauglich.

Blick zum Kalksteiner Jöchl (rechts) vom Aufstieg auf die Kreuzspitze aus.

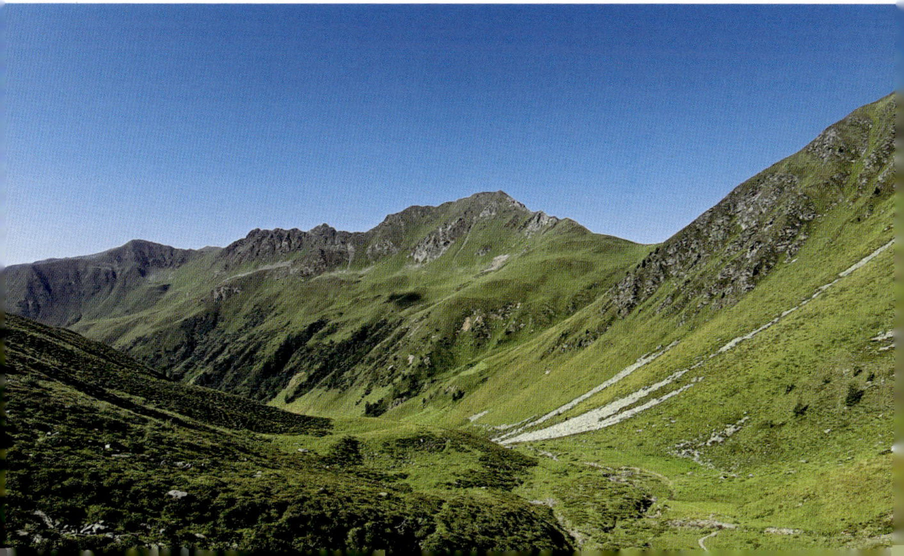

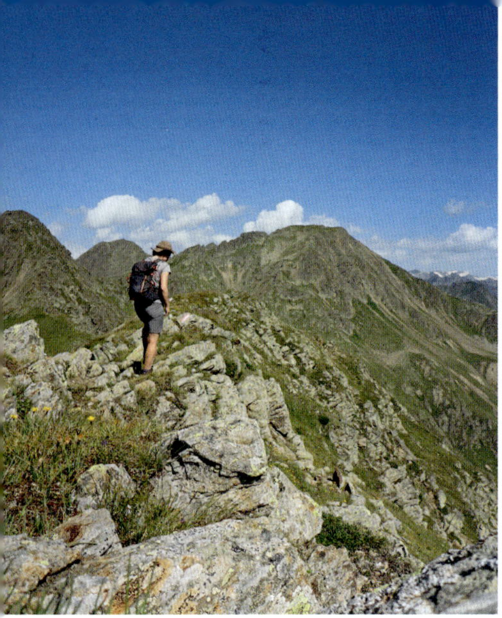

Auf zum Rotlahner, dessen flacher Gipfel in der Bildmitte zu sehen ist.

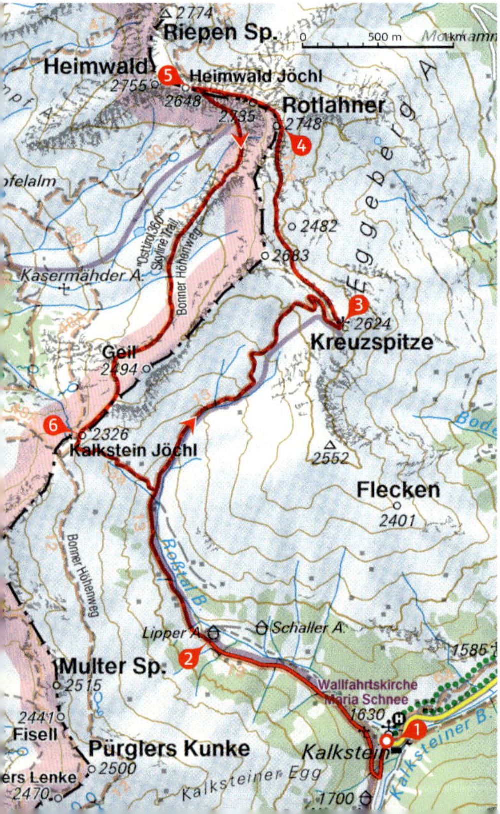

Vom Parkplatz in **Kalkstein ❶** geht es auf dem Almweg hinter den Bildtafeln links bergauf durch schütteren Lärchenwald und nach einem Weiderost rechts. Auf diesem Almweg gelangen wir ins Rosstal mit seinen Heumähdern und Almhütten (Wegweiser »Kreuzspitze«). Etwas mehr als drei Kilometer wandern wir nun auf diesem fahrbreiten Almweg, vorbei an den beiden Almhütten der **Lipperalm ❷**, und der Abzweigung hinauf zum Kalksteiner Jöchl, unserem Rückweg. Im Bereich des Talschlusses befindet sich ein Wendehammer, wo der breite Almweg endet. Wir setzen unsere erste Etappe zur Kreuzspitze nun auf einem gut markierten Pfad fort und steigen über die immer steiniger werdenden Almweiden bergan. Anfänglich ist das große Gipfelkreuz unseres ersten Gipfels gar nicht zu sehen, begleitet uns dann aber beim Schlussanstieg durchgehend. Am Gipfelhang angelangt, bringt uns eine große Kehre zum höchsten Punkt der **Kreuzspitze ❸**, 2624 m, mit tollem Ausblick über das Villgratental und die Gipfel Südtirols bis hin zu den Größen der Osttiroler Alpen.
Um zum Rotlahner zu kommen, dessen Gipfelbereich mit den zwei großen Steinmännern wir schon gut im Nordwesten sehen können, steigen wir einige Meter am bereits bekannten Weg ab, folgen dann aber den Markierungen am Grat. Dieser Weg ist mit der Nummer 12a gekennzeichnet und führt uns dann unter den felsigen Wänden des Kalksteiner Riegels durch etwas ausgewaschenes und gerölliiges Ge-

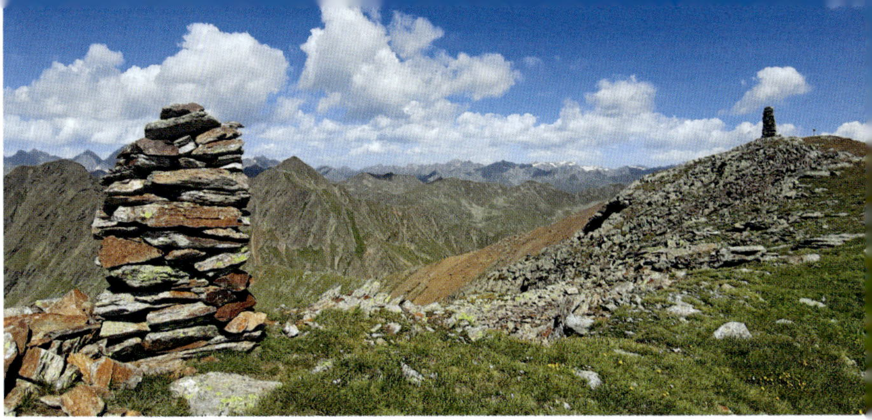

Steinmandln statt Gipfelkreuz am Rotlahner, dahinter die Gletscher der Hohen Tauern.

lände in einem Hangkar. An dessen Ende geht es wieder steiler hinauf zu einem weiteren, aber viel kleineren Kar. Dieses betreten wir jedoch nicht, sondern folgen den Markierungen am östlichen Rand des Kars bergauf, und schon bald können wir die Steinmänner des **Rotlahners ④**, 2748 m, sehen.

Der Abstieg zum **Heimwaldjöchl ⑤** verläuft am Grenzkamm über steiniges Terrain, der Weg ist aber gut markiert. Am Jöchl folgen wir dem Wegweiser (Weg Nr. 12) zum »Kalksteiner Törl« nach Südosten. Dieser Weg führt uns zuerst unter den zerfurchten Schrofen des Rotlahners und später des Eggeberger Riegels dahin. Zwar teils etwas steinig lässt es sich hier doch guten Schrittes ausholen und das Panorama genießen. Über eine Geländestufe gelangen wir hinab in ein Quellgebiet und in sanfteres, saftigeres Weideland. Unser Weg verläuft von dort in Hangnähe hinein ins Almrosengebiet unter der Gailspitze, deren Kreuz wir schon sehen können. Ein paar Höhenmeter gilt es auf dem Weg zum Kalksteiner Jöchl noch zu erklimmen, vorbei an einem Felsen, der in seiner Form an eine Haifischflosse erinnert. Am **Kalksteiner Jöchl ⑥** gibt es zwei kleine Seen und je nach Jahreszeit ein besonders üppiges Farbenspiel der Blumen und Schmetterlinge.

In Kehren und teilweise schon fast direkt geht es vom Jöchl hinunter zum Almweg im Rosstal, den wir vom Aufstieg schon kennen. Wir biegen nach rechts auf ihn ein und erreichen auf bekanntem Wege unseren Ausgangspunkt am Parkplatz in **Kalkstein ①**.

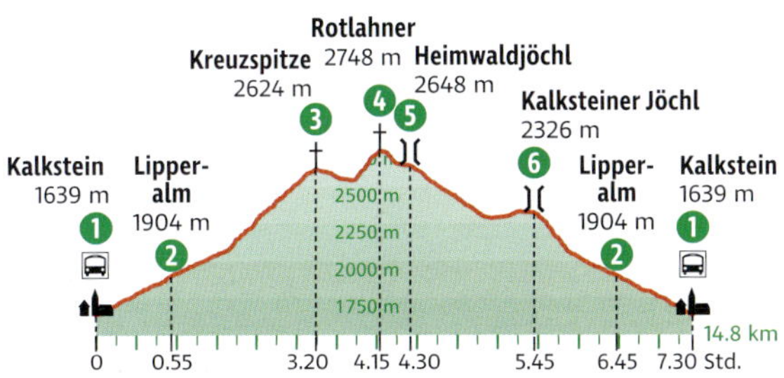

3 Gannekofel, 2488 m
Übergang von Kalkstein nach Innervillgraten

5.00 Std. | 12,7 km | ↗ 900 m | ↘ 1250 m

Urtümliche Waldgebiete und ein einsamer Gipfel
Zwischen Kalkstein und Innervillgraten ragt der Gannekofel (auch Ganer Kogel) über den weiten Almflächen des kaum besuchten Staudertales mit seinen urigen Waldgebieten hinauf. Sein nur wenig höherer Nachbar, das Marchkinkele, 2545 m, wird vor allem von Südtiroler Seite aus besucht, seit 2021 gibt es in den alten Armeestellungen auch eine kleine Hütte mit Ausschank. Der Gannekofel glänzt aber mit seiner Stille, seiner Nähe zu Wild-Ruhegebieten und der guten Aussicht auf die Villgratner Berge. Unser Abstieg bringt uns vorbei am Schweblaskofel zur Prantekammernalm und über einen neuen Verbindungsweg dann ins einsame Staudertal, bevor wir Innervillgraten erreichen.

Ausgangspunkt: Innervillgraten, Ortsteil Kalkstein, 1639 m. Großer Parkplatz für Wanderer beim Gasthof Badl. Navi: Kalkstein 160a, 9932 Innervillgraten.
Endpunkt: Innervillgraten, Kirche St. Martin, 1380 m. Bushaltestelle.
ÖPNV: Bus Linie 966 von Sillian über Innervillgraten bis Kalkstein.
Anforderungen: Grundsätzlich einfache Bergwanderung, die nur im Aufstieg und im Bereich des oberen Gannekofels Trittsicherheit und etwas Bergerfahrung erfordert. Das Besteigen des Gipfels sei nur Bergerprobten empfohlen!
Einkehr: Nur am Tourende in Innervillgraten einige Möglichkeiten, z.B. Konditorei-Gasthof Bachmann, Gasse 79A, Tel. +43 4843 5307, oder Gasthof Raiffeisen, Gasse 77, Tel. +43 4843 5318, www.gh-raiffeisen.com; am Ausgangspunkt Restaurant Badl-Alm Tel. +43 4843 20026, www.badl-alm.at.
Hinweis: Diese Tour ist perfekt für die Anreise mit öffentlichen Verkehrsmitteln geeignet.

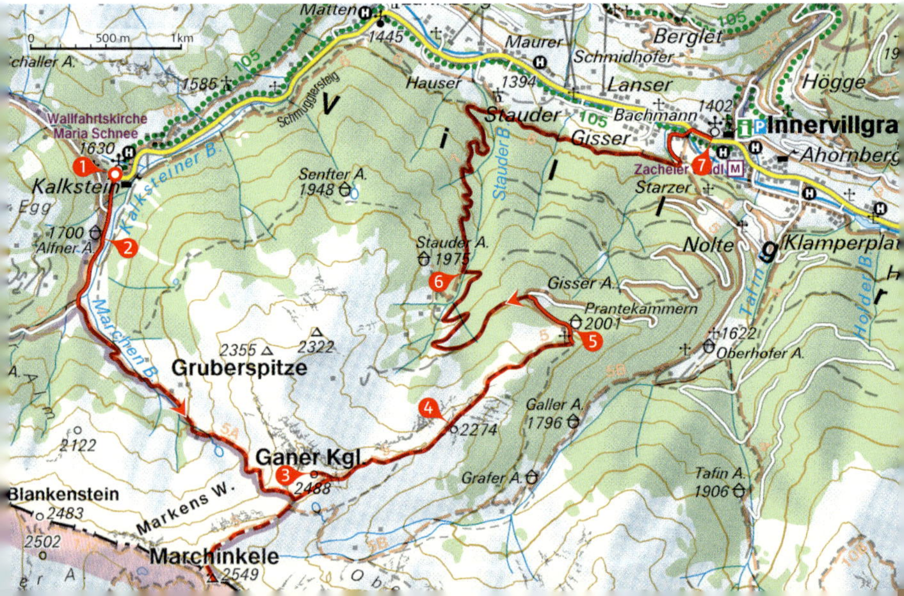

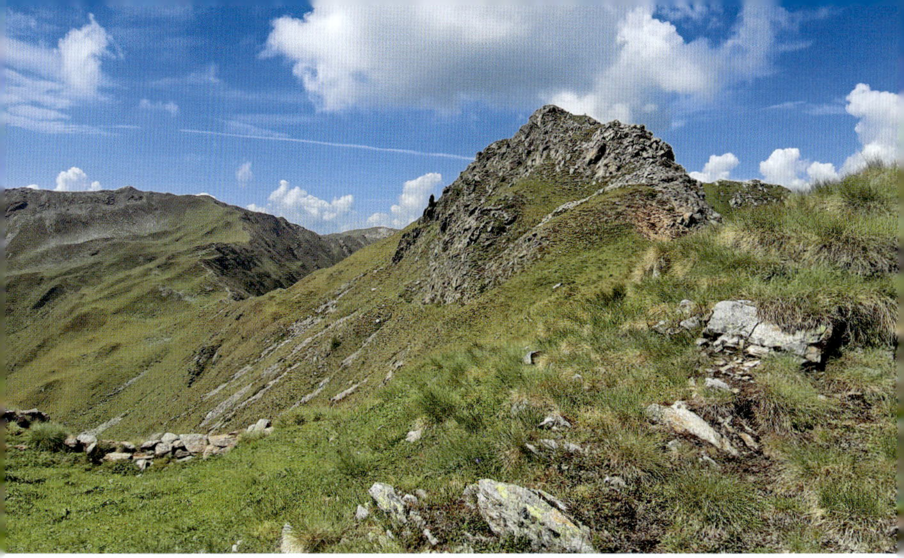

Blick vom Sattel zurück auf den steinigen Gannekofel (Ganer Kogel).

Vom Parkplatz in **Kalkstein ①** steigen wir hinter den Bildtafeln, dem Wegweiser zum »Marchkinkele« (Weg Nr. 5a) folgend, in südlicher Richtung zuerst durch schütteren Lärchenwald, dann an den Hütten der **Alfenalm ②** vorbei bis zu einer Gabelung nach einer Brücke. Wir gehen hier links auf dem gut befestigten Almweg in das Tal des Marchenbaches. Vom Fuhrweg gelangen wir dann auf einen Steig, der uns durch Erlen auf Almwiesen bringt. Wir nähern uns der Waldgrenze, die Lärchen werden kleiner und zerzauster, die Almrosen übernehmen das Ruder. Nach einer Stirnmoräne kommen wir auf einen steinigen Berghang und dann hinauf zum Gissetörl südwestlich des Gannekofels. Wer einen besonders guten Blick auf die Südtiroler Dolomiten werfen möchte, der geht vom Törl noch etwa 20 Minuten in südwestlicher Richtung bergauf für einen Abstecher zum Marchkinkele, 2549 m. Wer es lieber einsam hat, der folgt nun dem Bergrücken des Gannekofels nördlich des Törls. Anfangs sind die Wegspuren nicht deutlich, werden dies aber später, wo der Pfad östlich des felsigen Kammes zu einem Sattel führt. Von hier kann, wer will, zum mit einem Steinmann gekennzeichneten Gipfel des **Gannekofels ③**, 2488 m, aufbrechen. Hierfür ist aber Vorsicht angebracht, es gibt kaum Wegspuren und auch keine Markierungen.

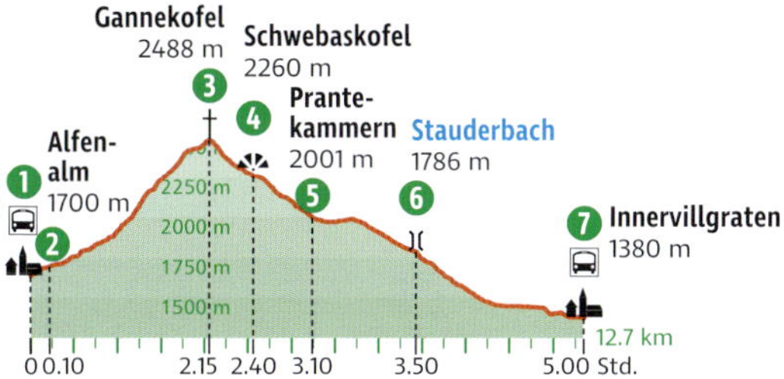

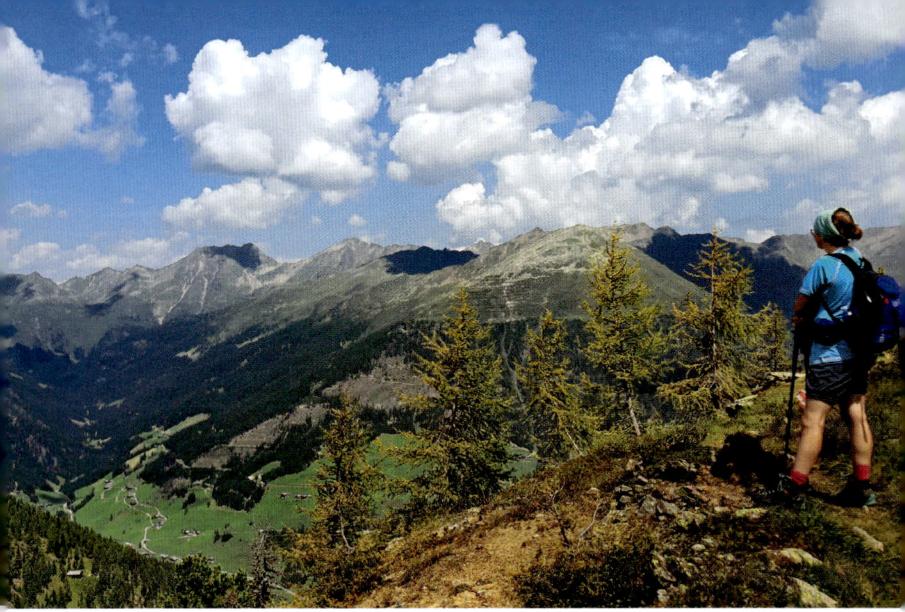

Blick auf das hintere Villgratental, die einsame Stauderalm links unten im Bild.

Um zu unseren nächsten Etappenzielen, dem Schweblaskofel und dann der Prantekammernalm, zu kommen, folgen wir vom kleinen Sattel den Trittspuren am Nordrücken des Gannekofels bergab, links von uns sehen wir die weiten Almflächen und Mähder im oberen Staudertal. Von unserer erhöhten Position blicken wir nach rechts, wo wir den Verlauf eines markierten Pfades ausmachen und dann auf diesen zusteuern. Bei einem kleinen Steinmann treffen wir spätestens auf ihn und folgen ihm, zuerst noch durch die Geländeformationen im Gebiet des **Schwebaskofels ❹** und durch schütteren Wald hinunter zur **Prantekammernalm ❺**, 2001 m. Auf der Almzufahrt wandern wir bergab bis zur ersten Kehre. Dort biegen wir auf einen Forstweg nach links ab und wandern auf diesem, ungefähr die Höhe haltend, ins Staudertal hinein. Uns gegenüber steht auf der anderen Talseite einsam und verlassen die alte Stauderalmhütte mitten im dichten, forstlich wenig benutzten Wald. Bei einer Weggabelung gehen wir rechts bergab und kommen bald hinunter zum Stauderbach. Diesen kreuzen wir aber nicht, sondern bleiben auf dem ruppigen Forstweg, bis dieser etwas später selbst über den **Stauderbach ❻** führt.

Mit einigen Kehren und für einen Forstweg erstaunlich steil erreichen wir eine Forststraße, biegen nach rechts in diese ein und folgen nun dem ausgeschilderten und markierten Wanderweg nach Innervillgraten. Anfänglich sind wir auf einem breiten Forstweg unterwegs, an dessen Ende ein Pfad steil nach links bergab, oberhalb der ersten Höfe wieder in den Wald hinein und zum Kreuzweg der Fürhapter Kapelle führt. Wir wandern auf diesem breiten Weg bergab durch den Ortsteil Gasse und erreichen unweit der Kirche von **Innervillgraten ❼** die Hauptstraße, wo sich die Bushaltestelle befindet.

Schwebaskofel, 2274 m

Über die Prantekammernalm

4

6.15 Std. | 13,4 km | ↗ 970 m | ↘ 970 m

Enzian und Alpenrosen prägen diese Rundwanderung

Vom Tal aus nicht einsehbar liegt die Prantekammernalm auf knapp über 2000 m hoch über Innervillgraten und belohnt Wandernde mit tollen Ausblicken auf die Villgratner und Defregger Berge. Der Übergang zu den weitläufigen Oberhofer Almen via dem Schwebaskofel bietet mit einer Heerschar von Enzian auf, wer hier im Frühsommer unterwegs ist, kann ihrer Hunderte sehen. Doch nicht nur die Flora ist beachtlich, große Scharen Gämsen bevölkern die Hänge ober den Almen. Ob sie wohl auch die Heidelbeeren gustieren, die auf dieser Wanderung auch zahlreich zu finden sind?

Ausgangspunkt: Innervillgraten, Brücke zu den Häusern Gasse Nr. 120–122, 1374 m. Erste Brücke über den Villgrater Bach nach der Pfarrkirche Innervillgraten. Navi: Gasse 120, 9932 Innervillgraten.
ÖPNV: Bus Linie 966, Haltestelle Innervillgraten Kirche. Von dort 100 m taleinwärts bis zur ersten Brücke über den Villgrater Bach.

Anforderungen: Der Aufstieg erfolgt auf der breiten Almzufahrt der Prantekammernalm, dann schmale Wege, die ein gewisses Maß an Trittsicherheit erfordern. Der Abstiegsweg über die Oberhofer Almflächen zur Galleralm ist zwar markiert, aber nur ein unscheinbarer Pfad.
Einkehr: Keine unterwegs; einige Möglichkeiten in Innervillgraten.

Bis in den Frühsommer hinein können auf den Almflächen der Graferalm noch Lawinenreste liegen.

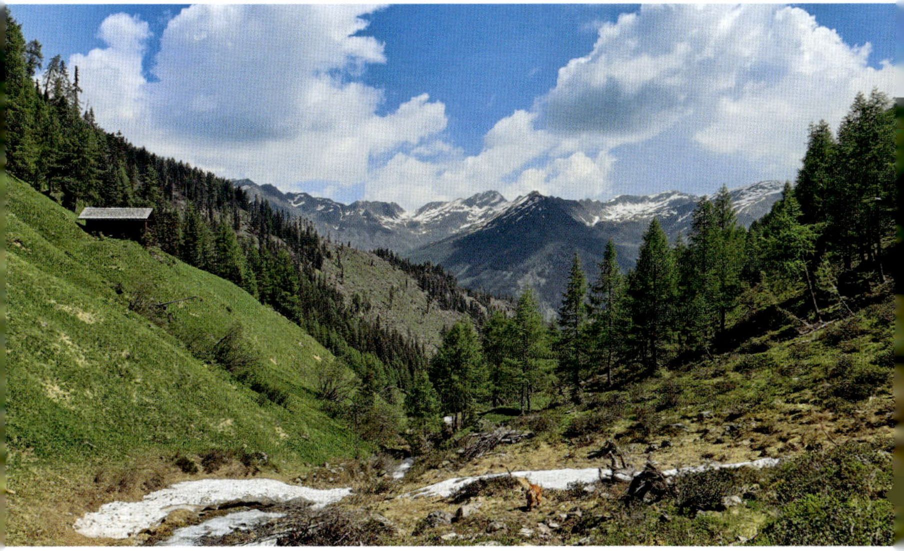

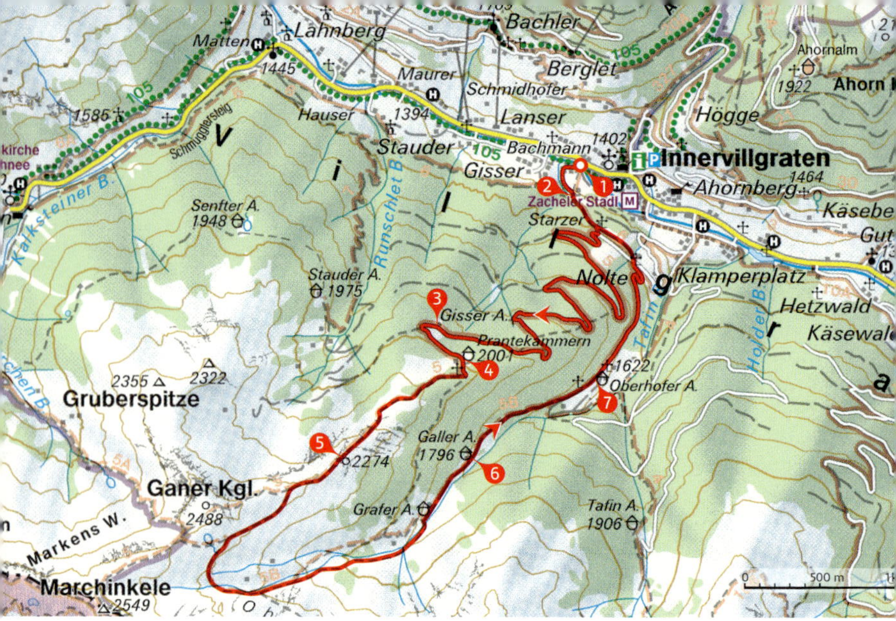

Wir beginnen unsere Wanderung auf der Südseite der **Brücke** ❶ über den **Villgrater Bach** indem wir zuerst auf der Zufahrtsstraße der Häuser **Gasse** 120, alle mit Buchstaben unterschieden, durch diese kleine Siedlung und dann dem Prantebach entlang bergan gehen. Vor uns sehen wir schon die neue **Fürhapter Kapelle** ❷, hinter der vorbei wir auf einem schmalen Pfad durch den Wald steigen. So erreichen wir die Zufahrt eines Bauernhofes, und noch bevor diese hinter dem Hof vorbeiführt, befindet sich rechts ein unscheinbarer Steig, der eine weit ausholende Kehre des Zufahrtsweges abkürzt. (Wer den Steig nicht ausmachen kann, folgt der Zufahrt bis zur ersten Möglichkeit, auf einen Forstweg nach rechts einzubiegen.) So erreichen wir etwa 40 Höhenmeter weiter den breiten Prantekammern-Weg und biegen nach rechts auf ihn ein. Dieser ist immer wieder rot-weiß markiert und führt in Kehren sanft den Berg hinauf. Holzwege zweigen immer wieder von ihm ab, doch der Prantekammern-Weg ist deutlich der dominantere und so gibt es keine Fragen in der Routenführung. Auf ca. 1840 m Seehöhe teilt sich der Weg; hier folgen wir der Markierung nach rechts. Eine Kehre nach der **Gissekammer-Alm** ❸ erreichen wir die Alm **Prantekammern** ❹, 2001 m.

Nach den beiden Almhütten folgen wir dem Wegweiser bergan in Richtung »Marchkinkele«. Anfangs noch recht steil durch den Lärchenmischwald und dann über Almrosenflächen und Hochweiden kommen wir in den Bereich des **Schwebaskofels** ❺, einer eher unscheinbaren Erhebung, von der aus man aber doch einen wunderbaren Ausblick über die Osttiroler Bergwelt hat. In südwestlicher Richtung sehen wir auf dem Kamm, auf dem wir unterwegs sind, die nächste Erhebung, den Gannekofel (2488 m, siehe Tour 3). Er ist aber nicht unser Ziel und so halten wir uns bei einer (unscheinbaren) Weggabelung links und wandern somit südlich des Kammes auf den Hängen dieses Berges in Richtung

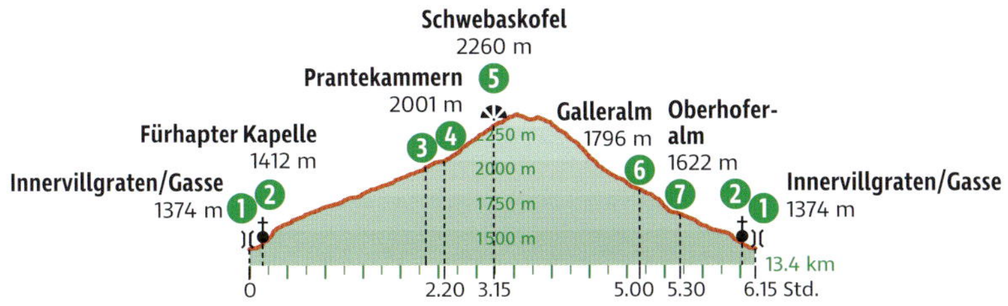

Oberhofer Galtalm. Die weitläufigen Flächen dieser Alm liegen direkt unter dem großen Gipfelkreuz des Marchkinkele. Unser Weg führt uns an einer kleinen, relativ neuen Almhütte vorbei. Hier geht es rechts zum Marchkinkele, wir aber folgen den Markierungen über die Almflächen bergab. Der Weg ist hier nicht eindeutig, man kann sich aber nicht verirren, denn er führt auf der rechten Uferseite des Oberhofer Baches (Hauptwasserlauf des Tales) bergab. Etwa 150 m nach der Graferalm, die am Hang auf der anderen Talseite abseits des Weges liegt, heißt es nun aber aufpassen, denn hier führt uns die Wegmarkierung hinunter zum Bach, wir queren ihn und schon bald wird der Pfad breiter und bringt uns zur **Galleralm 6**. Die Zufahrt dieser Alm führt bald links bergab, wir aber folgen der Markierung Nr. 56 rechts leicht bergab, kommen in der Kehre eines breiten Almzufahrtweges raus und wandern auf diesem talwärts an der **Oberhofer Melkalm 7** vorbei.
Im Bereich von Waldegg-Nolte beginnt eine Asphaltstraße; hier folgen wir dem Wegweiser »Prantekammern / Starze« geradeaus weiter. Kurze Zeit später entscheiden wir uns für den rechten Weg und erreichen auf diesem den Bauernhof, vor dem wir am Beginn unserer Wanderung den steilen Pfad bergauf nahmen. Auf bereits bekannter Route gelangen wir dann zurück zur **Brücke 1** über den **Villgrater Bach**.

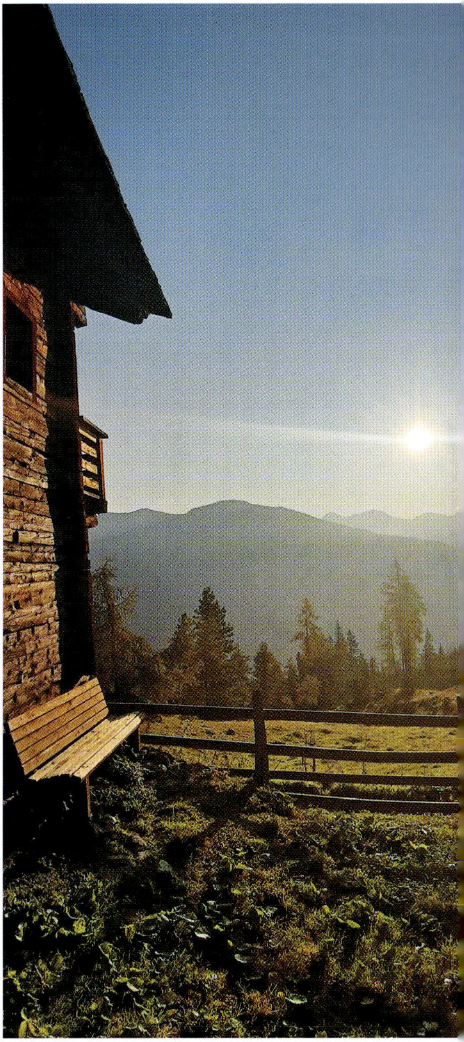

Beim Aufstieg wird die Prantekammernalm passiert.

5 Rotes Kinkele, 2763 m, und Remesseen

Rundtour oberhalb von Innervillgraten

TOP 7.00 Std. | 12,9 km | ↗ 1200 m | ↘ 1200 m

Stiller Weg auf einen Klassiker von Innervillgraten

Diese Tour, die abschnittsweise Höhenwanderweg-Charakter aufweist, kann vor allem im Herbst mit einem Farbenspiel der Extraklasse aufwarten: An der Baumgrenze oder knapp darüber wandern wir vom Einattal (auch als Ainettal bekannt) mit Panoramablick hinaus ins Villgratental, die Lärchen sind schon gelb gefärbt, die Almrosen und Heidelbeersträucher tragen ihr farbenfrohes Herbstkleid und dazu gibt es oft stabiles Hochdruckwetter mit einer Fernsicht, die ihresgleichen sucht. Je nach Schneelage bis in den Oktober hinein möglich, ist diese Wanderung ein Herbstklassiker. Aber auch sonst hat sie viel anzubieten: Im Sommer kann man seine müden Waden im See abkühlen, vom Gipfel aus hat man eine tolle Aussicht und oft bekommt man Wildtiere zu Gesicht. Und auch ein Spruch wird nach dieser Tour wohl in Erinnerung bleiben: »In Tirol gibt es zwei Wegkategorien: Aufi (hinauf) und sakrisch aufi«. Teile dieser Wanderung fallen eindeutig in die zweite Kategorie! Doch die Anstrengungen werden belohnt, sowohl mit abwechslungsreicher alpiner Landschaft als auch mit Wildtiersichtungen und stillem Wandern.

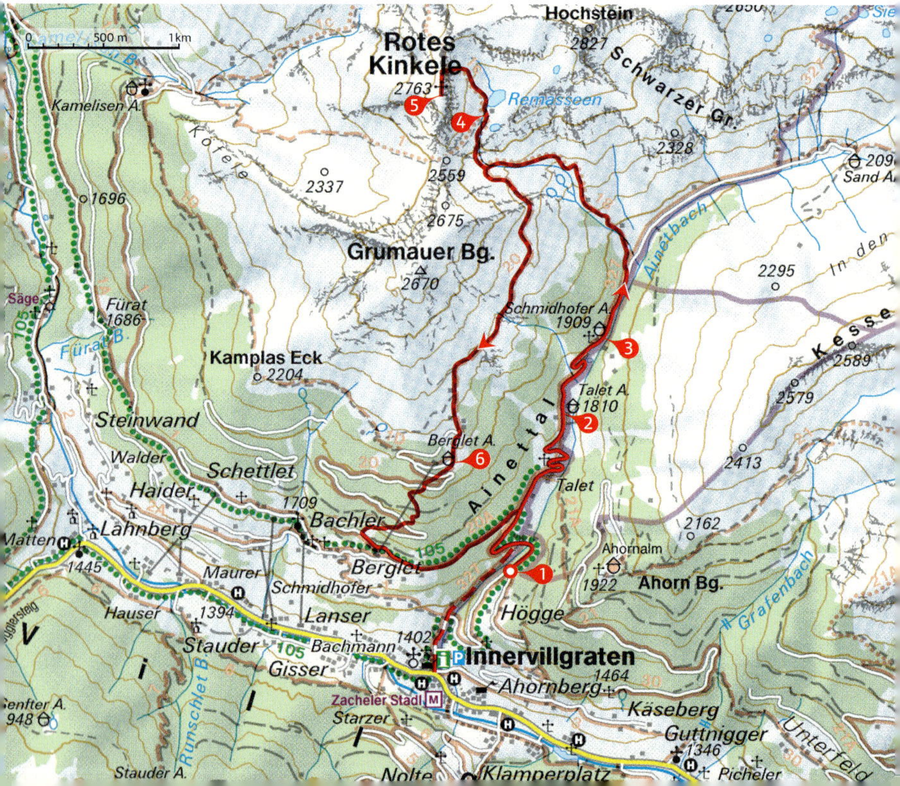

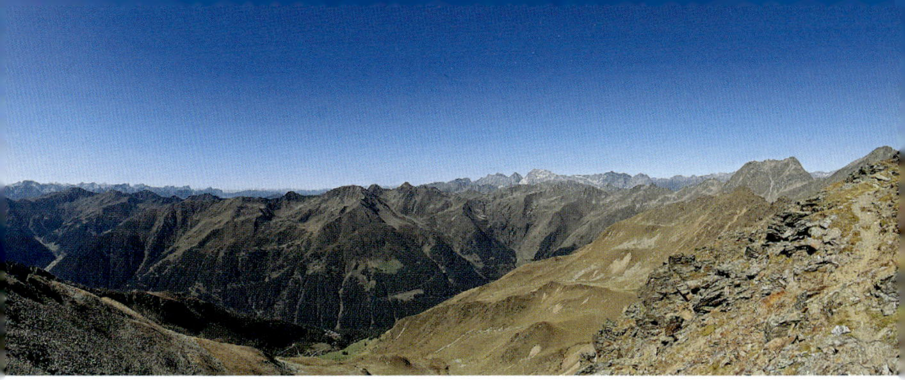

Prachtvolles Villgratner Bergpanorama.

Ausgangspunkt: Kleine Parkbucht an der Ahornbergstraße oberhalb von Innervillgraten (Zufahrtsstraße zu den Höfen Högge), 1565 m, vor der Abzweigung des Einattal-Almzufahrtsweges. Navi: N46.814373 E12.377505. Alternativ kann man auch beim Gasthof Raiffeisen im Zentrum von Innervillgraten parken und dann zwischen Spar-Lebensmittelmarkt und Gemeindeamt die Straße bergauf, an den Mühlen vorbei und dann den Wegweisern den Bach entlang ins Einattal folgen, wo man auf den Aufstiegsweg trifft (zusätzlicher Weg ca. 2,2 km hin/zurück).
ÖPNV: Sehr gute Anbindung an Sillian mit Bus Linie 966; Haltestelle Innervillgraten Dorf im Ortszentrum beim Gemeindeamt. Von dort entspr. der Beschreibung (Alternative) ins Einattal.
Anforderungen: Diese Wanderung verlangt einiges an Waden-Schmalz im steilen Aufstieg auf schmalen Steigen, sowohl zu den Remesseen als auch und vor allem zum Roten Kinkele. Der Abschnitt zur Berglet Alm hat Höhenwegcharakter und führt angenehm etwa die Höhe haltend durch wunderbare Landschaft. Auf der gesamten Route ist Trittsicherheit und Schwindelfreiheit vonnöten.
Einkehr: Keine unterwegs; einige Möglichkeiten in Innervillgraten.
Variante: Wanderung nur zu den Remesseen (dann ca. 1,5 km und 250 Hm weniger).

Vom kleinen **Parkplatz ❶** auf der Zufahrtsstraße der Högge-Höfe folgen wir der **Ahornbergstraße** noch für ein paar Meter bergauf und biegen dann in deren erster Kehre links in einen Schotterweg ab. Auf diesem bleiben wir nun, bis wir nach der **Taletalm ❷** und der **Schmidhofer Alm ❸** (ausgeschildert) an der Engstelle des Einattales zu einem Gatter und kurz darauf zu einem Wegweiser kommen. Links geht es nun für uns hinauf in Richtung »Remesseen / Rotes Kinkele.« Der Pfad wird zunehmend steiler und führt vorbei an einem Holzhüttchen, durch die Almblumenwiesen, quert dann einen Bach und führt daraufhin wiederum steil auf einem Rücken dahin. Auf ca. 2300 m Seehöhe schwingt der Weg vom Rücken nach Westen (links). Nun gehen wir nicht mehr gar so steil auf einen Wegweiser zu; hier steigen wir bei unserer Rückkehr von den Seen links in Richtung Innervillgraten ab. Jetzt wollen wir aber noch zu den zwei Seen und dem Gipfel, wandern dafür weiter bergauf und sehen dann im flacheren Almboden zuerst den unteren und dann auch den oberen **Remessee ❹**, dazwischen eine Hütte, die man als Not-Unterschlupf verwenden kann. Zum Gipfel des Roten Kinkele ist es nicht mehr weit, vom oberen See aus ist er westlich von uns schon gut zu

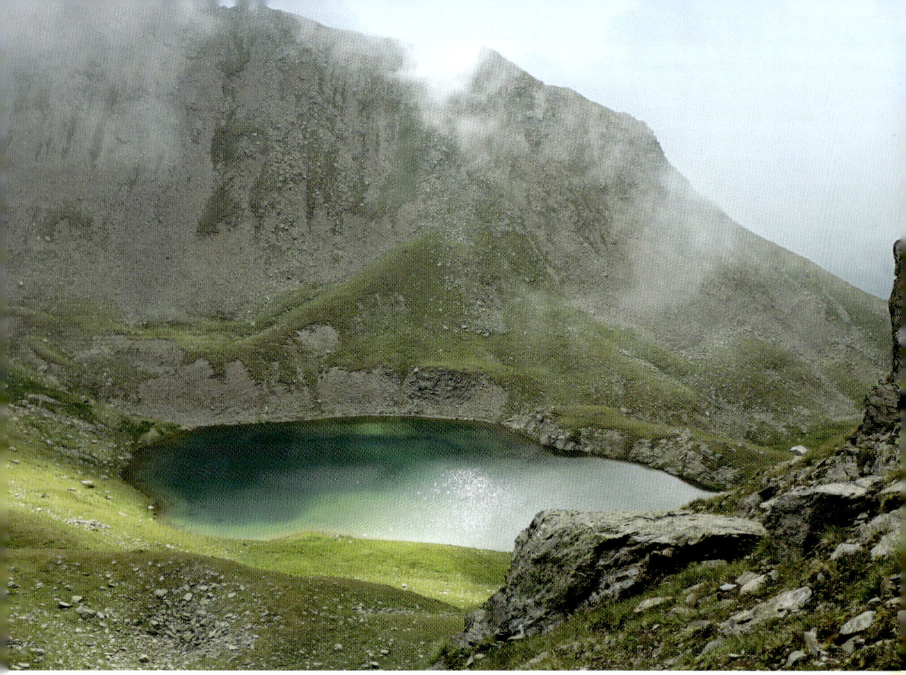

Der obere der Remesseen (auch Remasseen).

sehen. Die nächsten knapp 230 Höhenmeter haben es aber in sich. Wirklich steil geht es in kleinsten Kehren zu einem Sattel und von dort am Grat nach links zum Gipfel des **Roten Kinkele** ❺, 2763 m.

Wir steigen wieder zu den Seen hinab und dann hinunter zum Wegweiser an der Abzweigung, den wir vom Anstieg bereits kennen. Dieser schmale aber landschaftlich sehr reizvolle Weg nach Innervillgraten führt am Hang des Grumauer Bergs dahin, tief unter uns das Einattal. Bei einer Heuschupfe kommen wir zu einer Gabelung, wir folgen dem Wegweiser nach links, sehen gleich die nächste Heuschupfe samt Steinmann und nehmen bei dieser den linken von zwei Wegen. Dieser führt uns zu den größeren Heumähdern der Bergletalm, und wir halten auf die Almzufahrt zu. Wer möchte, kann deren Kehren ausgehen, ansonsten bietet sich der alte Almsteig an. Anfangs führt dieser unter einer kleinen Gruppe Lärchen hinab auf eine weitere Heuwiese, von dort zur **Berglet-Almhütte** ❻ und dann – besser markiert – unterhalb der Gebäude

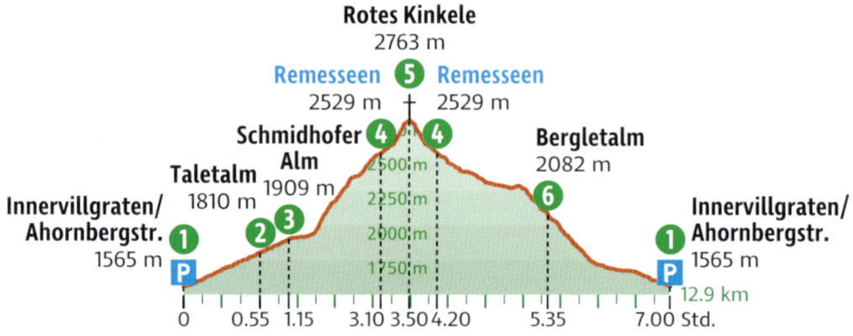

vorbei in den schütteren Wald. Auf ihm kreuzen wir die Zufahrt mehrmals, bis wir auf ca. 1750 m auf die Zufahrt selbst wechseln und auf dieser oberhalb des Ortsteils Hochberg (die Dächer der Bauernhöfe kann man bereits sehen) hinunter zu einem Heulager wandern.

Hier, hoch über dem Dorfkern von Innervillgraten, wandern wir nun nach links in Richtung »Taletalm / Einattal« und gelangen so auf den uns bereits bekannten Schotterweg. Auf ihm kehren wir zu unserem Ausgangspunkt an der **Ahornbergstraße ❶** zurück.

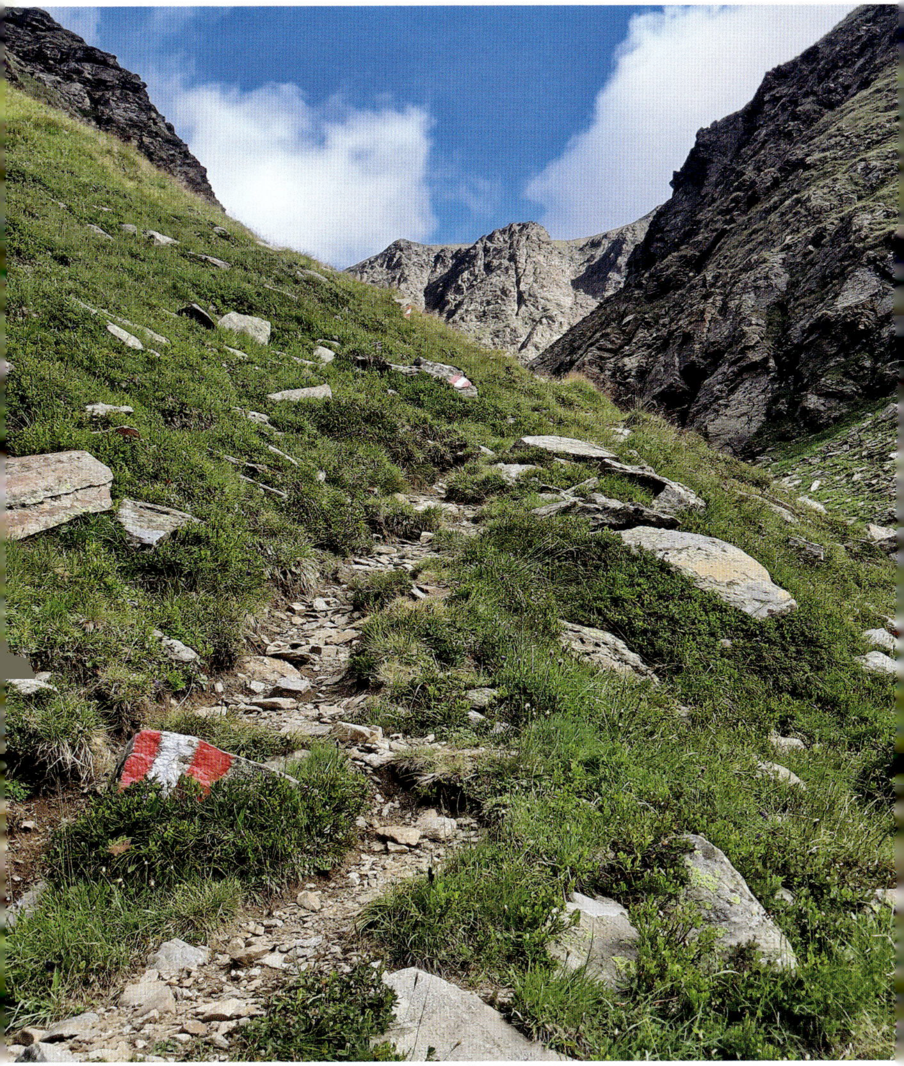

Gut markiert geht es vom Einattal zu den Remesseen.

6 Innervillgrater Bergbauernhöfe-Runde

Von und nach Innervillgraten-Dorf

2.15 Std. | 5,3 km | ↗ 360 m | ↘ 360 m

Sonnenseitenwanderung zu einigen der höchstgelegenen Bauernhöfe

Die steilen Wiesen des Villgratentales werden auch heute noch zumeist traditionell bewirtschaftet, die stolzen mehrstöckigen Bauernhöfe thronen auf fast 1700 Meter über den Orten im Tal, und auch wenn heute zu den Höfen Straßen führen, so gibt es noch so einige der alten Kirchenwege: Kleine, teils steile Pfade, auf denen am Sonntag, dem einzigen Ruhetag im harten Bergbauernalltag, in die Kirche gegangen wurde. Über die Heuwiesen nordwestlich des Ortskernes von Innervillgraten führt uns so ein Kirchweg zu den Hofgruppen Gasser und Berglet und von dort dann über das äußere Einattal wieder zurück ins Ortszentrum. Dabei wandern wir an alten Mühlen vorbei, an den charakteristischen Mauern der Wiesen hin zu den Bergbauernhöfen und den Weideflächen im Einattal. Zu jeder Jahreszeit ein Höhepunkt!

Ausgangspunkt: Parkplatz vor dem Gasthof Raiffeisen, direkt im Ortszentrum von Innervillgraten, 1391 m. Navi: Gasse 77, 9932 Innervillgraten.
ÖPNV: Sehr gute Anbindung an Sillian mit Bus Linie 966, Haltestelle Innervillgraten Dorf beim Gemeindeamt.
Anforderungen: Einfache Wanderung auf schmalen Wiesenwegen, Forstwegen und Alm- und Hofzufahrten.
Einkehr: Keine unterwegs; einige Möglichkeiten in Innervillgraten, z.B. Gasthof Raiffeisen direkt am Ausgangspunkt, Gasse 77, Tel. +43 4843 5318, www.gh-raiffeisen.com, oder Gasthof Café Bachmann, Gasse 79A, Tel. +43 4843 5307.
Hinweise: 1) Aufgrund der sonnseitigen Lage ist dieser Weg oft auch im Winter begehbar. Dies erfordert aber Winterwandererfahrung sowie genaue Einschätzung der Lawinengefahr generell, da Schneebretter abgehen können. 2) Das Einattal wird manchmal auch als Einet- oder Ainettal geführt. 3) Die Blumenwiesen des Kirchweges bieten kleinen Entdeckern und Nachwuchsbiologen ein Dorado.

Vom Parkplatz im Dorfzentrum von **Innervillgraten ①**, beim Gasthof Raiffeisen, gehen wir mit dem Lebensmittelmarkt und der Bank links und dem Gemeindeamt rechts von uns eine kleine Straße bergauf, bald dann am Einatbach entlang. Zwei Mühlen stehen noch an diesem Bach, wir kommen direkt an ihnen vorbei; mit etwas Glück ist eine davon gerade in Betrieb. Nach der zweiten **Mühle ②** biegen wir vor einer Brücke links ab (Wegweiser Richtung »Bergletalm«) und wandern nun auf einem schmalen Wiesenpfad bergauf durch die Heuwiesen des Ortes. So kommen wir zu einer Gruppe Bäume mit einer Bank. Nach dieser führt unser Weg nach rechts und in ein paar kleinen Kehren weiter bergan. Der Blick auf die Bergwelt ist fast unbeschränkt und scheint

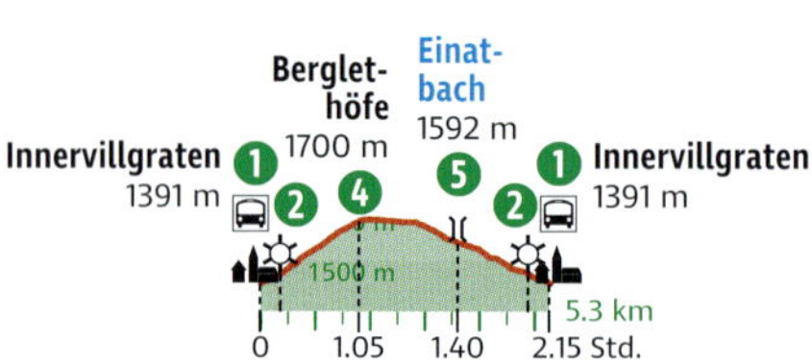

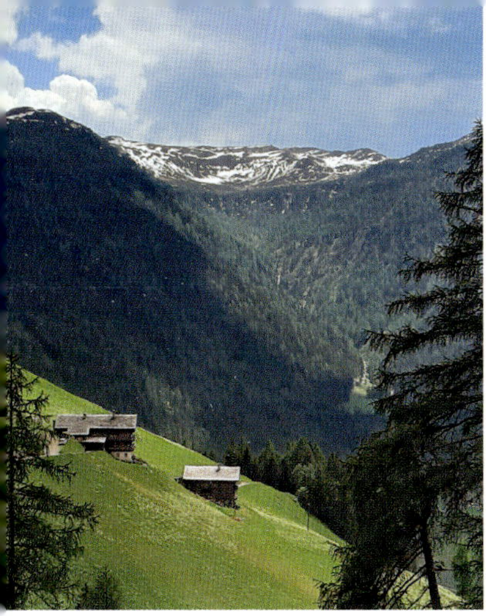

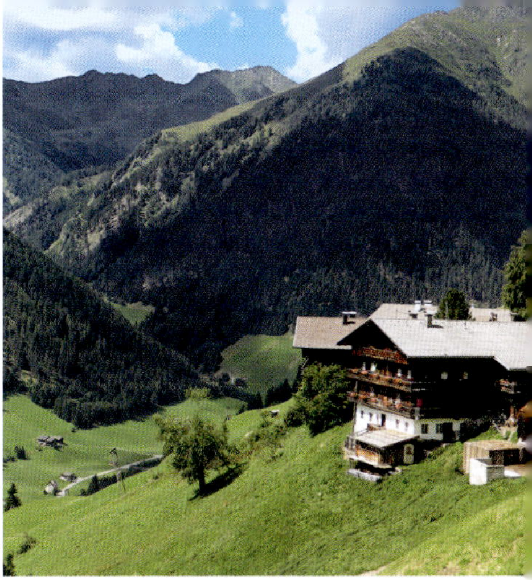

Architektonische Meisterleistung im steilen Gelände, die Bergbauernhöfe von Innervillgraten: Högge-Hof links, Berglate (Berglet) rechts.

mit jedem gewonnenen Höhenmeter besser zu werden. Zwischen den ersten und zweiten über den Weg gespannten Kabeln zweier Materialseilbahnen mündet unser Weg in einen breiteren ein, dem wir weiterhin bergauf folgen. So kommen wir rechts des **Außergasserhofes ❸** auf eine schmale Bergstraße und folgen dieser nach rechts und vorbei an den nächsten drei Bergbauernhöfen, den **Berglethöfen ❹**. Die Abzweigung nach links auf die Bergletalm ignorieren wir und halten uns geradeaus in Richtung »Einattal/Thalet«. Nach einem einzeln stehenden Stallgebäude und einer perfekt situierten Bank mit Panoramablick führt uns dieser Forstweg nun leicht bergab hinein ins Einattal.

Bei der Mündung in die Almzufahrt des Tales biegen wir nach rechts auf diese ab und folgen dem Wegweiser in Richtung »Innervillgraten / Dorf«. So verlieren wir weiter recht sanft an Höhe und kommen zum **Einatbach ❺**, der vor allem bei Schneeschmelze brausend ins Tal tost. Kurz vor der Brücke unseres Weges führt ein Pfad direkt am Bach entlang hinunter in den Ort. Landschaftlich schöner, da mit besserem Ausblick gesegnet, ist aber der Abstieg über die Hofzufahrt des Högge-Hofes: Wir bleiben auf unserem Weg, queren die Brücke und wandern auf der bald erreichten Straße bergab. Sie schwingt mit einer ausladenden Kehre durch die Blumenwiesen und bietet daher noch eine besonders gute Möglichkeit, das Villgratental und den Blick aufs Dorf und hinauf zu den gerade besuchten Höfen zu genießen. Nach der nächsten Brücke schließt sich der Kreis an der **Mühle ❷** und wir gehen auf bereits bekanntem Weg zurück zum Ausgangspunkt in **Innervillgraten ❶**.

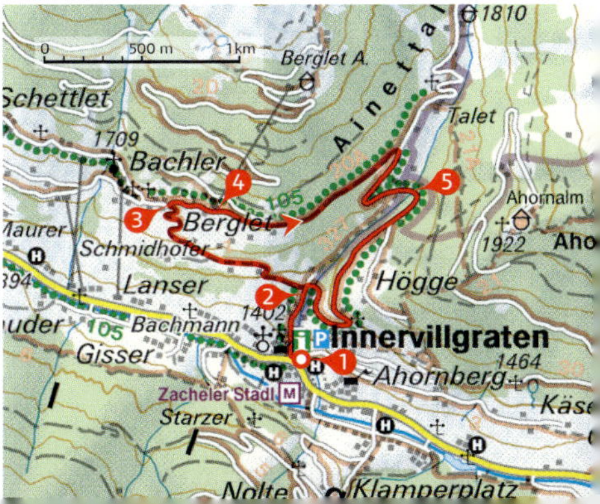

7 Hochgrabe, 2951 m
Von Innervillgraten durchs Einattal

8.00 Std. | 17,2 km | ↗1200 m | ↘1200 m

Über Sieben Seen zur Königin der Villgratner Berge
Egal von welcher Richtung aus man die Hochgrabe betrachtet, sie scheint regelrecht über den Villgratner Bergen zu thronen und zieht die Blicke auf sich, mehr noch vielleicht als ihre zwei höheren Schwestern, die Weiße, 2962 m, und die Rote Spitze, 2956 m. Zumeist von der Volkzeiner Hütte im Winkeltal aus bestiegen, bietet ein Aufstieg aus dem von Almen und Bergmähdern geprägten Einattal den zusätzlichen Bonus der Sieben Seen, die malerisch gelegen mutige Wanderer an warmen Sommertagen auch schon mal zu einem Bad einladen. Bis hoch hinaus steigen hier auch die Weidetiere, und das schon seit jeher, wie die Jahreszahl 1734 bei einem Viehpferch aus Stein im Aufstieg verrät.

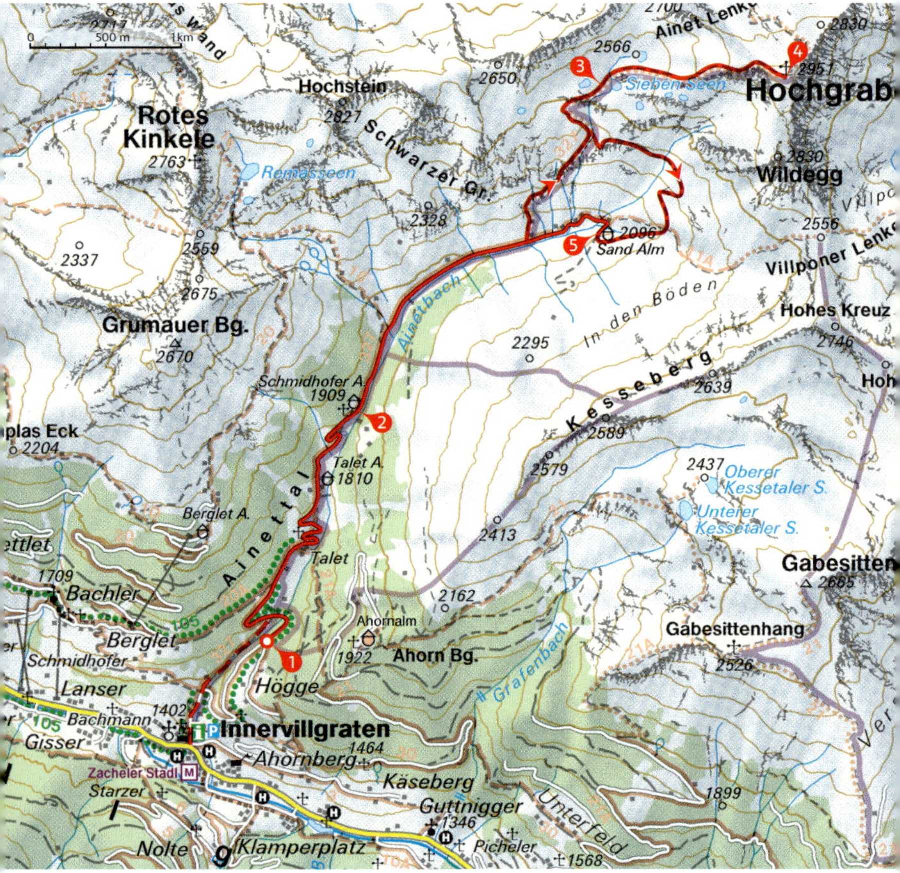

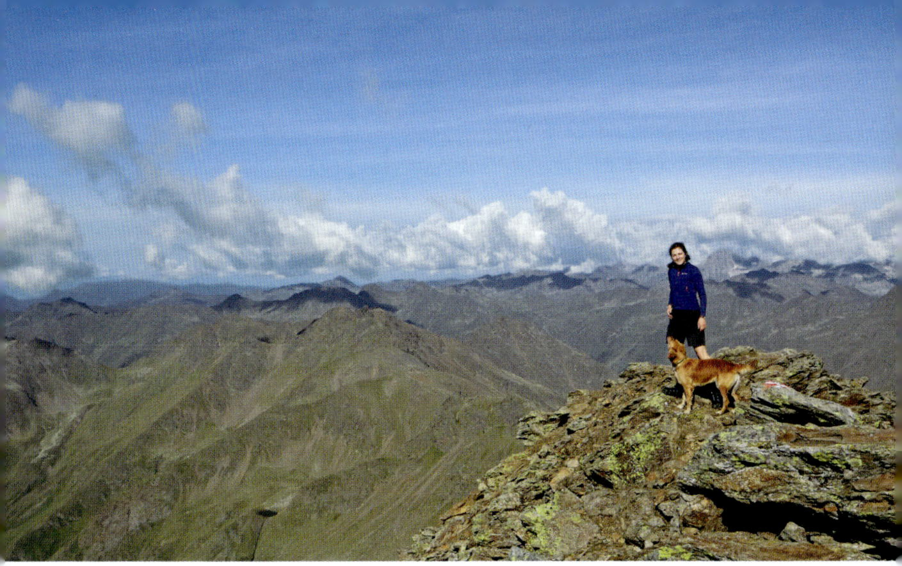

Im Gipfelbereich der Hochgrabe.

Ausgangspunkt: Kleine Parkbucht an der Ahornbergstraße oberhalb von Innervillgraten (Zufahrtsstraße zu den Höfen Högge), 1565 m, vor der Abzweigung des Einattal-Almzufahrtsweges. Navi: N46.814182 E12.377726. Alternativ kann man auch beim Gasthof Raiffeisen im Zentrum von Innervillgraten parken und dann zwischen Spar-Lebensmittelmarkt und Gemeindeamt die Straße bergauf, an den Mühlen vorbei und dann den Wegweisern den Bach entlang ins Einattal folgen, wo man auf den Aufstiegsweg trifft (zusätzlicher Weg ca. 2,2 km hin/zurück).
ÖPNV: Sehr gute Anbindung an Sillian mit Bus Linie 966, Haltestelle Innervillgraten Dorf im Ortszentrum beim Gemeindeamt. Von dort entspr. der Beschreibung (Alternative) ins Einattal.
Anforderungen: Die Hochgrabe wird manchmal als »schwarz« beschrieben, ist aber ein Berg, der zwar etwas Ausdauer erfordert sonst aber wenige Schwierigkeiten an den Bergsteiger stellt. Die neue Routenführung im Gipfelbereich umgeht besonders ausgesetztes Gelände und mit einer guten Portion Trittsicherheit und Schwindelfreiheit sowie Bergerfahrung ist die Hochgrabe ein toller Wanderberg mit dem gewissen Extra.
Einkehr: Keine unterwegs; einige Möglichkeiten in Innervillgraten.
Hinweis: Die Tour ist bis zur Abzweigung des Steiges im hinteren Einettal auch MTB-tauglich.

Vom Ausgangspunkt an der **Ahornbergstraße ❶** gehen wir kurz auf der Straße bergauf, bis in einer Kehre links der Almzufahrtsweg der Einattaler Almen wegführt. Wir folgen diesem nun bergauf für etwa 2,6 km, erreichen dann an einer Engstelle des Tales die drei Hütten der **Schmidhofer Almen ❷** und nach diesen öffnet sich das Tal wieder. Weiter geht es am Talboden, vorbei an der Abzweigung zum Roten Kinkele und den Remesseen (siehe Tour 5), und an einer Almhütte links abseits des Hauptweges. Bei einer Bank mit Tisch führt unser Anstieg markiert an einer alten Begrenzungsmauer entlang weg vom Hauptweg am Talboden. Zuerst wandern wir links der Mauer, dann wechseln wir bei einem Gatter auf die rechte Seite, wenig später geht es dann quer über

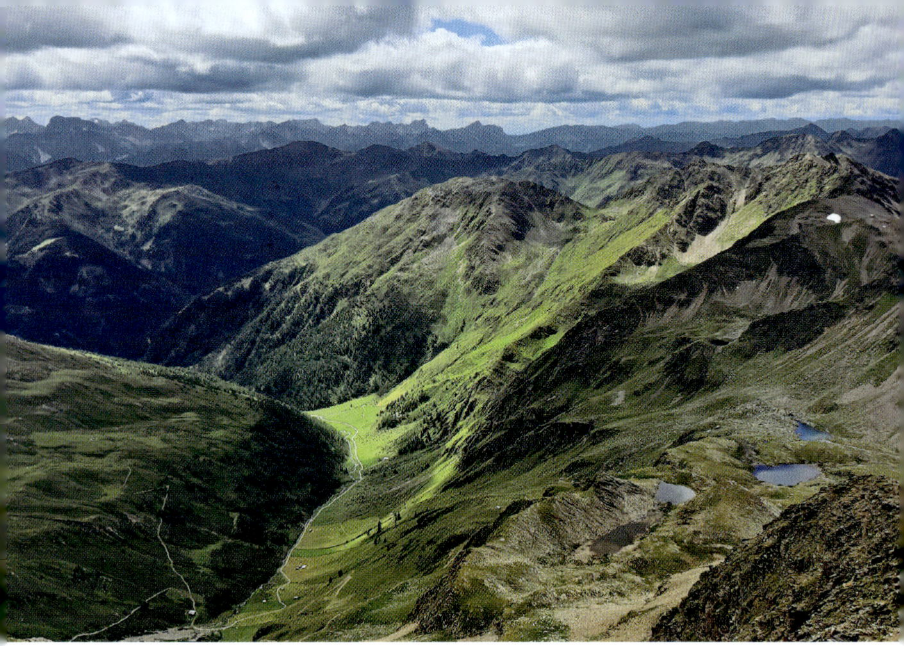

Blick hinunter auf die Sieben Seen und ins Einattal.

die Bergwiese, deren üppige Blütenpracht etwas ganz Besonderes ist. Wir kommen so vorbei an Heuschupfen, queren Wasserläufe (manche von ihnen tosen ober uns als Wasserfälle vom Felsen) und erreichen nach einer steilen Passage schließlich ein kleines Almplateau mit Viehunterstand links, Brunnen vor uns und Almhüttchen rechts. Von dort führt uns die Markierung hinter dem Viehunterstand vorbei am Hang hinauf zu einer weiteren Geländestufe, auf der ein steinerner Unterschlupf und ein Viehpferch zu sehen sind, datiert mit 1734. Ein deutlicher Pfad führt uns auf die nächste Geländestufe, wo wir nun das Gelände der **Sieben Seen 3** erreichen, samt einer Bank für eine Rast.

Von dort geht es jetzt zuerst noch zum zweiten der größeren Seen in nordöstlicher Richtung, dann in östlicher Richtung ins steinige Reich der Hochgrabe. Über einen sandigen Hang gelangen wir auf einen Rücken, dem wir folgen (immer den Markierungen nach) und so gut an Höhe gewinnen. Der Gipfel der Hochgrabe bleibt lange versteckt, wir achten auf den letzten paar Hundert Metern zum Gipfel darauf, eher auf der linken/nördlichen Seite des Gipfelkamms am neuen Weg unterwegs zu sein; die Markierungen des

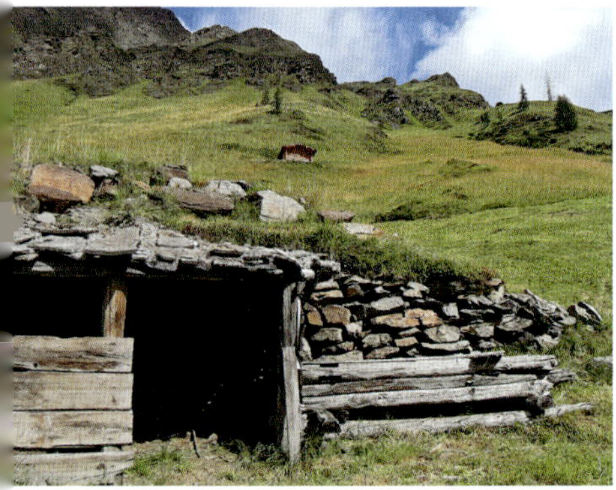

Altbewährt bewährt sich immer noch: Viehunterstand im Einattal.

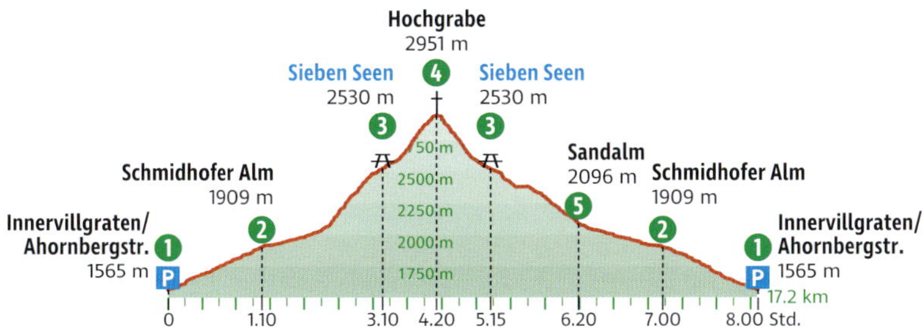

alten aufgelassenen Weges südlich des Grates sind zwar manchmal noch auszumachen, dieser Weg ist aber nicht mehr sicher. Vom **Hochgrabe-Gipfel ❹**, 2951 m, bietet sich ein herrliches Bergpanorama.

Wenn wir uns sattgesehen und gestärkt haben, steigen wir wieder bis zum Viehunterstand mit Wassertrog und kleiner Almhütte auf bereits bekanntem Weg ab. Wir wandern oberhalb des Troges vorbei mit der Hütte ca. 50 Meter rechts von uns und sehen in den Sommermonaten den Weidezaun vor uns. Bei diesem angelangt, können wir unseren Bergabweg, die raue Zufahrt der kleinen Hütte, vor uns schon sehen. Sie bringt uns hinunter ins hintere Einattal und vorbei an der **Sandalm ❺** auf den Almzufahrtsweg am Talboden, den wir bei unserem Aufstieg bereits beschritten. Mit dem Tal ausgebreitet vor uns wandern wir zurück zum Ausgangspunkt an der **Ahornbergstraße ❶**.

Blick talauswärts am Rückweg durch das malerische Einattal.

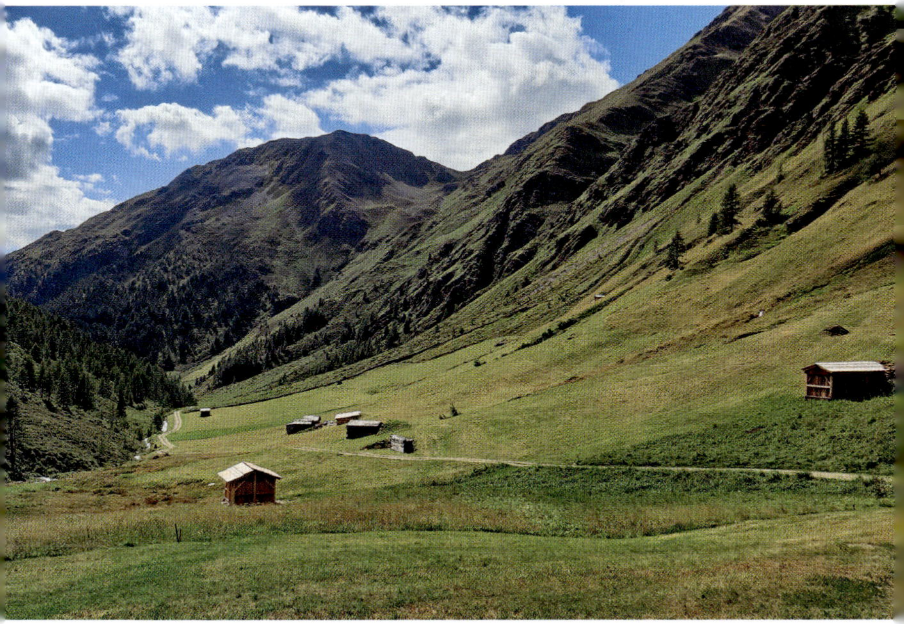

8 Gabesitten, 2665 m, und Kessetaler Seen

Von Innervillgraten über die Ahornalm

TOP | 6.30 Std. | 14,6 km | ↗ 1280 m | ↘ 1280 m

Abwechslungsreiche Tour auf den Hausberg der Außervillgrater
Die ausladende Gipfelkuppe des Gabesitten zieren ein kleines Gipfelkreuz und zwei große Steinmänner, das große Kreuz, das man vom Tal aus sieht, steht am Gabesittenhang. Der Aufstieg zum wahren Gipfel rentiert sich aber, ist man dort doch oft allein und kann eine tolle Aussicht auf Regenstein, Gölbner und Gumriaul, Hochkreuz und Hochgrabe sowie natürlich die Dolomiten bis hin zum Großglockner genießen. Der Aufstieg von Innervillgraten bietet noch weitere Boni an: eine abwechslungsreiche Route und den Besuch bei den beiden idyllisch gelegenen Kessetaler Seen, die sich im Sommer auch für ein erfrischendes Bad anbieten.

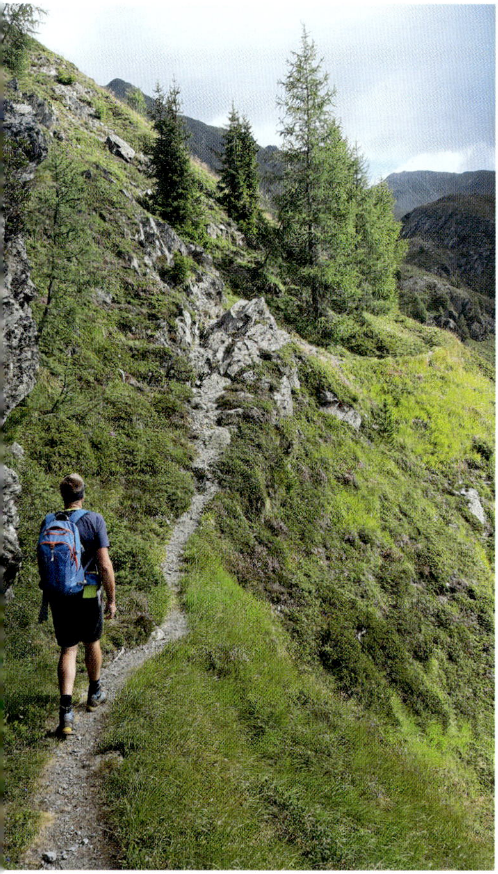

Ausgangspunkt: Parkplatz vor dem Gasthof Raiffeisen, direkt im Ortszentrum von Innervillgraten, 1391 m. Navi: Gasse 77, 9932 Innervillgraten.
ÖPNV: Sehr gute Anbindung an Sillian mit Bus Linie 966, Haltestelle Innervillgraten Dorf im Ortszentrum beim Gemeindeamt.
Anforderungen: Von den technischen Anforderungen her leichte Wanderung, die mit durchschnittlicher Trittsicherheit und guter Ausdauer machbar ist. Auf der hier beschriebenen Route ist allerdings grundlegendes Orientierungsvermögen vonnöten, da wir auf weglosem, aber sehr einfachem Terrain zum Gipfel wandern.
Einkehr: Keine unterwegs; einige Möglichkeiten in Innervillgraten, z.B. Gasthof Raiffeisen direkt am Ausgangspunkt, Gasse 77, Tel. +43 4843 5318, www.gh-raiffeisen.com, oder Gasthof Café Bachmann, Gasse 79A, Tel. +43 4843 5307.
Hinweis: Nur bei guter Sicht empfehlenswert, da man sich im nicht und eher schlecht markierten Gipfelbereich des Gabesitten an den Formationen orientieren können muss.

Unterwegs am Kesseberghang.

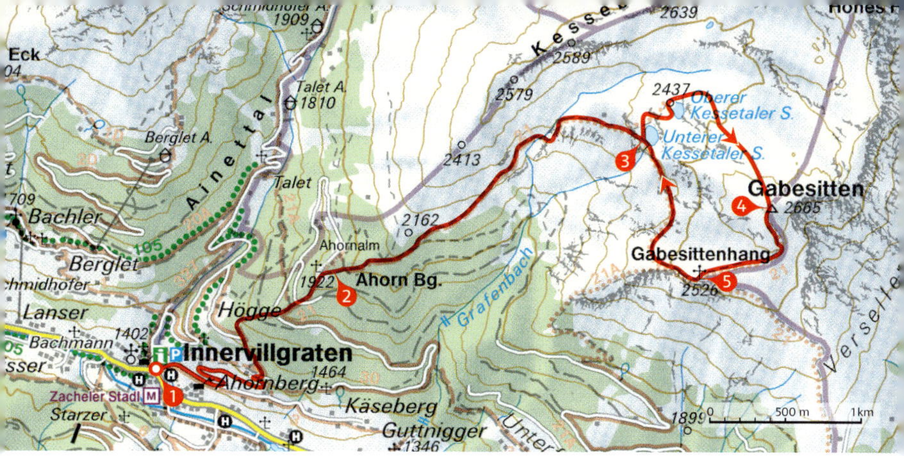

Vom Parkplatz im Dorfzentrum von **Innervillgraten ❶**, beim Gasthof Raiffeisen, folgen wir den Wegweisern für »Kessetaler Seen« und »Gabesitten« (Weg Nr. 21) nach Osten auf die Ahornbergstraße. Auf dieser gehen wir bergaufwärts und biegen bei der ersten Möglichkeit scharf links ab. Nach zwei Kehren führt von unserer Straße rechts eine Schotterstraße weg; es ist der Zufahrtsweg zur Ahornalm. Wir aber biegen, den Wegweisern folgend, nach ein paar Dutzend Metern auf der Schotterstraße gleich wieder nach links in den Wald hinein ab. Auf diesem gut markierten Almsteig gewinnen wir stetig und flott an Höhe, kreuzen dreimal eine Forststraße und kommen dann zur **Ahornalm ❷**. Wir gehen unter der ersten Hütte vorbei und folgen den gelben Wegweisern beim Brunnentrog bergan wieder in den Wald hinein. Im Bereich der Waldgrenze wird der Weg dann weniger steil und führt auf die Almflächen am südlichen Kesseberg. Mit dem Hang auf unserer Linken folgen wir dem Steig nun dem Kesseberghang entlang ins Kessetal. Dessen Weite im hinteren Talabschnitt erkennen wir aber erst, nachdem wir nach einer Bachquerung wiederum einige Höhenmeter überwunden haben.

Vor uns liegt nun das flache Kessetal, rechts vom Gletscher hinterlassene Hügel, durch die der markierte Steig vorbei an einer Hirtenhütte – verborgen in den Hügeln – zum unteren der beiden **Kessetaler Seen ❸** führt. Wir wandern im Uhrzeigersinn zum nördlichen Ende des Sees. Hier kommen wir über ein Grasband zwischen felsigen Sektionen hinauf zum zweiten See. Ab hier sind nun unsere Pfadfinder- und Navigationskennt-

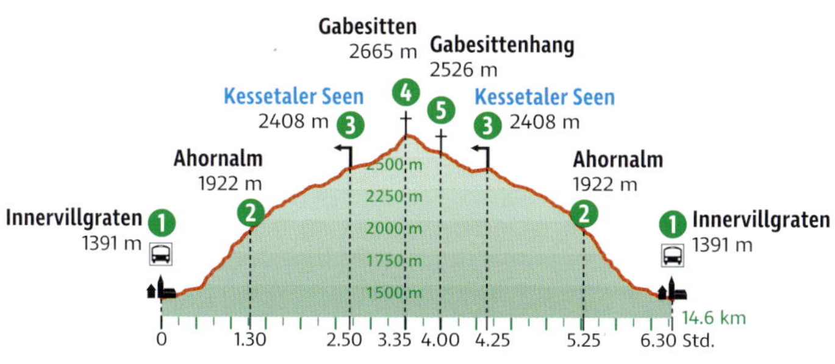

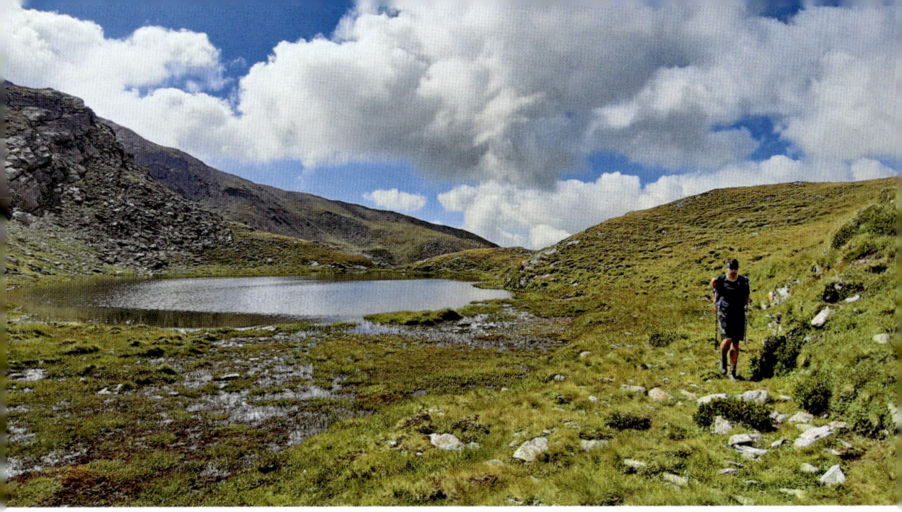

Am oberen Kessetaler See auf dem Weg zum Gabesitten.

nisse gefordert, denn die Markierungen sind nun zu Ende. Wir umwandern den See wiederum in nördlicher Richtung. An einem felsigen Areal rechts von uns und östlich des Sees gehen wir vorbei und halten uns dann in südöstlicher Richtung parallel zum Bergrücken rechts von uns. Zuerst geht es so durch Grasland und dann durch immer kargere Vegetation bergauf in fast gerader Linie. Schon bald können wir den Gipfelbereich des **Gabesitten ❹**, 2665 m, mit Kreuz und Steinmännern ausmachen. Vom Gipfel gehen wir zuerst nach Südosten, ein Steinhaufen weist uns den ungefähren Weg im hügeligen Gipfelgelände. Mit Blick hinunter ins Winkeltal auf unserer Linken steigen wir dann auf einem grasigen Rücken bergab auf eine Geländestufe. Durch diesen leichten Schwenk nach Osten haben wir auf einfachem Untergrund den Schutt, Fels und das Geröll auf der Direttissima vom Gipfel zum Gabesittenhang-Kreuz umgangen. Das große Kreuz am **Gabesittenhang ❺**, 2526 m, sehen wir samt Wegspuren dorthin nun schon südwestlich von uns und gehen direkt darauf zu.

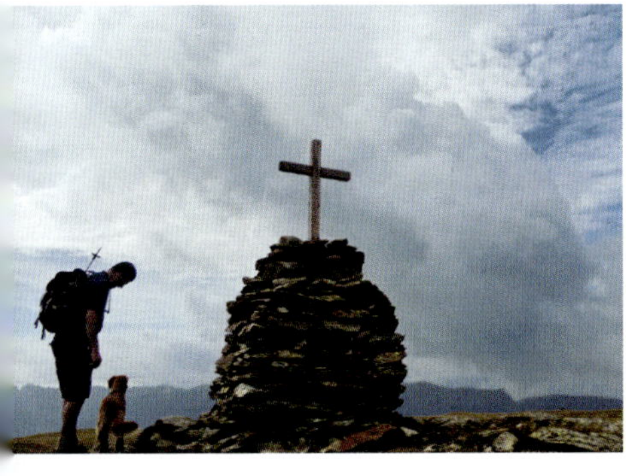

Um unsere Runde zu komplettieren, folgen wir den Markierungen am Boden in Richtung Westen. Nach kurzer Zeit teilt sich der Weg, wir folgen den rechten Markierungen, links geht es der Bergkante entlang hinunter nach Außervillgraten. Unsere Markierungen führen uns zwischen großen Steinmännern hindurch auf einen Pfad, der uns unter den hier schuttigfelsigen Hängen des Gabesittens zurück zum unteren **Kessetaler See ❸** bringt. Von dort kehren wir über die **Ahornalm ❷** auf bereits bekanntem Weg zurück zum Ausgangspunkt in **Innervillgraten ❶**.

Gipfelkreuz des Gabesitten.

Falkamsee, 2632 m
Von der Volkzeiner Hütte im Winkeltal

9

4.30 Std. | 9,6 km | ↗800 m | ↘800 m

Einsamer See hoch über der beeindruckenden Landschaft des Winkeltales

Bis zuletzt bleibt der Falkamsee verborgen, aber er ist jeden erklommenen Höhenmeter wert! Abwechslungsreichtum und imposante Landschaften, geschaffen vom Wasser und früheren Gletschern, prägen diese Tour, die im hintersten Winkeltal an die Hänge der Hochgrabe und des Großen Degenhorns führt. Die Ruhe am Falkamsee genießen nicht nur wir, wer hier ruhig sitzt, die Landschaft auf sich wirken lässt und Zeit hat, einfach nur zu schauen und zu beobachten, der wird oft belohnt: Gehört diese Gegend doch zum Revier des Steinadlers, auch Turmfalken ziehen hier ihre Kreise. Und wenn man sich nicht ganz allein vorkommt, sollte man die Felsen rund um den See genau studieren, denn oft stehen Gämsen oder auch schon mal Steinböcke am Hang und beobachten die seltenen Wanderer.

Ausgangspunkt: Parkplatz Volkzeiner Hütte, 1862 m, am Ende der öffentlichen Schotterstraße des Winkeltales. Um ins Tal zu kommen, im Zentrum von Außervillgraten die Brücke überqueren und der Straße hinein ins Tal folgen. Navi: N46.867616 E12.439335.
ÖPNV: Für diese Wanderung kann man auch das Villgrater Wandertaxi zum Ausgangspunkt benutzen. Dieses muss spätestens bis 18 Uhr am Vortag gebucht werden, Tel. +43 664 9945074, Infos unter www.herz-ass-villgratental.at/mobil.
Anforderungen: Einige leicht ausgesetzte, »luftige« Passagen erfordern Trittsicherheit und Schwindelfreiheit.
Einkehr/Übernachtung: Nur am Touranfang/-ende (etwa 150 m abseits der Route, Abzweigung bei der Brücke) in der Volkzeiner Hütte, Tel. +43 4843 20031 od. +43 664 9888800, www.volkzeinerhütte.at, hier kocht der Wirt noch selbst, einfache Gästezimmer.
Hinweis: Bis zur Heinkaralm ❷ führt nun eine geschotterte Almzufahrt, die in einigen Karten in ihrer neuen Form noch nicht eingetragen ist. Diese Route zieht auch (E-)Mountainbiker an.

An der Fallkante des Schrentebach-Wasserfalls.

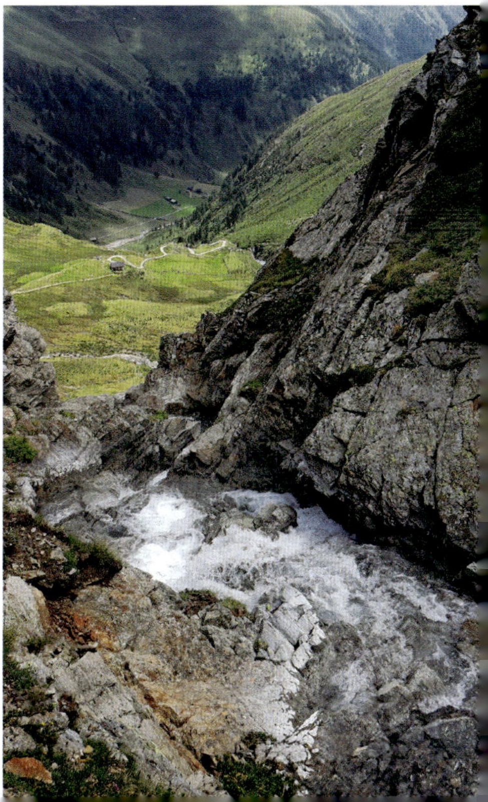

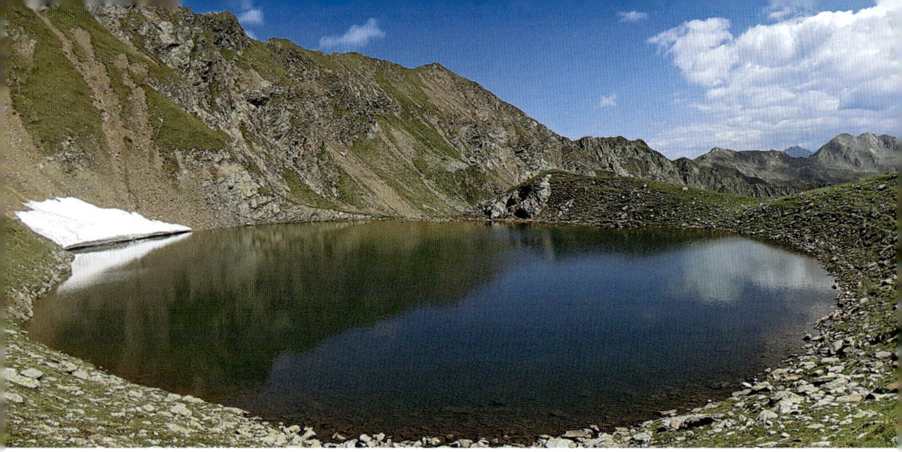

Zeit zum Genießen: der Falkamsee und sein Bergpanorama.

Vom **Parkplatz 1** der **Volkzeiner Hütte** queren wir eine Brücke und gehen nach der Infotafel der Hütte gleich links den Bach entlang, kommen an der Volkzeiner Alm vorbei und folgen dem recht neuen und breiten Almweg in Kehren über eine erste Geländestufe hinauf zur **Heinkaralm 2**. Wir gehen rechts am eingezäunten Almgebäude vorbei und folgen den Markierungen auf einem vorerst noch breiten Weg bis zu einem Wegweiser, auf dem der Falkamsee aber nicht angeführt ist; anfänglich halten wir uns immer in Richtung »Degenhorn«. Vor uns sehen wir den Wasserfall des Schrentebachs, er stürzt über die nächste Geländestufe hinunter, beim Abstieg werden wir die Gelegenheit bekommen, bis fast an die Fallkante heranzutreten. Jetzt aber heißt es, einige Höhenmeter zu gewinnen. Rechts des Wasserfalls folgen wir dem markierten Steig zuerst im weiten Hangbereich dann enger durch das Gliefeloch, zwischen Felsen bergan. Dieser Steig bringt uns hinauf auf den Schrentebachboden, eine Hochebene von beeindruckendem Ausmaß: Hier fließen einige Bäche zusammen, mäandern durch die Ebene. Der Blick reicht von den Gipfeln am Eingang des Winkeltales bis hin zur Hochgrabe, dem Regenstein und dem Kleinen Degenhorn, den Gipfel des Großen Degenhorns sehen wir erst später. Beim Wegweiser am Beginn des Schrentebachbodens folgen wir wieder dem zum

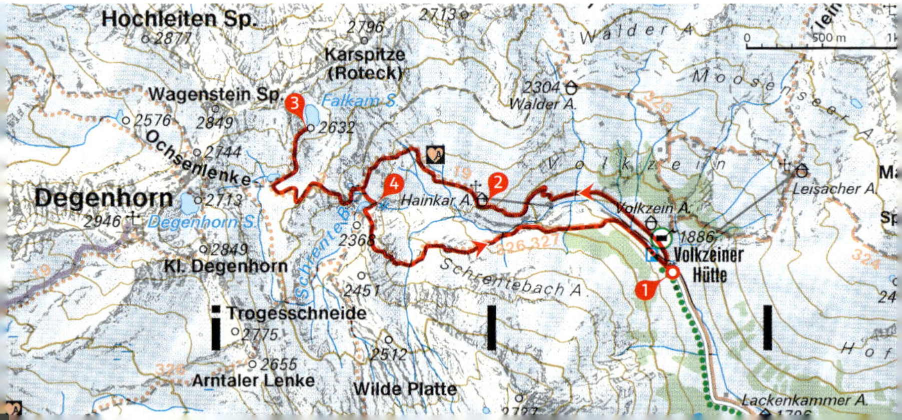

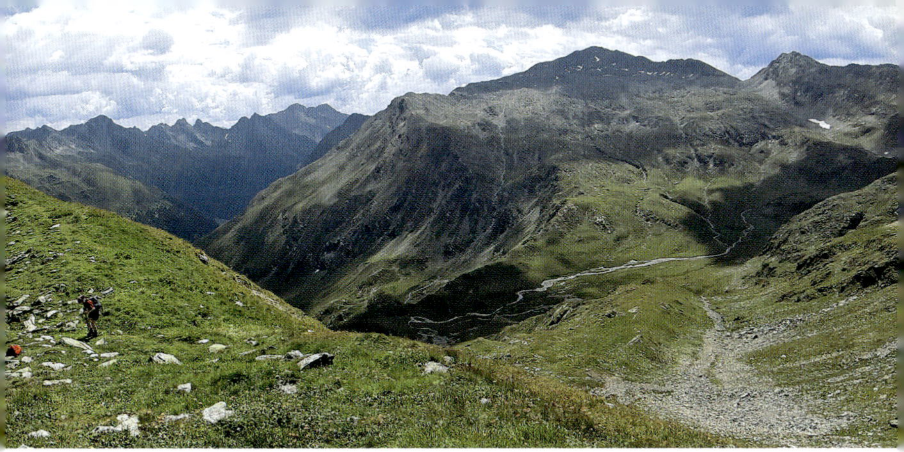

»Degenhorn« (Weg Nr. 19). Der Steig führt geradeaus, zuerst an einem kleinen See und dann an einem steinernen Pferch vorbei (beide rechts des Weges), und dann über Felsbänder teils etwas ausgesetzt auf die nächste Geländestufe. Auf der nun erreichten Hochebene befindet sich wieder ein kleiner See. Wir verlassen nun die Route zum Degenhorn und folgen dem Wegweiser zum »Falkamsee« nach rechts. Der Weg verläuft oberhalb des kleinen Sees, anfänglich nur an Trittspuren und den Markierungen zu erkennen, ist er dann aber wieder deutlicher und führt nur noch wenige Höhenmeter zunehmend zum **Falkamsee** 3.

Nach ausgiebiger Rast steigen wir auf bereits bekanntem Weg wieder zum Wegweiser am Schrentebachboden hinab und folgen nun den vielen Pfeilen in südliche Richtung (rechts), die Volkzeiner Hütte ist hier noch nicht angeschrieben. Bevor wir den **Schrentebach** den Markierungen folgend queren, rentiert es sich, vorsichtig bachabwärts zur kleinen Schlucht des Baches zu gehen, um zu sehen, wie dieser nahe der Fallkante des **Wasserfalls** 4 noch tost und braust. Nach Querung des Baches erklimmen wir noch einige Höhenmeter und sehen dort wieder eine Wegweisertafel. Keiner der Wegweiser zeigt nach links hinunter zur Volkzeiner Hütte, aber wir sehen den Wegverlauf deutlich und folgen dem Steig. Dieser Weg bringt uns auf sicherer Route durch ein paar kleinere Felsbänder und hinunter auf Höhe der Heinekaralm, die aber auf der anderen Seite des Baches liegt.

Der Bach selbst hat sich eine beeindruckende Schlucht im Bereich der Alm gegraben, der Weg führt direkt an deren Kante heran, ein imposantes Schauspiel! Nach der Schlucht geht es in einigen Kehren bergab und auf die **Volkzeiner Hütte** und den Ausgangspunkt am **Parkplatz** 1 im Tal zu.

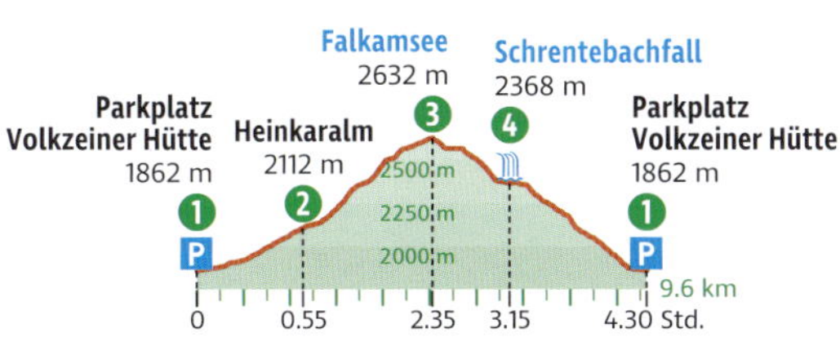

10 Sauspitze, 2604 m, und Grabenstein, 2665 m

Im hinteren Winkeltal

TOP | 5.30 Std. | 7,1 km | ↗900 m | ↘900 m

Über die einsame Villponer Alm zu zwei Gipfeln auf einem Kamm

Das malerische Winkeltal mit seinen vielen Almen bietet mit der Villponer Alm, auf die nur ein Steig führt, einen wahren Leckerbissen für Naturliebhaber. Viele Sportler kennen ihre Hänge, die im Winter mit ihrer Nordausrichtung und ihrer oft perfekten Neigung das Skitourengeher-Herz höherschlagen lassen. Aber auch im Sommer lohnt sich ein Besuch auf jeden Fall: Die Alm liegt eingebettet in ein breites Hochtal, begrenzt von felsig hohen Gipfeln, rechts die Hochgrabe, 2951 m, links die Sauspitze, 2604 m, im Süden das Hohe Haus, 2784 m, und das Hohe Kreuz, 2746 m. Richtiges Berggefühl kommt dann auf den beiden Gipfeln auf, erlauben sie doch, die Großen der südlichen Ostalpen zu erspähen. Wie aufgereiht sind sie alle da: Dreiherrnspitze, Großvenediger und Großglockner hinter den Gipfeln der Defregger Berge, im Süden die Drei Zinnen in den Dolomiten, der Karnische Hauptkamm und die bekannten Namen der Villgratner Berge direkt vor uns auf der anderen Seite des Winkeltales: Hochalmspitze, Regenstein, Arntaler Köpfe, Gölbner und Gumriaul.

Ausgangspunkt: Kleine Parkbucht an der Zufahrtsstraße zur Volkzeiner Hütte im Winkeltal, 1796 m. Die Parkbucht befindet sich etwa 100 m vor der ersten Almhütte der Lackenkammer-Alm in einem Lawinenstrich. Um ins Winkeltal zu kommen, im Zentrum von Außervillgraten die Brücke überqueren und der Straße hinein ins Tal folgen. Navi: N46.857949 E12.449279

ÖPNV: Für diese Wanderung kann man auch das Villgrater Wandertaxi zum Ausgangspunkt benutzen. Dieses muss spätestens bis 18 Uhr am Vortag gebucht werden, Tel. +43 664 9945074, Infos unter www.herz-ass-villgratental.at/mobil.

Im Anstieg hat man einen schönen Blick auf das hier frühlingshafte Winkeltal.

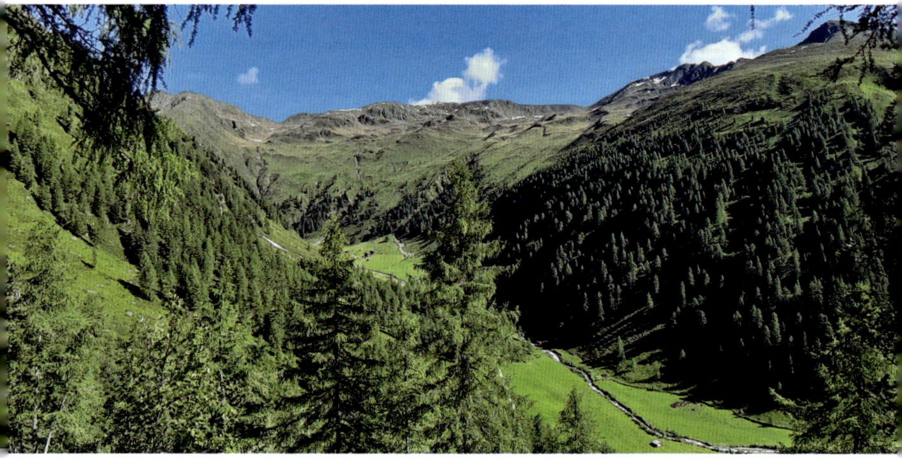

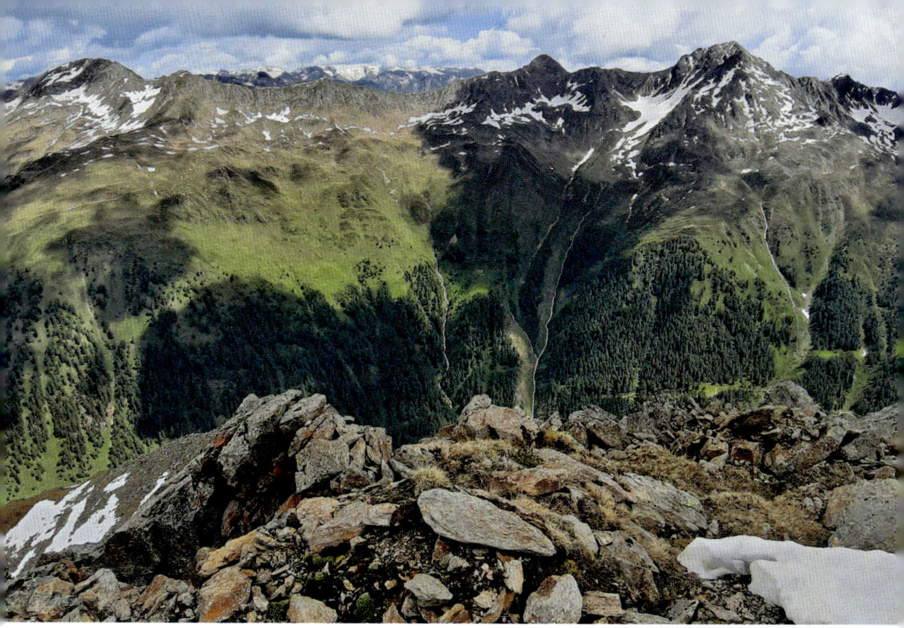

Blick zum Regenstein (rechts, Tour 35) und Villgrater Joch (Tour 11) vom brüchigen Gipfel des Grabenstein.

Anforderungen: Mittelschwere Bergwanderung, die vor allem bei der Besteigung der Sauspitze Trittsicherheit erfordert. Deren Gipfel ist sehr ausgesetzt und das Bewegen in der Nähe des Kreuzes erfordert besondere Vorsicht. Wer auch nur leichte Höhenangst hat, sollte die Sauspitze besser auslassen. Der Grabenstein ist um einiges einfacher, der Gipfelbereich ist weitflächig, aber teilweise bereits ziemlich brüchig; man sollte sich vom Rand fernhalten.

Einkehr: Keine unterwegs; aber die Volkzeiner Hütte (siehe Tour 9) am Talschluss ist nur ca. 20 Minuten zu Fuß vom Ausgangspunkt entfernt, auch per Auto erreichbar.

Anfangs führt der Weg vom Ausgangspunkt im **Winkeltal** kurz vor der **Lackenkammer-Alm** ❶ nur unscheinbar markiert gerade hinauf durch eine Lawinenschneise und mündet bald in einen Forstweg, dem wir nach rechts folgen. Ab hier sind die Markierungen nun deutlicher, und bei einer Ausbuchtung weist uns ein Wegweiser nach links und dann sofort rechts hinauf den Weg zu Villponer Alm. Durch alten Lärchenwald steigen wir nun über eine Geländestufe und queren dabei den Serlbach. Etwas später wandern wir oberhalb des Baches, der das breite Tal der Villponer Alm entwässert, zur

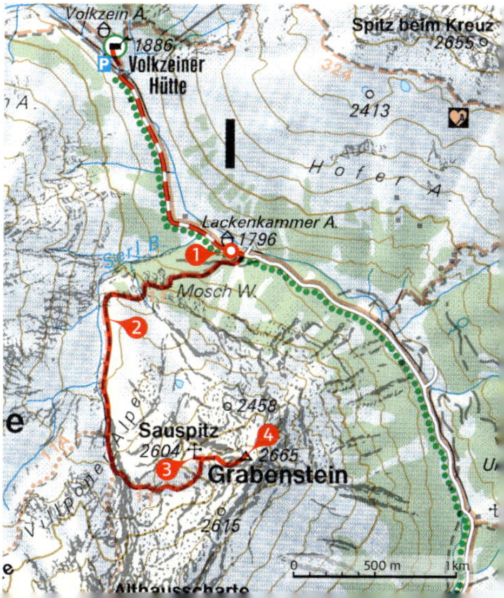

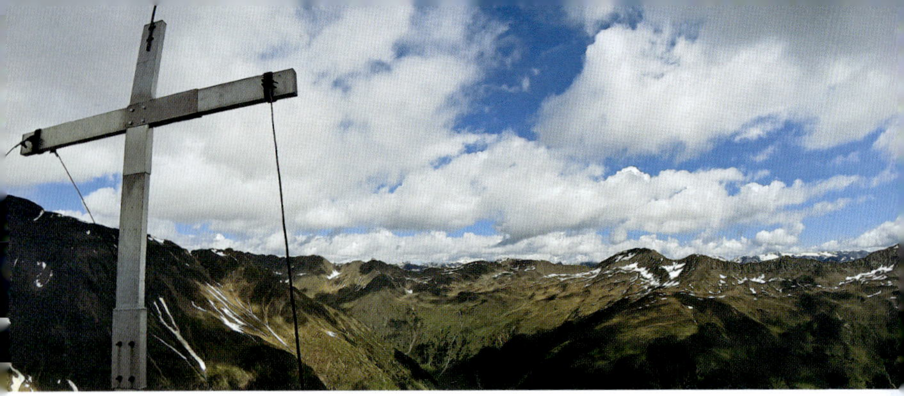

Gipfelkreuz der Sauspitze.

kleinen **Hütte ❷** im weitläufigen Gebiet der **Villponer Alm**. Die Hütte steht als Unterschlupf offen. Von dort folgen wir den Markierungen für einige Zeit in südlicher Richtung am östlichen Rand des Tales. Rechts vor uns erkennen wir den Einschnitt der Villponer Lenke, ein Übergang ins Einattal, rechts über der Lenke thront die Hochgrabe, deren Gipfelkreuz man ebenso sieht wie das der Sauspitze links von uns.

Insgesamt gibt es auf unserer Route nun zwei Weggabelungen, bei denen wir uns jeweils links halten. Die erste erreichen wir bei einem gespaltenen Felsbrocken, rechts ginge es zur Villponer Lenke. Wir aber wandern weiter und überwinden eine weitere Geländestufe. Etwas rechts vor uns dominiert nun die Althausscharte, sie führt zur Brandalm und ins vordere Winkeltal. Wir aber halten uns bei der Gabelung links und kommen so, den Markierungen folgend, in das Kar unterhalb der nun nordöstlich von uns gelegenen Sauspitze und des Grabensteins. Bevor wir zum Geröllhaufen in der Mitte des Kars kommen, folgen wir den Markierungen nach links. Sie führen uns direkt zu einem wie ein Zacken im Rückenpanzer eines Drachens anmutenden Felsen am Kamm zwischen den beiden Gipfeln. Um dorthin zu gelangen, überwinden wir etwas loses Geröll. Der Gipfel der **Sauspitze ❸**, 2604 m, ist jetzt noch etwa 30 Höhenmeter entfernt, Trittspuren führen bis zum Gipfelkreuz. Wieder zurück am Kamm geht es dann technisch einfacher in östlicher Richtung bis zum Gipfel des **Grabensteins ❹**, 2665 m. Das Gipfelkreuz ist leider nur noch in seinen Bruchstücken erkennbar, aber die Aussicht macht alles wett!

Anschließend steigen wir auf dem Aufstiegsweg wieder zur **Lackenkammer-Alm ❶** ab.

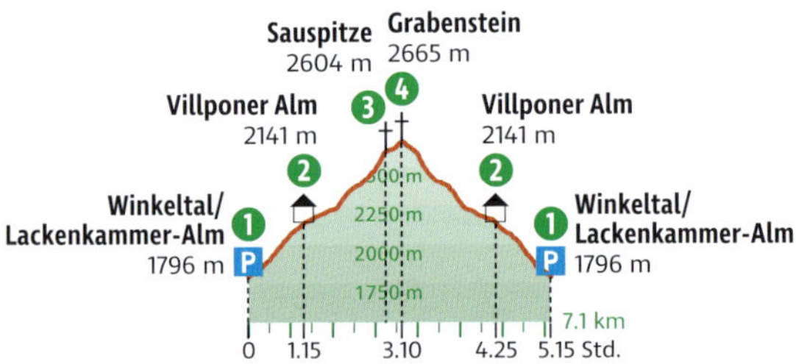

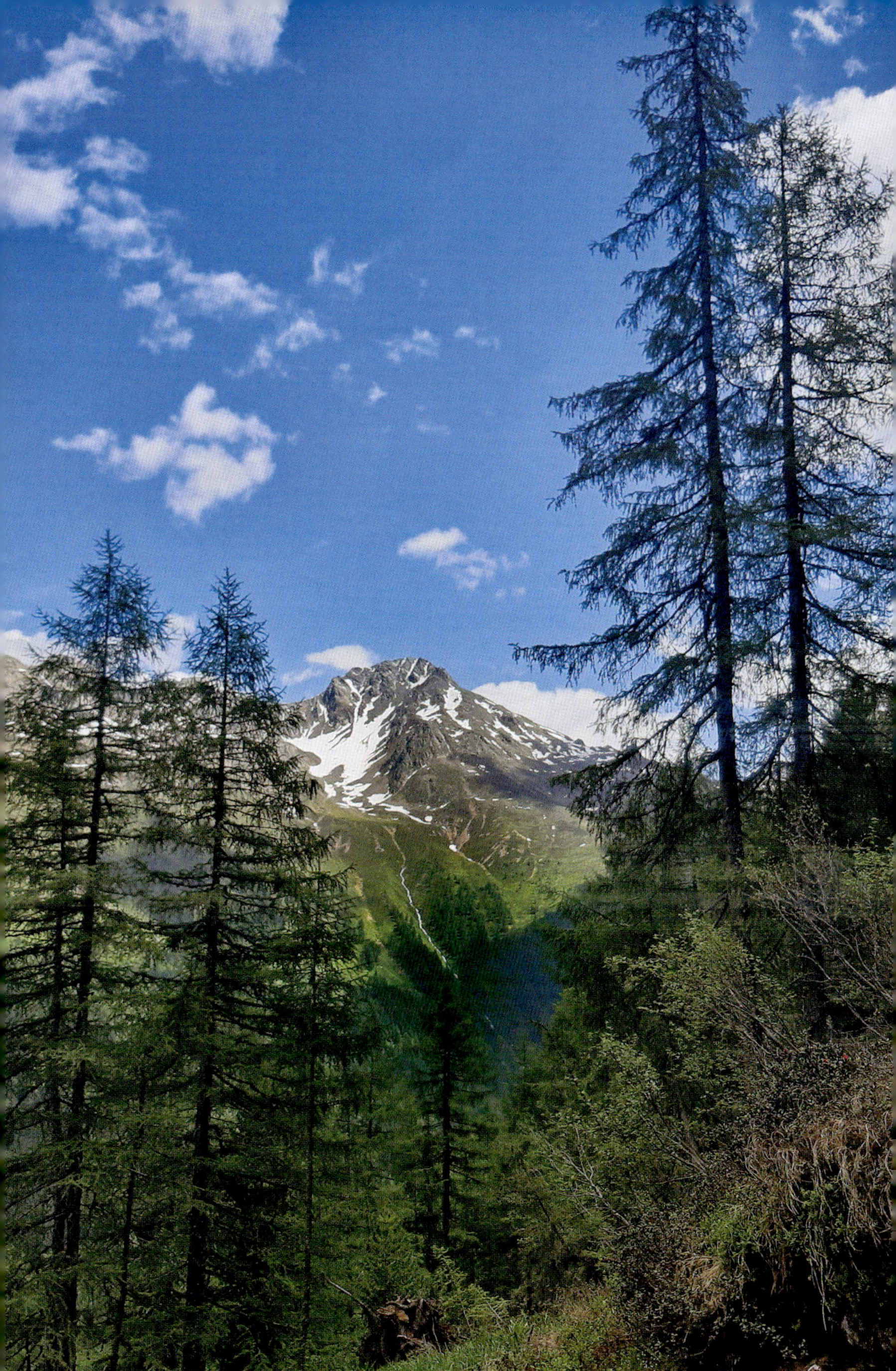

Die Lärchen tragen schon grün, aber am Regenstein (Tour 25) liegt noch Schnee.

11 Am alten Salzsteig

Ins Volkzein im Winkeltal

TOP | 6.30 Std. | 15,5 km | ↗900 m | ↘900 m

Auf alten Pfaden hoch über dem Winkeltal zur Volkzeiner Hütte

Auch ohne Gipfelziel lässt es sich perfekt wandern: Zwischen dem Villgratental und Defereggental ging über das Villgrater Joch ein bekannter Handelspfad, der Salzsteig. Er führt durch landschaftlich äußerst ansprechendes und in dieser Höhenlage erstaunlich weitläufiges Weideland im Hochgebirge, im Schatten des mächtigen und schroffen Regensteins und der dunklen Arnhörner. Aber diese Route ist auch eine Runde durch die Geschichte, so ist die Oberarnalm bereits dem Verfall preisgegeben, wir finden steinerne Vieh-Pferche, die schon Jahrhunderte überdauern und wandern vorbei an vielen Almen, Heuwiesen und steilen Bergmähdern, deren Bewirtschaftung allein schon eine Kunst ist.

Ausgangspunkt: Parkmöglichkeit bei der Brunnalm im Winkeltal, 1619 m, kurz vor der Drossenbrugge und ca. 2,6 km nach Beginn der Schotterstrecke zur Volkzeiner Hütte. Um ins Winkeltal zu kommen, im Zentrum von Außervillgraten die Brücke überqueren und der Straße hinein ins Tal folgen. Navi: N46.843481 E12.468523.

ÖPNV: Für diese Wanderung kann man auch das Villgrater Wandertaxi zum Ausgangspunkt benutzen. Dieses muss spätestens bis 18 Uhr am Vortag gebucht werden, Tel. +43 664 9945074, Infos unter www.herz-ass-villgratental.at/mobil.

Anforderungen: Großteils einfache Bergwanderung, die einzig aufgrund der leicht ausgesetzten Passagen nach dem Anstieg als »mittel/rot« einzustufen ist.

Einkehr/Übernachtung: Volkzeiner Hütte, Tel. +43 4843 20031 od. +43 664 9888800, www.volkzeinerhütte.at, hier kocht der Wirt noch selbst, einfache Gästezimmer.

Hinweis: Aufgrund von schweren Verlegungen des Weges Nummer 323 wegen Hangrutschungen ist die ursprüngliche Wanderroute zur Oberarnalm über den Almpfad auf unbestimmte Zeit nicht möglich. Die hier beschriebene Routenführung entspricht der ausgeschilderten Umleitung.

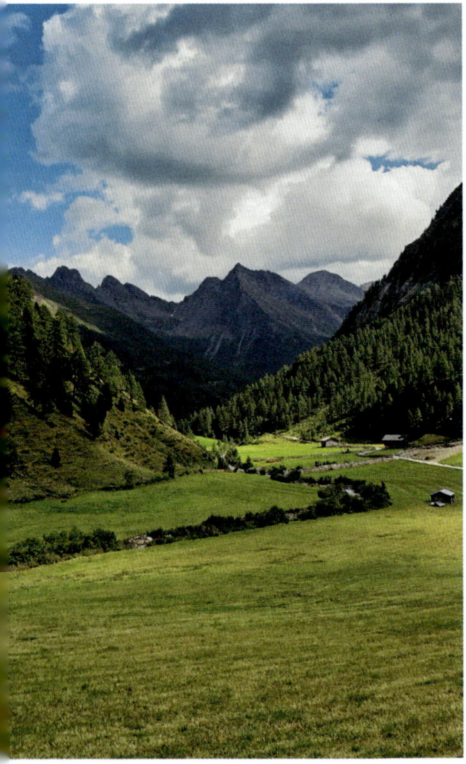

Das malerische Winkeltal im Bereich Volkzein.

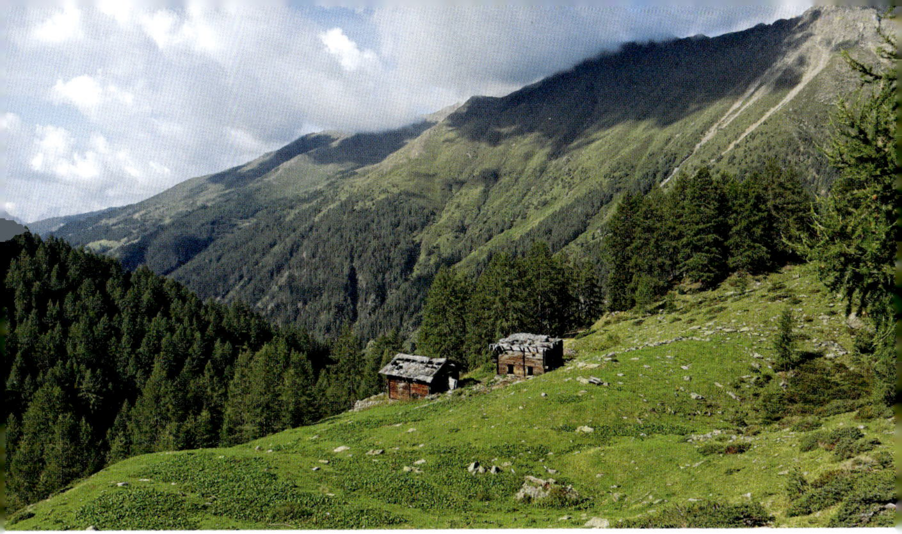

Blick zurück auf die verfallene Oberarnalm.

Wir beginnen unsere Tour auf Höhe der ausgeschilderten **Brunnalm ❶**, folgen der Winkeltaler Schotterstraße über die Drossenbrücke taleinwärts und biegen bei erster Gelegenheit rechts auf einen breiten Almzufahrtsweg ab. So gewinnen wir stetig aber recht sanft an Höhenmetern. Bei einer Gabelung halten wir uns auf dem oberen Weg und etwas später, bei einem kleinen Bach in einem Lawinenstrich dann bei einer weiteren Weggabelung rechts bergauf. Auf diesem Weg erreichen wir die auf fast 1950 m gelegene **Oberarnalm ❷**; vor allem bei Nebel ist diese verfallene Alm besonders beeindruckend. Auf einem großen

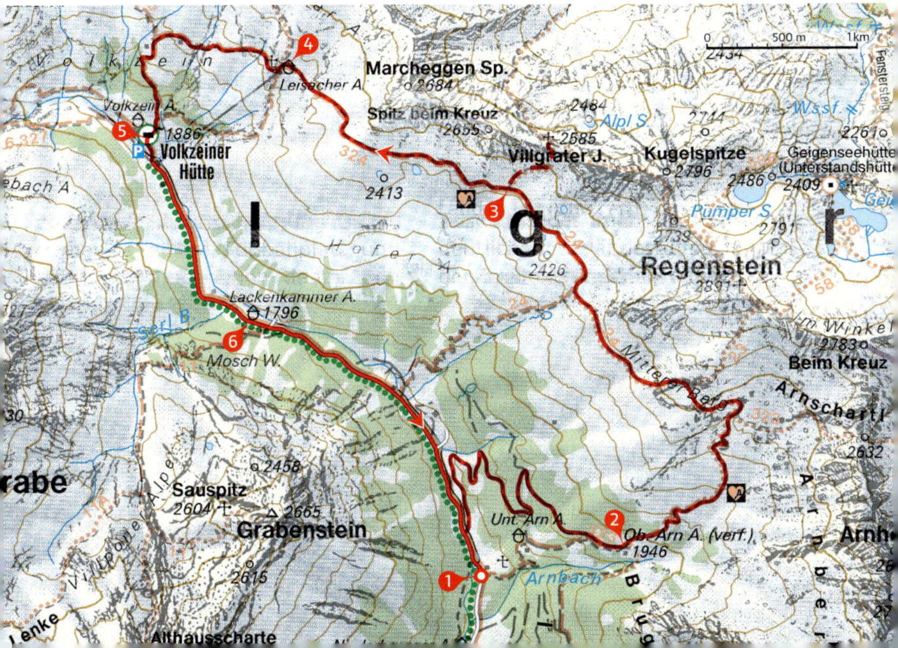

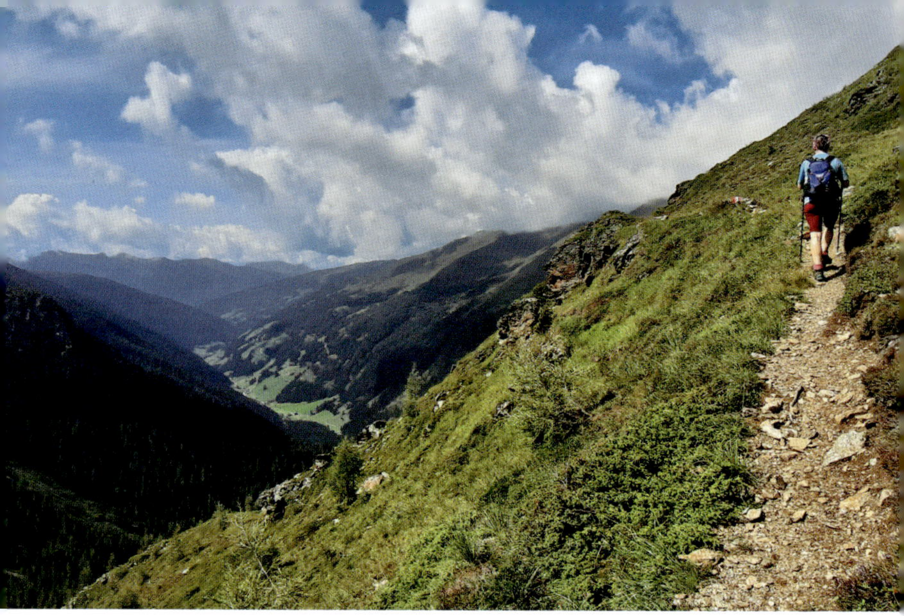

Aussichtsreich geht es hoch über dem Winkeltal durch die Villgratner Berge am Salzsteig dahin.

Stein östlich des oberen Almgebäudes befindet sich die nächste Markierung. Der Pfad führt uns in den Lärchenwald und dann bis über die Baumgrenze auf die freien Almweideflächen, die hier von Kühen und wenigen Pferden beweidet werden. Wir achten gut auf die Markierungen, denn im Bereich der von Kühen beim Grasen geschaffenen Pfade verliert man sonst schon mal den Weg für die Wanderer! So kommen wir nach einigen Höhenmetern zu Wegweisern: Wir wählen hier den, der nach Westen (links) in Richtung »Volkzeiner Hütte / Brate Stan / Mittererberg« weist. Jetzt befinden wir uns am Höhenwegabschnitt dieser Wanderroute. Zuerst geht es teilweise ein wenig ausgesetzt um den Bergrücken (Mittererberg) vor uns herum, dann kurz noch bergauf, bevor es ebener dahingeht. Ober uns der Regenstein, 2891 m, unter uns das Winkeltal, dazwischen eine Welt aus Weideflächen und Alpenblumen! Wir kommen an Abzweigungen zum Regenstein und bergab zur Hauser Alm vorbei, bleiben aber immer am Höhenweg in Richtung Volkzeiner Hütte, der ohne große Steigungen aber recht schmal über die Almwiesen führt. Nach einem kleinen Bergsee zu unserer Linken erreichen wir

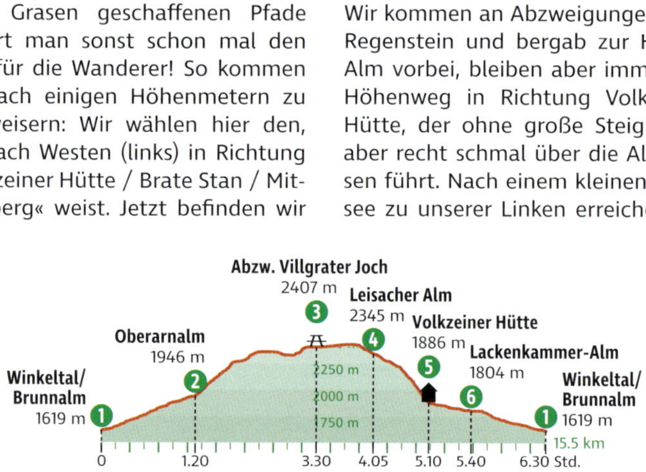

bei der **Abzweigung ❸** nach Norden (rechts) zum **Villgrater Joch** eine Bank, perfekt für eine kleine Rast! Vom Joch selbst hat man einen guten Blick auf das Defereggental und die Gletscher dahinter – durchaus einen Abstecher wert!

Nach der Bank erreichen wir die flachsten und ausgedehntesten Abschnitte der Hochalmen des Winkeltales, kaum einer würde sich im Tal unten denken, dass hier solch weite Weiden zu finden sind! Ein Zaun entlang eines kleinen Bergrückens beendet diese Weideflächen und wir steigen durch steiniges Gelände zur **Leisacher Alm ❹** ab, die wir aber erst spät zu Gesicht bekommen. Von dieser ziemlich großen Almhütte gibt es nun zwei Möglichkeiten hinunter zur Volkzeiner Hütte. Wir gehen am Brunnentrog vorbei und unter dem von Weitem sichtbaren Marterl vorbei nach rechts, nicht dem Pfad folgend, der im Bereich der Materialseilbahntrasse beginnt und nach Süden ins Tal führt. Mit tollem Blick auf die Hochgrabe (siehe Tour 7) und das Defregger Pfannhorn sowie den Wasserfall des Schrentebachs geht es nun wirklich zumeist sehr sanft (an Kehren wurde hier nicht gespart) hinab, vorbei an weiteren Almhütten, zur **Volkzeiner Hütte ❺**, die zur Einkehr lädt. Dann wandern wir auf der Zufahrt der Volkzeiner Hütte talauswärts, vorbei an der **Lackenkammer-Alm ❻**, zurück zum Ausgangspunkt bei der **Brunnalm ❶**. Oder wir lassen uns vom Wandertaxi direkt bei der Volkzeiner Hütte abholen.

Blick auf das Große Degenhorn und den Wasserfall des Schrentebachs (Tour 9) im hinteren Winkeltal.

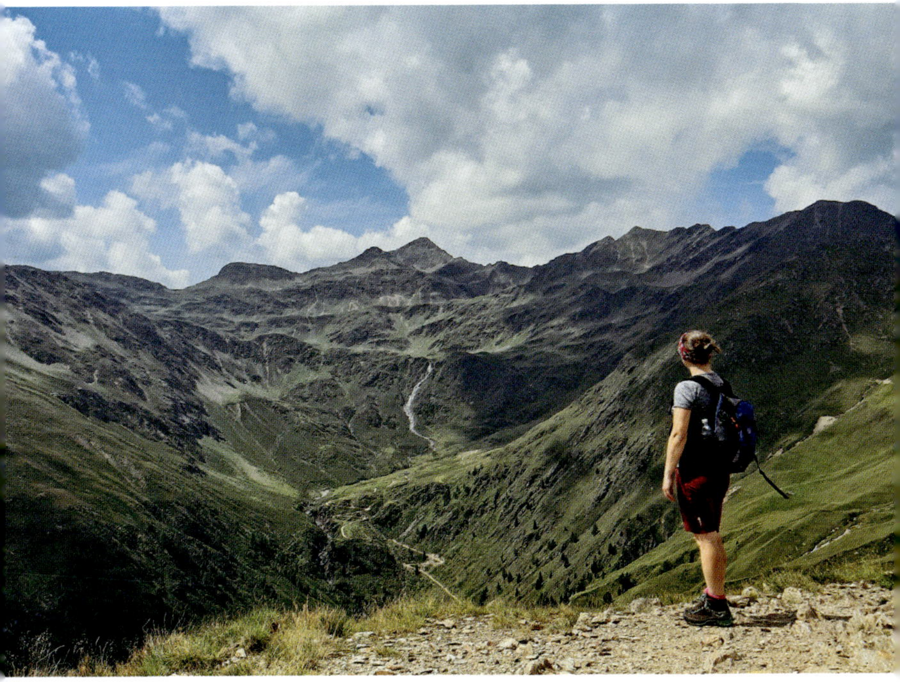

12 Brandalm, 2033 m
Von Obwurzen im Winkeltal

2.30 Std. | 6,8 km | ↗ 320 m | ↘ 320 m

Naturbelassene Almlandschaft an den Hängen des Versellerberges
Von den höchsten Höfen Außervillgratens, den Obwurzen-Höfen, führt diese einfache Wanderung über einen Forstweg zu den Almflächen der Brandalm. Dabei wandern wir an den blumenreichen Almwiesen der Gliefenalm vorbei, durch alte Lärchenwälder und haben einen tollen Ausblick auf die hohen Gipfel auf der anderen Talseite, den Gumriaul und den Gölbner, nebst vielen anderen. Auf den waldigen, steileren Weiden der Gegend stehen nicht nur Fleckvieh und Tiroler Grauvieh, auch Hochlandrinder grasen hier.

Ausgangspunkt: Außervillgraten, Weiler Obwurzen, 1708 m. Im Ortskern ins Winkeltal abbiegen, bis zur Reiterstube fahren und nach dieser links abbiegen. Hinter den letzten Häusern gibt es einen kleinen Parkplatz. Navi: Versellerberg 93, 9931 Außervillgraten. Alternativ vom Gasthof Reiterstube der Hofzufahrtstraße nach Oberwurzen folgen (ca. 3 km Fußweg und 200 Hm zusätzlich).

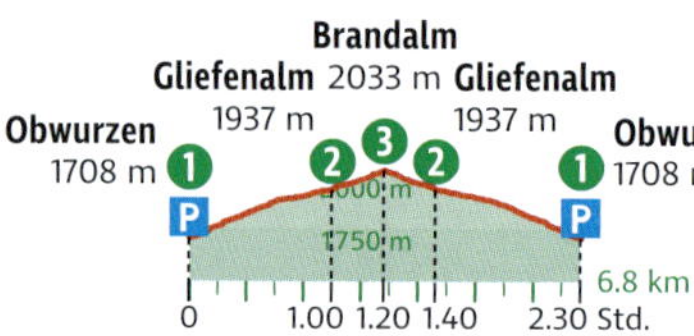

ÖPNV: Bus Linie 8513 fährt einmal am Tag bis zum Gasthof Reiterstube und von dort wieder nach Außervillgraten/Sillian. Herz-Ass-Wandertaxi, muss spätestens bis 18 Uhr am Vortag gebucht werden, Tel. +43 664 9945074, Infos unter www.herz-ass-villgratental.at/mobil.
Anforderungen: Einfache Wanderung auf einem Forstweg bzw. Almzufahrtsweg.
Einkehr: Keine unterwegs; aber in der Reiterstube im Winkeltal (alternativer Ausgangspunkt) lässt es sich gut einkehren, Tel. +43 4843 5188, www.reiterstube.at.
Hinweis: Die gesamte Tour ist auch für Mountainbike und geländegängigen Kinderbuggy tauglich.

Die Heuschober stehen immer noch in Verwendung.

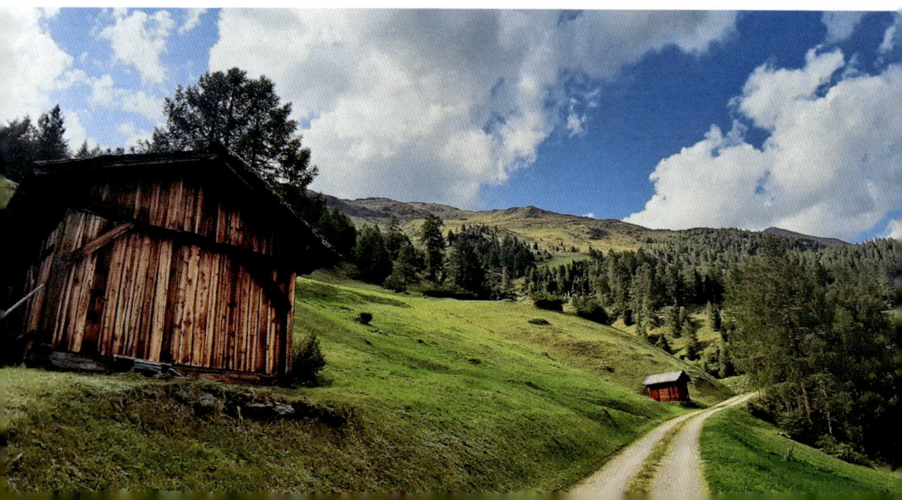

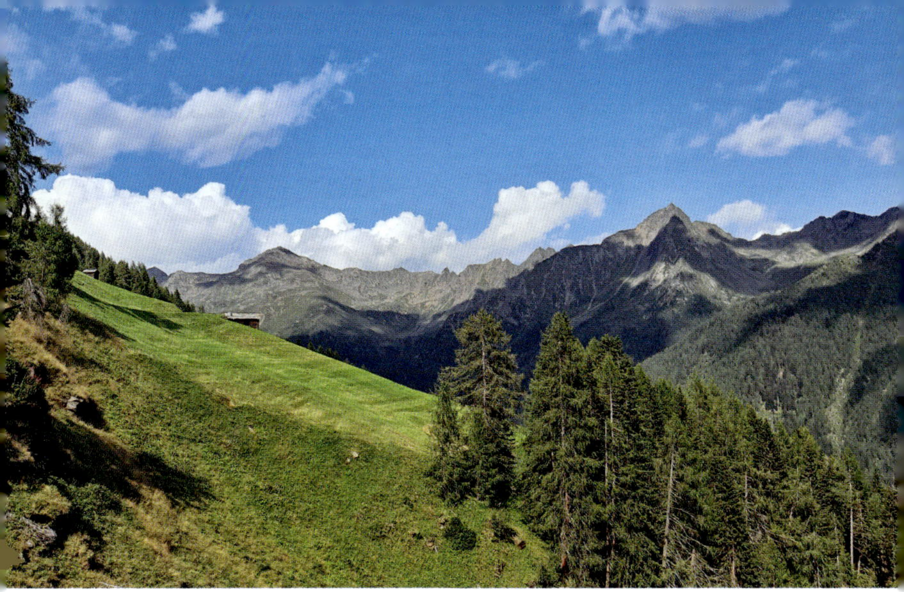

Auf den Flächen der Gliefenalm wird Heu gewonnen und Vieh geweidet.

Vom kleinen Parkplatz in **Oberwurzen ❶** gehen wir die bereits mit »Brandalm« ausgeschilderte Forststraße bergauf, ignorieren eine Abzweigung in der zweiten Kehre und eine weitere etwas später. So wandern wir, angenehm sanft an Höhe gewinnend nun in nördlicher Richtung parallel zum Talboden des Winkeltales dahin. Wir kommen an einer liebevoll dekorierten Hütte oberhalb des Weges vorbei und dann auf die ersten Almwiesen mit ihren Heuschobern. Vor uns sehen wir schon die Gebäude der **Gliefenalm ❷** und bleiben nach der rechts des Weges befindlichen Almhütte auf unserem Weg, biegen nicht nach rechts ab. So kommen wir wieder in schütteren Wald, an der Zufahrt zur oberen Gliefenalm vorbei und dann ins Almgebiet der Brandalm (Gatter). Bei einem Marterl schwingt der Weg nach links und führt uns zu den Hütten der **Brandalm ❸**, 2033 m. Diese liegt am Fuß der Verseller Gemeinschaftsalpe, und eine Rast auf ihren Blumenwiesen erlaubt uns, die Seele baumeln zu lassen und das Panorama der Villgratner Berge so richtig aufzusaugen.

Dann gehen wir auf dem Aufstiegsweg zurück nach **Oberwurzen ❶** und haben nun auch den Blick frei auf den Karnischen Hauptkamm.

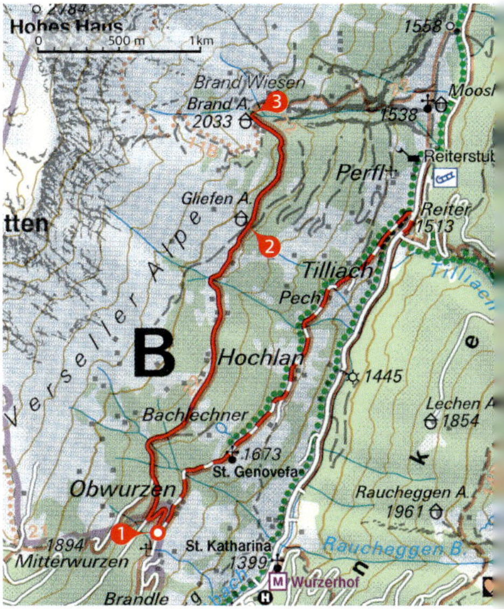

13 Wurzfläche, 2514 m
Aus dem Winkeltal

6.00 Std. | 14,1 km | ↗ 1170 m | ↘ 1170 m

Bergblumen und ein aussichtsreicher Gipfel
Früher war der Wurzerhof, auf dessen Ländereien wir heute großteils wandern, einer der größten Höfe in Osttirol. Heute ist er immer noch wortwörtlich steinreich, was man vor allem vom Gipfel der Wurzfläche aus mit den Sohlen der Bergschuhe begutachten kann: Die Humusschicht ist dünn, die alpinen Pflanzen krallen sich an den steinigen Untergrund, blühen aber trotzdem gerade im Juni und Juli mit besonderer Pracht. Die karge, zerfurchte Gegend südlich des Gipfelplateaus (das Gipfelkreuz steht nicht am höchsten Punkt) wird bisweilen als Mondlandschaft bezeichnet. Wir aber genießen die Ruhe, den Ausblick auf den Karnischen Hauptkamm, die Südtiroler Dolomiten und natürlich die Villgratner Berge. Heutzutage ist es schwer vorstellbar, dass früher bis weit über 2000 m Seehöhe auf den Almflächen geheut wurde, da die Flächen im Tal dem Getreideanbau vorbehalten waren.

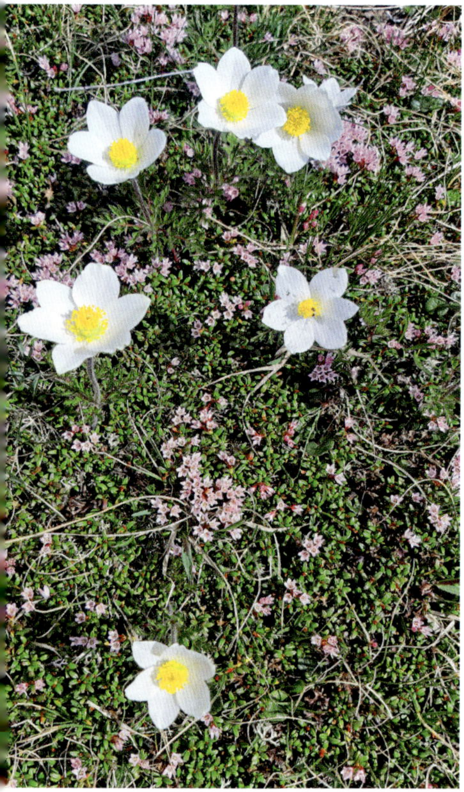

Ausgangspunkt: Wurzerhof, 1376 m, ein denkmalgeschütztes Ensemble mit Museum, 2,5 km von Außervillgraten im Winkeltal gelegen. Parkmöglichkeit ca. 150 m nach dem Wurzerhof auf der rechten Straßenseite. Navi: Winkeltal 114, 9931 Außervillgraten.
Anforderungen: Typische Osttiroler Bergwanderung: Über Almzufahrten und Almsteige wird an Höhe gewonnen, im Bereich des Gipfels ist Trittsicherheit und aufgrund der Abgeschiedenheit dieser Tour auch Routenfindungserfahrung erforderlich.
Einkehr: Keine unterwegs; Möglichkeiten in Außervillgraten oder im Gasthof Reiterstube wenige Kilometer nördlich des Ausgangspunktes, Tel. +43 4843 5188, www.reiterstube.at (siehe Tour 14).
Hinweise: 1) Die Route führt über einen vom Wurzerhofbauern ausgesteckten Wanderpfad über dessen Almweideflächen. Er gab seine Zustimmung, diese Route zu benutzen; aber bitte keine Hunde auf die Weide mitnehmen! 2) Das Museum Wurzerhof ist am Freitag von 14 bis 17 Uhr geöffnet, Führung um 14 Uhr.

Blumenpracht an den Hängen der Wurzfläche, hier Alpen-Kuhschelle (Pulsatilla alpina).

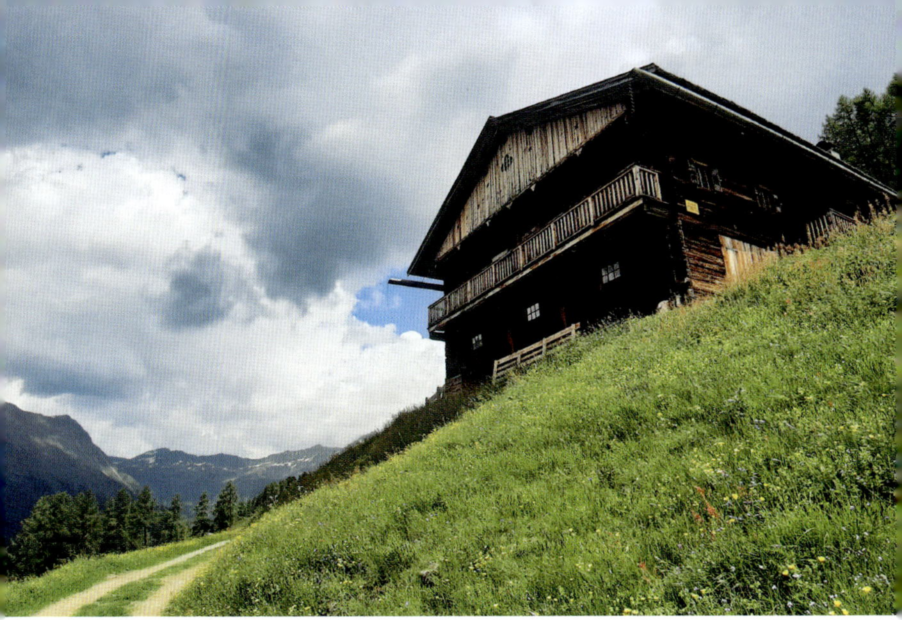

Die imposante Wurzeralm.

Wir beginnen unsere Almen- und Gipfeltour beim **Wurzerhof ❶** und gehen an dessen südlicher Front bergauf. Dies können wir entweder am alten Almsteig machen, oder wir folgen dem relativ neuen Almzufahrtsweg, der sich in gut beschriebenen Kehren zur Wurzeralm den steilen Hang hochschlängelt. Bei der **Wurzeralm ❷**, 1995 m, angekommen, gehen wir zum kleinen Nebengebäude und sehen dort schon den Wegweiser auf die »Wurzfläche«. Der Weg führt am Almkreuz oberhalb der Alm vorbei über Weideflächen mit schütterem Lärchenbewuchs bergauf, ist markiert, aber am Boden nicht immer erkennbar, vor allem auch aufgrund des Viehs, das hier weidet. So kommen wir zu einem Gebiet mit drei Quellen, nach denen der Pfad etwa die Höhe hält, bevor

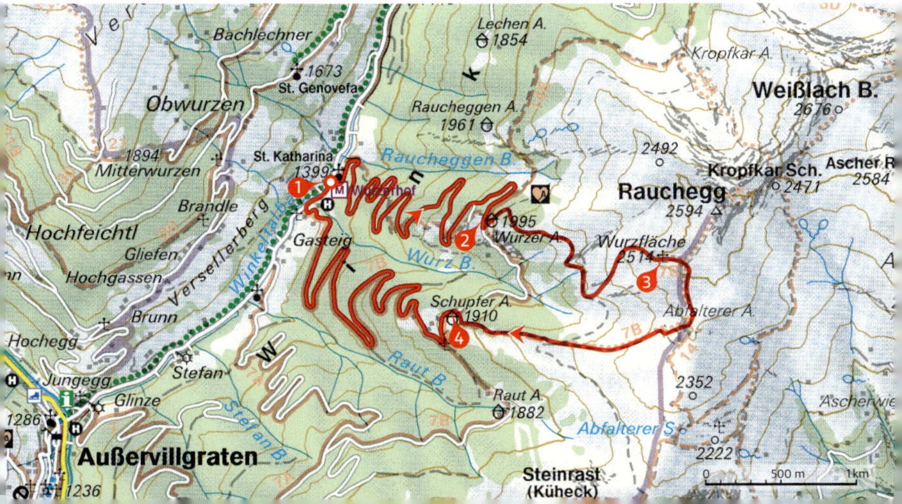

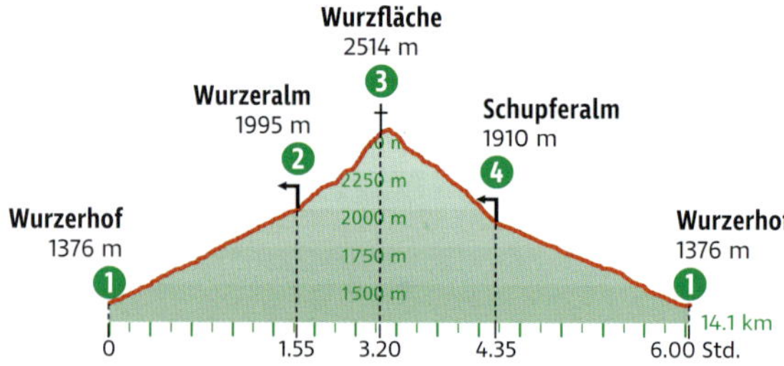

wir nach links abschwingen und den Markierungen einen Rücken hinauf folgen. Nach diesem recht steilen Abschnitt sehen wir den Pfad schon rechts von uns den Hang erneut queren; daraufhin steigen wir eine steile Almfläche, jetzt ohne Wegspuren und nur den Markierpfählen folgend, bergan. Anfänglich eher mittig leiten uns die Pfähle alsbald an den linken Rand, und bei einem kleinen Steinmann können wir rechter Hand schon das Gipfelkreuz sehen. Die steilen Wände hinunter ins Kar sind im Sommer mit einem Zaun gesichert, damit das Vieh nicht abstürzt. Diesen queren wir und wandern über den nun sehr steinigen Untergrund zum von den Schützen errichteten Gipfelkreuz der **Wurzfläche** ❸,

Gesteinsformationen beim Abstieg in RIchtung Schupferalm.

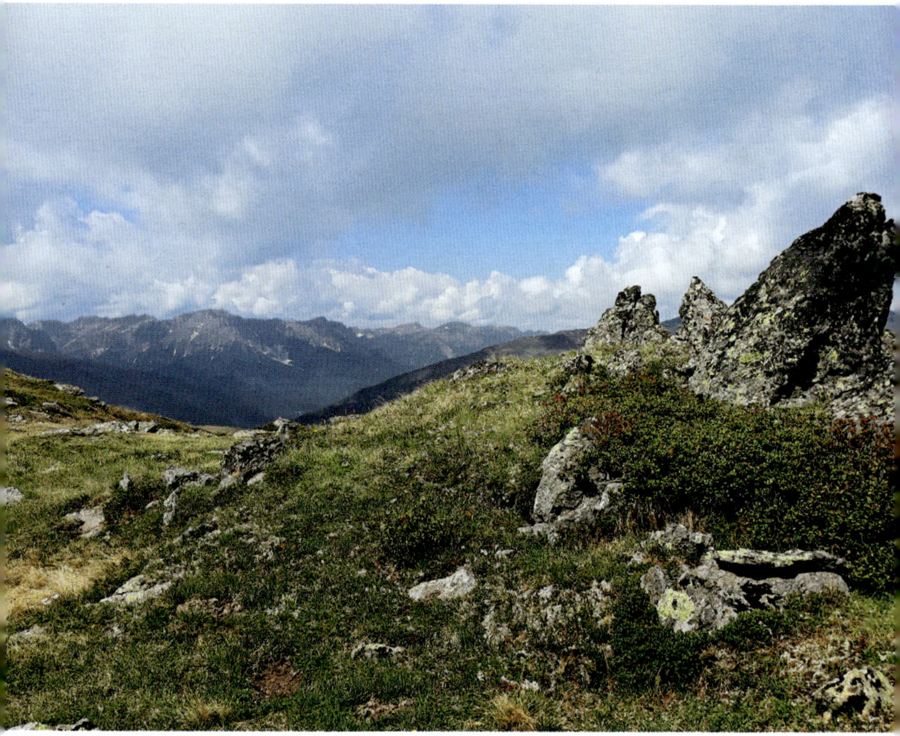

2514 m. Spätestens jetzt haben wir uns eine Pause verdient!

Der Weiterweg führt noch einige Höhenmeter nach Osten bergauf und ist rot-weiß-rot am Felsen markiert. Die Markierungen führen uns dann bergab nach Süden, vor uns breitet sich die zerfurchte Landschaft der oberen Abfalterer Alm aus. Routentechnisch sollte man beim Abstieg im Auge behalten, dass der gewollte Weg auf einem kleinen Rücken südlich des großen Kars führt, das sich unterhalb des Gipfelkreuzes befindet. Weiter unten entspringt in diesem Kar der Wurzbach, sein Tal trennt die Schupfer von der Wurzeralm. Die Markierung zeigt diesen Weg am Rückenrand des Kars auch an, nur kann einen der Blick auf die Dolomiten in den Bann ziehen und schon findet man sich unterwegs zur Tessenberger Alm statt auf der Route nach Westen zur Schupferalm.

Der Abstieg ist einfach und von vielen alten Lärchen geprägt. Oberhalb der **Schupferalm ④**, 1910 m, kommen wir auf offenere Almwiesen und biegen dann bei der Alm nach links auf den Almweg ein. Wir folgen ihm vorbei am nächsten Almgebäude und biegen dann in den Zufahrtsweg der Alm nach rechts in Richtung Tal ab. Nach so mancher Kehre erreichen wir oberhalb der Siedlung Walchboden wieder den Talbereich des Winkeltales und nach der Einmündung in die Winkeltalstraße folgen wir dieser noch für etwa 100 Meter nach rechts zum **Wurzerhof ①**.

Gipfelkreuz der Wurzfläche.

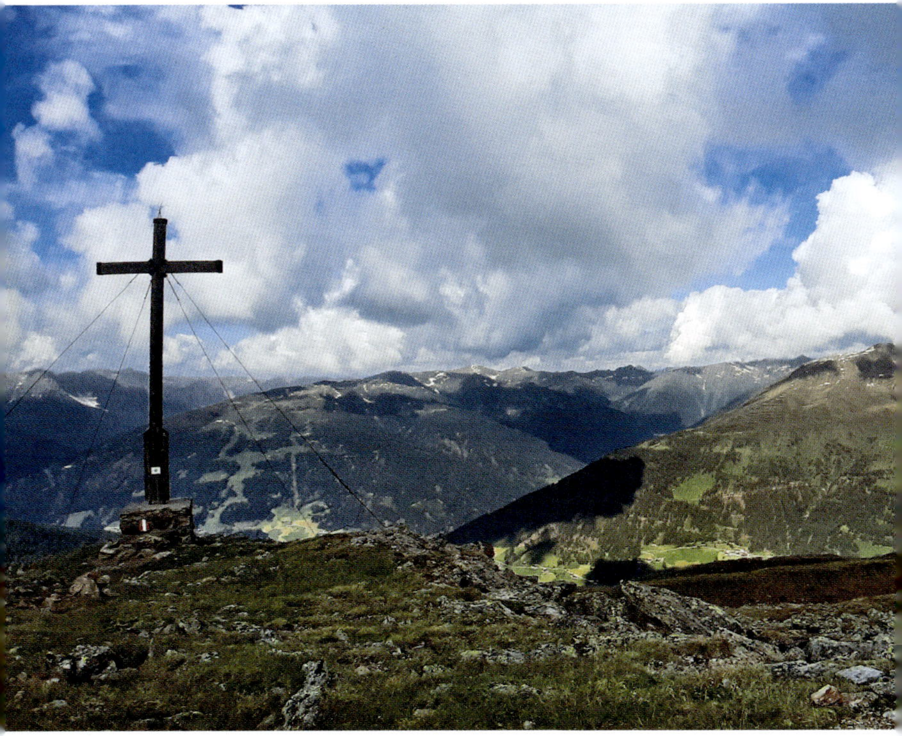

14 Winkeltaler Almen und Herrgottslärche

Von Außervillgraten ins Winkeltal

8.00 Std. | 18,0 km | ↗ 1300 m | ↘ 1100 m

Almenparadies unter Gölbner und Gumriaul

An acht Almen wandert man bei dieser Tour hoch über dem Winkeltal vorbei, hier weiden Yaks, Charolais, Fleckviehrinder und Tiroler Grauvieh ebenso wie Kärntner Brillenschafe in den höheren Lagen. Ob sie auch den Blick über die Villgratner Berge bis hin zu den Dolomiten so genießen wie die Wanderer? Ist man am Beginn der Wanderung noch auf Forstwegen unterwegs, so verläuft der zweite Teil, etwa ab der Wurzeralm, über alte Steige, die von einer Alm zur nächsten führten, lange bevor es Forstwege zu diesen gab. Den Abschluss bildet der Aufstieg neben einem kleinen Gebirgsbach auf eine Hochweide und von dort hin zum alten Steinunterschlupf der Sommerwandalm. In eine Lärche neben dem Unterschlupf wurde eine Chrtistusfigur geschnitzt, der Baum heißt seitdem Herrgottslärche. Der Weg ist auch Teil des Herz-Ass Weitwanderweges, der rund um die Villgratner Berge führt.

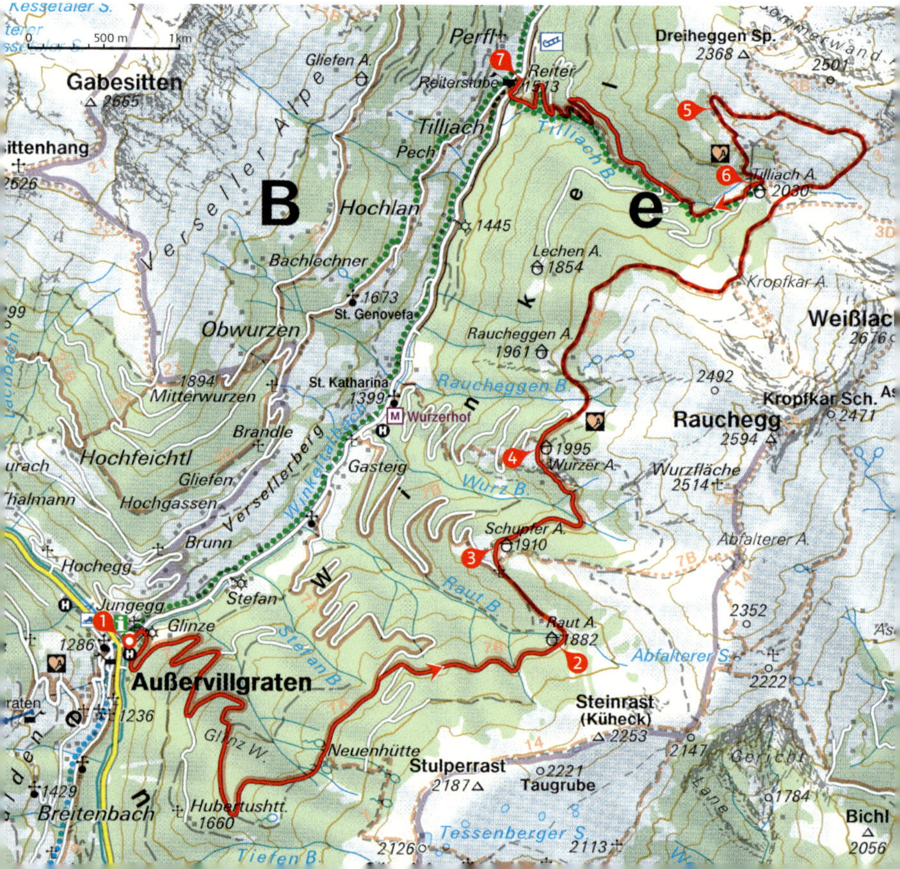

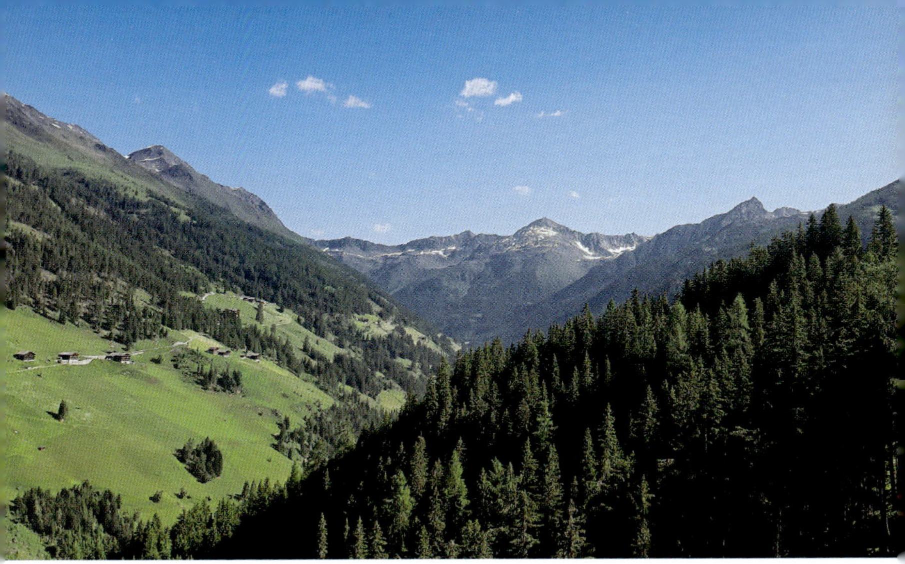

Blick auf die hoch gelegenen Bergbauernhöfe Außervillgratens im vorderen Winkeltal.

Ausgangspunkt: Außervillgraten, Gemeindeamt im Ortszentrum, 1260 m. Großer Parkplatz direkt davor. Navi: Außervillgraten 136, 9931 Außervillgraten.
Endpunkt: Gasthof Reiterstube, 1513 m, im Winkeltal.
ÖPNV: Bus Linie 966 von Sillian, Haltestelle Abzweigung Winkeltal. Von dort ca. 100 m zum Ausgangspunkt entlang der Winkeltaler Straße. Rückfahrt: Bus Linie 8513 fährt nur einmal am Tag bis zum Gasthof Reiterstube, und von dort wieder nach Außervillgraten/Sillian. Herz-Ass-Wandertaxi, muss spätestens bis 18 Uhr am Vortag gebucht werden, Tel. +43 664 9945074, Infos unter www.herz-ass-villgratental.at/mobil.
Anforderungen: Bis zur Wurzeralm einfach, dann teils schmale Bergpfade, die Trittsicherheit verlangen, auf dem Weg zur Kropfkaralm teilweise ein wenig ausgesetzt.
Einkehr: Nur am Tourende im Gasthof Reiterstube, Tel. +43 4843 5188, www.reiterstube.at.
Hinweise: 1) Aufgrund der vielen Weiden ist es nicht ratsam diese Tour mit einem Hund als Begleiter durchzuführen (siehe Hinweise im Umgang mit Weidevieh S. 18). 2) Zurück zum Ausgangspunkt geht es entweder per Anhalter, per Bus (Achtung, nur eine Fahrt am Nachmittag, Fahrplanzeiten ändern sich häufig!) oder per Hüttentaxi.

Wir beginnen unsere Wanderung im Zentrum von **Außervillgraten ❶** und folgen der Straße ins Winkeltal vorbei am Lebensmittelladen. Auf Höhe eines alten Holzhauses führt rechts eine Brücke über den brausenden Bach und hier beginnt der Herz-Ass-Weg, dem wir auf diesem Forstweg folgen. Mit so mancher Kehre schlängelt sich unser Weg immer höher hinauf durch den Wald, immer wieder geben Lichtungen den Blick auf die Berge frei. Aufgrund der sehr guten Markierung (Wegweiser »Herrgottslärche / Reiterstube«) gibt es bei Abzweigungen keine unklaren Situationen. Bis zur Abzweigung Tessenberger See / Alm auf ca. 1880 m Seehöhe erwandern wir uns so einige Höhenmeter. Dann beginnt der Abschnitt der heutigen Wanderung, auf dem wir mal leicht

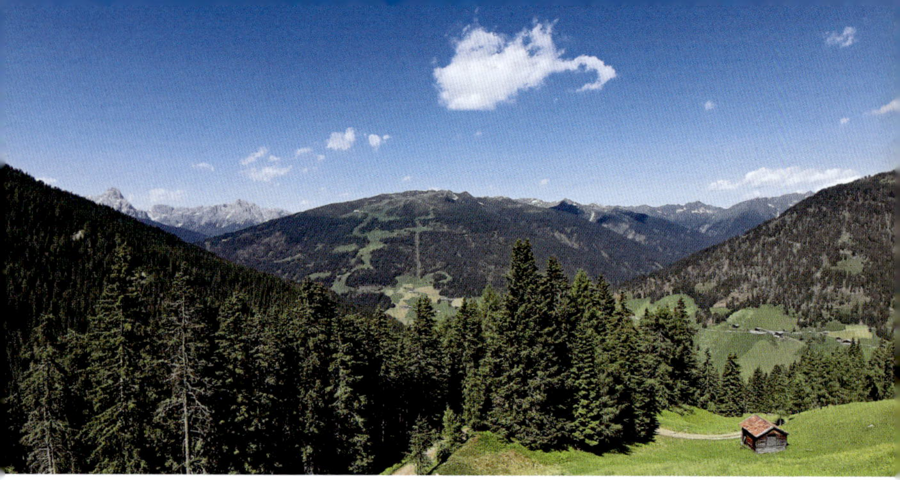

Blick von der Rautalm zum Schigebiet Thurntaler auf der anderen Talseite.

bergauf, mal leicht bergab hoch über dem Winkeltal von einer Alm zur nächsten ziehen. Die erste ist die **Rautalm ②**, 1882 m, die sich noch recht eng an den Wald schmiegt, und wenig später erreichen wir auf 1910 m die **Schupferalm ③**, von der aus unser Blick nun schon die Dolomiten einschließt. Durch das Tal des Wurzbaches, wo bis in den Juli hinein noch Lawinenreste liegen können, erreichen wir die idyllisch gelegene **Wurzeralm ④**, 1995 m. In ihrem Brunnentrog stellt der Wurzerbauer den Wanderern oft gekühlte Getränke zur Verfügung.

Wir wandern weiter auf dem Almweg, und wo der Wurzeralmweg ins Tal hinunterführt, zweigt rechts die markierte Route als Steig bergan. Achtung: Besser ist es aber, noch auf der neu angelegten Zufahrt der Raucheggenalm zu bleiben, da man so einen viel begangenen Weidenweg des Viehs umgeht. Noch bevor wir die Raucheggenalm erreichen, führt rechts ein markierter Steig über die Almwiese bergan, vorbei am Raucheggenbankerl und mit einigen kleinen Kehren durch den schütteren Lärchenwald mit seinen Almrosenflächen bergan; wir sind jetzt wieder auf der offiziellen Herz-Ass-Route. Der Steig ist nun eng und teilweise ausgesetzt, wir wandern um einen Bergrücken herum ins Tal des Tilliachbaches und gelangen zur kleinen Kropfkaralm. Durch einen weiteren schütteren Lärchenwald erreichen wir zuerst das Saumat-Gelände und kommen dann, bereits im Weidegebiet der unter uns gelegenen Tilliachalm, zu einer Wegkreuzung. Hier folgen wir dem Wegweiser

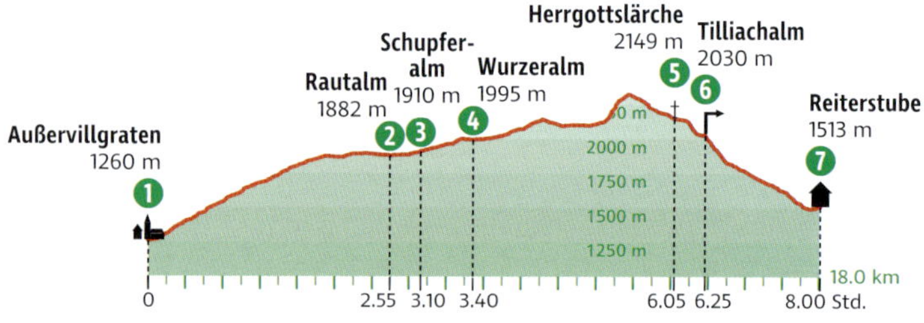

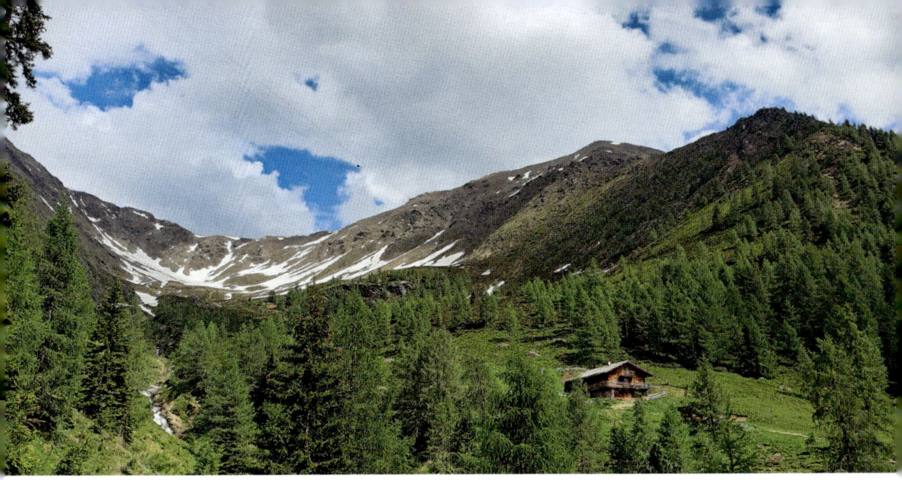

Im Juni ergrünen auf der Tilliachalm die Lärchen und der letzte Schnee schmilzt.

»Herrgottslärche« geradeaus hinunter zum Bach. Diesen queren wir und steigen nun bis über die Waldgrenze an, den Markierungen durch die Almrosenbänke folgend.

Wir haben nun die großen Gipfel des Gumriaul und des Gölbners ober uns, die letzten Bäume verabschieden sich – und wer Glück hat, kann hier Steinadler beobachten. Nach etwa 200 Höhenmetern und noch vor der Abzweigung zum Sommerwandköpfl können wir in der Weidefläche dieses leicht links vor uns liegenden Gipfels bereits einen Weg erkennen, der diese quert. Der Weg ist markiert, aber manchmal nur sporadisch. Wir queren also diese Almweide in Richtung Westen und steigen an deren anderem Ende wieder in den Lärchenwald hinab, wo wir alsbald einen alten steinernen Unterschlupf für das Vieh erreichen, die Sommerwandalm. Von Interesse sind hier die Ritzungen im Holz des Unterschlupfes, die fast schon 100 Jahre alt sind, und natürlich die leicht oberhalb des östlichen Einganges befindliche **Herrgottslärche ❺** mit ihrer Heilandschnitzerei.

Wir folgen den Markierungen bergab, sehen bald schon vor uns eine weitere Alm, zu der wir aber nicht direkt hingehen. Die Markierung führt uns rechts quer über die Almwiese hinunter zum Wald, durch diesen hindurch und auf einen Forstweg, dem wir nach links zur **Tilliachalm ❻**, 2030 m folgen. Wer möchte, kann von hier der Almzufahrt in weiten Kehren ins Tal folgen.

Nach der links abzweigenden Almzufahrt führt aber rechts über die Almwiese der alte Almweg bergab. Dieser mündet später wieder in die Almzufahrt, auf der wir weiterwandern, immer den Wegweisern »Reiterstube« folgend. In einer Rechtskurve führt der ausgeschilderte Wanderweg nun links hinunter zum Tilliachbach, vorbei am Johannisbründl und dann für die letzten paar Hundert Meter wieder auf der Almzufahrt bis hinunter zur Brücke bei der **Reiterstube ❼**.

Schnitzkunst an der Herrgottslärche.

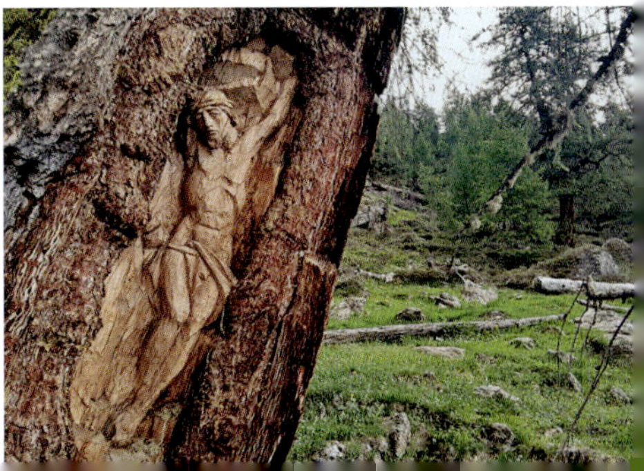

15 Schusteregg, 2029 m

Aus dem Schustertal bei Kartitsch

4.30 Std. | 11,6 km | ↗ 720 m | ↘ 720 m

Bilderbuch-Almlandschaft mit Blick über drei Täler

Die vorgelagerte Position am Eingang des Gailtales ermöglicht vom Almgebiet des Schustereggs und auch schon beim Aufstieg einen freien Blick in gleich drei Täler mit ihren Bergwelten: Westlich von uns befindet sich das Villgratental, nach Norden steht dem Blick ins Drautal kein Berg im Weg und nach Osten haben wir freie Sicht auf das Osttiroler Lesachtal. Die Wiesen hier dienen vor allem zur Heugewinnung, die noch erhaltenen Heuschupfen sind großteils gut in Schuss – und in Ihrem Schatten zu rasten, das Bergpanorama vor einem, der Rücken an das alte Holz gelehnt mit der Symphonie der Vögel und einem Hauch von Almrosenduft, das ist schon fast kitschig schön!

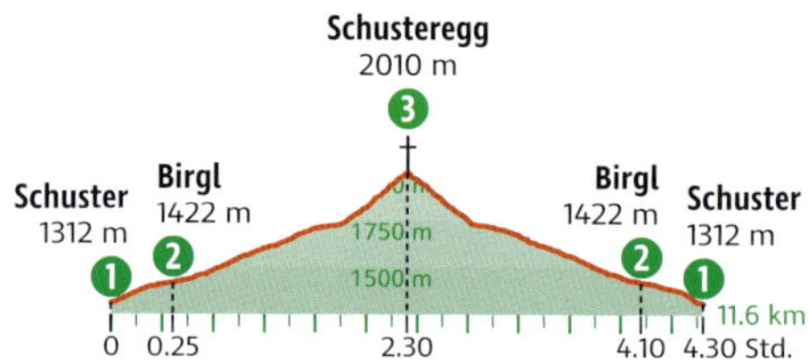

Ausgangspunkt: Gemeinde Kartitsch, Ortsteil Schuster, 1312 m. Am Weg nach Hollbruck gelegen, Abzweigung rechts (von Westen kommend) noch bevor man den Hauptort von Kartitsch erreicht hat. Schuster ist die erste Siedlung nach der Brücke über den Gailbach. Ausgangspunkt Telefonzelle bei den Häusern Kartitsch 180 und 181/Roderhaus. Wer mit dem Auto unterwegs ist, kann auch bis in den Wald vor Birgl fahren und dort parken, Parkmöglichkeiten sind aber begrenzt, in Birgl selbst gibt es keine Parkplätze für Wanderer! Navi: Kartitsch 180, 9941 Kartitisch.

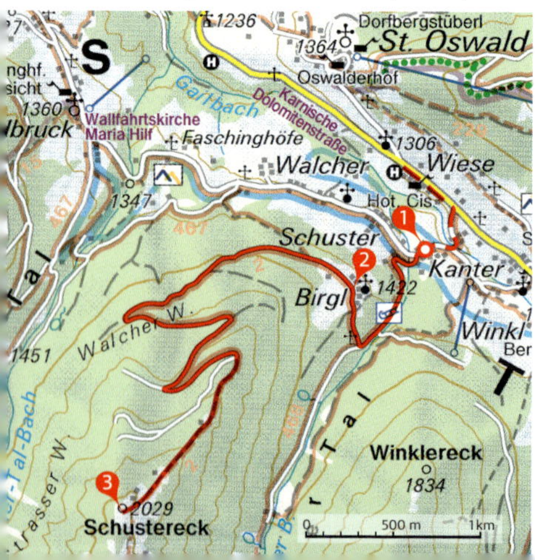

ÖPNV: Bus Linie 965, Haltestelle Abzweigung St. Oswald. Von dort nach Osten auf der Bundesstraße, Abzweigung Hollbruck (ca. 800 m Fußweg bis zum Ausgangspunkt).

Anforderungen: Leichte Bergwanderung auf Forstwegen und gut markiertem Steig über Almwiesen und durch Wald.

Einkehr: Keine.

Hinweise: 1) Obwohl Quellen und Brunnen in Osttirol selten Mangelware sind, gibt es auf dieser Route keine Flaschenauffüllmöglichkeit! 2) Der Weiterstieg zum Gipfelkreuz des Weißen Knotens, das man beim Aufstieg manchmal am Kamm sehen kann, sei nur Ortskundigen empfohlen, das Gelände südlich des Schustereggs ist felsendurchsetzt, sehr steil und entgegen der Auskunft auf manchen Karten nicht markiert. 3) Die Tour ist bis zum Fußweg von der Forststraße hinauf auf das Schusteregg auch MTB-tauglich.

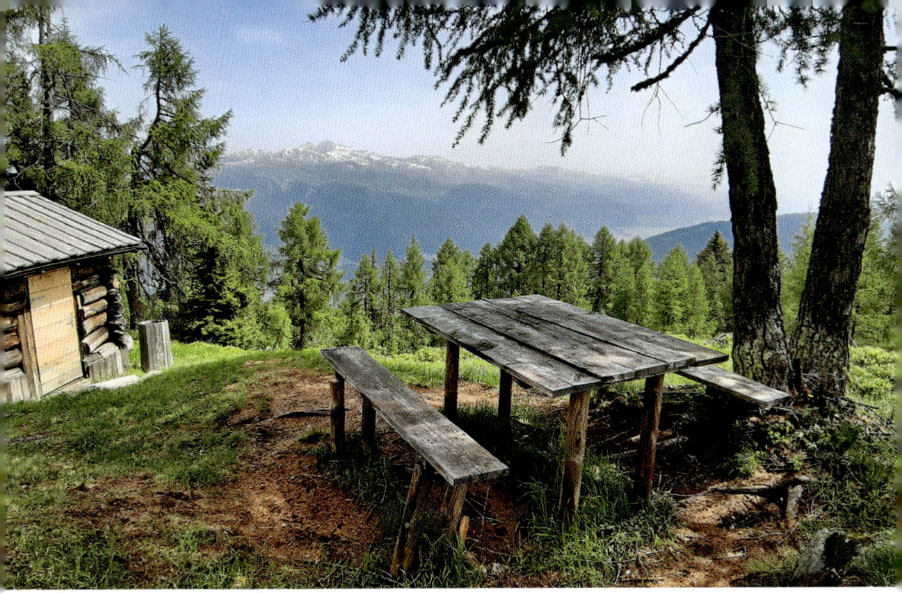

Rastmöglichkeit am Schusteregg.

Vom Ausgangspunkt in **Schuster ❶** folgen wir der Hollbrucker Straße bis zur ersten Möglichkeit, links abzubiegen. Dann sind wir, den Markierungen fürs Schusteregg folgend, entlang des Baches bis zum Weiler Birgl auf der teils recht ruppigen und kaum befahrenen Straße unterwegs. Der Asphalt endet in **Birgl ❷**, wir folgen dem Forstweg am Ende der Birgler Wiese in den Wald hinein. Mit ausladenden Kehren führt unser Weg nun durch den Walcher Wald immer höher, viele Schneisen eröffnen uns schon Blicke auf die umliegende Bergwelt. Holzwege rechts und links des Hauptweges ignorieren wir und folgen der rot-weißen Markierung. Drei Kehren bringen wir so hinter uns, wobei die dritte so flach ist, dass wir schon glauben, wieder zurückzugehen. Erst bei der vierten, einer Rechtskehre, heißt es aufpassen, denn hier führt links ein mit »Schusteregg« beschilderter Fußweg in den Wald hinein. Wenig später erreicht dieser eine jüngst angelegte Forststraße, die aber bald endet; nur der Steig führt weiter bergan. So geht es durch den Fichtenwald, in den sich nun immer öfter Lärchen mischen, über eine kleine Lichtung und dann wieder im Wald vorbei an einem verfallenden Heuschupfen.

Wir erreichen dann die offenen Almflächen, haben einen tollen Blick auf die Gipfel Eisenreich, 2665 m, und Tscharrespitze, 2499 m, am Karnischen Kamm südlich von uns, und folgen dem Weg noch eine Geländestufe weiter hinauf bis zu weiteren Heuschupfen, einem Gedenkstein für einen hier in der Nähe verunglückten jungen Bergsteiger und einer Sitzgelegenheit. Der höher gelegene der beiden Heuschupfen ist mit **Schusteregg ❸**, 2010 m, beschriftet und enthält das Gipfelbuch. Der in der Karte markierte Punkt »Schustereck«, 2029 m, befindet sich allerdings noch knapp 20 Höhenmeter weiter in südlicher Richtung.

Nach einer wohlverdienten Rast kehren wir auf dem bereits bekannten Weg zum Ausgangspunkt in **Schuster ❶** zurück.

16 Gatterspitze, 2430 m
Über den Obstanser Almboden

6.30 Std. | 12,4 km | ↗1030 m | ↘1030 m

Dem Karnischen Kamm vorgelagerter Aussichtsgipfel

Die wunderschönen Bergwiesen, das Tosen der Wasserfälle, die schroffen Gipfel und die Kuhglocken, sie täuschen dem Wanderer oft eine heile Welt vor. Doch genau auf dieser Wanderung, die von Naturschönheiten nur so strotzt, sollte man auch nicht vergessen, dass der Obstanser Boden während des Ersten Weltkriegs als Truppenplatz für die k.u.k Soldaten diente, auf dem gut ausgebauten Steig schufteten Kriegsgefangene und unweit der Obstansersee-Hütte befindet sich ein Soldatenfriedhof. Die Gatterspitze scheint aber unbetrübt über all dem zu thronen, von jeder Himmelsrichtung außer Süden – unsere Aufstiegsrichtung – wie eine uneinnehmbare Festung.

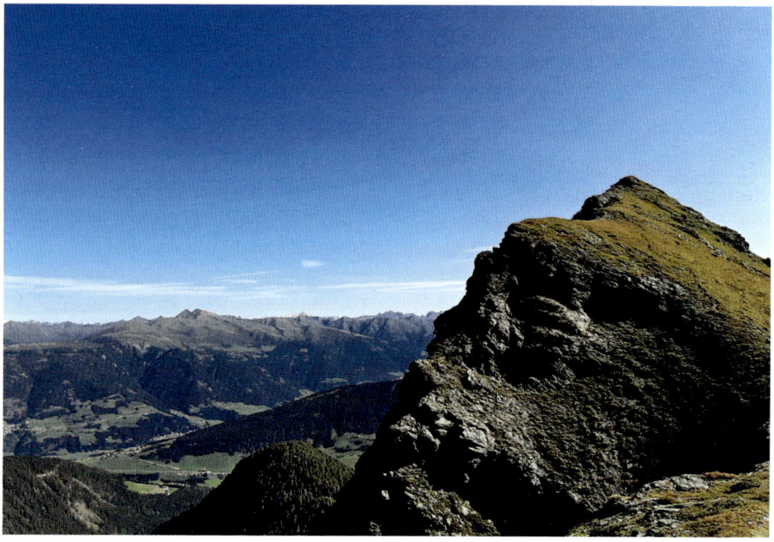

Rau und schwer einnehmbar, so erscheint die Gatterspitze von vielen Seiten.

Ausgangspunkt: Parkplatz beim Sportzentrum Kartitsch, 1416 m. Diesen erreichen wir von der Landesstraße 111 abzweigend am Lebensmittelladen ADEG vorbei hinunter und über den Bach im Talboden, vorbei am Hotel Waldesruh den Wegweisern »Freizeitzentrum« und »Obstansersee-Hütte« folgend. Navi: Kartitsch 154c, 9941 Kartitsch.
ÖPNV: Bus nach Kartitsch, Haltestelle Gemeindeamt. Von dort der Beschreibung für die Zufahrt zum Ausgangspunkt folgen (1 km Fußweg).
Anforderungen: Großteils Forstwege und gut befestigte Wanderwege und -pfade, nur in den letzten 30 Minuten ist erhöhte Trittsicherheit gefragt.
Einkehr: Keine unterwegs; aber wer möchte, erreicht auf einem Abstecher die Obstansersee-Hütte, Tel. +43 664 1618723 (ausgeschildert, ca. 350 Hm und 3,5 km hin/zurück zusätzlich).

Vom Parkplatz beim **Kartitscher Sportzentrum** ❶ wandern wir, dem Wegweiser zur »Gatterspitze« und »Obstansersee-Hütte« folgend, auf dem Forstweg bis zum Talschluss. Ab und an können wir rechter Hand über den Wipfeln der Bäume bereits einen Blick auf den Gipfel der Gatterspitze hoch über den senkrecht abfallen zu scheinenden Felswänden ergattern. Schon fast am Talschluss angelangt, gabelt sich der Weg und wir gehen hier rechts bergauf. Ab einer auf einem Felsen angebrachten Gedenktafel für k.u.k Soldaten geht es nun steiler dahin. Wir sind hier nun auf einem Weg unterwegs, der für die Versorgung der Weltkriegs-Truppen an der Grenze zu Italien gebaut wurde. Über viele Stufen geht es bergauf, man hat einen tollen Blick auf den Obstanser Wasserfall, der hier in mehreren Kaskaden in die Tiefe braust. Besonderes Schmankerl des Aufstiegs: Nur wenige Meter vor der Fallkante des Wasserfalls führt eine Brücke über den Bach, der sogleich zum Wasserfall wird. Jedes Jahr wird auch das Weidevieh über diesen Pfad hochgetrieben und findet auf den saftigen Weiden der Obstanser Almen gute Nahrung.

Oben angekommen, erwartet uns das atemberaubende Plateau der Obstanser Almen. Ganz in der Nähe eines Unterstandes für Notfälle und der ehemaligen Talstation einer Materialseilbahn, die jetzt »Villa Yeti« heißt (benannt nach einem charismatischen Hirten aus Kartitsch), steht auf einem kleinen Hügel die **Prinz-Heinrich-Kapelle** ❷. Sie wurde nach dem deutschen Prinzen benannt, der den österreichischen Truppen im Ersten Weltkrieg zu Hilfe gekommen war. Wir wandern nun auf die Heuschupfen zu, die sich südlich von uns hinter einem

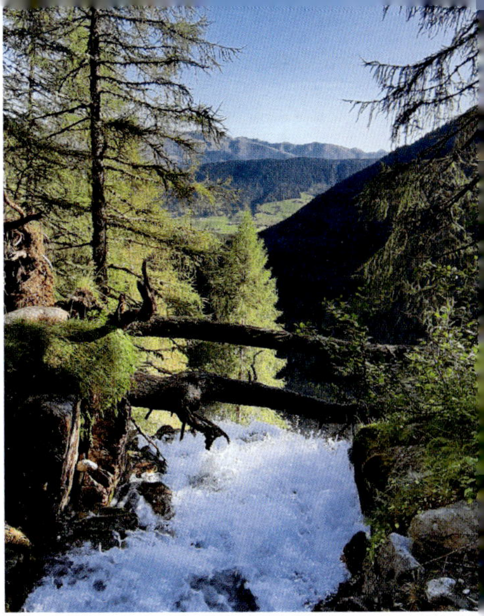

Macht des Wassers: Auf einer Brücke des Weges steht man fast direkt über der Kante des Wasserfalls.

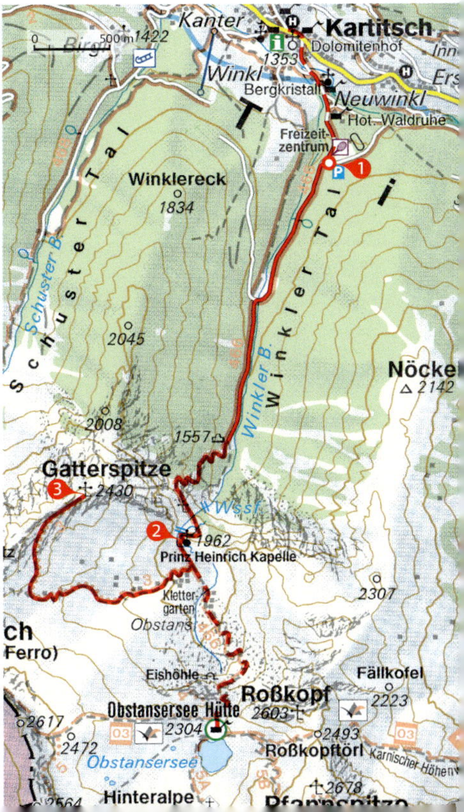

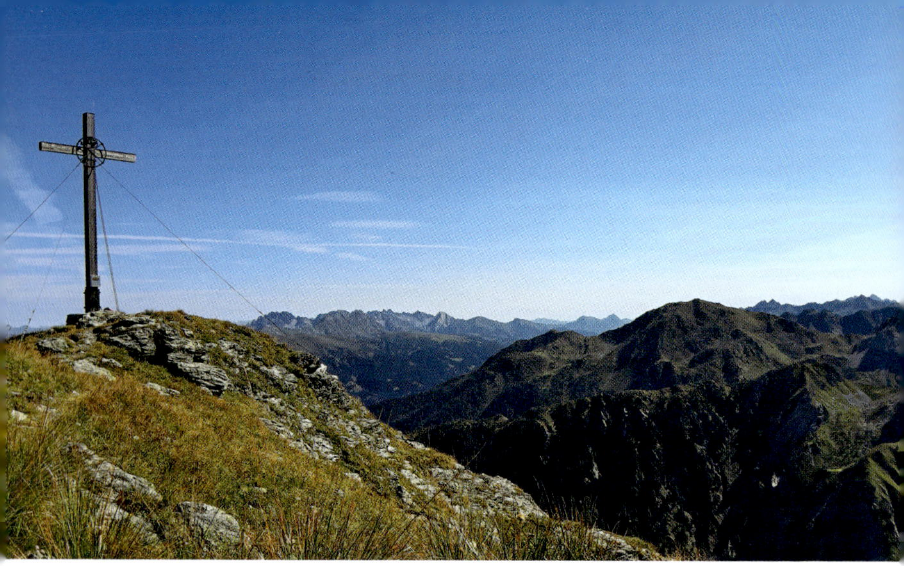

Kreuz der Gatterspitze, am Horizont dahinter die Gipfel der Schobergruppe.

Felsen zu schützen scheinen. Hier teilt sich nun der Weg: Links geht es zur Obstansersee-Hütte (Einkehr-Abstecher), rechts führt unser Pfad hinauf. So gelangen wir zuerst nach einigen Kehren und vorbei an teils verfallenen Heustadeln zum Gebiet der Vorderalm; einige Meter nach einer kleinen, aber sehr gut in Stand gehaltenen Almhütte zweigt nach links ein Pfad ab, der auch zur Obstansersee-Hütte führt. Wir wandern aber noch etwas weiter und folgen dann dem Wegweiser und der rot-weiß-roten Farbmarkierung durch erst blockiges Gelände und dann wieder auf schmalem Pfad nach Norden zum Gipfelkamm. Oben angekommen, erkennt man ob der kantigen Abbrüche auf der Nordseite des Berges, wie vergleichsweise einfach der Anstieg über den Pfad am Südhang ist. Die letzten Meter zum Gipfel der **Gatterspitze** ❸, 2430 m, sind bald zurückgelegt und belohnt werden wir mit einer Fernsicht von den Zillertaler Alpen über die Hohen Tauern mit Großvenediger und Großglockner zu den Lienzer Dolomiten. Im Süden ragen die Gipfel des Karnischen Kammes auf, und wer besonders gute Augen hat, der kann auch den Ankogelgletscher ausmachen.

Nach einer wohlverdienten Rast kehren wir auf dem Aufstiegsweg wieder zum Ausgangspunkt beim **Sportzentrum Kartitsch** ❶ zurück.

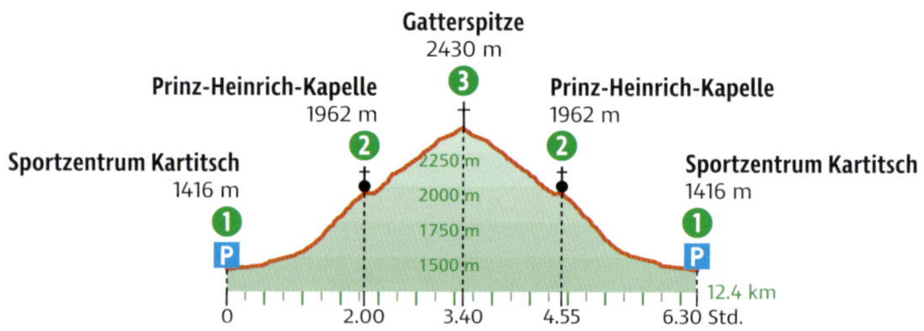

Öfenspitze, 2334 m, und Hochegg, 2477 m

Rundtour von Kartitsch-Rauchenbach

17

6.30 Std. | 11,6 km | ↗ 1100 m | ↘ 1100 m

Durch Almrosenwiesen zum doppelten Gipfelpanorama

Im Winter eine beliebte Skitour der Einheimischen, verdeckt der Schnee viele der Vorzüge dieser Bergwanderung, die nicht nur mit traumhaftem Panorama auf den Karnischen Hauptkamm, allen voran der berühmte Gipfel des Großen Kinigat, die Villgratner Berge und die Lienzer Dolomiten sowie die Größen Großglockner und Großvenediger aufwarten kann, sondern auch mit Landschaften im kleineren Format, die es leicht auf eine Postkarte machen könnten: die Seen im Bereich der Seeland-Alm oder die steilen Wände des hinteren Erschbaumer Tales. Im Frühsommer blühen hier ganze Hänge von Almrosen, und im August kann man sich an Heidelbeeren laben, im September dann an Preiselbeeren, wenn denn die Murmeltiere noch welche übrig gelassen haben – denn auch die kleinen Gesellen gibt es hier zuhauf.

Ausgangspunkt: Kartitsch, Ortsteil Rauchenbach, 1515 m. Parkmöglichkeiten beim Klammerwirt und neben der Straße, ebenso am Beginn der Forststraße ca. 1 km westlich des Kartitscher Sattels. Navi: Rauchenbach 146, 9941 Kartitsch.

Anforderungen: Charaktervolle Bergtour mit einigen etwas ausgesetzten Passagen im direkten, hier beschriebenen Aufstieg zur Öfenspitze. Wer nicht auch mal die Hände zur Hilfe nehmen möchte, der soll beim kleinen See den rechten Aufstiegsweg nehmen.

Einkehr: Keine unterwegs; Gasthof Klammerwirt am Ausgangspunkt in Rauchenbach, Tel. +43 4848 5277, www.klammerwirt.com.

Hinweis: Die hier beschriebene Route erklimmt die Öfenspitze direkt am Nordgrat. Für geübte Bergwanderer/-steiger nicht der Rede wert. Wer allerdings gerade eben den Sprung in höhere Gefilde gewagt hat oder sich sehr unsicher fühlt, wenn sehr kurze Passagen mit Unterstützung der Hände gemacht werden sollen, der wählt bei der Gabelung am See im Aufstieg die rechte Option. Diese führt sanfter und über die Westflanke an den Gipfel heran.

Über den Wolken geht es hinauf zur Öfenspitze.

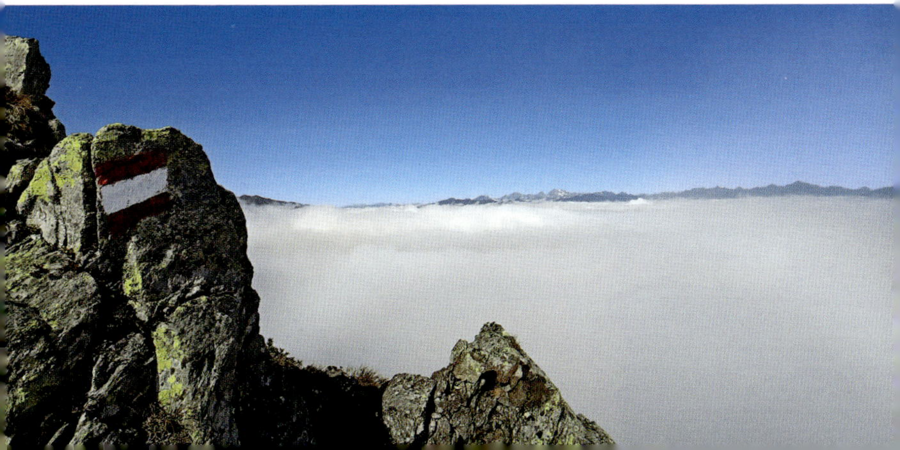

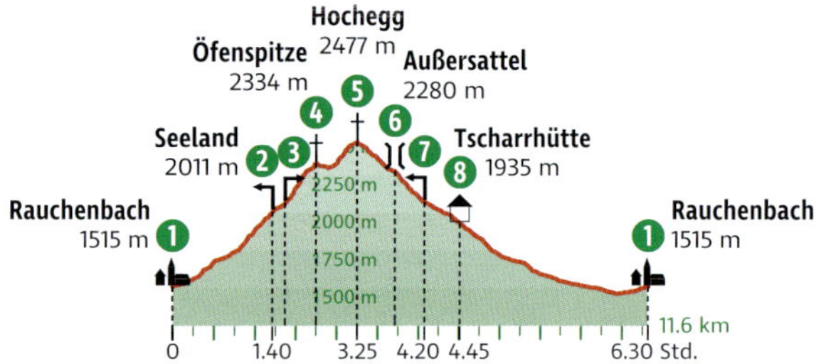

Vom Ausgangspunkt in **Rauchenbach 1** wandern wir auf einem Forstweg südlich der Landesstraße dem Wegweiser »Seeland / Öfenspitze« nach Südosten folgend auf einem breiten Forstweg leicht bergauf. Wir ignorieren den nach ca. 200 Metern nach links wegführenden Forstweg und bleiben auf unserem Weg, bis etwa 400 Meter nach dem Ausgangspunkt linker Hand ein Wanderweg (Wegweiser) abzweigt, dem wir folgen. Mit den rot-weiß-roten Markierungen auf Bäumen und markanten Steinen gewinnen wir gut, aber nie wirklich steil, an Höhe, queren so manches Mal den Forstweg und wandern auch einmal ein kleines Stück auf diesem, bevor der Wanderweg wieder abzweigt. Auf ca. 1750 m Seehöhe verlassen wir die Forststraße zum letzten Mal: Dieser Weg führt uns durch den immer schütterer werdenden Wald hinauf zu den ersten Almwiesen und Almrosen. Hier geht es nun deutlich steiler voran und bei knapp über 2000 m erreichen wir ein kleines Plateau, auf

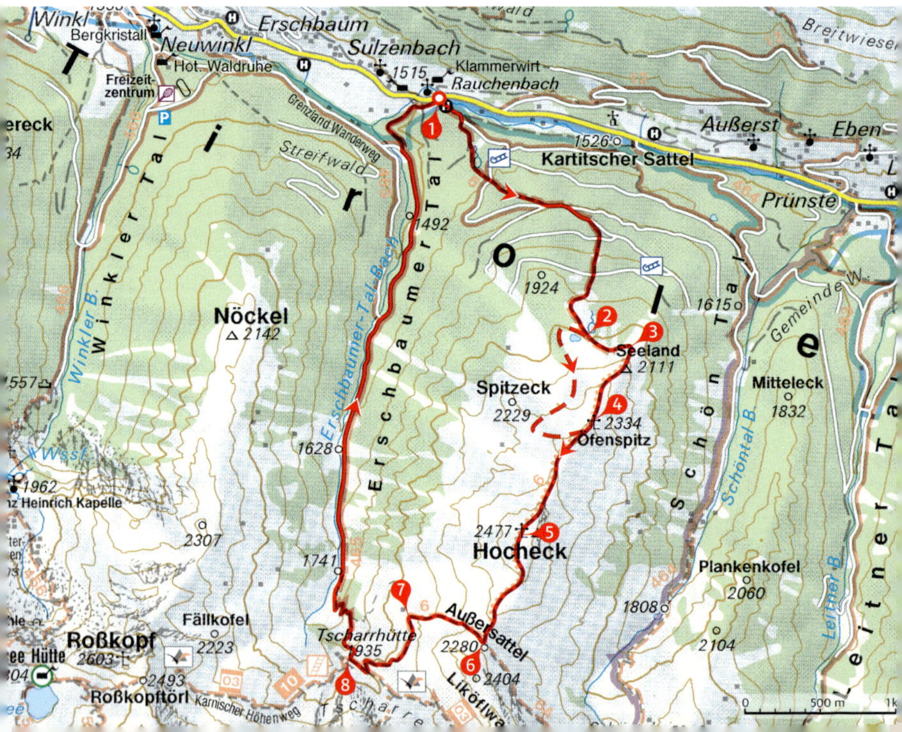

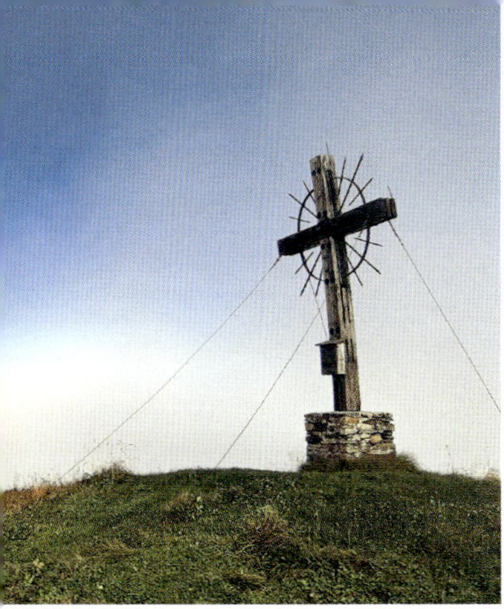

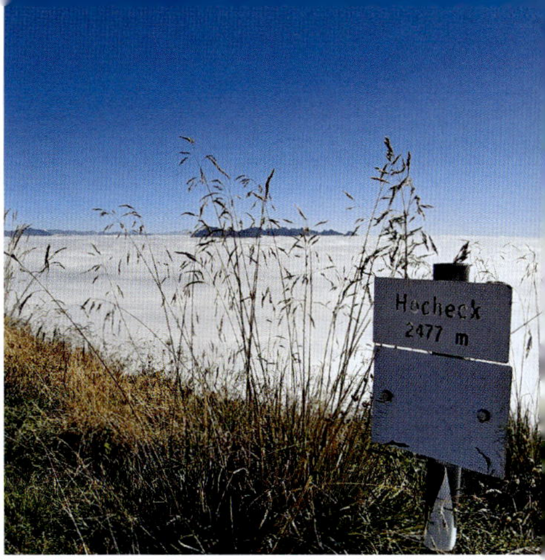

Die kleinere Öfenspitze ziert ein Kreuz, am Hocheck muss ein Schild reichen.

dem sich, zwischen jungen Lärchen, ein kleiner See verbirgt. Hier sind wir nun im Almgebiet **Seeland** ❷.
Wer die einfachere Route zum Gipfel nehmen möchte, geht bei der offensichtlichen Gabelung auf diesem Plateau nach rechts (siehe Hinweis). Die beschriebene Route hier führt uns links hinauf zu den Heuhütten des **Innerseeland** ❸ und hinter diesen den Nordrücken der **Öfenspitze** bis hinauf zum Gipfelkreuz ❹, 2334 m. Wer ein Foto mit Gipfelkreuz schießen möchte, der macht das besser hier, denn das deutlich höhere Hochegg hat keines anzubieten, dafür aber ein tolles Panorama. Danach machen wir uns auf den Weg zum Hochegg, indem wir den die beiden Gipfel verbindenden Rücken folgen. Die Route ist farbig markiert, aber nicht immer gut ausgetreten. Bei schlechter Sicht sollte man darauf achten, nicht versehentlich auf dem über den Westhang führenden einfacheren Anstieg auf die Öfenspitze abzusteigen!
So kommen wir in eine kleine Senke und steigen aus dieser auf das **Hochegg** ❺, 2477 m, dessen höchster Punkt mit einer weißen Stange markiert ist. Vom Hochegg führt in südlicher Richtung ein markierter Pfad zum **Außersattel** ❻. Hier folgen wir dem Wegweiser und den Markierungen nach rechts hinunter zur **Karalm** ❼. Kurz bevor wir diese erreichen, schwingt der Weg nach links und führt, das steile Gelände unterhalb der Karalm vermeidend, ins hintere Erschbaumertal und zum Weg zur Standschützenhütte. Auf diesem wandern wir bergab zur **Tscharrhütte** ❽. Diese ist ein einfacher Unterstand für Notfälle.
Nach ihr geht es in Kehren hinunter zum Fahrweg im Talboden des Erschbaumertales. Diesem folgen wir talauswärt und gehen bei der ersten Gabelung, kurz vor einer Brücke über den Bach, nach rechts, überqueren den Bach also nicht. Etwa 1,2 Kilometer nach der Gabelung folgen wir dem Wegweiser »Rauchenbach« nach rechts und leicht bergan auf einen Forstweg, der uns dann, schon in Sichtweite der Fraktion Rauchenbach, auf eine Weide bringt. Wir gehen auf dieser parallel zum Zaun auf der rechten Seite bergauf, dann unter der Stromleitung weiter und im nordöstlichen Eck der Weide durch ein Gatter zum Ausgangspunkt in **Rauchenbach** ❶.

18 Hoher Bösring, 2324 m

Von Rodarm und retour übers Leitertal

TOP 7.00 Std. | 17,9 km | ↗ 1070 m | ↘ 1070 m

Abwechslungsreiche Wanderung mit einfachem Aussichtsgipfel

Zwar überragt der Hohe Bösring seine Nachbargipfel nicht, er ist aber trotzdem ein lohnendes Wanderziel, vor allem in Kombination mit dem Heretriegel-Höhenweg und einem Abstieg über die Stuckenseen und das Leitnertal. Mit fast 18 Kilometern eine etwas Ausdauer verlangende Wanderung, die uns aber mit glasklaren Bergseen, Almwiesen in voller Blüten- oder Beerenpracht, einem tosenden Wasserfall und vielleicht sogar dem Blick auf einen Steinadler belohnt!

Ausgangspunkt: Parkplatz südlich bzw. östlich des Biathlonzentrums von Obertilliach, 1381 m. Dieses liegt direkt an der Landesstraße 111 kurz (westlich) vor Rodarm, einem Obertilliacher Ortsteil. Navi: Rodarm 25, 9942 Obertilliach.
ÖPNV: Bus Linie 965, Haltestelle Obertilliach Biathlonzentrum. Von der Haltestelle auf der Zufahrtsstraße des Biathlonzentrums zum Ausgangspunkt gehen (ca. 300 m Fußweg).
Anforderungen: Lange, aber für geübte Wanderer einfache Bergtour. Gegen Ende des Heretriegel-Höhenweges einige ausgesetzte, aber seilgesicherte Passagen.
Einkehr: Keine.

Heretkofel und Unterer Stuckensee.

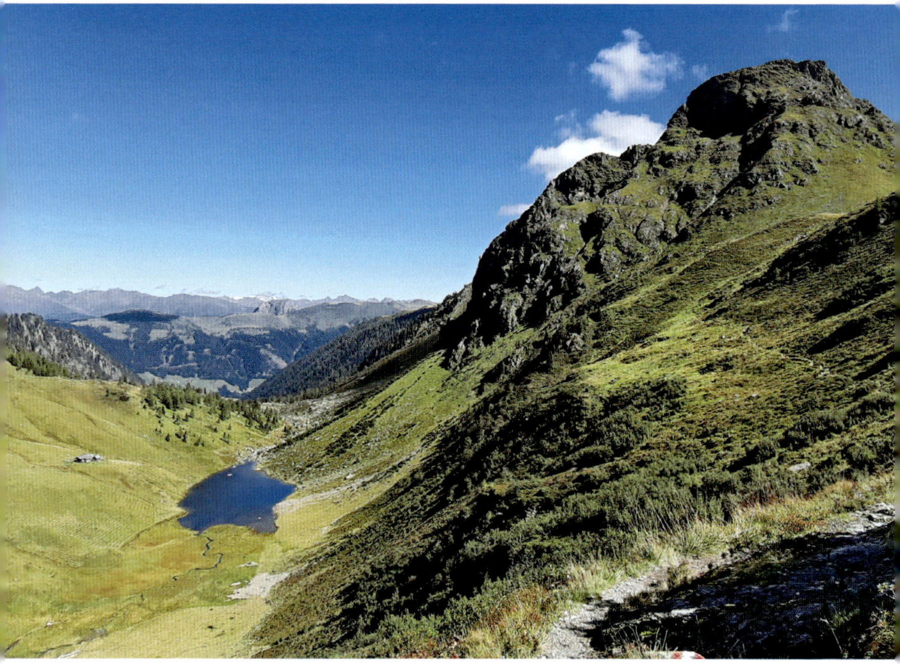

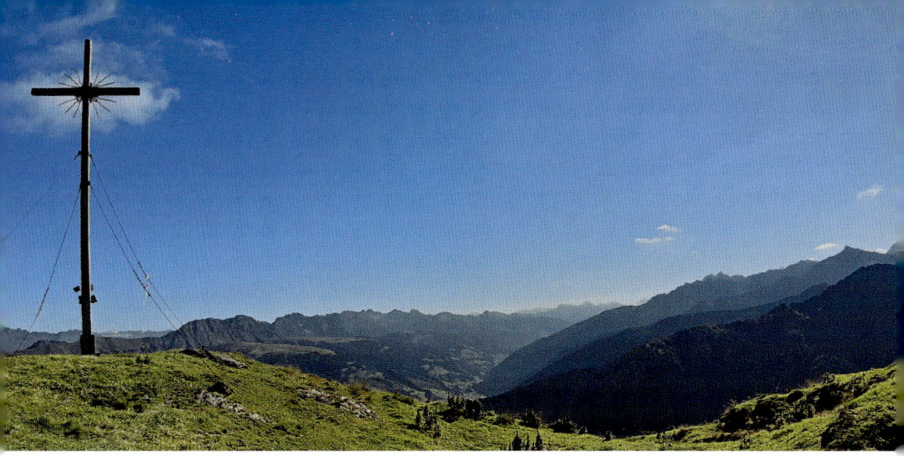

Ein mächtiges Kreuz ziert den eher sanft anmutenden Gipfel des Hohen Bösring.

Vom Ausgangspunkt beim **Biathlonzentrum Obertilliach ❶** gehen wir mit dem Gebäude des Zentrums rechts von uns hinunter zum Fluss Gail und queren die Brücke. Auf dem asphaltierten Weg (die Loipe im Winter) wandern wir nun nach Westen flussaufwärts bis zu einer Wegkreuzung, bei der nach links bergauf bereits der Hohe Bösring und der Heretriegel angeschrieben sind. Recht bald biegt rechts der Wanderweg vom Forstweg ab, wer möchte, kann aber auch die Kehren am Forstweg ausgehen. Auf 1800 m Seehöhe kommen wir zur Kreuzung mehrerer Forstwege, hier folgen wir dem Wegweiser rechts bergan und dann auf Weg Nr. 16 gleich wieder nach links und kommen auf diesem breiten, aber sehr steilen Weg nach einem kurzen Stück im Wald auf eine Wiese, an deren Ende die **Scheibrastl-Jagdhütte ❷** steht. Bereits jetzt haben wir einen tollen Blick über das Lesachtal und die umrahmenden Berge. Der markierte Weg führt weiter bergan, und nach einem kurzen Stück im Wald erreichen wir die Almwiesen. Der Hohe Bösring ist links am Kamm bereits zu sehen, der Weg führt uns aber zuerst noch leicht nach rechts und dann über die nun fast schon flach erscheinenden Almflächen zu einem Wegweiser. Hier beginnt der Gipfelanstieg und wir erreichen das große Gipfelkreuz des **Hohen Bösring ❸**, 2324 m, nach weiteren ca. 150 Höhenmetern. Auf den Flanken dieses Berges werden im Juni Herz-Jesu-Feuer entzündet – ein besonderes Schauspiel!
Wir kehren zum Wegweiser zurück und beginnen nun den als Heretriegel-Höhenweg bekannten Tourabschnitt. Mit tollem Panorama

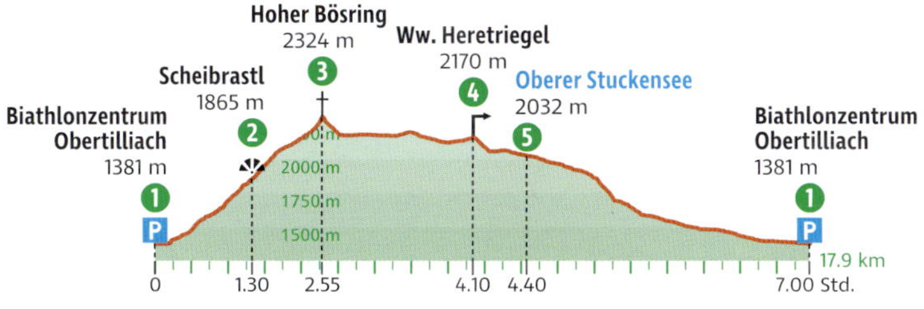

in Richtung Porze und Porzescharte im Süden wandern wir auf diesem oft recht schmalen Weg über die im Sommer als Schafalmen genutzten Bergwiesen, die oft von Felsen durchsetzt sind. Mit etwas Auf und Ab umwandern wir die größten Felszungen und -wände, queren ungefähr in der Hälfte des Höhenweges einen kleinen Wasserlauf und sehen dann schon die Porzehütte auf der anderen Talseite. Etwa 2,5 Kilometer nach dem Wegweiser, von dem aus wir vorher zum Gipfel abgebogen waren, schwingt der Höhenweg deutlich nach Westen. Wir sind nun unter dem Heretriegel, einer beeindruckenden Felsformation, an deren Fuß wir zum Heretriegel-Wegweiser kommen. Zuvor aber passieren wir ein seilgesichertes Steilstück, das etwas Konzentration erfordert. Der **Heretriegel-Wegweiser 4** findet sich in der Nähe eines großen Felsbrockens am Übergang ins Leitnertal und wir folgen diesem nach Westen

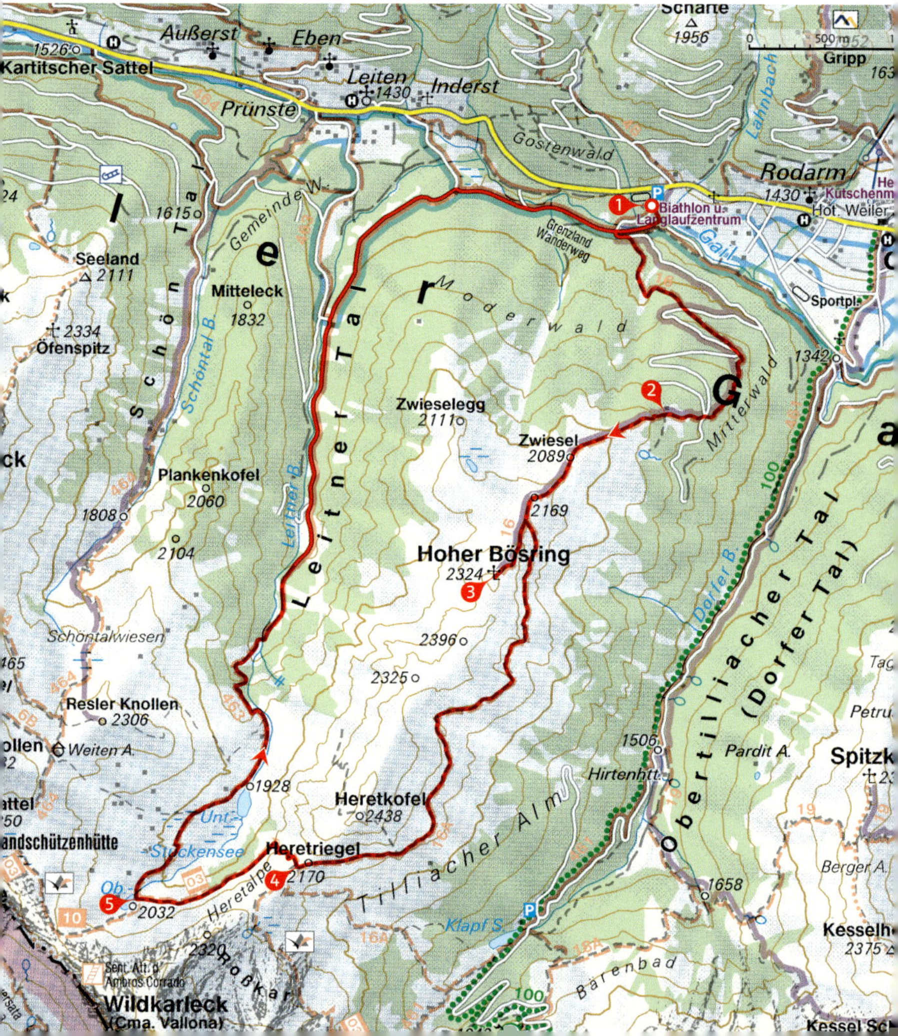

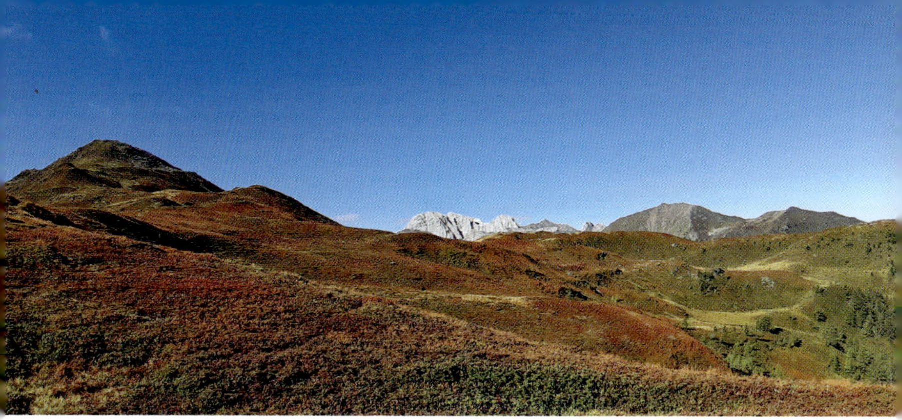

Über weitläufige, von Preiselbeer- und Heidebüschen geprägte Flächen, geht es zum Gipfel.

in Richtung »Standschützenhütte / Leitnertal«. Zuerst geht es in engen Kehren nordwestlich bergab, dann angenehm sanft an Höhe verlierend in südwestlicher Richtung bis zum **Oberen Stuckensee ⑤**. Dieser ist gut versteckt: Man sieht ihn entweder von der Passhöhe zwischen den Tälern oder dann erst wieder, wenn man direkt davorsteht. Wir wandern nun in nordöstlicher Richtung talauswärts über die Almböden, die manchmal etwas sumpfig sein können, vorbei am Unteren Stuckensee im Talkessel und dann entlang des Baches bis zur Geländestufe, die der Bach laut tosend als Wasserfall nimmt. Wir aber steigen auf einem gut befestigten und mit Holzstufen versehenen Weg bergab und achten, fast an der Talsohle angekommen, darauf, nach den Wegmarkierungen Ausschau zu halten. Denn aufgrund von Muren und Erdrutschen musste der Weg verlegt werden und kreuzt nun schon früher als auf manchen Wanderkarten vermerkt den Fluss mit Trittsteinen und führt auf der orografisch rechten Seite bergab. Schon bald hat der Weg Fahrbreite und wir folgen ihm bis zu einer Gabelung bei einer Brücke, der Tränkenbrücke (ausgeschildert).

Wir bleiben hier rechts und sind nun am Grenzlandweg unterwegs; dieser ist mit grün-weißen Markierungen gekennzeichnet, Holzwege ignorieren wir. Nach einiger Zeit im Nadelwald kommen wir zu einer weiteren Abzweigung. Hier halten wir uns wiederum rechts und erreichen auf diesem Weg das vom Beginn der Wanderung bekannte Gelände. So kehren wir zum **Biathlonzentrum Obertilliach ①** zurück.

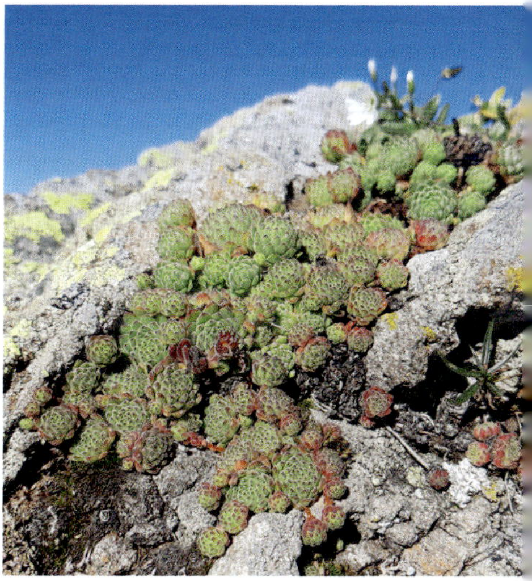

Steinbrech am Heretriegel.

19 Gripp und Dorfberg, 2114 m

Von Obertilliach nach Kartitsch

5.00 Std. | 12,9 km | ↗ 850 m | ↘ 800 m

Sanfte Bergwiesen nach saftigem Anstieg

Im Griff zwischen den rauen Gipfeln der Lienzer Dolomiten im Norden und den kantigen Größen des Karnischen Kammes im Süden liegt eine fast schon sanfte Bergkette, deren bekanntester Gipfel, der Golzentipp, aufgrund seiner Nähe zur gleichnamigen Seilbahn einige Besucher anzieht. Der Aufstieg über eine dem Golzentipp vorgelagerte Schulter, den Gripp, verlangt anfangs den Waden so einiges ab, belohnt aber mit Almblumenreichtum und betörendem Weitblick. Teile dieser Route führen über den Gailtaler Höhenweg – um einiges lieblicher als sein weitum bekannter Bruder auf der anderen Talseite, der Karnische Höhenweg, und auch deutlich weniger bekannt.

Ausgangspunkt: Nördliches Ortsende von Obertilliach, 1474 m, bei zwei alten Getreidekästen in der Nähe der Häuser Dorf 84 und Dorf 89. Es handelt sich um die Straße, die zu den Pisten führt. Navi: Dorf 89, 9942 Obertilliach.
Endpunkt: Gasthof Klammerwirt in Kartitsch-Rauchenbach, 1515 m, Bushaltestelle.
ÖPNV: Unter der Woche regelmäßige Verbindung mit Bus Linie 965 zwischen Kartitsch-Rauchenbach und Obertilliach, Haltestellen Ort oder Weiler. Am Wochenende nur wenige Fahrten.
Anforderungen: Einfache Wanderung, die aber schon etwas Durchhaltevermögen erfordert.
Einkehr: Nur am Tourende im Gasthof Klammerwirt, Tel. +43 4848 5277, www.klammerwirt.com.

Vom Ausgangspunkt bei den alten Getreidekästen in **Obertilliach 1** folgen wir der Straße bergaufwärts in Richtung »Golzentipp/Connyalm« (Wanderweg Nr. 47). Schon bald sind wir auf einer Schotterstraße unterwegs und queren nach der zweiten Kehre, dem Wegweiser Richtung

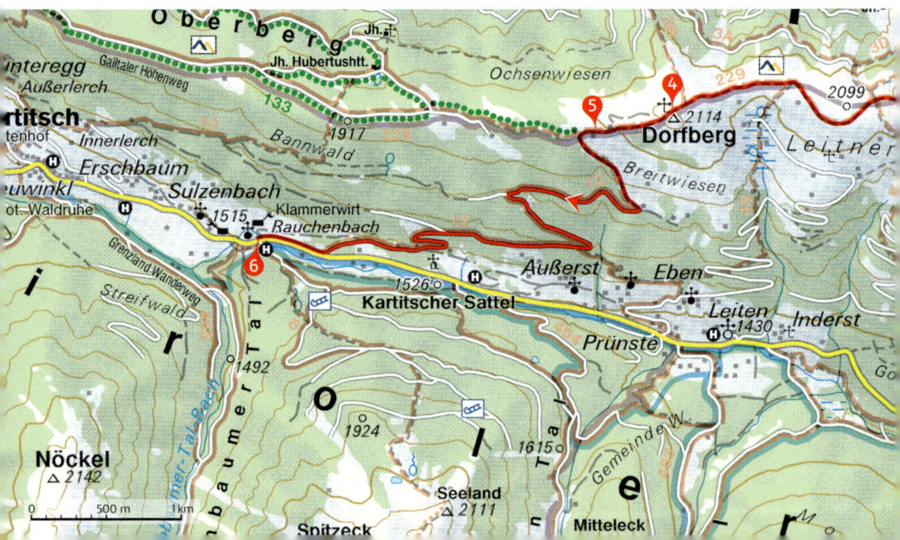

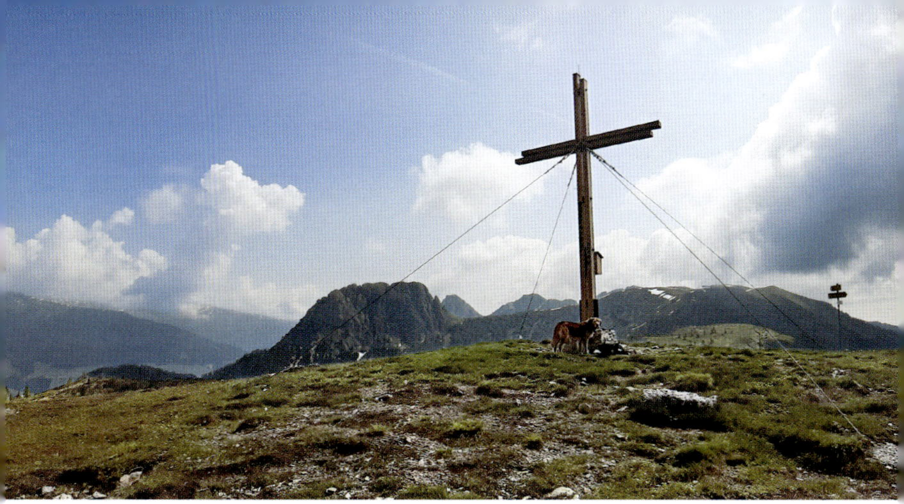

Dorfberg-GIpfelkreuz, dahinter Spitzenstein links und das Plateau des Golzentipp.

»Golzentipp über Gripp« folgend, den Rodarmbach. Wir wandern nun auf einem Forstweg bergan. Etwa 80 Meter nach einem Schranken folgen wir einem Wegweiser auf einen Steig rechts, kreuzen die Forststraße nach einiger Zeit und landen später wieder auf ihr. Einige Dutzend Meter nach einer Rechtskehre führt erneut ein Steig beschildert in den Wald. Nun geht es ziemlich steil bergan, bald schon vorbei an den ersten alten Heuschupfen, derer wir auf unserer Route heute noch viele sehen werden. Der Weg ist gut markiert und führt uns durch den nun immer lichter werdenden Lärchenmischwald auf den Rücken des **Gripp ❷** auf ca. 1940 m, auf dem wir dann auch an einer kleinen Hütte vorbeikommen. Wir passieren weitere dem Verfall preisgegebene Heuschober, bevor wir uns an einer Quelle erfrischen können und nach ein paar kleinen Bächen eine Wegkreuzung erreichen. Hier geht es rechts zum Golzentipp, wir aber wandern geradeaus weiter, dem Wegweiser »Abkürzung Dorfberg« folgend. Die ersten paar Hundert Meter ist der Weg nicht unbedingt leicht erkennbar, er hält aber ungefähr die Höhe und ist am Hang des nächsten Hügels wieder deutlich ausmachbar. Wir erreichen so den **Sattel ❸** zwischen **Pfannegg** links und einem Vorgipfel des Golzentipp zu unserer Rechten und der Blick nach Norden wird frei. Was für ein Panorama!

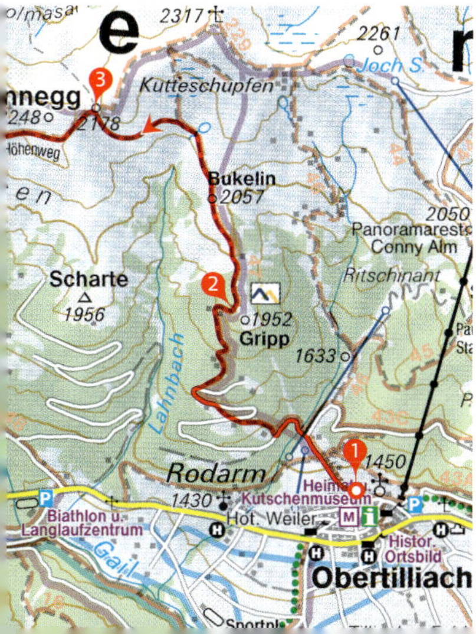

Der Weg führt uns nun nach Südwesten um den Gipfel des Pfannegg, 2248 m, herum zu einer Gabelung. Rechts ginge es hier zum Spitzenstein, wir aber halten uns hier eher links und kurz bergab und setzen

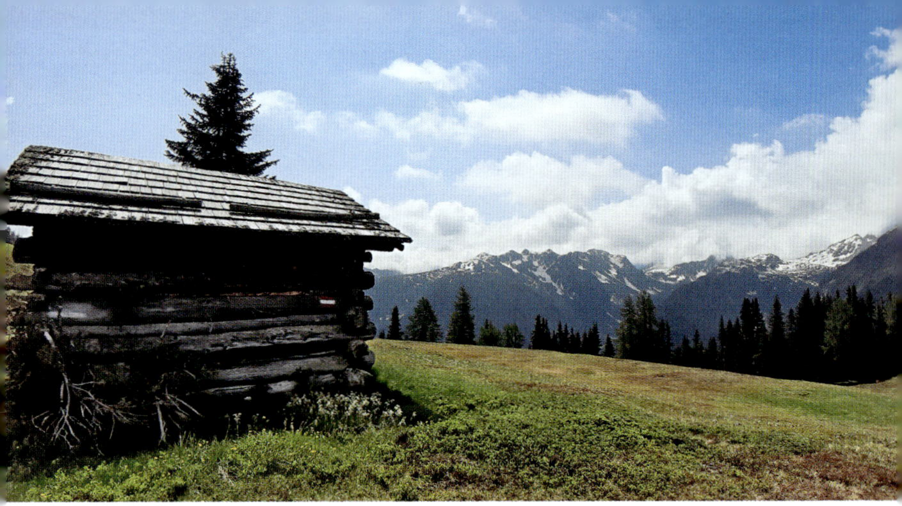

Zartes Frühlingsgrün auf der Breitwiesenalm.

unsere Wanderung mit Ziel Dorfberg fort. Bevor wir diesen erreichen, gibt es zwei Möglichkeiten, den doch eher exponierten Bergrücken zu verlassen, etwa bei Gewittergefahr: Beide Routen (zum Biathlonzentrum Obertilliach und nach Leiten) führen links weg und sind ausgeschildert. Kurz vor dem letzten Anstieg zum **Dorfberg** geht es noch durch einen lichten Wald und dann hinauf zum großen **Gipfelkreuz** ❹, 2114 m.

Den Dorfberg lassen wir hinter uns, indem wir den nach Süden wegführenden Weg (Markierungen auf Felsen am Boden) nehmen. Dieser Pfad führt uns über die Almflächen der **Breitwiesenalm**: Beim ersten Heuschupfen halten wir uns eher rechts, der zweite ist ein mit Bildern dekorierter **Unterstand** ❺ für Wetterumschwünge und nach dem dritten folgen wir dem Wegweiser »Kartitscher Sattel« nach links. Eine neue Forststraße bietet sich am Ende der Wiese an, wir aber folgen den Markierungen auf einen kleinen Steig in den Wald hinein. Das Intermezzo im Wald ist kurz, bald schon geht es wieder am Rand einer großen Almweide bergab.

Bei der Mündung in eine weitere Forststraße biegen wir nach rechts auf diese ab und wandern nun, immer mit Ziel Kammerwirt und Kartitscher Sattel, bergab, den Markierungen folgend; lange gerade Passagen werden von einigen Kehren unterbrochen. So erreichen wir die Gailtaler Landesstraße, folgen ihr nach rechts für wenige Hundert Meter und erreichen so den Kartitscher Ortsteil **Rauchenbach** ❻ und den Kammerwirt.

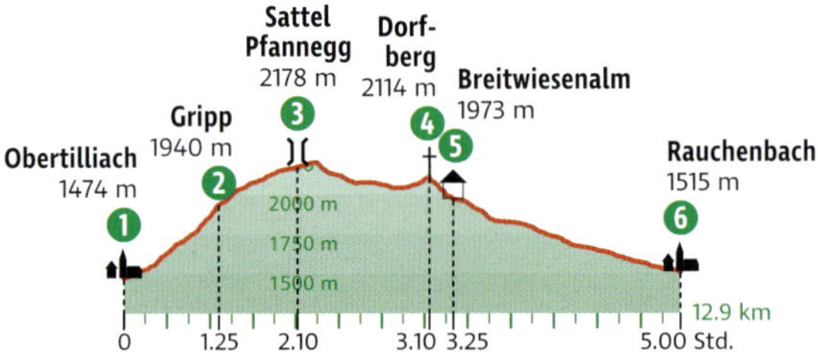

Höhenweg Obertilliach–Rals–Bergen

Rundtour von Obertilliach-Dorf

20

1.45 Std. | 5,8 km | ↗ 260 m | ↘ 260 m

Zu den Wiesen des Bergsteigerdorfes Obertilliach

Ein großer Bergsturz mit einhergehenden Muren im 12. Jahrhundert soll Ursprung des großen Schwemmkegels sein, auf dem Obertilliach heute steht. Das Haufendorf mit seinen eng aneinander gebauten Holzhäusern hat einen unvergleichlichen Charakter. Obertilliach ist auch Filmdrehort, der berühmteste ist wohl der 24. James-Bond-Film »Spectre«. Die Heuwiesen am östlichen Teil des Schwemmkegels mit den beiden Kapellen und den vielen Heuschupfen sind im Frühling ein Blumenparadies. Bis vor wenigen Jahrzehnten wurde in diesem Bereich aber auch Getreide angebaut, denn viele der Bauern waren Selbstversorger.

Ausgangspunkt: Obertilliach, Pfarrkirche St. Ulrich, 1444 m. Navi: Dorf 1, 9942 Obertilliach.
ÖPNV: Bus Linie 965 von Sillian nach St. Lorenzen im Lesachtal, Haltestelle Obertilliach Ort. Von dort der Wegbeschreibung zum Ausgangspunkt folgen (das Tourende führt direkt an der Bushaltestelle vorbei).
Anforderungen: Einfache Wanderung auf Forstwegen, ruhigen Straßen und Feldwegen.
Einkehr: Jausenstation Mitterdorfer in Rals, Bergen 3, Tel. +43 4847 5236 oder +43 664 5531679, ca. 200 m abseits der Route; Gasthof Unterwöger in Obertilliach, Dorf 26, Tel. +43 4847 5221, www.hotel-unterwoeger.at.
Hinweis: Die gesamte Tour ist auch für Mountainbike tauglich.

Zeit muss sein: Aussichtsplatz in Obertilliach.

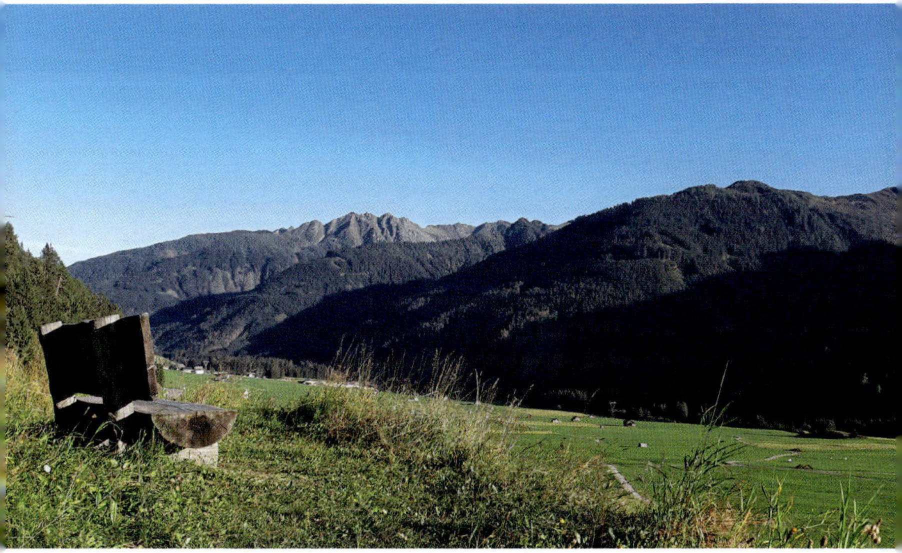

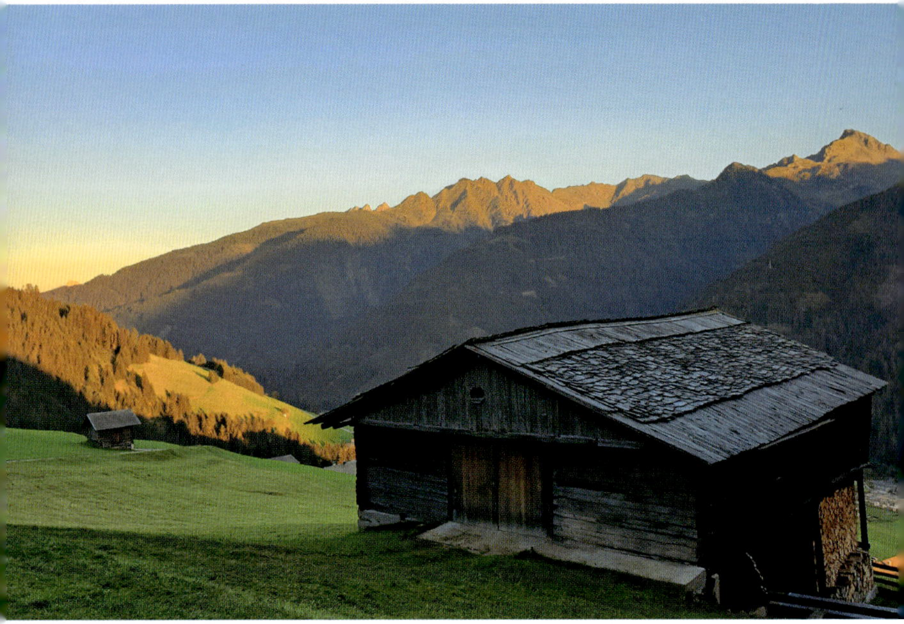

Sonnenuntergang in Rals.

Mit der **Pfarrkirche** in **Obertilliach ❶** im Rücken gehen wir auf der Straße hinunter zur Talstation der Obertilliacher Bergbahnen und folgen direkt unterhalb des Gebäudes dem Wegweiser »Schiweg Rals« hinauf zum Wald. Dieser breite Weg führt uns, stetig aber nie steil an Höhe gewinnend, nach Osten. Wo sich der Wald ober uns lichtet, sehen wir die vom Golzentipp herunterkommende Skipiste. In diesem Bereich mündet unser Weg in einen Forstweg, dem wir nach rechts folgen. Schon bald erreichen wir das Ende des Waldes und haben einen schönen Blick auf das Lesachtal und den Weiler Rals. Wir folgen unserem Weg, der nun asphaltiert ist, in das Zentrum des Haufendorfes **Rals ❷**. Wo unser Weg in die Ralser Straße mündet, gehen wir auf dieser nach links (wer in der Jausenstation Mitterdorfer Pause einlegen möchte, der geht bei der Mündung nach rechts), folgen ihr aber nicht um die nächste Kurve, sondern gehen geradeaus weiter (Wegweiser »Bergen / Bachhäusl«) und alsgleich rechts auf einen Feldweg.

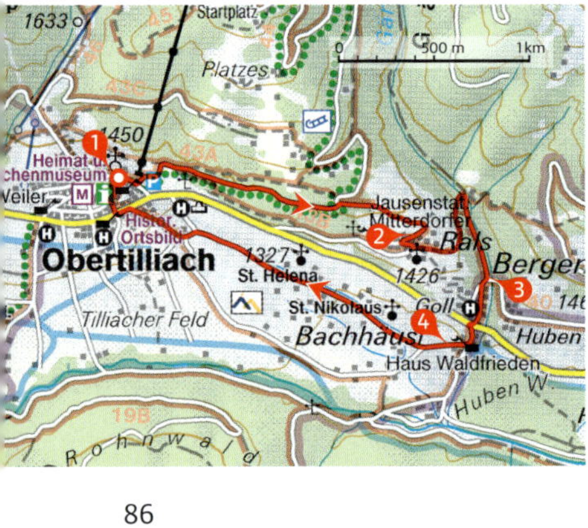

Dieser bringt uns in dichten Wald und zum Gärberbach hinunter, dem wir flussabwärts in den Ortsteil **Bergen-Bachhäusl ❸** folgen. Unser

Weg mündet in eine Straße, auf der wir bergab zu einer Unterführung kommen, die uns das sichere Unterschreiten der Landesstraße ermöglicht. Nach einem Bauernhaus auf der rechten Seite biegen wir bei der ersten Möglichkeit rechts ab, vorbei an einer kleinen Kapelle gelangen wir so auf die **Obertilliacher Heuwiesen**, die wie ausgebreitet nun vor uns liegen. Bei einer **Gabelung ❹** gehen wir wieder rechts und sind so nun parallel zu einem kleinen Wiesenbach in Richtung Obertilliach unterwegs, vorbei an den beiden Kapellen. Wir ignorieren gegen Ende der Wiesen die erste Möglichkeit, rechts in den Ort zu gelangen, bleiben noch kurz am Hauptweg und folgen diesem dann bei der zweiten Abzweigung hinauf zu den ersten

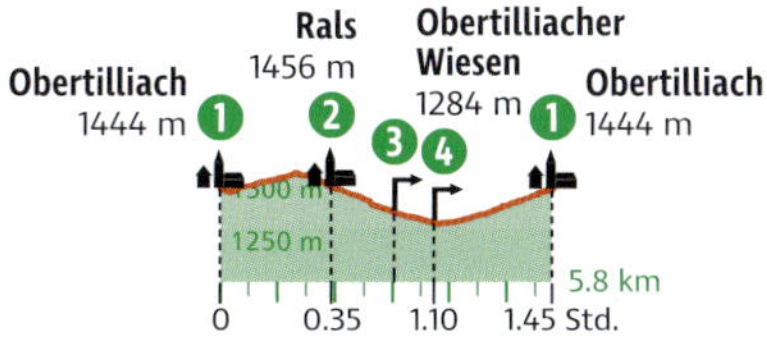

Häusern des Dorfes. Die Landesstraße überqueren wir vorsichtig und folgen ihr in westlicher Richtung bergauf (an der Straße die Bushaltestelle Dorf). Bei der ersten Möglichkeit gehen wir an der Bäckerei vorbei rechts die Straße hinauf, vorbei am Lebensmittelladen und folgen dem Straßenverlauf bergauf, nicht auf den Parkplatz des Dorfgasthofes Unterwöger. Die erste Gasse rechts, mit dem Gasthof Unterwöger im Rücken bringt uns zurück zum Ausgangspunkt in **Obertilliach ❶**.

Die berühmten Heuwiesen von Obertilliach mit den zwei weißen Kapellen.

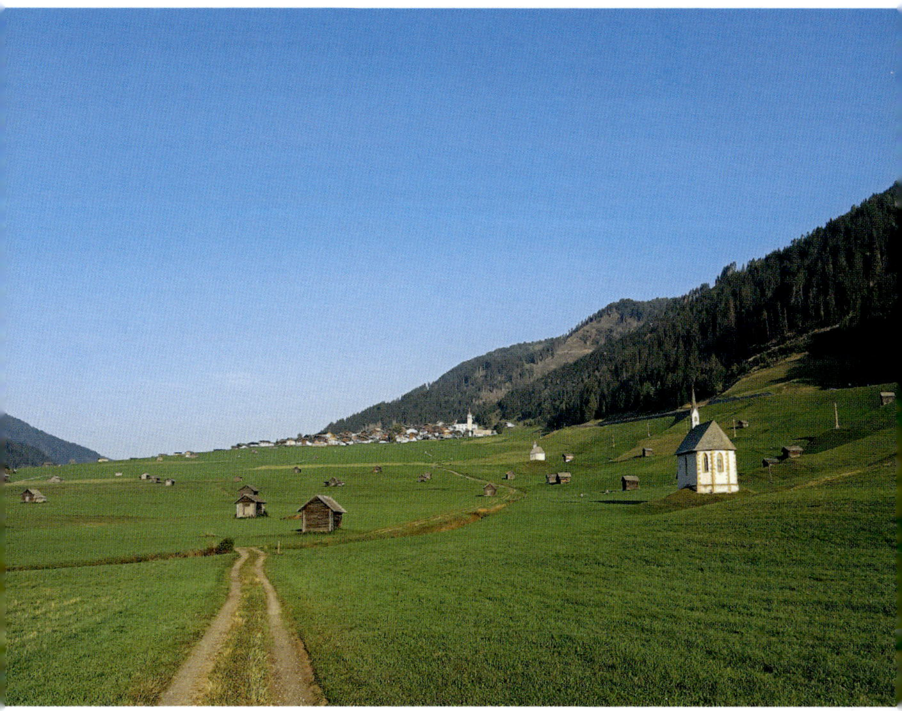

21 Hochspitz, 2580 m

Von Winkl hinauf zum Grenzkamm

7.15 Std. | 17,4 km | ↗ 1350 m | ↘ 1350 m

Herbst-Highlight für ausdauernde Wanderer

Der Hochspitz thront über den Gailtaler Seitentälern Raabtal und Winkeltal, bietet vor allem bei Herbsthochdruckwetter eine Fernsicht, die sich von den Julischen Alpen über die Südtiroler Dolomiten bis hin zu den Stubaier und Ötztaler Alpen im Süden zieht. Aber auch im Norden reiht sich ein bekannter Gipfel nach dem anderen auf. Natürlich ist diese Wanderung auch gleich nach der Schneeschmelze und im Sommer empfehlenswert, doch wenn im Herbst die ersten kühlen Tage die Heidelbeerpflanzen rot färbt, Lärchen und Vogelbeerbüsche ihr Festtagskleid anlegen und man vielleicht auch noch das Glück hat, bei blauem Himmel unterwegs zu sein, dann kann man auf dieser Runde ein ganz besonderes Farbenspiel erleben.

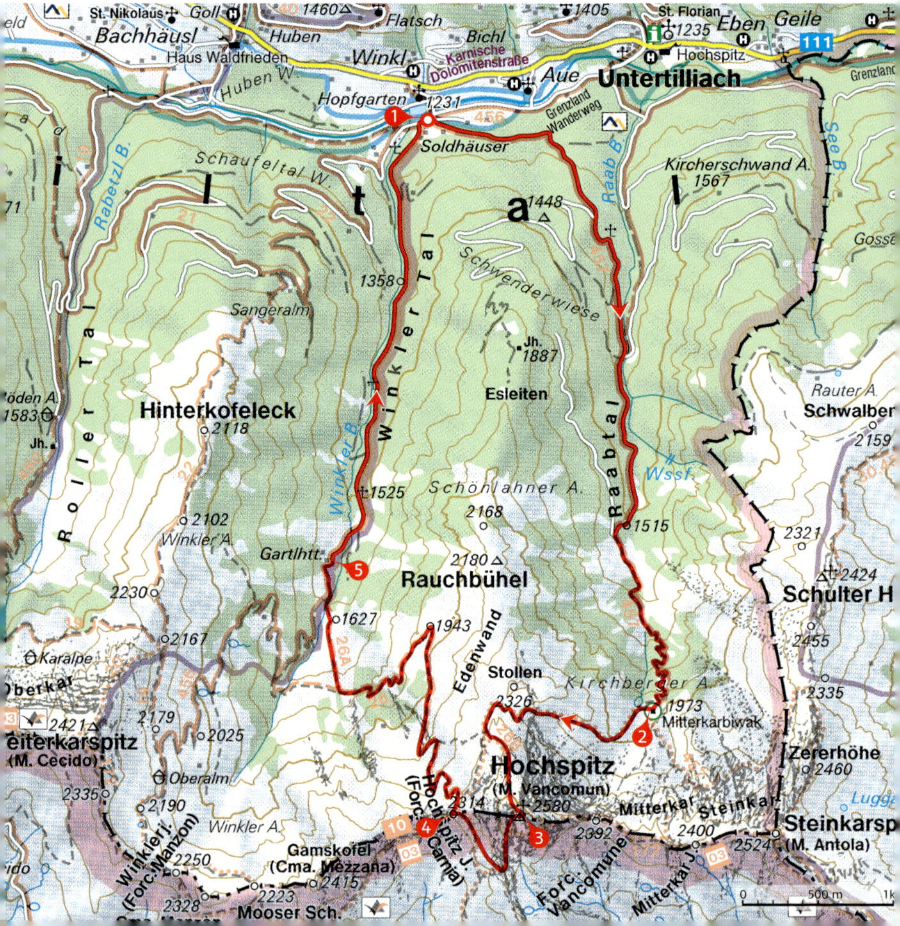

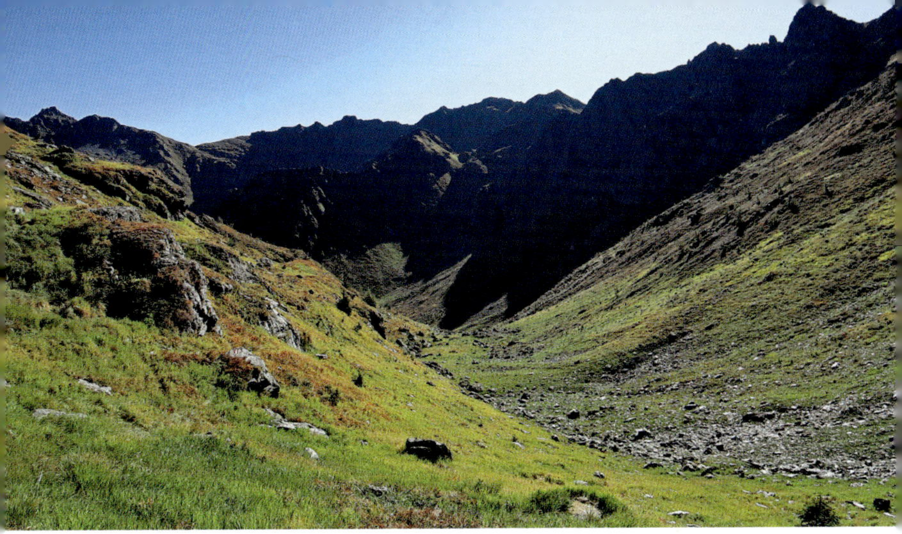

Noch werfen die steilen Hänge lange Schatten: im Aufstieg zum Hochspitz.

Ausgangspunkt: Talboden im Untertilliacher Ortsteil Winkl, 1236 m. Einige Parkmöglichkeiten in der Nähe des Biotops gleich nach der Brücke über die Gail. Bei der Bushaltestelle Untertilliach Winkl von der Gailtal-Landesstraße abfahren, an einer Kapelle vorbei und über die Brücke. Navi: Aue-Bichl, Winkl 57, 9943 Untertilliach.
ÖPNV: Bus Linie 965, Haltestelle Untertilliach Winkl. Von dort bergab zum Ausgangspunkt (ca. 400 m Fußweg).
Anforderungen: Bis zum Mitterkarbiwak einfache Wanderung auf einer Forststraße und breiten Wegen. Ab dort dann alpine Steige, die teilweise etwas verwachsen sind. Der Aufstieg zum Hochspitz erfolgt entlang eines etwas ausgesetzten Rückens, der Abstieg zurück zur Hochspitzsenke ist seilversetzt. Ab dem Mitterkarbiwak sind alpine Erfahrung, Trittsicherheit und Schwindelfreiheit nötig, es handelt sich aber nicht um eine technisch besonders schwere Tour.
Einkekr: Keine.

Von **Winkl ❶** gehen wir mit der Gailbrücke und dem Biotop im Rücken, dem Wegweiser »Raabtal / Hochspitze« (Weg Nr. 457) folgend auf einem Forstweg in Richtung Osten, vorbei an einem Fußballplatz und anfänglich noch eben dahin. Den ersten Kilometer sind wir so im Lesachtal unterwegs, dann schwenkt unser Weg nach Süden (rechts) und führt somit ins Raabtal hinein. Wir ignorieren Forstwege, die von unserem Weg rechts abbiegen (diese sind mit grünen Schranken versperrt) und folgen auf ca. 1400 m Seehöhe nicht dem breiteren der beiden Forstwege nach links über den Raabbach, sondern gehen geradeaus weiter. Nach etwa vier Kilometern Gesamtwegstrecke macht der Forstweg eine starke Kehre, gerade vor uns ist der Talschluss des Raabtales mit seiner deutlichen Geländestufe. Wir folgen hier nicht dem Forstweg, sondern gehen auf einem schmaleren, aber immer noch Quad-tauglichen Wanderweg hinein in Richtung Talschluss und steigen über viele, aber knieschonende Kehren hinauf zum **Mitterkarbiwak ❷**, 1973 m, das wir sogleich beim Erreichen der oberen Geländekante sehen können.
Vom Biwak führen zwei Wege weg: der eine nach links in Richtung

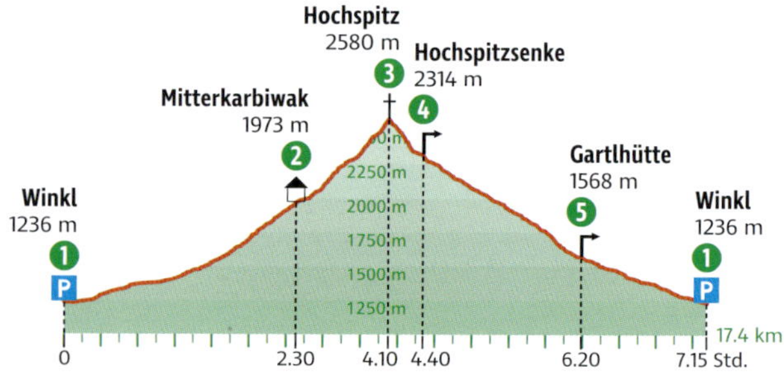

Hochweißsteinhaus, der andere vorbei an der Absturzstelle eines Bombers nach rechts, ausgeschildert mit »Porzehütte«. Das Gipfelkreuz unseres Tagesziels, dem Hochspitz, ist vom Mitterkarbiwak aus und im Aufstieg teilweise schon sichtbar, der Gipfel befindet sich südwestlich von uns und stellt den höchsten Punkt im Kamm dar. Um zu ihm zu gelangen, queren wir, den rot-weißroten Markierungen folgend, das Mitterkar und steigen dann durch ein westliches Nebenkar hinauf zu einem kleinen Übergang. In diesem Abschnitt ist der Wegverlauf am Boden nicht immer zu erkennen, die Navigation ist aber einfach und wir orientieren uns vorrangig an den auf Steinen und Felsbrocken angebrachten Markierungen. Oben angekommen, steigen wir auf einem gut erkennbaren Pfad ein paar Höhenmeter hinab und wandern dann in südlicher Richtung noch etwa 200 Meter fast eben dahin, bis wir zu einem Wegweiser kommen, der uns auf die Abzweigung zum »Hochspitz« (Weg Nr. 457/403) hinweist. Und diesen Wegweiser brauchen wir auch, denn vor allem auf den ersten paar Hundert Metern ist der Pfad schwer ausmachbar. Wir folgen den Markierungen hinauf zu einem Berg-

Die herbstlichen Schattierungen vor blauem HImmel machen eine Wanderung in dieser Gegend besonders reizvoll.

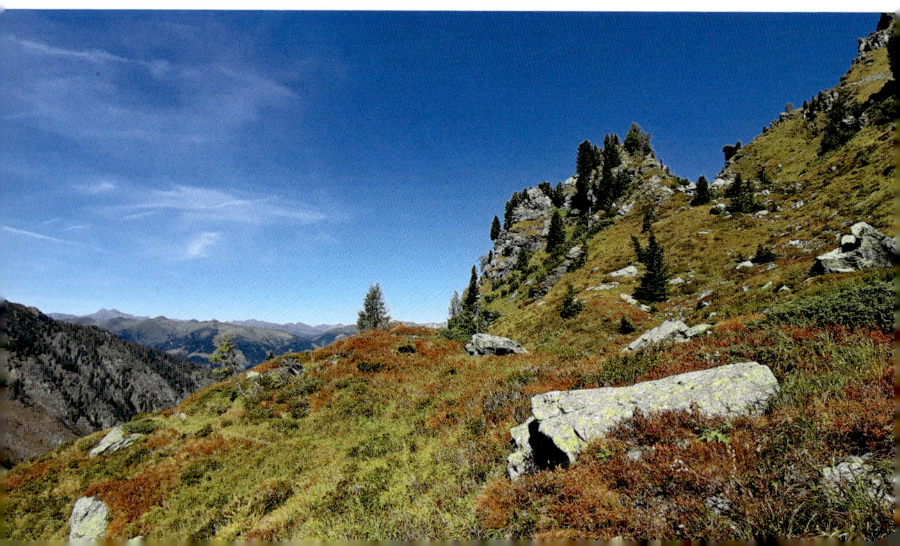

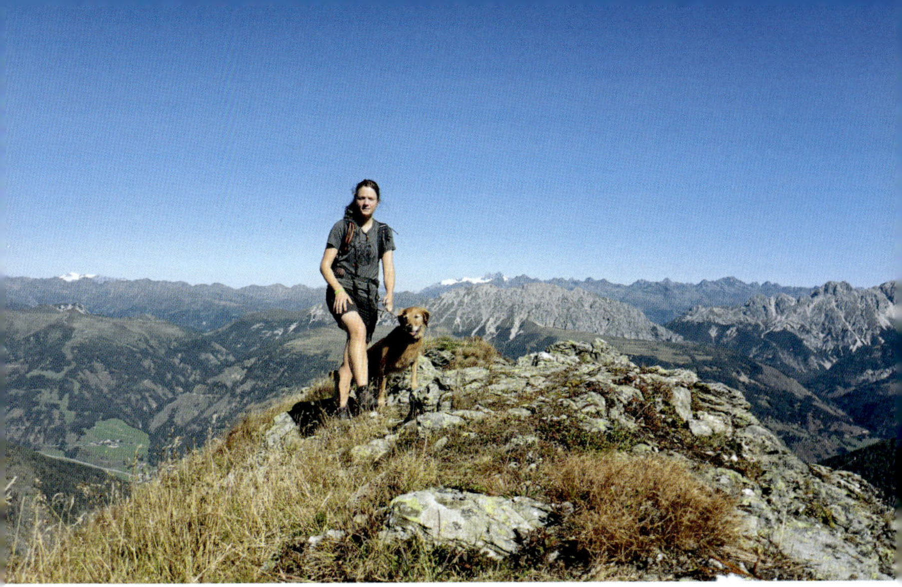

Nur noch wenige Meter bis zum GIpfel: auf der Nordflanke des Hochspitz.

rücken, der uns über die Nordflanke des **Hochspitz** zu dessen **Gipfel** ❸, 2580 m, bringt. Unter uns sehen wir im Süden den Verlauf des Karnischen Höhenweges, es handelt sich um die Etappe zwischen Porzehütte und Hochweißsteinhaus. Aber nur wenige der Weitwanderer erklimmen unseren Aussichtsgipfel.

Um ins Winkeltal (Abstiegsroute) zu kommen, steigen wir in südlicher Richtung auf einem Steig hinunter zum Höhenweg (der Steigverlauf ist schon vom Gipfel aus ersichtlich) und biegen nach rechts (Westen) in den Karnischen Höhenweg ein. Gleich zu Beginn zeigt er uns mit einer steilen und seilgesicherten Passage, was er an Anforderungen zu bieten hat, der weitere Weg zur **Hochspitzsenke** ❹ ist aber leicht und mit tollen Blicken auf die Dolomiten gesegnet. An der Senke informiert uns eine Tafel, dass es in nördlicher Richtung ins Winkel- und ins Raabtal geht, Weg Nr. 456/457. Wir folgen den Markierungen, sind aber wachsam, denn beim nächsten Schild zweigt zwar ein markierter Weg links hinunter ab, ausgeschildert ist aber nur der Steig ins Raabtal (von dem wir auf den Hochspitz abgebogen waren) und zum Biwak. Wir nehmen nun ebendiesen links bergab führenden Steig, der uns in vielen Kehren, manche weit ausholend, manche eng, unter dem Hochspitz und dann unter der steilen Edenwand immer tiefer hinab ins Winkeltal bringt. Der Weg ist schmal und teilweise durch Erosion beeinträchtigt, hier gilt es auch im Almweidegebiet noch konzentriert zu gehen. So erreichen wir die Almflächen im hinteren Winkeltal und folgen den Markierungen weglos entlang eines oft trockenen Bachbettes bergab bis zum Winklerbach.

Wir queren diesen und erreichen bei einem großen Felsbrocken in »Toblerone-Form« die Forststraße am Talboden. Auf ihr gehen wir talauswärts, haben alsbald die kleine **Gartlhütte** ❺ auf der linken Seite und bleiben nun auf dieser Forststraße. Sie führt uns am Winklerbach entlang zurück nach **Winkl** ❶.

22 Kircher Almen
Von Eggen im Lesachtal

4.30 Std. | 11,7 km | ↗ 850 m | ↘ 850 m

Rundtour nicht nur für Wildblumenliebhaber
Sonnseitig und wie sanft hingebreitet vor den schroffen Felswänden des Eggenkofels liegen die Kircher Almen. Mit ihren vielen alten Heuschupfen und Almhütten, den weiten Weideflächen, Tümpeln und kleinen Seen und den Lärchenbeständen hat diese großflächige Almlandschaft dem Wanderer sehr viel zu bieten. Die Augen laben sich an den Wildblumen, im Sommer gibt es Heidelbeeren und im Herbst süßlich-herbe Preiselbeeren zu sammeln. Und wer Glück hat, sieht Schneehühner und vielleicht sogar einen Adler. All diese Pracht erstreckt sich außerdem vor dem Panorama des Karnischen Hauptkammes, der wie eine halbausgezogene Ziehorgel südlich der Alm das Bild bestimmt.

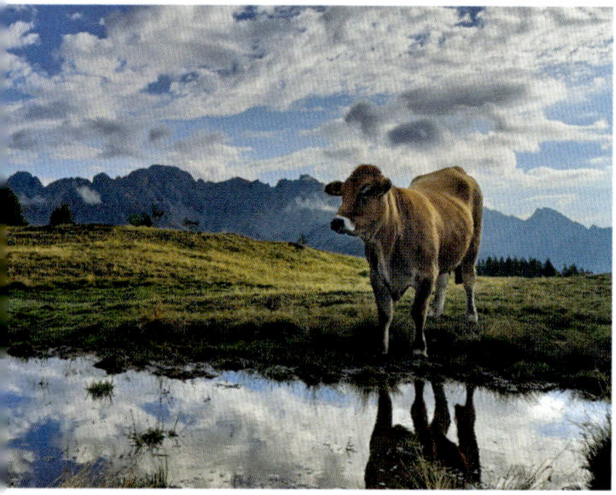

Eine der Lacken bei den Kircher Almen mit Gailtaler Alpen im Hintergrund.

Ausgangspunkt: Untertilliach, Ortsteil Eggen bei der großen Kapelle, 1333 m. Dort besteht Parkmöglichkeit für mehrere Autos. Navi: Untertilliach 8, 9943 Untertilliach.
ÖPNV: Bus Linie 965 von Sillian nach St. Lorenzen im Lesachtal, Haltestelle Untertilliach Abzweigung Eggen. Von dort nach Eggen zum Ausgangspunkt bei der Kapelle (ca. 1,3 km Fußweg).
Anforderungen: Grundsätzlich einfache Wanderung, die aber im Bereich des Abstieges leicht steil eine Wiese hinabführt. Im Aufstieg hat man die Wahl zwischen dem alten Fußweg auf die Alm und der neuen Forststraße.
Einkehr: Keine.

Mit der **Kapelle** von **Eggen** ❶ im Rücken gehen wir auf der Straße, die sich in Kehren aufwärts schlängelt, etwa 1,1 Kilometer bis über die letzten Höfe des Weilers Eggen. Direkt hinter diesen können wir uns nun entscheiden: Entweder wir folgen gleich den rot-weißen Markierungen und dem Wegweiser »Kircher Almen« steil bergan oder wir gehen auf dem nun nicht mehr asphaltierten Feldweg bis zur nächsten Gabelung und dort dann ebenso einem Wegweiser zu den »Kircher Almen« folgend nach rechts. Ob wir auf der alten Almroute, öfter die Forststraße querend und etwas steiler, unterwegs sind oder am Forstweg, macht keinen großen Unterschied, auf 1710 m kommen beide Varianten zusammen zu einer weiteren Gabelung, auf der wir den steileren, rechten Weg bergauf nehmen, wiederum ausgeschildert. Der Wald lichtet sich immer mehr, und schon bald sind wir auf einer Lichtung und sehen rechts von uns zwischen den Bäumen einen der ersten Heuschober des **Kircher Alm-**

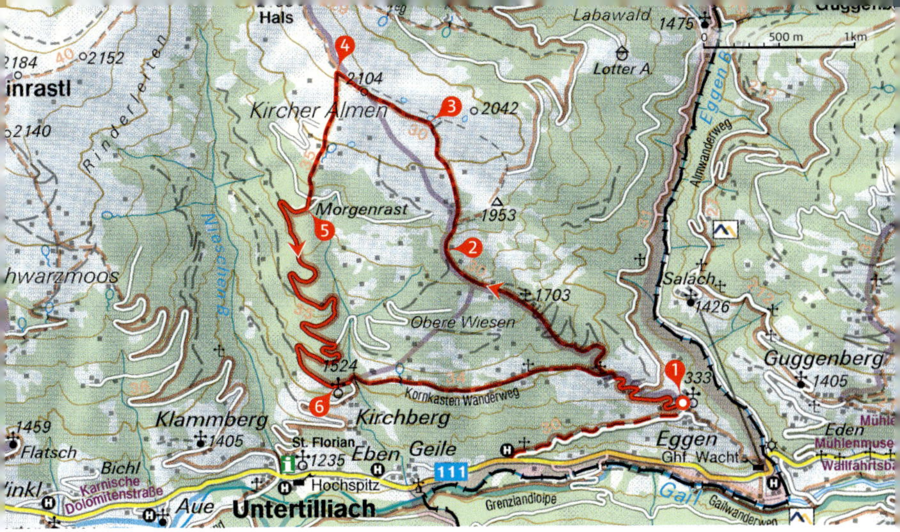

plateaus ❷. Es geht weiter bergan, die Bäume treten immer mehr in den Hintergrund und die große Weite der Almen mit ihrem fantastischen Ausblick dominiert nun. Im Bereich der Almböden ist der Weg nicht immer sehr deutlich sichtbar, wir gehen aber immer ungefähr die Richtung haltend den leicht in südwestlicher Richtung ansteigenden Kamm vor uns an. Linker Hand sehen wir auf einer Erhöhung eine wohl perfekt positionierte Bank stehen, der Weg führt unten an ihr vorbei, schwenkt dann bergauf und führt parallel zu einem Zaun am Kamm entlang. Es rentiert sich hier, auch über die rechte Schulter zurückzuschauen, denn auf der anderen Seite des Zauns liegen die malerischen kleinen **Bergseen ❸** der **Kircher Almen** (wer die Chance auf ein gutes Foto nutzen möchte, der kann hier einen hölzernen Zaunübertritt benutzen).

Zahlreiche kleine Seen zieren die Almböden, der schroffe Eggenkofel im Hintergrund.

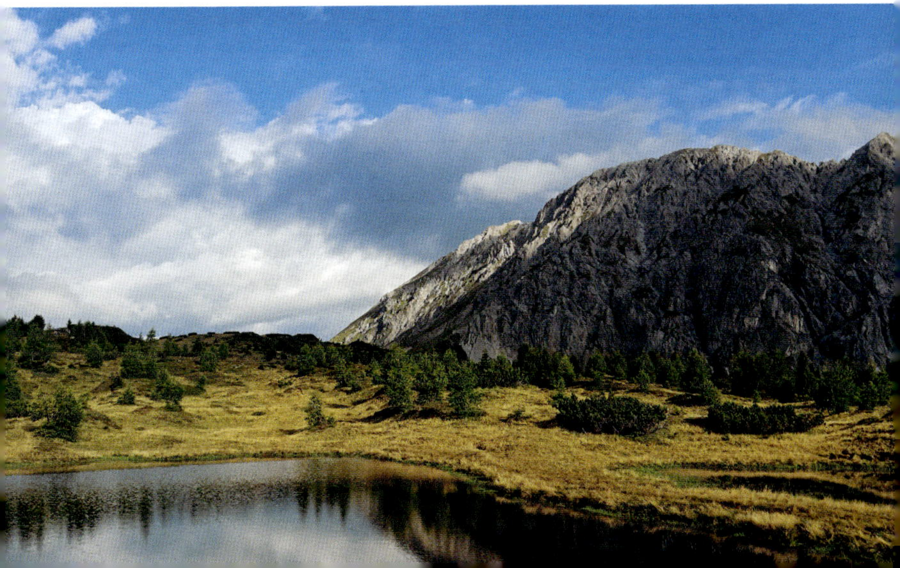

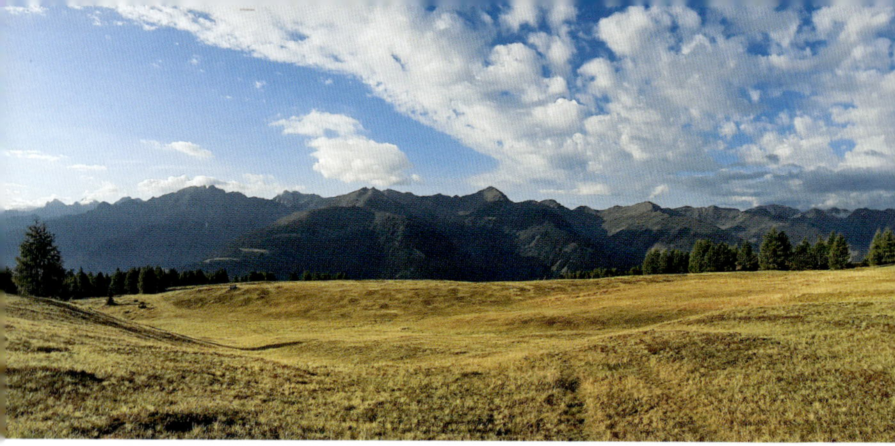

Blick über die weitläufigen Kircher Almen auf den Karnischen Hauptkamm.

Mit dem gesamten Karnischen Kamm südlich des Gailtales und den Lienzer Dolomiten nordöstlich und dem Eggenkogel in unmittelbarer Nähe wandern wir nun am Kamm bis zu einem **Kruzifix ❹**, das 2020 einen gemauerten Schutz bekam. Von hier geht es nun, dem Wegweiser »Obertilliach« folgend, quer über die Almwiesen geradeaus bergab in Richtung Wald. Dabei helfen uns Markierungsstäbe und Farbmarkierungen an den Bäumen. Auch hier gibt es die Möglichkeit, schon früher auf den Forstweg auszuweichen: Wer das möchte, hält nach den ersten paar Hundert Metern über die Almwiesen rechts nach dem Beginn des Forstweges Ausschau und steigt auf ihm ab.

Im Bereich **Morgenrast ❺** mündet der Pfad in den Forstweg, auf dem wir nun in vielen Kehren stetig aber nie steil an Höhe verlieren. Immer wieder münden kleinere Wege in den Forstweg, wir aber bleiben immer am Hauptweg. So kommen wir nach ca. drei Kilometern am Forstweg zur früheren Dorfkirche des Ortes **Untertilliach** am **Kirchberg ❻**. Das den Heiligen Ingenuin und Albuin geweihte Gotteshaus ist im Kern eine mittelalterliche Kirche, die im Spätbarock umgebaut wurde. In der Kehre nach der Kirche führt links recht unscheinbar unser Weiterweg zu einer Brücke über einen Bach und dann bergauf zu Bergwiesen. An deren südlichem Rand folgen wir einem kleinen Pfad, bis dieser in einen breiten Feldweg einmündet. Auf 1500 m Seehöhe wandern wir nun auf diesem Weg, der uns zu den letzten Häusern des Weilers Eggen zurückbringt und zur Fahrstraße wird. Auf bekanntem Weg geht es zum Ausgangspunkt an der **Kapelle** von **Eggen ❶**.

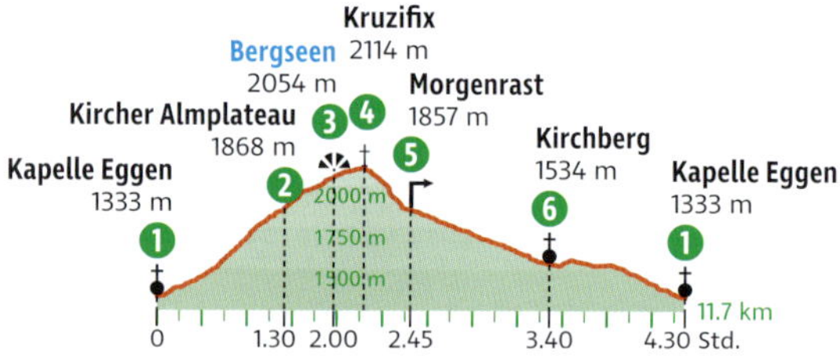

Spielbichl, 2072 m

Zwischen Anras und Abfaltersbach

23

5.30 Std. | 14,1 km | ↗ 860 m | ↘ 860 m

Einfacher Aussichtsberg, umgeben von Almwiesen im Hochpustertal

Anras mag dem Besucher heute als kleine Gemeinde an der Pustertaler Höhenstraße erscheinen, aber Prunkbauten wie das Pfleghaus, von den Brixner Bischöfen als Domizil erbaut, zeugen von der Bedeutung der sonnenverwöhnten Ortschaft. Nördlich des Ortskernes thront der Gumriaul und an seinen Hängen befinden sich die Almen der Anraser Bauern. Diesen vorgelagert mit einer kleinen Glatze – das Gipfelplateau ist Weidefläche – befindet sich der Spielbichl, ein einfacher Aussichtsberg, der zum genüsslichen Verweilen einlädt. Der Weg hinauf führt durch das enge Mühlbachtal zu den ersten Kasern, und der Rückweg dieser Rundwanderung verläuft hoch über dem Erlbach an vielen weiteren Almen vorbei, bevor wir über den Ortsteil Zare und die St.-Antoni-Kirche wieder nach Anras kommen.

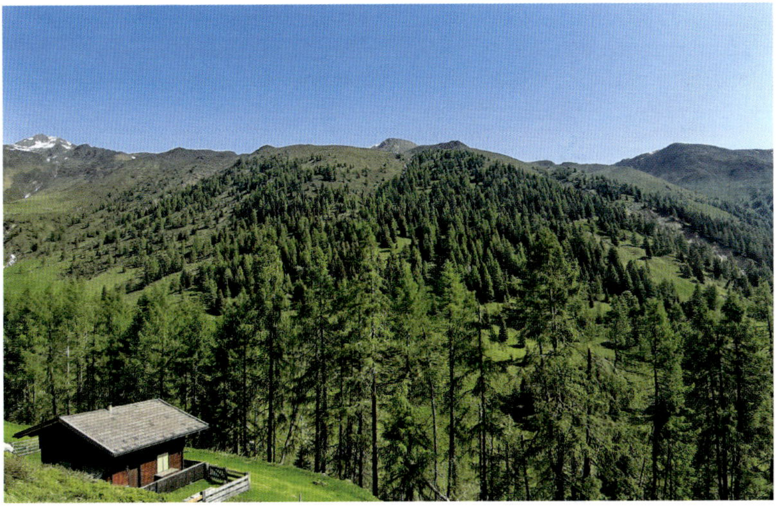

Almhütte mit Blick auf Gumriaul (links) und Finsterkofel.

Ausgangspunkt: Anras, Gemeindeamt, 1261 m, nahe der Kirche im Dorfzentrum. Navi: Dorf 33, 9912 Anras. Kleiner Parkplatz 50 m östlich.
ÖPNV: Bus Linie 962 von Lienz verkehrt regelmäßig, Bushaltestelle Anras Gemeindeamt gegenüber dem Hotel Pfleger.
Anforderungen: Einfache Wanderung auf Almzufahrtswegen und letzter Abschnitt auf den Spielbichlgipfel auf einfachem Bergweg.
Einkehr: Keine unterwegs; mehrere Möglichkeiten in Anras.
Hinweise: 1) Der Spielbichl gehört zum Weidegebiet, die nötige Vorsicht ist während der Sommermonate angebracht. 2) Bis auf den kleinen Steig von der Almzufahrt hinauf zum Gipfel beim Pass ❸ ist die Tour MTB-tauglich.

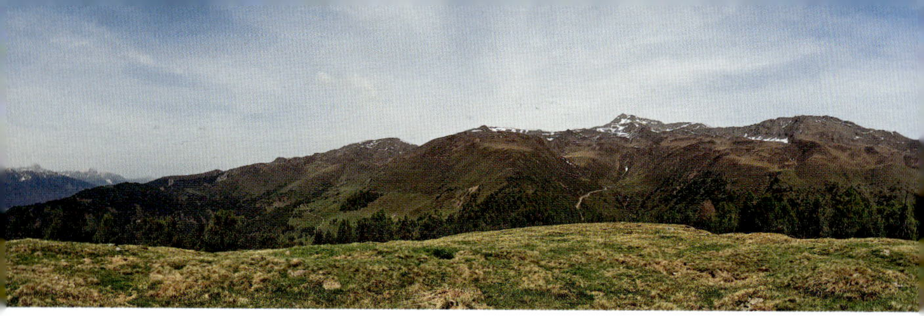

Blick vom frühlingshaften Spielbichl in Richtung Villgratner Berge. Deren höchster hier im Bild ist der Gumriaul, 2918 m.

In **Anras** gehen wir vom **Gemeindeamt ❶** auf der Dorfstraße nach Norden, mit dem Pfleghaus und der Pfarrkirche im Rücken, zwischen dem Landhaus Schloss Anras und Haus Dorf Nr. 52 durch und folgen vorerst dem Wegweiser nach »Kols / Vidraul«. Bei der nächsten Gabelung halten wir uns rechts Richtung Vidraul; diese Straße macht wenig später eine starke Rechtskurve, in der links ein Forstweg abbiegt. Auf diesem Weg, immer wieder mit der Nummer 1 und rot-weißen Markierungen gekennzeichnet, wandern wir nun stetig bergauf und taleinwärts. Nach zwei direkt aufeinanderfolgenden Kehren wechselt der Weg die Talseite, und bald schon sehen wir die ersten Almwiesen des **Ascher Kaser ❷** auf der anderen Talseite. Nach einer Linkskehre mündet unser Weg in einen anderen ein, auf dem wir nach rechts weitergehen und Wegweisern zu den »Anraser Seen« und zum »Gumriaul« folgen. Vorbei an einer Hütte kommen wir so zu einem **Pass ❸**, 1943 m, mit Wasserfassung. Hier öffnet sich der Blick auf den Karnischen Hauptkamm und bis hin zu den Südtiroler Dolomiten.

Vom Pass führt links ein kleiner Pfad (Wegweiser) auf den Spielbichl. Bis zu seinem Gipfel sind es nur noch knapp 900 Meter und 130 Höhenmeter, und diese zahlen sich aus, hat man oben doch einen 360°-Blick auf die Osttiroler Bergwelt: Von den Lienzer Dolomiten bis zu ebendiesen in Südtirol, den Villgratner Bergen – ihnen voraus an Höhe der Gumriaul mit seinen 2918 m und seinem großen Gipfelkreuz fast zum Greifen nahe – und im Süden der Gol-

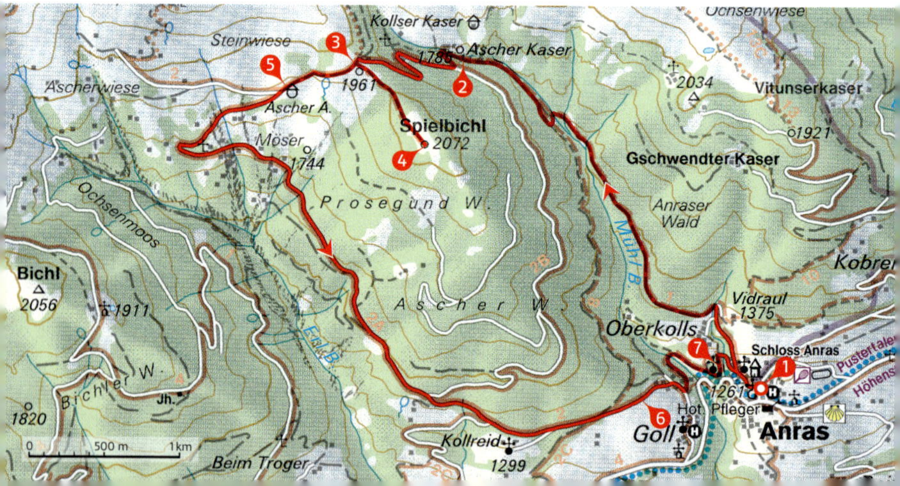

zentipp, der Dorfberg und natürlich die großen Namen Porze, Große Kinigat und viele mehr. Der Gipfel des **Spielbichl** ❹, 2072 m, selbst ist mit einem Steinmännchen markiert.

Wir steigen auf demselben Weg wieder zum **Pass** ❸ ab und wandern nach Westen auf dem Almweg bergab. Zuerst kommen wir an der **Ascher Alm** ❺ vorbei, dann an vielen weiteren Hütten, von denen sich einige hinter Bäumen verstecken. Wir sind nun auf Wanderweg Nr. 2a unterwegs in Richtung Anras. Immer wieder zweigen Almzufahrten und Forstwege vom Hauptweg ab, der aber eindeutig dominiert; und im Zweifelsfall hilft uns die Markierung, am rechten Weg zu bleiben. Der Weg führt hoch über dem Erlbach dahin und erfordert viel Erhaltungsarbeit, ist weiter unten direkt dem Hang abgerungen. Steil geht es daneben in die Tiefe! Etwa einen halben Kilometer nach dieser Steilstelle mündet unser Weg in einen anderen ein. Links bergauf ginge es in den Ascher Wald, wir wandern aber bergab weiter. So kommen wir schon bald an einer Wasserfassung vorbei und kurz nach dieser zu einer Wegkreuzung.

Hier entscheiden wir uns für den linken Weg, der mit »St. Antoni« ausgeschildert ist. Einige Holzwege führen von diesem Weg ab, wir halten uns immer eher rechts, folgen den Markierungen (Weg Nr. 3) und gelangen so beim letzten Haus des Weilers **Zare** ❻ auf eine Straße, der wir nach links und nach einigen Häusern rechts bergab folgen. Ein paar Dutzend Meter nach dem letzten Haus biegen wir nach links auf einen Weg in den Wald ab, queren den Mühlbach mittels Brücke, folgen dem Weg flussabwärts und kurz vor einer Wiese geht es noch einmal bergauf links weg. Dieser Weg bringt uns zur spätgotischen **St.-Antoni-Kirche** ❼ mit ihrem Kreuzweg am Hügel dahinter. Der Weg führt über eine weitere Brücke wieder nach **Anras** und auf bereits vom Aufstieg bekanntem Weg gelangen wir zum Ausgangspunkt am **Gemeindeamt** ❶.

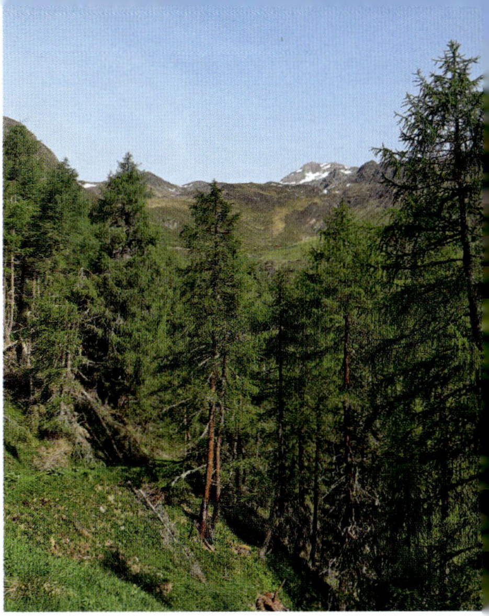

Dichter Lärchenwald prägt im oberen Abschnitt die Wanderung.

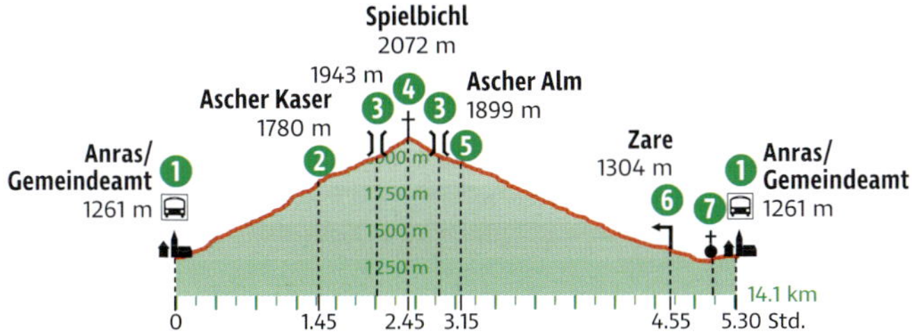

24 Zum Finsterkofelkreuz, 2630 m

Von Anras in die Villgratner Berge

7.00 Std. | 15,3 km | ↗ 1120 m | ↘ 1120 m

Aussichtsgipfel mit Herz

Wie viele andere Orte auch, nahmen Stürme und Schneedruck in den Jahren 2018 bis 2020 die Wälder der Gemeinde Anras schwer mit. Der einzige positive Aspekt ist, dass man deswegen bei dieser Wanderung bereits im Aufstieg das Panorama genießen kann, das von den Lienzer bis zu den Südtiroler Dolomiten reicht. Über sanfte Weideflächen geht es dann an kleinen Bergseen vorbei hinauf zum dem eigentlichen Gipfel vorgelagerten Kreuz des Finsterkofels, 2642 m. Der Fernblick hat es in sich, ungetrübt etwa auf den Großglockner! Ein Herz ziert den Sockel des Gipfelkreuzes (siehe Bild S. 20), hier war beim Markieren wohl noch etwas Farbe übrig. Aber es stimmt schon, es ist ein liebenswerter Berg!

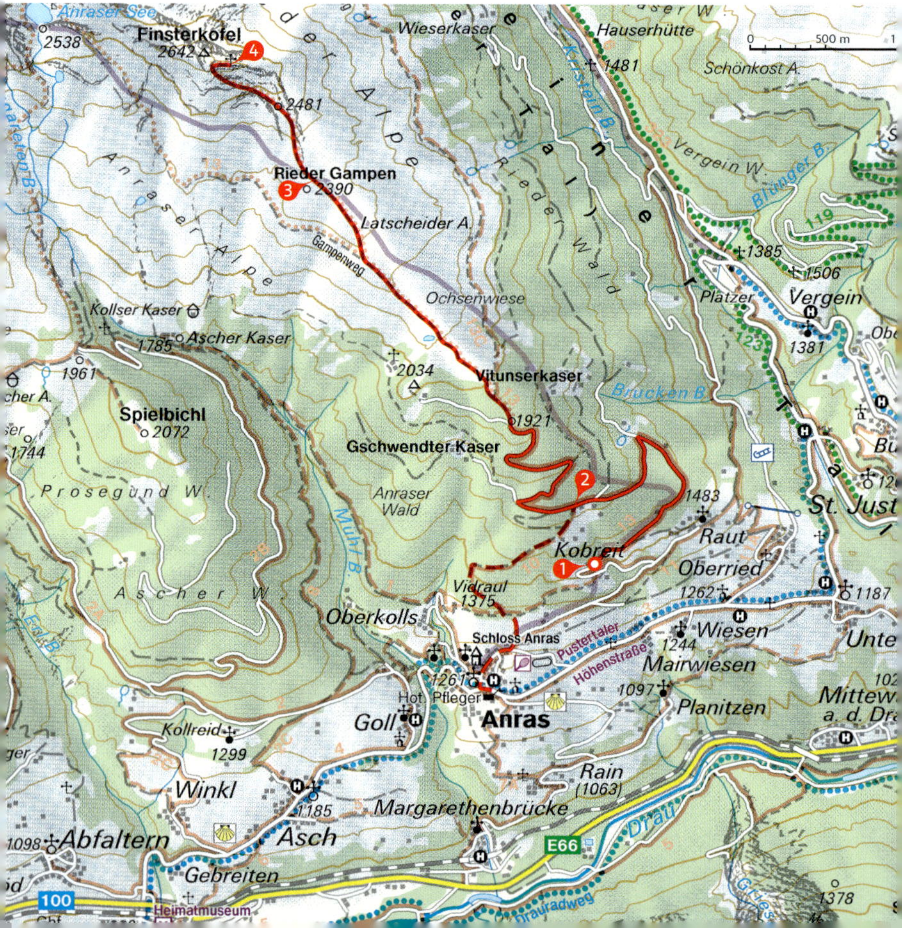

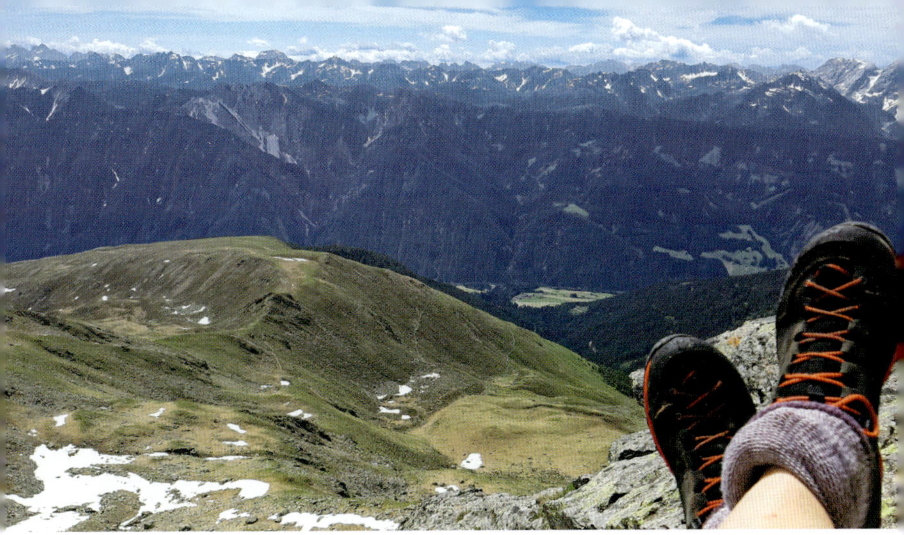

Gipfel soweit das Auge reicht: Rast beim Finsterkofelkreuz.

Ausgangspunkt: Anras, Ortsteil Kobreil, 1522 m. Parkplatz für einige wenige Autos am Ende der öffentlichen Straße (die Forstwege nicht blockieren!). Navi: Kobreil 3, 9912 Anras. Alternativ in Anras parken, zu Fuß entweder auf der Straße oder am Fußweg zum Moosanger ❷ (markiert) aufsteigen (zusätzlicher Weg ca. 450 Hm und 4 km hin/zurück); dort dann nach links in die Route einbiegen.
ÖPNV: Bus Linie 962 von Lienz verkehrt regelmäßig, Bushaltestelle Anras Gemeindeamt gegenüber dem Hotel Pfleger. Von dort der oben angeführten alternativen Route zum Ausgangspunkt folgen.
Anforderungen: Bis zum Rieder Gampen ❸ leichte Wanderung auf Forstwegen und Wiesensteig. Später alpiner Steig mit sehr leichter Blockkletterei im Gipfelbereich.
Einkehr: Keine unterwegs; mehrere Möglichkeiten in Anras.

Von den auf über 1520 m gelegenen Höfen von **Kobreil** ❶ folgen wir dem Wegweiser »Finsterkofel« am Wanderweg Nr. 13 auf einen Forstweg. Dieser schlängelt sich in teilweise ausladenden Kehren immer höher den Wald hinauf. Bis vor den schweren Stürmen der Jahre 2019 und 2020 gab es Abkürzungssteige, die aber aufgrund der vielen Forstarbeiten teilweise nicht mehr begehbar sind. So bleibt man lieber am Forstweg. Etwa 850 Meter nach der ersten Kehre, der Holzwiesenkehre, kommen wir zu einer Wiese südlich des Weges, genannt **Moosanger** ❷. Wer von Anras aus auf dem Moosangerweg aufsteigt, stößt im Bereich dieser Wiese auf den Forstweg. Vier weitere Kehren bringen wir hinter uns, bevor wir dann bei einem Umkehrplatz zu einer Weggabelung kommen. Vor uns befindet sich bereits eingezäuntes Almgebiet, wir folgen dem leicht rechts von uns zuerst an einem Pferch entlang bergauf führenden Weg, der auch beschildert ist.

Der Wald zu unserer Rechten hört bald auf und wir sind nun im offenen Almgebiet Richtung Nordwesten unterwegs. Zuerst geht es entlang eines markanten Zaunes aus Bahnschwellen, dann den Markierungen querfeldein folgend, insgesamt mit einer Tendenz zum linken Rand des

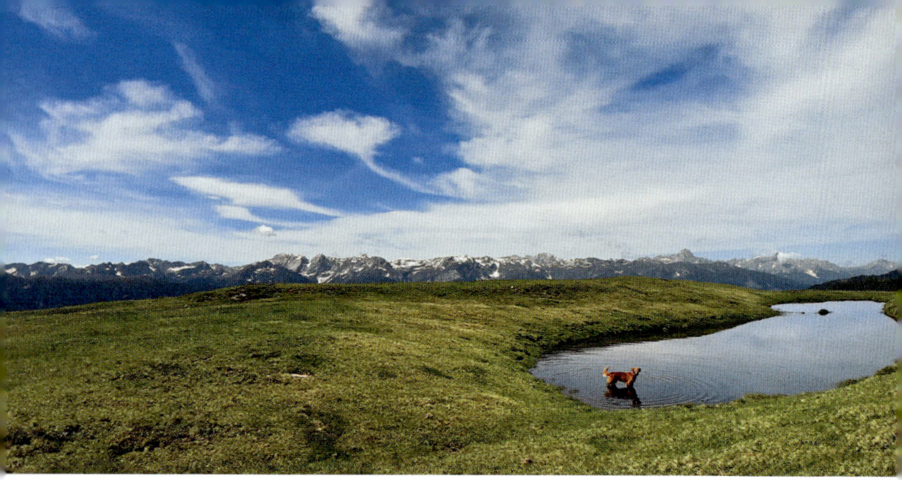

Der Anstieg über die Almflächen ist sanft und immer wieder von Lacken geprägt.

breiten, recht flachen Rückens (auch wenn uns dieser nicht wirklich flach vorkommt, wenn wir den Aufstieg im Hochsommer machen!). So gewinnen wir stetig an Höhe, kommen an kleinen Bergseen vorbei und sehen vor uns den flachen, plateauartigen Gipfelbereich des Rieder Gampens, dahinter das Wanderziel des Tages, weiter links und nochmal 300 Höhenmeter höher, den Gumriaul, 2918 m.

Der Weg ist im Gras nicht immer deutlich erkennbar, die Markierungen sind aber ausreichend, eine markierte Abzweigung nach links zu den Anraser Seen ignorieren wir. Hinter der sanften Kuppe des **Rieder Gampen** ❸, 2390 m, wird der Bergrücken schmaler und vor uns steht der Finsterkofel mit seinem recht rauen Gesicht, zumindest verglichen mit den sanften Weiden, die wir bisher sahen. Wir folgen den Markierungen (sind nun auf Wanderweg Nr. 13a unterwegs) ins jetzt deutlich steinigere Gelände. Anfangs mag man meinen, der Anstieg würde über den Südosthang führen, dann aber schwingt der Pfad nach Nordwesten um, quert den Südhang und steigt direkt durch einfaches Blockwerk an zum **Gipfelkreuz** ❹ des **Finsterkofels**, 2630 m. Dessen höchster Punkt, 2642 m, liegt etwas mehr als 100 Meter in nordwestlicher Richtung. Bei Schönwetterlage ist der Finsterkofel ein perfekter Aussichtsberg.

Nachdem wir uns sattgesehen haben, steigen wir auf demselben Weg nach **Kobreil** ❶ ab.

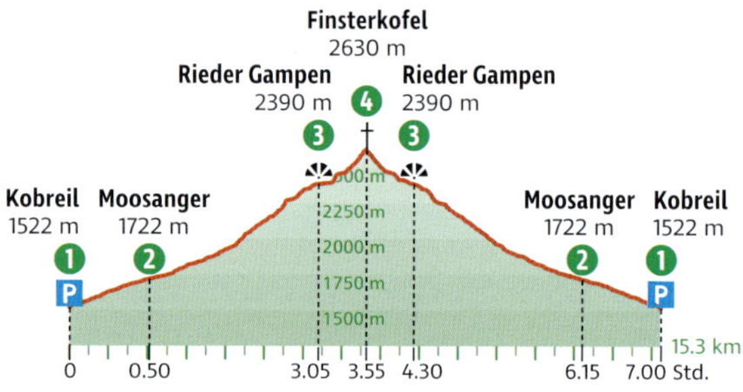

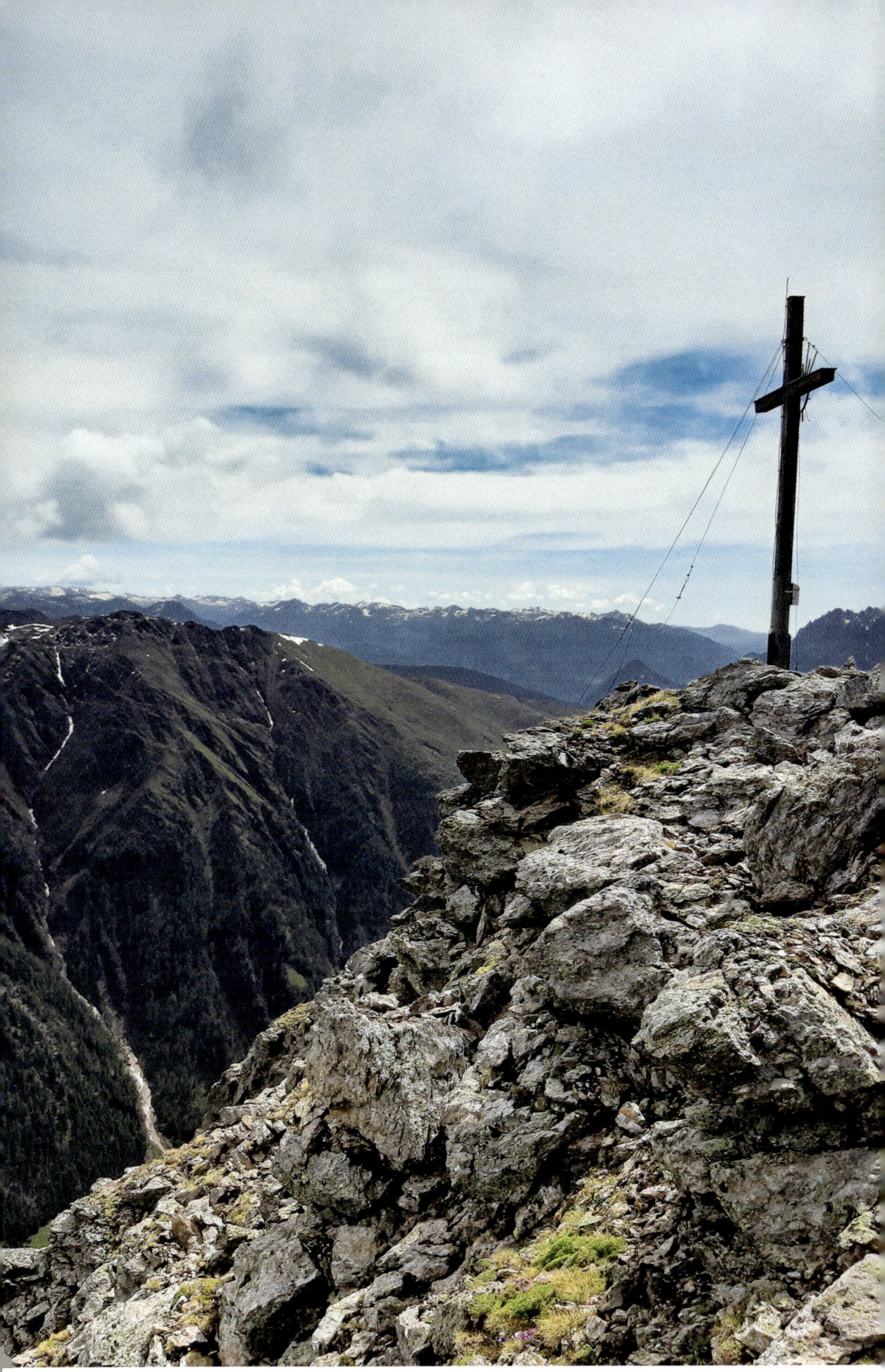

Erst kurz vor dem Gipfel weichen die Wiesen dem Fels.

25 Geigenseehütte und Regenstein, 2891 m

Trekkingtour vom hinteren Kristeinertal

TOP | 2 Tage | 17,7 km | ↗ 1950 m | ↘ 1950 m

Über die Scharten durch das Seenreich des hinteren Kristeiner-, Grünalm- und Winkeltales zur Geigenseehütte

Das Kristeinertal mit seinen ausgedehnten Lärchenwäldern ist Ausgangspunkt dieser abwechslungsreichen Zwei-Tagestour, die nicht nur abgeschiedene Seen bietet, sondern auch Gipfel-Abstecher und eine Übernachtung in einer Selbstversorgerhütte. Das Prinzip dahinter ist wohl der absolute Vetrauensvorschuss: Wer zur Geigenseehütte (auch Glaurithütte) kommt, der darf hier gratis übernachten, ja sogar Lebensmittel stehen für den Notfall bereit. Man wird nur gebeten, die Hütte sauber und in Ordnung zu hinterlassen. Die Hütte ist ideal gelegen, um frühmorgens auf den Regenstein zu steigen und dort den Sonnenaufgang zu bestaunen – ein unvergessliches Erlebnis!

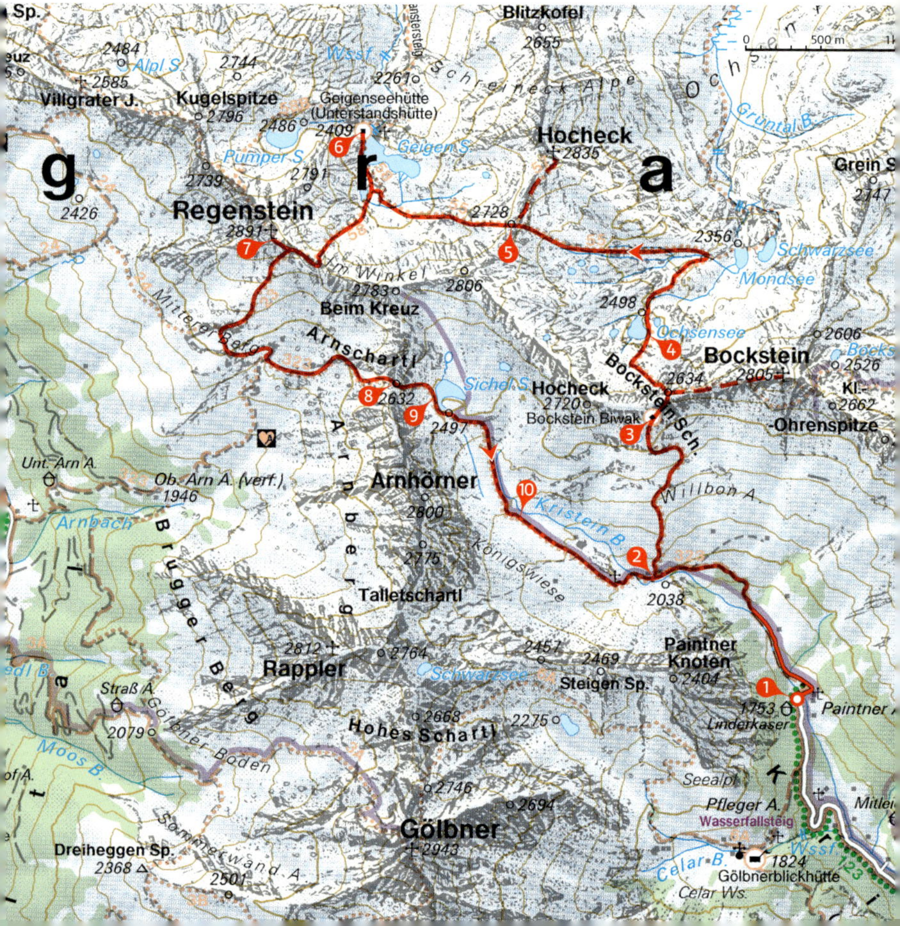

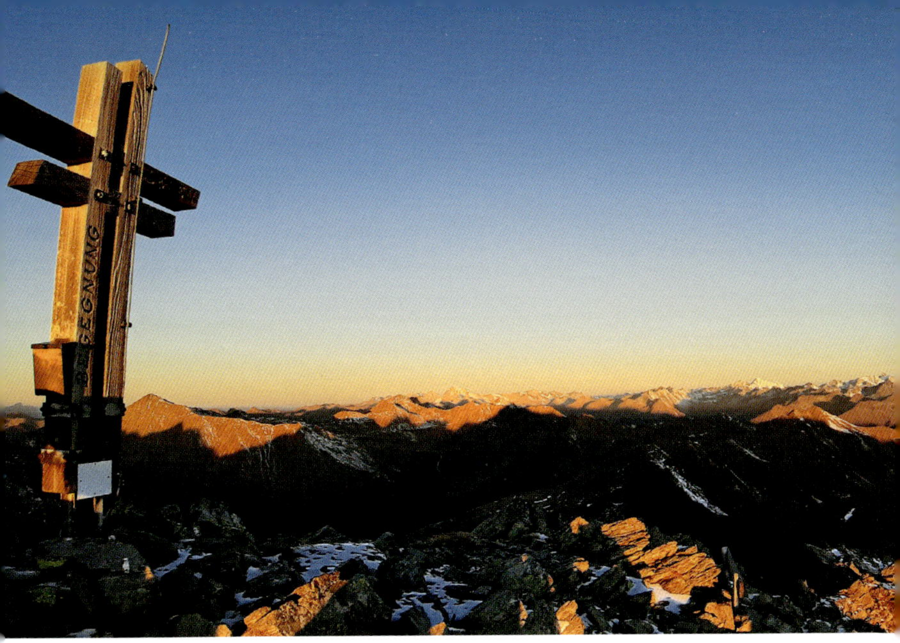

Sonnenaufgang am Regenstein.

Ausgangspunkt: Parkmöglichkeiten bei der Paintner Alm (Jörgmair Kaser), 1753 m, im hinteren Kristeinertal. In Mittewald a. d. Drau von der Pustertaler Landesstraße (E66) auf die Pustertaler Höhenstraße abfahren Richtung »Vergein / Assling« und vor Erreichen des Weilers Burg ins Kristeinertal abbiegen. Von der Abbiegestelle bis zum Paintner Kaser sind es 5,7 km auf der Schotterstraße. Navi: N46.834760 E12.537893.
ÖPNV: Mit dem Bus 962 nach Vergein. Von dort auf der zentralen Schotterstraße des Kristeinertales zum Ausgangspunkt (5,7 km Fußweg).
Anforderungen: Anspruchsvolle Mehrtageswanderung, die Trittsicherheit, Schwindelfreiheit und Orientierungsvermögen verlangt. Teils seilgesicherte Passagen, dann aber wieder Abschnitte, in denen man wunderbar einfach dahinschreiten kann, ohne größere Ansprüche.
Einkehr: Keine.
Übernachtung: Private Geigenseehütte, auch Glaurithütte genannt. Diese mit viel Liebe ausgestattete Selbstversorgerhütte steht jedem offen, es gibt keine Reservierungsmöglichkeit. Schlafplätze für bis zu 8 Personen. Auch wenn Decken und ein Gaskocher (keine Heizmöglichkeit!) vorhanden sind, sollte man reservehalber doch mit Schlafsack und Kocher ausgestattet sein. Mit einer freiwilligen Spende kann man zum Erhalt dieser schönen Unterkunft beitragen. Es ist selbstredend, dass man die Hütte sauber verlässt und seinen Müll mitnimmt.
Hinweis: Die Schotterstraße ins vordere Kristeinertal ist in ziemlich gutem Zustand, weiter hinten wird sie aber rauer. Wer das seinem Auto nicht antun möchte, kann weiter vorne im Tal parken und bis zum Ausgangspunkt zu Fuß gehen.
Varianten: 1) Wer noch Saft in seinen Waden hat, kann von der Bocksteinscharte in etwa 45 Minuten am Gipfel des Bockstein, 2805 m, stehen. Schwierige (»schwarze«) Bergtour, markiert, nördlich der Bocksteinscharte ist der Ausgangspunkt. 2) Ebenso bietet sich eine Besteigung des Hocheggs, 2835 m, vom Übergang zum Geigensee aus an, Abgangspunkt ist etwa 20 Hm nach dem Übergang markiert (»schwarz«, 1 Std. zusätzlich).

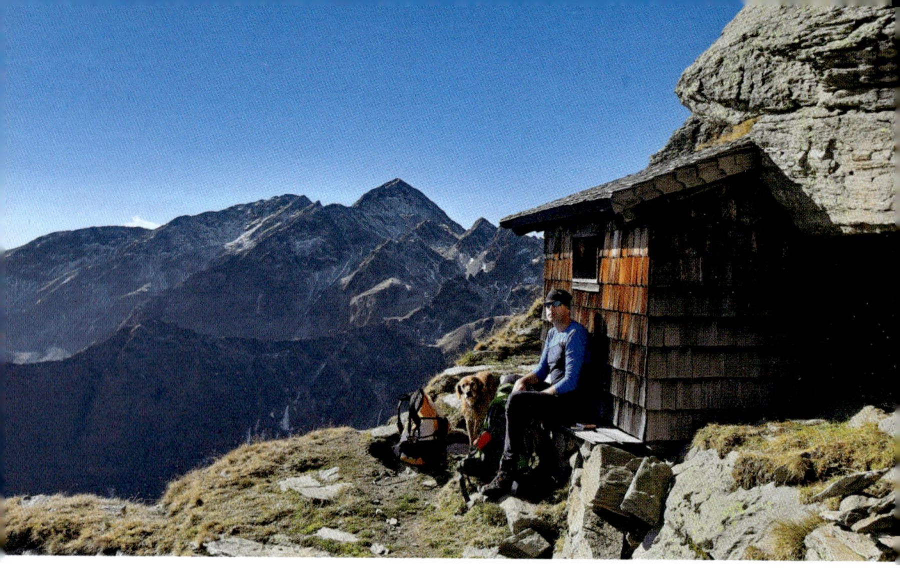

Beim Arnsteiger Biwak.

Tag 1: Wir wandern vom Ausgangspunkt bei der **Paintner Alm ❶** (Jörgmair Kaser) anfänglich noch am Schotterweg taleinwärts, der Bockstein thront mächtig am Kamm rechts. Bei einem Zaun endet der Fahrweg und wir folgen nun einem teils befestigten alten Almweg auf der rechten Talseite bergan. Er führt uns (Wegweiser »Sichelsee und Bockstein«) zur **Platzoller Alm ❷**, 2062 m, im Bereich Aleit, einer Geländestufe, von der der Kristeinerbach in Kaskaden und einem kleinen Wasserfall ins Tal stürzt. Bei den teilweise verfallenen Almhütten schließt sich am nächsten Tag für uns die Runde dieser Tour, gelangen wir doch vom Sichelsee kommend wieder hierher.

Wir steigen hier nun in nördlicher Richtung auf einem teils nicht immer ganz deutlichen, aber gut markierten Pfad bergan, der später dann an einer Hangkante entlang einem Zaun führt. So gewinnen wir stetig an Höhenmetern. Der Weg scheint zuerst recht direkt zur Bocksteinscharte zu führen, schwenkt dann aber nach Westen ab und bringt uns, nun wieder auf nördlichem Kurs, zum Schwarzsee auf ca. 2530 m. Dieser klare Bergsee befindet sich in einer Stirnmoräne und bietet sich ebenso für eine Rast an, wie das

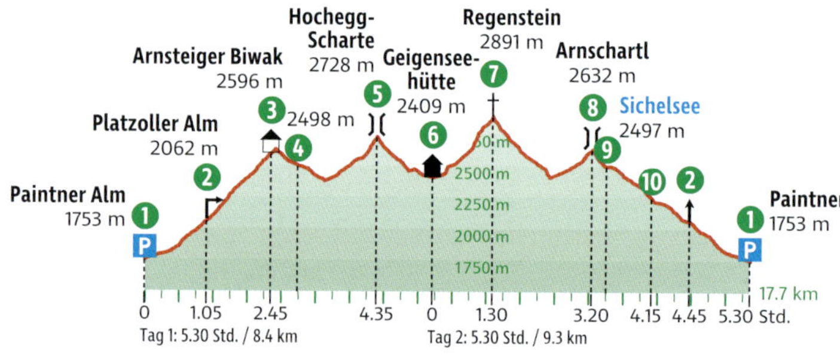

Arnsteiger Biwak ❸, 2596 m, kurz darauf: Es scheint sich an den Felsen zu schmiegen und bietet bei Wetterumschwüngen trockenen Schutz. Nun trennen uns nur noch einige Dutzend vorsichtige Schritte von der Bocksteinscharte, von der aus wir einen perfekten Blick über die felsigen Weiten des oberen Grünalmtales mit seinen Seen haben: Ochsensee (direkt am Weg), Mondsee und Schwarzsee (östlich unserer Route). Wir folgen den Markierungen von der Scharte zunächst in Richtung Nordwesten und dann hinunter zum Ostufer des **Ochsensees** ❹, 2498 m, queren dessen Ausfluss und steigen auf der orografisch linken Seite dieses Baches bergab. Links von uns erheben sich beeindruckende Felsen, vor uns breitet sich ein weiteres Tal aus, an dessen Ende Mond- und Schwarzsee liegen. Bis zu diesen kommen wir allerdings nicht, wir folgen den Markierungen nach Nordosten, umgehen so schweres Terrain, steigen hinunter zu einem Bach und an der anderen Uferseite empor zu einem Wegweiser: Rechts ginge es zur Ochsenalm ins Grünalmtal, wir steigen aber zu einer weiteren Scharte, der Geigensee ist hier bereits angeschrieben.

Die Etappe zur Geigenseehütte kann man scherzhaft auch »die Direttissima« nennen, scheint sie doch ohne Kehren und Kurven direkt hinauf zur Scharte westlich des Hocheggs, 2835 m, zu führen (Achtung, in diesem Bereich gibt es zwei Hochegg genannte Berge, der erste befand sich gleich westlich der Bocksteinscharte und liegt auf 2720 m!). Man verschafft sich am besten noch beim Wegweiser stehend einen Überblick, denn der Weg ist hier nicht immer gut markiert und am Boden teilweise nicht leicht ausmachbar: Wir sehen vor uns mittig einen kleinen Rücken, an dessen Ende und somit auch am Ende des Tales vor uns, der Aufstieg in die Scharte zu beginnen scheint. Genau so ist es auch, unterwegs zeigen uns alte, verwitterte Markierungspfosten den Weg, der Anstieg in die **Scharte** ❺ ist steil aber technisch unschwierig.

Fast ebenso direkt geht es auf der anderen Seite – der Geigensee samt Hütte ist bereits im Blick – bergab. Allerdings halten wir uns eher links, um ein Felsband zu umgehen. Auch wenn der Steig am Boden nicht unbedingt zu erkennen ist, helfen die hier zahlreichen Markierungen und wir erreichen so eine kleine Ebene südlich des Geigensees, steigen etwa 25 Höhenmeter zu einem Wegweiser auf (die Geigenseehütte ist hier allerdings nicht angeschrieben) und wandern in nordwestlicher Richtung den Markierungen folgend zuerst unterhalb eines Felsbandes auf einem schmalen Pfad zum Ziel des ersten Tages: der kleinen **Geigenseehütte** ❻. Von ihren Fenstern aus haben wir einen perfekten Blick auf den Deferegger Riegel, und nicht nur das: Großglockner und Großvenediger stellen sich auch ein. Was für ein Platz, um den Tag ausklingen zu lassen!

Nur noch ein Übergang bis zum Geigensee.

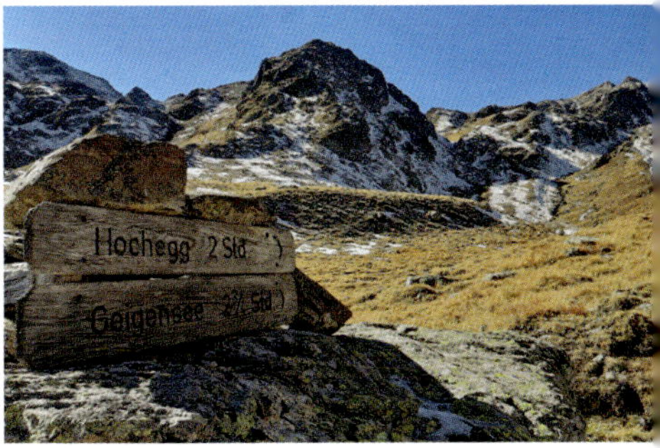

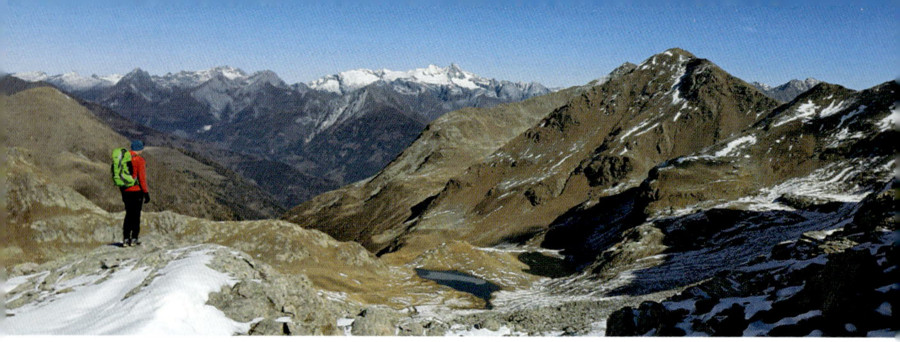

Im Bereich der Bocksteinscharte reicht der Blick vom Mond- und Schwarzsee bis zum Großglockner im Hintergrund.

Tag 2: Das erste Ziel des heutigen Tages ist der Regenstein, der bereits bei der Geigenseehütte ausgeschildert ist. Wir wandern bis zum vom Vortag bekannten Wegweiser bei einem kleinen See südlich des Geigensees und halten uns hier an die nach SSW folgenden Markierungen (Achtung, bei der letzten Recherche im Oktober 2021 zeigte der Pfeil des Regenstein-Wegweisers in Richtung Hocheggscharte, also zu sehr nach Osten!). Gleich geht es auf diesem steilen Pfad ordentlich zur Sache, muss doch anspruchsvolles Gelände überwunden werden. Seilsicherungen erleichtern uns die besonders felsigen Passagen, über teilweise loses Gestein geht es in kleinen Kehren dann hinauf zu einem Sattel zwischen »Beim Kreuz«, 2783 m, links von uns am Kamm und dem Gipfel des Regensteins rechts von uns. Schon beim Aufstieg auf den Regenstein halten wir Aussicht nach unserer Abstiegsroute, denn diese führt ungefähr auf halbem Weg zwischen Sattel und Gipfel nach links (Südwesten) hinunter. Den **Regenstein ❼**, 2891 m, zieren sowohl ein Kreuz als auch ein Vermessungspunkt.

Beim Abstieg gehen wir also nicht mehr bis zum Sattel zurück, sondern steigen dann nach Südwesten ins Winkeltal ab. Wir folgen den Markierungen (Achtung, Viehtritt-Wege könnten verleiten!) zuerst ziemlich direkt und dann in Kehren bis zu einem Wegweiser beim kleinen Regenstein, einer markanten Felsformation. Dort steht die »Brunneralm« angeschrieben. Bis zu dieser selbst gehen wir nicht, sondern folgen dem Weg nur für zwei weite Kehren zu einem weiteren Wegweiser. Hier steht unser nächstes Etappenziel, das »Arnschartl«, schon angeschrieben. Anfänglich leicht bergan, dann steiler, führt uns dieser Weg gekonnt um loses kleines Blockwerk herum hinauf ins **Arnschartl ❽**. Von dort haben wir einen tollen Blick auf den Sichelsee, unser nächstes Ziel.

Nach ein paar Kehren und 100 Höhenmetern stehen wir am Ufer des Sees, folgen den Markierungen am Ufer bis zum Ausfluss, queren diesen und statten dem kleinen Kreuz im Herzen der **Sichel**, nach der der **See ❾** benannt ist, einen Besuch ab. Der Weg bergab führt uns dann zum Quellbereich des Kristeinerbaches und hinaus auf die weite, sanfte, ja in der Umgebung der schroffen Arnhörner fast schon flach anmutende **Königswiese ❿** und quer über diese hinunter zur uns bereits vom Hinweg bekannten **Patzoller Alm ❷**. Von dieser steigen wir entsprechend dem Hinweg ab zum Ausgangspunkt an der **Paintner Alm ❶** (Jörgmair Kaser) im Kristeinertal.

Tullnkogel, 2552 m
Oberhalb von Assling

26

6.30 Std. | 16,0 km | ↗1050 m | ↘1050 m

Einfacher Wanderberg über weitläufigen Almflächen

»Auf den Tullnkogel kann man auch barfuß gehen!«, meint so mancher Einheimischer. Und das ist auch fast wahr, ist er doch bis kurz vor den Gipfel ein Grasberg. Sich die Schuhe mal auszuziehen, an einem der vielen Lacken (Seen) anzuhalten, die Seele im Wind und die Füße im Wasser baumeln zu lassen, dafür hat man auf dieser einfachen Tour viel Gelegenheit. Nach einer Einstimmung auf die Wanderung über den Anstieg auf der Forststraße führt uns die Route zum Großteil über die flachen Almweiden des Compedal-Gebietes, hoch über dem Hochpustertal mit Blick auf die Dolomiten, den Karnischen Hauptkamm und natürlich auch auf die Villgratner und Defregger Berge. Eine Wanderung für Jung und Alt!

Ausgangspunkt: Bichl, Parkmöglichkeit für etwa 10 Autos vor dem Schranken der Zufahrt zur Skihütte Compedal, 1505 m. Im Ortsteil Bichl der Gemeinde Assling den Hinweisschildern für diese Skihütte folgen. Navi: Bichl 18, 9911 Bichl.
ÖPNV: Die Buslinie 962 verkehrt auf der Pustertaler Höhenstraße und verbindet Lienz mit Sillian. Haltestelle Assling Bichl. Von dort in 5 Min. zum Ausgangspunkt.
Anforderungen: Einfache Gipfelwanderung, auch für Wander-Neulinge geeignet. Anfänglich auf breitem Forstweg, dann über grasbedeckte Hänge. Erst im Gipfelbereich ein wenig steinig.
Einkehr: Keine.
Hinweise: 1) Im Almweidegebiet ist der Weg nicht immer am Boden erkennbar, man folgt den Markierungen auf Steinen und Markierpfosten. Da der Weg aber eindeutigen Formationen (Bergrücken etc.) folgt, ist man mit einem Grundmaß von Navigationsverständnis trotzdem sicher unterwegs. 2) Die Tour ist bis zur Compedal-Skihütte ❸ auch MTB-tauglich.
Variante: Anspruchsvoller, aber für Gipfelerprobte Wanderer kein Problem, ist das Weitersteigen auf die dem Tullnkogel benachbarte Reiserspitze, 2582 m. Abstieg von dort Richtung Nordosten entlang der Bergschulter hinab zu den Gritschlacken und von dort über den Tischkerkaser und Kontrinenkaser zurück zum Aufstiegsweg; an der Gabelung links halten zurück zum Gedalerkaser ❷ (0.45 Std. zusätzlich).

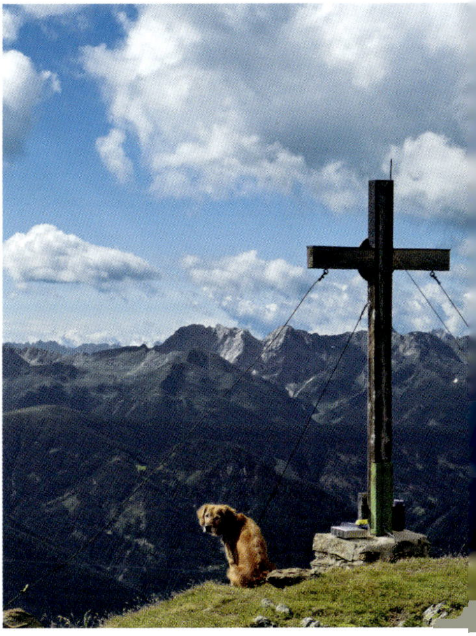

Rast beim Kreuz des Tullnkogels.

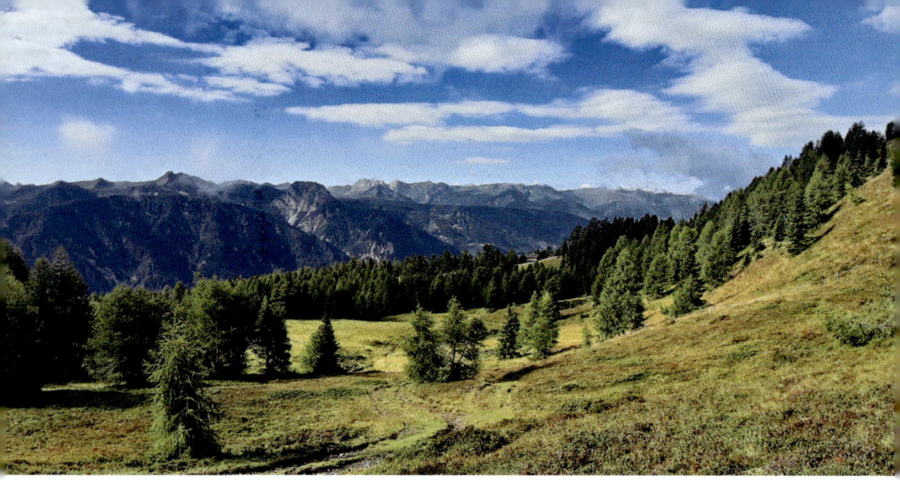

Der Wald lichtet sich, das Weideland am Compedal beginnt.

Unsere Wanderung beginnt bei der Schranke der Auffahrt zur Skihütte Compedal im Ortsteil **Bichl ❶**. Beschilderungen sind anfangs rar, wir folgen einfach der Haupt-Forststraße in nordöstlicher Richtung und kommen nach ca. zwei Kilometern zu den Wiesen des **Gedalerkasers ❷** und gleich darauf zu einer Kehre. Ab hier haben wir nun auch eine durchgehende Beschilderung. Bis zur **Skihütte Compedal ❸** wandern wir nun noch am Forstweg. Nordwestlich der Skihütte führt unser markierter Weg dann in einer Senke im Lärchenwald bergauf und mündet in einen breiteren Weg. Auf diesem gehen wir nach rechts hinaus auf freies

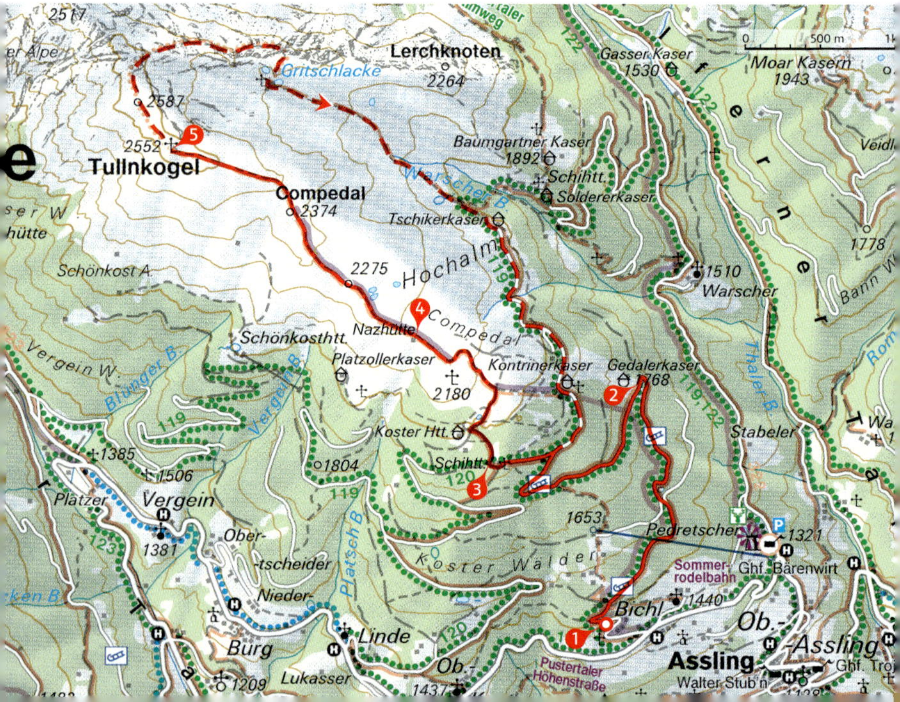

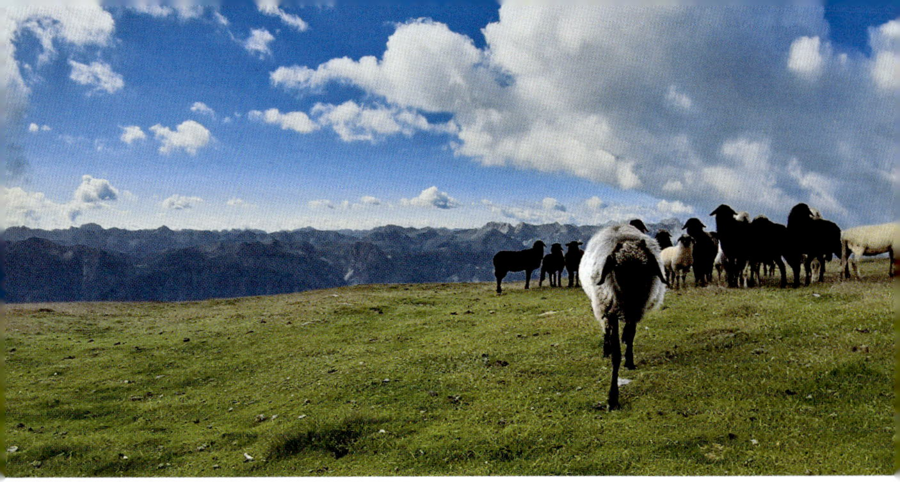

Der Tullnkogel ist Schafweidegebiet, einige sind sogar recht mutig!

Weideland, vorbei an einem kleinen See zu unserer Linken. Etwa 350 m nach diesem See heißt es aufpassen, denn hier biegt ein Steig, markiert mit Pfosten, nach links ab, weg von der Traktorspur, auf der wir unterwegs waren. So steigen wir nun leicht bergauf, haben einen Berghang auf unserer Linken und gehen dann in einem 90°-Winkel im Vergleich zum bisherigen Wegverlauf in einer Senke zwischen ebendiesem Berghang und dem nächsten bergan zu einem kleinen Bergsee mit Wegweiser. Von diesem aus bleiben wir bis zum Gipfel des Tullnkogels jetzt auf dem Bergrücken nördlich von uns, rechter Hand haben wir die ausladenden Bergweiden des Compedal, linker Hand sehen wir in das Kristeinertal hinab. Die Markierung ist hier immer wieder recht weit gesteckt, wir können uns aber nicht verlaufen, sehen wir doch den Gipfelaufbau bereits vor uns und können uns immer am sanften Bergrücken orientieren. So kommen wir an der kleinen **Nazhütte** **4** vorbei, an vielen Bergseen und auch über eine kleine Erhebung, nach der wir den Anstieg zum Gipfel angehen. Kurz geht es, im Vergleich zur bisherigen Wanderung, auf einem schmaleren Rücken dahin, dann aber wird es im Bereich des Gipfels wieder breiter: Hier oben ist Schafweidegebiet und oft steht die Herde direkt beim Gipfel des **Tullnkogels** **5**, 2552 m.

Nach ausgiebiger Rast und erholt genießen wir die tolle Aussicht beim Abstieg auf dem bereits bekannten Weg nach **Bichl** **1**.

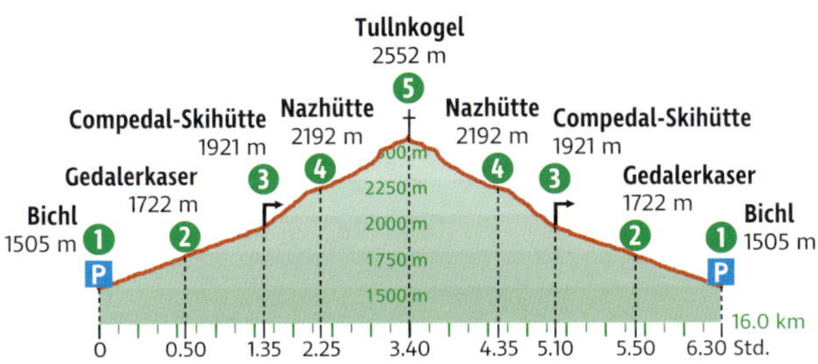

27 Pustertaler Almenrunde
Vom Wilfernertal bei Lienz

3.00 Std. | 7,9 km | ↗400 m | ↘400 m

Von Kaser zu Kaser über Almrosenhänge

Der Wanderer bewegt sich hier im Revier von Auerhahn und Steinadler und ist je nach Jahreszeit unterwegs zwischen blühenden Almrosenbüschen oder Heidelbeeren, über Hochweiden und in Lärchenwäldern, deren alte Bäume mit ihren knorrigen Ästen schon fast Kunstwerken der Natur gleichen. »Kaser« ist die regional typische Bezeichnung für Alm, auf einer der hier besuchten Kaser kann man auch einkehren und lokale Spezialitäten verkosten. Diese Runde stellt nur einen Ausschnitt des längeren Pustertaler Almweges dar, der über 30 Kilometer vom Hochstein über Lienz bis ins Kristeinertal führt.

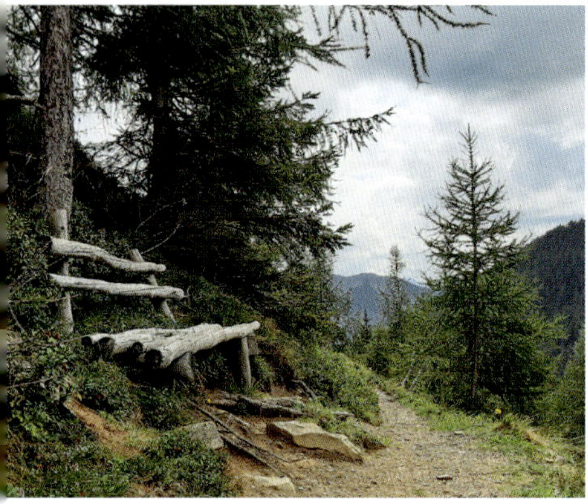

Ein Bankerl am Weg zurück zum Pedretscher Kaser.

Ausgangspunkt: Parkplatz Pedretscher Kaser, 1700 m, oberhalb der Gemeinde Assling auf der Pustertaler Höhenstraße. Von Assling aus Richtung Wildpark und dann an diesem vorbei den Schildern nach Pedretscher Kaser folgen. Schotterstraße ab dem letzten Bauernhof nach dem Wildpark. Navi: N46.830329 E12.612565.
Anforderungen: Vorrangig einfache Wanderung mit einer ganz leicht ausgesetzten und schmaleren Stelle nach dem Mairhofer Kaser.
Einkehr: Bauernalm Huber Kaser, Tel. +43 4855 8513, saisonal wechselnde Öffnungszeiten.
Hinweis: Viel Weidevieh – bitte halten Sie Abstand!

Der **Parkplatz Pedretscher Kaser ❶** liegt zentral dort, wo sich das Wilfernertal in zwei kleinere Täler gabelt. Wir beginnen unsere Wanderung mit dem Anstieg zum Gamper Kaser (Wegweiser), der im Tal westlich des Parkplatzes liegt. Durch das Gatter am westlichen Parkplatzende folgen wir einem Schotterweg, bis dieser nach 200 Metern nach links in den Wald führt: Wer gerne einen sanften Anstieg möchte, der folgt bis zum Gamper Kaser diesem Weg. Wir aber bleiben am Weg, der etwas steiler direkt dem Bachlauf folgt. So erreichen wir in der Nähe des **Gamper Kasers ❷** wieder den Schotterweg und folgen dann den Markierungen und dem Wegweiser auf einem Weg direkt vorbei an der Almhütte und daraufhin hinein in einen schütteren, von Almrosen

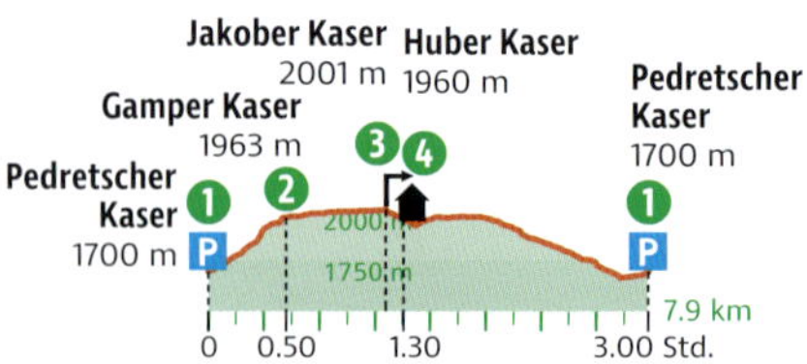

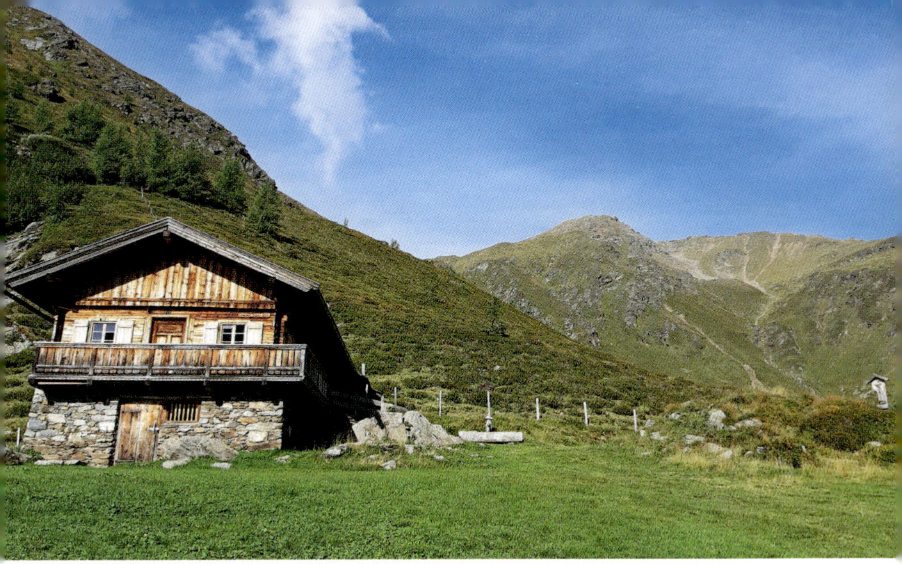

Kaser – der hier gebräuchliche Name für Almen bzw. Almhütten – bekommt man auf dieser Wanderung viele zu sehen.

durchzogenen Lärchenwald. Bei einer Gabelung nehmen wir den oberen Weg und kommen nach etwas mehr als einem Kilometer zu einer weiteren Gabelung: rechts hinunter geht es direkt zum Huber Kaser, wir aber bleiben am Höhenweg und wandern, dem Wegweiser »Rotstein« und »Jakober Kaser« folgend, noch weiter ins Tal hinein. In der Nähe der Almhütte **Jakober Kaser ❸** mündet unser Weg in einen Schotterweg und auf diesem gehen wir bergab hinunter zum **Huber Kaser ❹**, bei dem es sich gut einkehren lässt.

Unsere Wanderung führt uns dann zuerst noch kurz bergab und bei der nächsten Almhütte, dem **Mairhofer Kaser ❺**, biegen wir links ab und folgen dem Wegweiser und den Markierungen bergauf in Richtung »Waldhuber Kaser«. Dieser Wegabschnitt führt über dem Talboden durch junge und alte Lärchenwälder, kleine Bäche rauschen zu Tale und immer wieder gibt es Bänke, auf denen man die Ruhe so richtig auf einen wirken lassen kann. Unser schmaler Pfad wird dann breiter, und nach einem Gatter sehen wir einen weiteren Wegweiser bei einer Weggabelung.

Wir wandern geradeaus weiter, bis unser Weg in einen Schotterweg einmündet. Diesem folgen wir nun, Abzweigungen ignorierend, in Kehren durch Waldgebiete und Almweiden hinunter zu einer Forststraße, die parallel zum Bach im Tal verläuft. Auf ihr gehen wir bergauf bis zum Ausgangspunkt am **Parkplatz Pedretscher Kaser ❶** zurück.

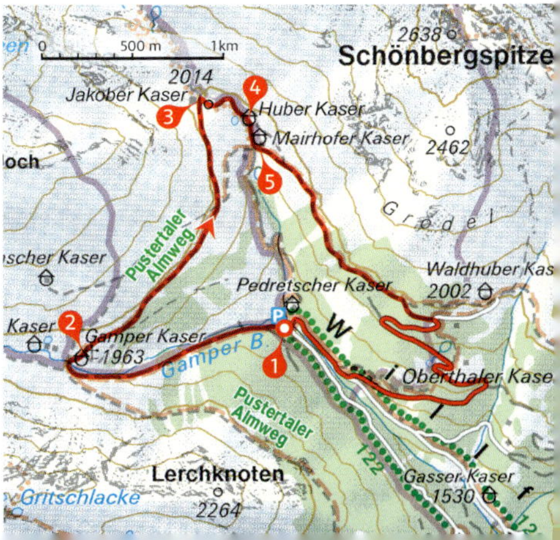

28 Rotstein, 2702 m

Aus dem Wilfernertal via Huber Kaser

6.00 Std. | 9,8 km | ↗1000 m | ↘1000 m

Hoch über den Villgratner Bergen mit Traumblick auf den Großglockner

Hinauf zu einem Gipfel, der über dem Iseltal thront: Der Rotstein erlaubt unbegrenzte Blicke auf den Hochschober und den Großglockner, die Lienzer Dolomiten und was sonst noch so in der Bergwelt Osttirols Rang und Namen hat. Der Aufstieg vorbei an den Almen, hier in der Gegend »Kaser« genannt, führt durch Almrosenwiesen und vorbei an einem kleinen See. Am Rücken des Rotsteins, nur kurz vor dem Gipfel, gibt es sogar einen Unterstand, wo es sich ganz hervorragend jausnen lässt.

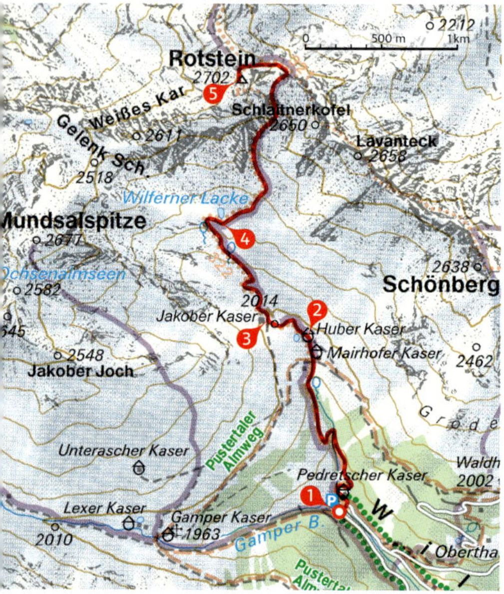

Ausgangspunkt: Parkplatz Pedretscher Kaser, 1700 m, oberhalb der Gemeinde Assling auf der Pustertaler Höhenstraße. Von Assling aus Richtung Wildpark und dann an diesem vorbei den Schildern nach Pedretscher Kaser folgen. Schotterstraße ab dem letzten Bauernhof nach dem Wildpark. Navi: N46.830329 E12.612565.
Anforderungen: Mittelschwere Bergwanderung, die aber bei den Querungen der Schutthänge und dann im unmittelbaren Gipfelbereich (seilgesichert) besondere Trittsicherheit erfordert.
Einkehr: Bauernalm Huber Kaser, Tel. +43 4855 8513, saisonal wechselnde Öffnungszeiten.
Hinweise: 1) Viel Weidevieh – bitte halten Sie den nötigen Abstand! 2) Die Tour ist bis zum Jakober Kaser ❸ auch MTB-tauglich.

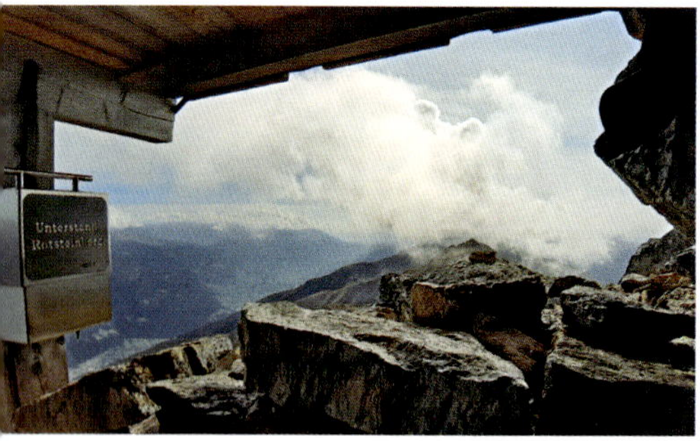

Im Unterstand beim Rotstein.

Vom **Parkplatz Pedretscher Kaser ❶** folgen wir dem Wegweiser »Rotstein/Huber Kaser« nach Norden. Auf diesem Schotterweg geht es recht steil bergauf, vorbei am Mairhofer Kaser, zum bewirtschafteten **Huber Kaser ❷**. Von dort folgen wir dem Schotterweg noch bis zum **Jakober**

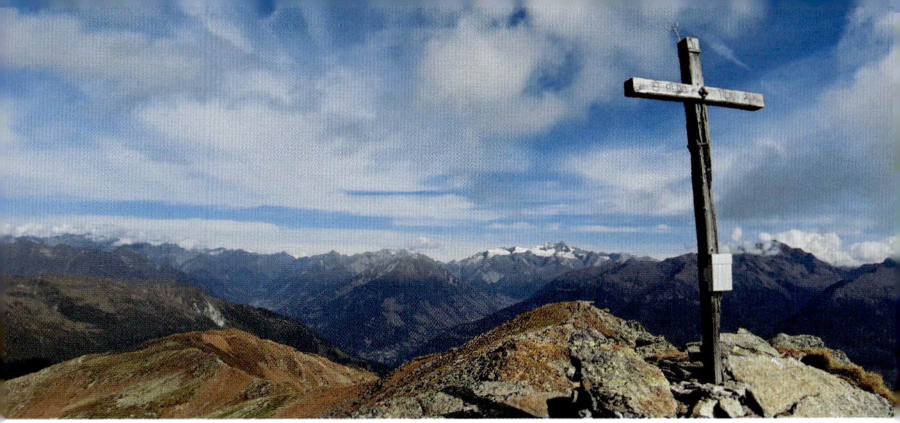

Am Rotstein reicht der Blick über die Gipfel der Schobergruppe hin zum Großglockner und bis zum Großvenediger.

Kaser ❸; an dessen Zaun steht der Wegweiser zum Rotstein. Ab hier haben wir nur noch einen schwerer erkennbaren Pfad und immer wieder rot-weiß-rote Markierungen. Es geht anfänglich am Talboden in Richtung der steinernen Ruinen eines Kasers, dann direkt hinter diesem rechts bergauf. Ab hier führt der schmale aber nun wieder deutlich ausmachbare Weg hinauf zu einem flacheren Abschnitt, dort finden wir versteckt in einer Senke die **Wilferner Lacke ❹**. Nachdem wir in diesem Abschnitt etwas verschnaufen konnten, geht es dann wieder über weitere Geländestufen. Bis hierher versteckt sich der Gipfel des Rotsteins vor unseren Blicken!

Um auf den Übergang zwischen dem Schlaitner Kofel rechts vor uns und dem Rotstein links zu kommen, queren wir den Markierungen folgend ein großes Schotterfeld, vor uns sehen wir schon den kleinen Steinmann am Sattel. Dort angekommen, nehmen wir die letzten 130 Höhenmeter zum Gipfel in Angriff: Am Kamm entlang führt der Weg zuerst kurz nach Norden, dann nach Westen zu einem Unterstand und von dort zum südlich davon gelegenen Gipfelfelsen. Um einfacher zum Gipfelkreuz des **Rotsteins ❺**, 2702 m, zu kommen, wurde ein Seil gespannt; dieser Abschnitt ist aber sehr kurz und nicht wirklich ausgesetzt.

Vom Gipfel könnte man auch zuerst nach Süden und dann über die Schuttflanke nach Osten absteigen. Die einfachere und sicherere Variante ist aber die über den Aufstiegsweg. Am Rückweg bietet es sich an, im **Huber Kaser ❷** einzukehren, bevor man zum **Pedretscher Kaser** und dem **Parkplatz ❶** absteigt.

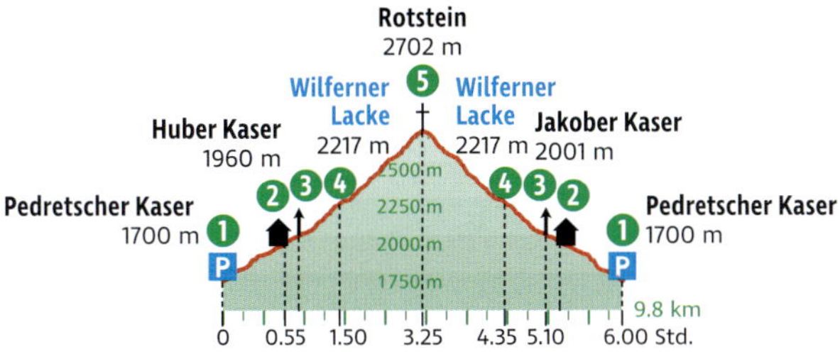

29 Lavanter Kolm, 1939 m
Vom Kreithof bei Tristach

5.30 Std. | 12,6 km | ↗1000 m | ↘1000 m

Aussichtsreich am Rand der Lienzer Dolomiten

Die Lienzer Dolomiten stehen ihren Südtiroler Cousinen in nichts nach, mit ihren schroffen Wänden lassen sie gar Vergleiche mit den großen Bergketten Kanadas aufkommen. Aufgrund ihrer Nähe zur Alpenstadt Lienz und des recht einfachen Zustiegs über die Dolomitenstraße sind sie ein Besuchermagnet, aber auf der abwechslungsreichen Wanderung zum Lavanter Kolm, der dem Dolomitenmassiv als kleiner Gupf vorgelagert ist, kann man den Massen entkommen. Zwar hat der Kolm kein Gipfelkreuz zu bieten, dafür aber einen tollen Aussichtsplatz über das Lienzer Becken, hinein in die Goldberg-, Schober- sowie die Lasörlinggruppe.

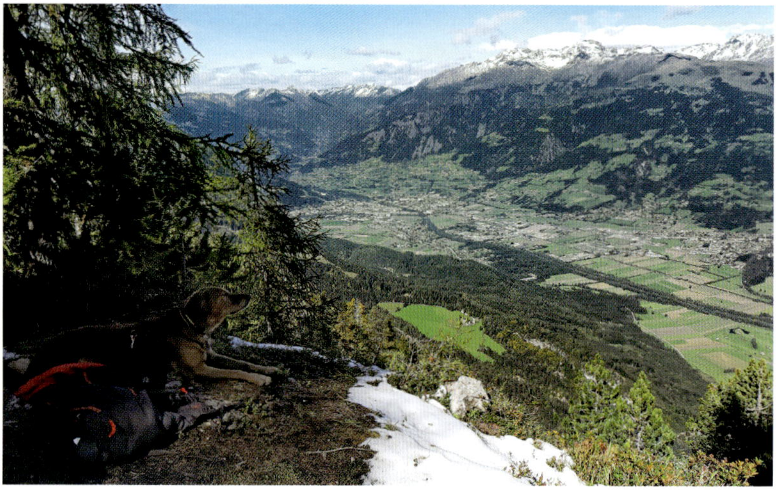

Blick auf das Lienzer Becken.

Ausgangspunkt: Parkplatz (gebührenpflichtig) beim Landgasthof Kreit, 1047 m, am Beginn der Dolomitenstraße. Von Tristach den Schildern Richtung »Strandbad Tristacher See/Kreithof/Dolomitenhütte« folgen, dann zum Kreithof links abbiegen, Parkplatz befindet sich vor der Mautstelle der Dolomitenstraße. Navi: Kreithof 1, 9900 Tristach.
Anforderungen: Bis zum Lavanter Alpl leichte Wanderung auf breiten Forstwegen, von dort eine »rote« Wanderung der anspruchsvolleren Art, wo man sich auch schon mal mit den Händen zusätzliche Stabilität holen muss. Sehr gute Trittsicherheit erforderlich, aber keine wirklich ausgesetzten Passagen. Im Bereich der Bach-/Felssturzquerungen kommt es naturbedingt zu veränderlichen Gegebenheiten.
Einkehr: Keine unterwegs; Landgasthof Kreit beim Ausgangspunkt, Tel. +43 4852 68222, www.kreit-hof.jimdofree.com.
Hinweis: Die Tour ist bis zum Lavanter Alpl ❷ auch MTB-tauglich.

Vom **Parkplatz Kreithof ❶** folgen wir 1,2 Kilometer der Dolomitenstraße, bis wir ca. 250 Meter nach einer scharfen Rechtskehre links in einen Forstweg abbiegen, unser Ziel, der Lavanter Kolm, ist hier bereits ausgeschildert. Auf dieser Forststraße wandern wir nun durch den Mischwald, überqueren den Haslerbach und kommen zu einer Kreuzung, wo wir, unsere Richtung haltend, wiederum den Wegweisern folgend geradeaus weitergehen. Nach zwei kurz aufeinanderfolgenden engen Kehren mündet von rechts ein weiterer Forstweg in den unseren, und dort finden wir im Hang eine erfrischende Quelle. Schon bald wandern wir flacher dahin und haben einen guten Blick auf die Wände der Laserzwand, 2614 m. Im Bereich eines Baches kommen wir zu einer Wegkreuzung und nehmen hier den linken Forstweg leicht bergab, dem Wegweiser folgend. Kurz darauf queren wir erneut einen Bach und gehen wieder links. Teilweise leicht bergab geht es nun zum **Lavanter Alpl ❷**, einer Wiese mit Jagdhütte.

In der Kehre nach der Hütte endet die Forststraße und ab hier führt nun der Kolmsteig in steilen Kehren bergauf. Nach etwa 300 Höhenmetern schwingt der Steig nach Osten und wir queren nun die steilen Wände unter Keilturm, 2712 m, und Adlerwand, 2391 m. Dabei müssen wir auch Bachläufe queren, darunter auch den **Pernitzbach ❸**, wo bei Unwetter nicht nur Wasser sondern auch große Geröllmassen der Schwerkraft folgen. Die beste Route ist mit roten Punkten an den Felsen gekennzeichnet. Nach einem weiteren waldigen Abschnitt erreichen wir die Wiese am **Lavanter Kolm ❹**.

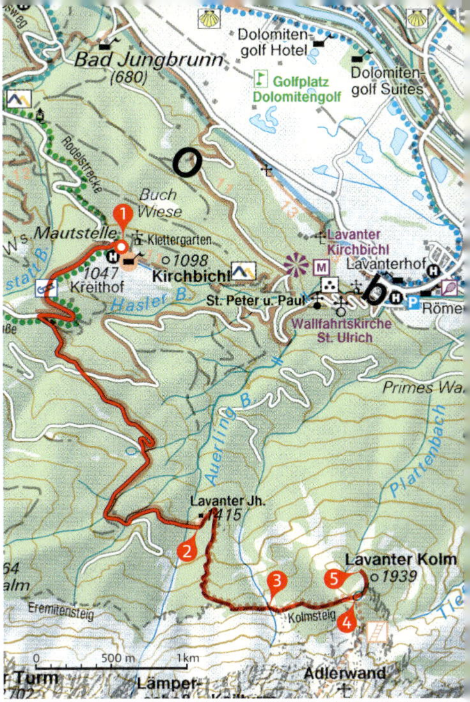

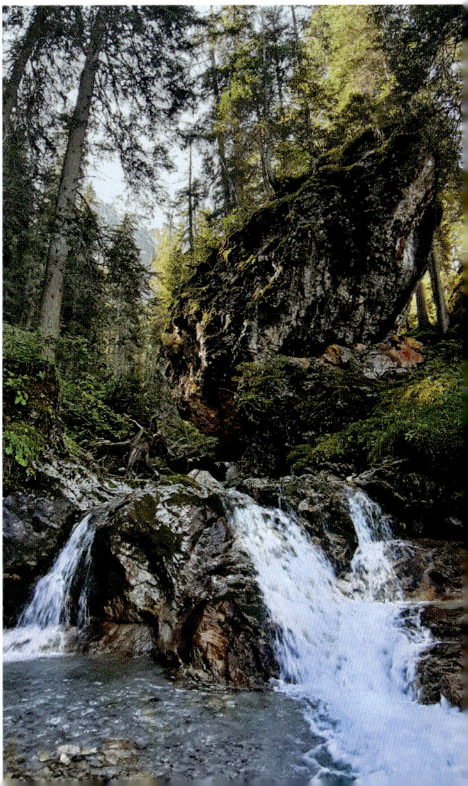

Bäche begleiten uns auf dieser Tour.

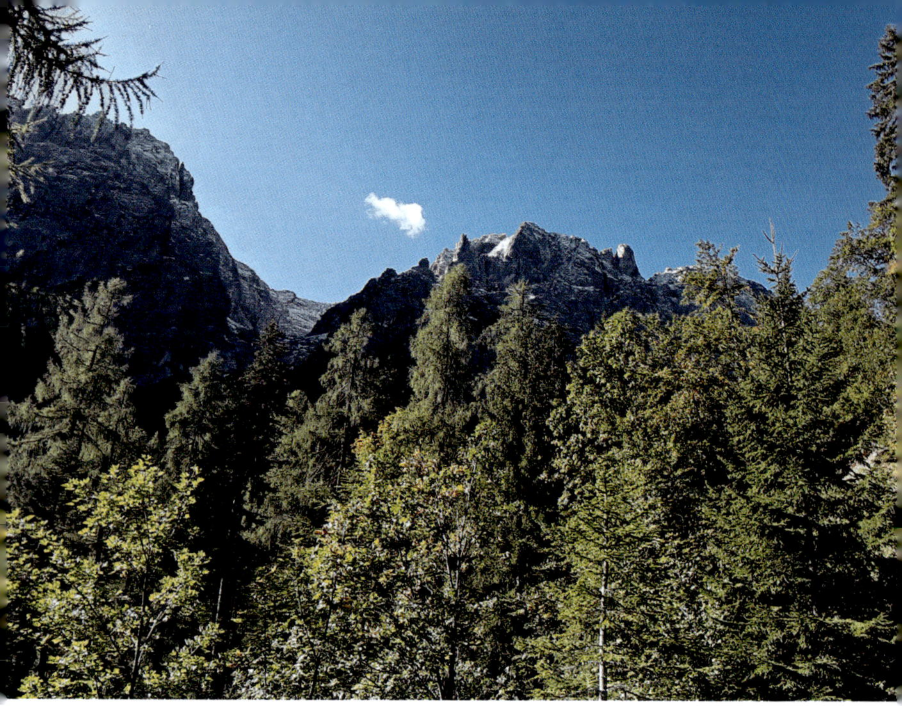

Blick auf die schroffen Gipfel der Lienzer Dolomiten.

Idyllisch vor den Steilwänden der Dolomiten gelegen lädt sie zum Verweilen ein. Wir queren aber noch den kleinen Wasserlauf und gehen dann nach links über die Wiese, wo diese sich noch zwischen zwei Hügeln erstreckt. Wir sehen rechts das Schild zum »Talbodenblick / Kolm«, aber der Weg ist nicht besonders gut ausgetreten. Vom Schild aus gehen wir etwa 50 Meter in dem kleinen Tal nach Norden, halten uns dann nach einer kleinen Geländestufe eher links, biegen vor einem Felsen links ab (in diesem Bereich führt auch ein Jägersteig hinunter nach Lavant, nicht diesem steil bergab folgen!). Dann geht es unter einem umgefallenen Baum hindurch und links an einer großen, alten und oben zweistämmigen Fichte vorbei zum **Talbodenblick** ❺. Das Lienzer Talbecken liegt ausgebreitet vor uns. Anschließend kehren wir auf demselben Weg zum Ausgangspunkt am **Parkplatz Kreithof** ❶ zurück.

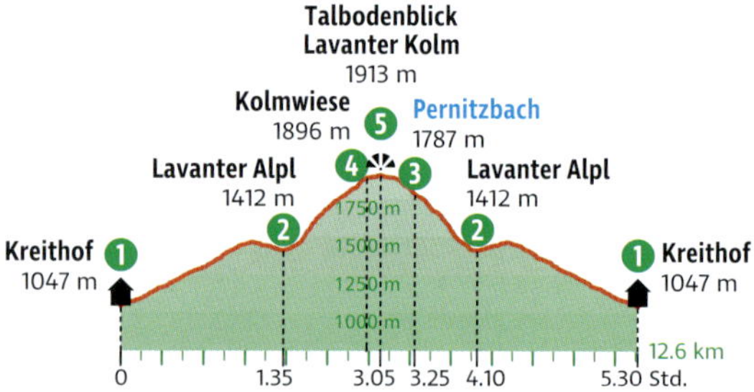

Lavanter Alm, 1877 m
Von Lavant im Drautal

30

6.00 Std. | 13,5 km | ↗1230 m | ↘1230 m

TOP

Beeindruckende unmittelbare Macht der Dolomiten
Wer am Boden des Drautales steht und über den schottrigen Schwemmkegel des Frauenbaches hinauf zu den Dolomiten schaut, die wie eine fast uneinnehmbare Festung mit ihren Steilwänden beeindrucken, dem bleibt verborgen, welche beeindruckende Landschaft sich im Bereich der Lavanter Alm auftut. Aber es sind nicht nur die Wasserfälle, Steilwände und felsigen Gipfel, die diese Wanderung so speziell machen, sondern auch die Besonderheiten der Natur, die hier erhalten blieben und die Geschichte einer Jagdhütte, die von vielen für eine Alm gehalten wird. Im trockenen Schuttkegel des Frauenbaches entstand über die Jahrhunderte eine Vegetationsgemeinschaft aus herbeigewehten und angeschwemmten hochalpinen Pflanzen im von Föhren geprägten Wald, der Lavanter Forchach. Aber auch sehr seltene, kalkhaltigen Boden liebende Orchideenarten gibt es hier, ebenso wie besonders seltene Schmetterlingsarten. Ob der Fürst von Windisch-Grätz auch schon von den Besonderheiten dieses Gebiets wusste, sei dahingestellt, auf jeden Fall schätzte er die Gegend der Lavanter Alm als Jagdgebiet und ließ sich 1882 eine recht geräumige Jagdhütte bauen, das sogenannte Herrenhaus. Seine Bediensteten mussten mit einer kleinen Hütte, die heutzutage nur noch als Viehunterstand dient, auskommen. Damals konnte man noch per Pferd die Jagdhütte erreichen, ein großer Felssturz im Jahre 1906 setzte dem aber ein Ende.

Ausgangspunkt: Kleiner Parkplatz am östlichen Ortsende des Ortsteiles Wacht, 646 m, Gemeinde Lavant. Navi: Lavant 26, 9900 Lavant.
ÖPNV: Mit dem Bus Linie 940 nach Lavant Siedlung. Von dort in Richtung Südosten zum Ausgangspunkt in der Ortschaft Wacht (1,4 km Fußweg).
Anforderungen: Anfänglich einfache Wanderung auf Forstwegen, dann schmaler, teils auch steiniger Steig. Durch die den Weg oft verlegende Gewalt des Frauenbaches ist auch ein wenig Orientierungsvermögen notwendig, nicht immer ist im Schotterbereich der Weg eindeutig. Wer möchte, kann bis auf etwa 1250 Hm auch dem Forstweg folgen und dessen Kehren ausgehen, statt wie hier beschrieben, den Steig zu verwenden.
Einkehr: Keine.

Hinweis: Ein Teil des Föhrenwaldgebietes Lavanter Forchach im ersten Teil der Wanderung wird vom österreichischen Bundesheer verwendet. Es steht dort eine Schießanlage; eine rote Fahne ist gehisst, wenn diese in Verwendung ist. Der Wanderweg ist davon normalerweise nicht beeinträchtigt, die Schussgeräusche können aber laut sein.

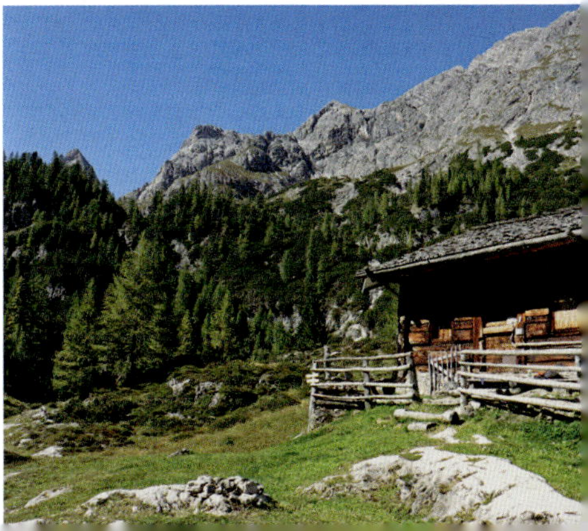

Das Herrenhaus auf der Lavanter Alm.

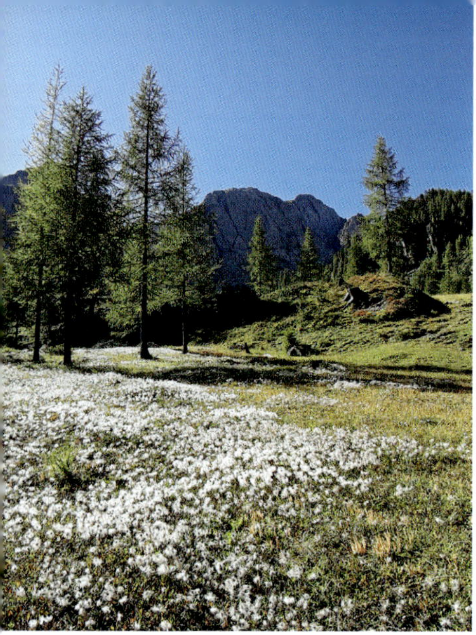

Ursprüngliche alpine Flora im Bereich der Lavanter Alm.

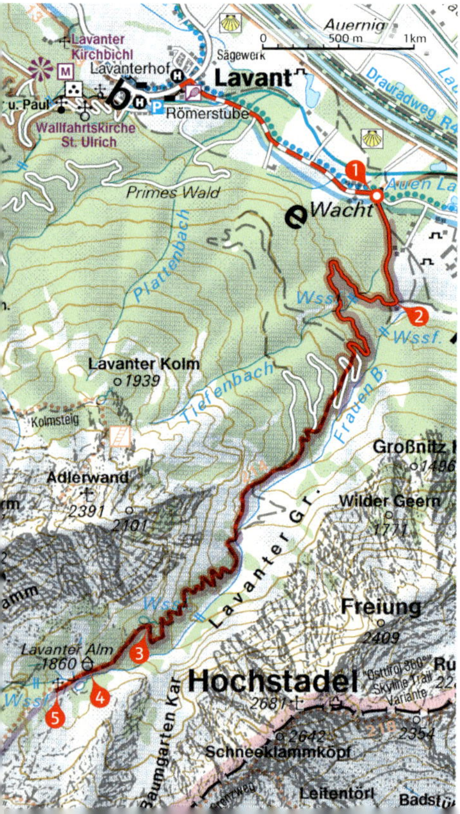

Vom kleinen **Parkplatz** in **Wacht** ❶ folgen wir der Straße in östlicher Richtung über eine kleine Furt und biegen dann sogleich rechts in eine breite Schotterstraße ein, unser Ziel ist mit »Lavanter Alm« (Weg Nr. 214) bereits ausgeschildert. Kurze Zeit später kommen wir zu einer Gabelung, gehen hier rechts an einer Schranke vorbei und auf dieser Forststraße am Ende des ebenen Abschnitts durch die **Lavanter Forcha** bei einem kleinen **Kraftwerk** ❷ vorbei bergan in Richtung Lavanter Alm. Wer möchte, kann einen kurzen Abstecher zum Lavanter Wasserfall machen, der Weg führt beim Kraftwerk zu Aussichtspunkten. Zweimal fließt der Tiefenbach über unseren Forstweg und in der dritten Kehre führt rechts ein weiterer Forstweg weg. Diesen ignorieren wir, biegen aber einige Dutzend Meter später rechts auf einen Steig ab. Hierbei handelt es sich um den früheren Weg zur Alm, dieser kreuzt mehrmals den Forstweg, führt am Rastplatz »Jäger Rastl« vorbei und dann schon mit direktem Blick auf die Steilwände der Gipfel links und rechts des Frauenbaches wieder zurück auf den Forstweg. Wir bleiben für ein paar Hundert Meter auf dem breiten Weg und sehen rechts vor uns schon eine fast senkrechte Wand.

Unter dieser führt unser Weg empor. Um ihn zu erreichen biegen wir rechts vom Forstweg ab, bevor dieser nach links schwingt und das hier breitere und mit Latschen bewachsene Tal des Frauenbaches quert. Der kleine Steig ist auch mit einem Holzschild auf der linken Forstwegseite gekennzeichnet, dieses Schild ist aber nicht sehr offensichtlich und etwas verwittert. So steigen wir höher, die raue Macht der Natur ist an den Felsabbrüchen, den großen Fels-

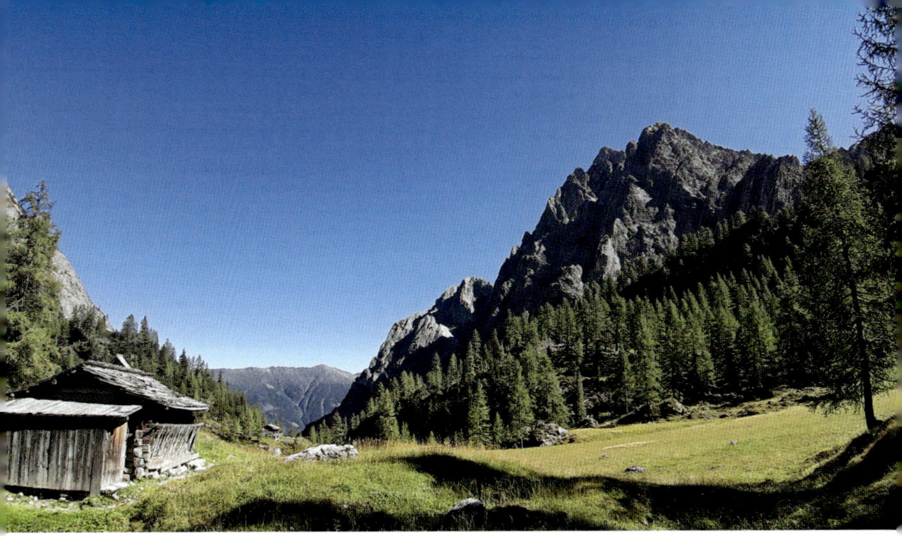

Blick talauswärts, rechts thront der Hochstadel.

brocken, die wie überdimensionale Kiesel in der Landschaft zu liegen scheinen, gut erkennbar. Ungefähr auf Höhe des Forstwegendes auf der anderen Bachseite kommen wir in das sich dauernd ändernde Schotterbett des Frauenbaches und suchen nach den schon recht verwitterten Überresten eines Holzzaunes etwa 150 Meter voraus in den Latschenkiefern. Bei diesen finden wir den Weg sicher wieder und folgen ihm, immer auf der orografisch linken Bachseite bleibend. Schon bald geht es in kleinen Kehren bergauf, rechts und links von uns die beeindruckenden Felswände der Dolomiten. So kommen wir vom recht unwirtlichen Gelände dann in lieblicheres: die **Lavanter Alm Kuhböden ❸** mit einem kleinen Brunnen. Von hier ist es nicht mehr weit bis zum sogenannten **Herrenhaus ❹**, 1860 m, der einstigen Jagdhütte des Fürsten, das am Anfang des breiten, grünen und mit Lärchen bewachsenen Talbodens der Alm steht. Wir folgen dem gelben Hinweisschild des Dreitörlweges, queren den schottrigen Bachlauf und sehen rechts vor uns schon ein Kreuz und das kleine Häuschen der **Lavanter Alm ❺**, 1877 m.

Nachdem wir uns gestärkt und in der beeindruckenden Landschaft unsere Batterien aufgeladen haben, kehren wir auf der Aufstiegsroute zurück zum Ausgangspunkt am **Parkplatz Wacht ❶**.

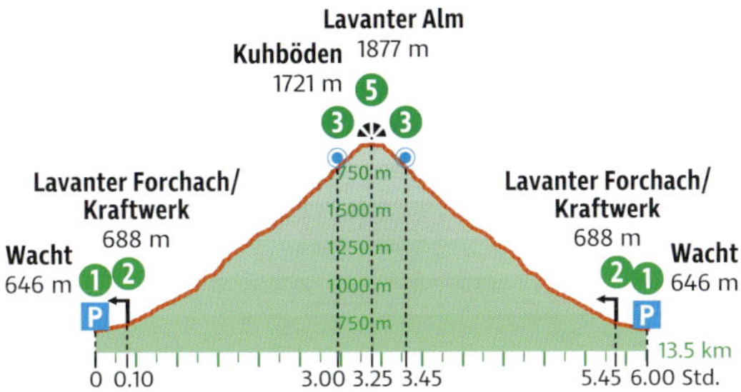

31 »Beim See«
Im Landeggtal

5.30 Std. | 12,5 km | ↗ 950 m | ↘ 950 m

Die Seele im Hochgebirge baumeln lassen

Das Landeggtal, ein Seitental des Tauerntales, ist selbst in Osttirol nur wenigen sofort ein Begriff, und wer es kennt, der schätzt vor allem die Skitourenmöglichkeiten: Bei passenden Bedingungen kann man vom Stubacher Sonnblick bis ins Tauerntal abfahren. Im Sommer schätzen die Kühe und Schafe die Weiden im Landeggtal, Wanderer trifft man eher selten an, sie sind meist auf dem Weg zur Karl-Fürst-Selbstversorgerhütte oder traversieren das hintere Landeggtal am Venediger Höhenweg. Noch bevor der Nationalpark Hohe Tauern gegründet wurde, begannen die Österreichischen Bundesbahnen mit der Ableitung eines Teils des Wassers des Tales zur Gewinnung von Strom. Auch der große See im einfach »Beim See« genannten Gebiet ist, auch wenn er sich gut in die Landschaft schmiegt, von Menschen geschaffen. Allerdings würde man das nicht glauben, sähe man nicht an seinem Westende eine kleine Staumauer. Die Gämsen haben gegen den relativ neuen See wohl nichts einzuwenden, sind sie doch in dieser Gegend äußerst zahlreich.

Blick ins äußere Landeggtal (auch Landecktal).

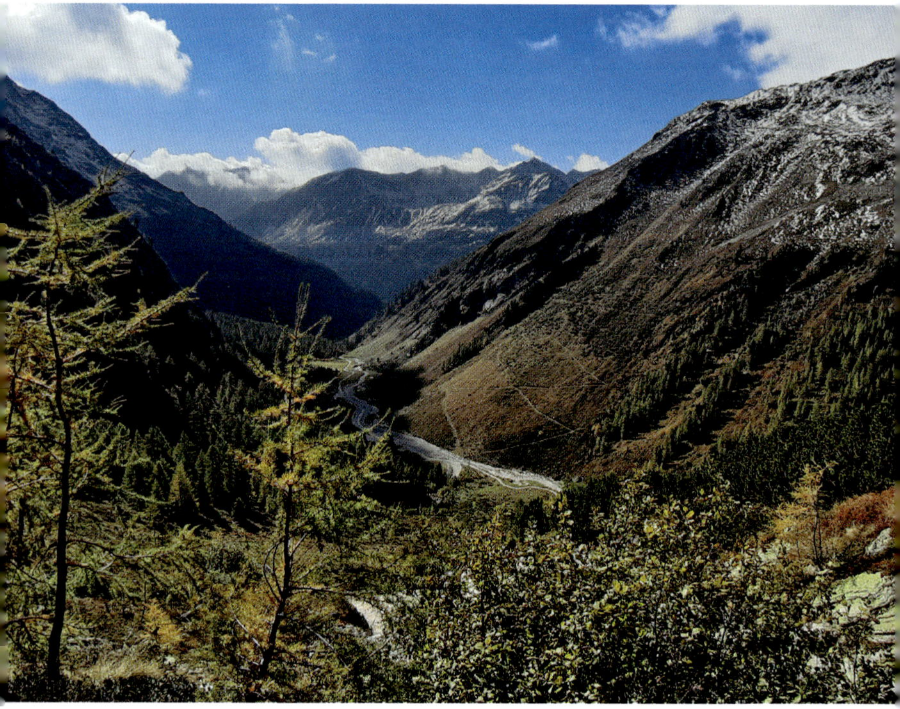

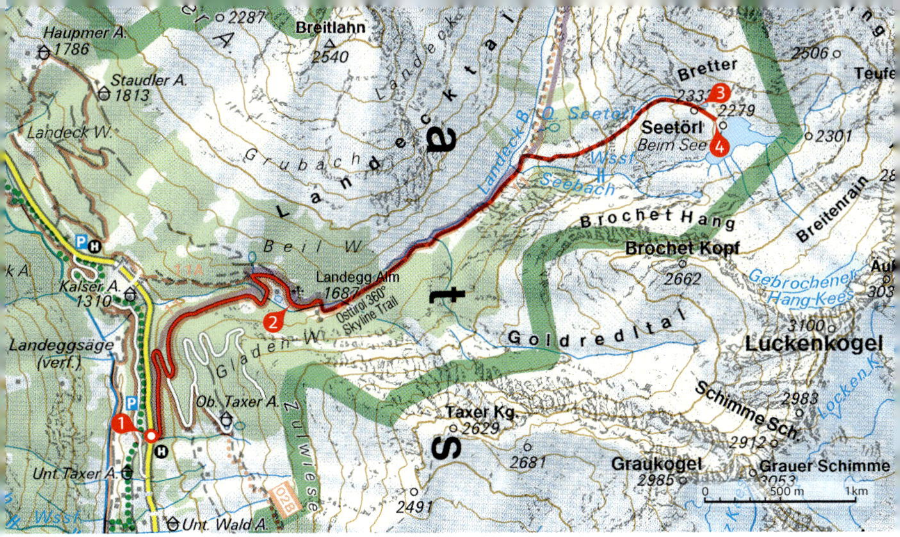

Ausgangspunkt: Felbertauernstraße, Abzweigung Landeggtal / Obere Taxeralm, 1385 m, Bushaltestelle. Es besteht eine Parkmöglichkeit für eine Handvoll Autos. Von Matrei i. O. kommend erreichen wir den Ausgangspunkt etwa nach etwa 10 km auf der Felbertauernstraße, nach der Abzweigung nach Raneburg fahren wir durch eine Lawinengalerie und etwa 200 m nach dieser befindet sich der Ausgangspunkt. Vom Felbertauern Süd-Portal aus erreichen wir den Ausgangspunkt nach 6,4 km. Er befindet sich links der Straße. Navi: N47.079763 E12.531087.
ÖPNV: Bus Linie 955, Haltestelle Landecktal Taxeralm. Bitte dem Busfahrer ankündigen, dass man dort aussteigen möchte.
Anforderungen: Anfänglich einfache Wanderung, der Anstieg zum See erfordert Trittsicherheit und grundlegende Navigationskenntnisse, da die Route zwar einfach zu finden ist, der Weg aber vor allem im Bereich der Almweide nicht (eindeutig) zu sehen ist und Markierungen fehlen.
Einkehr: Keine.
Hinweise: 1) Aufgrund fehlender Markierung hinauf zum See ist von dieser Wanderung bei schlechter Sicht Abstand zu nehmen. 2) Das Landeggtal wird auch oft als Landecktal in Karten vermerkt. Selbst auf den Wanderschildern ist mal die eine, mal die andere Schreibweise anzutreffen. Eine auf älteren Karten noch vermerkte Hütte im Bereich »Beim See« ist schon lange verfallen. 3) Die Tour ist bis zur Abzweigung hinter der Landeggalm auch MTB-tauglich.

Von der **Felbertauernstraße ❶** folgen wir dem Wegweiser in Richtung »Landeggalm« (Weg Nr. 11). In der zweiten Kehre dieser Almzufahrt führt rechts der Weg zur Oberen Taxeralm weg, ca. 300 Meter später schwingt unser Weg nach rechts und führt nun direkt ins Landeggtal hinein. Wir queren eine Brücke und sehen schon bald die ersten Hütten der **Landeggalm ❷**. Wir bleiben auf der breiten Almzufahrt und folgen ihr hinein ins nun immer alpiner anmutende Tal. Knapp zwei Kilometer wandern wir nun teilweise eben, einmal sogar leicht bergab und sonst sanft aufwärts entlang des Landeggbaches nach Nordosten. Nach einer Brücke halten wir nach dem felsigen Gipfel des Schwarzkogels, 2866 m, Aussicht, er befindet sich direkt vor uns, der dominante Gipfel rechts

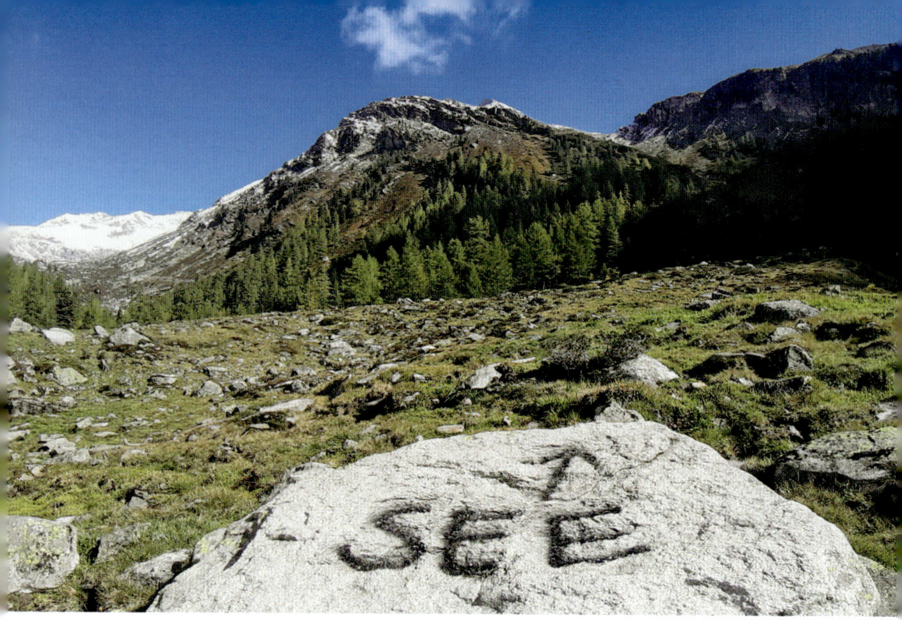

Unübersehbarer Hinweis im Landeggtal.

des Talbodens. Er hat eine markante Südwand, die aus reinen, steil abfallenden Felswänden besteht. Von uns aus gesehen fließt südlich von diesen Wänden ein Bach ins Landeggtal und südöstlich (rechts) dieses Baches verläuft ein breites, etwa 60 bis 70 Meter hohes Felsband. Unser Weg zum Beim See verläuft unterhalb des Felsbandes und neben dem Bach. Da die Markierungen bis auf einen Hinweis bei der Abzweigung vom Almzufahrtsweg fehlen, ist es hilfreich, sich einfach mental schon einen Eindruck zu machen.

Wir wandern noch vorbei am Schotterbett eines Wasserlaufes, der in der Steilwand rechts von uns einen Wasserfall bildet und kommen dann zu einem Zaun. Direkt nach diesem Zaun steht auf einem Felsbrocken in Großbuchstaben »SEE« und ein Pfeil. Er weist uns die Richtung, wir steigen über diesen Lawinenkegel, der im Sommer mit Almrosen bedeckt ist, auf. Gerade im unteren Bereich, der auch Almweide ist, ist ein klarer Wegverlauf eher schwer zu finden, es gibt aber immer wieder Steinmännchen. Die Route ist hier zwar ein bisschen steil, sonst aber nicht anspruchsvoll. Wir halten uns eher links und steigen dann dem Bachbett folgend auf einem kleinen Steig

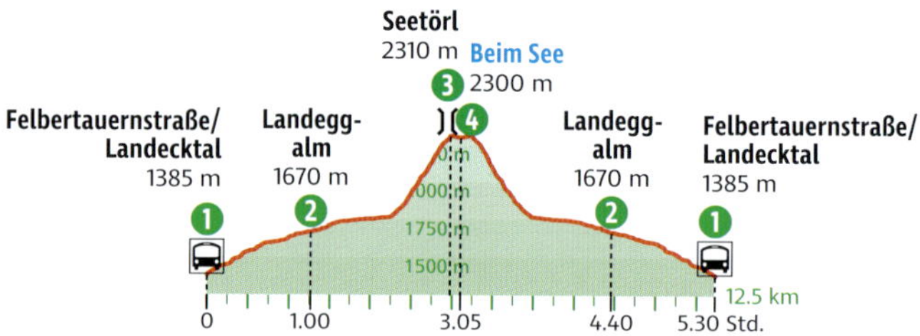

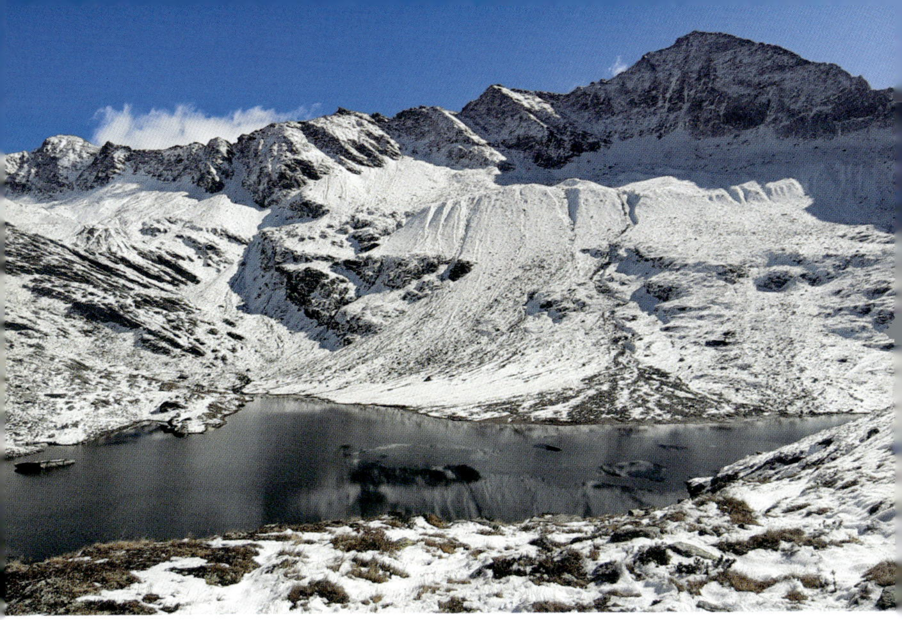

Erster Schneefall »Beim See«.

bergan. Spätestens bei einer Wasserfassung ist der Weg deutlicher erkennbar und führt uns in Kehren immer höher, bis wir im Bereich des **Seetörls** **3**, 2310 m, dann wieder flacheren Grund erreichen und einen kleinen, natürlichen See. Nun ist es nicht mehr weit, schon bald sehen wir den großen Bergsee unter uns. Wir sind im Bereich **»Beim See«** **4** auf ca. 2300 m angelangt. Mutige können ihre Kälteunempfindlichkeit bei einem Bad im See unter Beweis stellen. Dieser ist aber oft schon im Oktober zugefroren, dafür aber für seine wunderschöne Lage bekannt: eingerahmt vom Bergmassiv des Kalser Bärenkopfs, 3079 m, im Norden, der Aderspitze, 2990 m, im Osten und dem Luckenkogel, 3100 m, im Südosten.
Danach kehren wir vom Stausee auf dem bereits bekannten Weg zum Ausgangspunkt an der **Felbertauernstraße** **1** zurück.

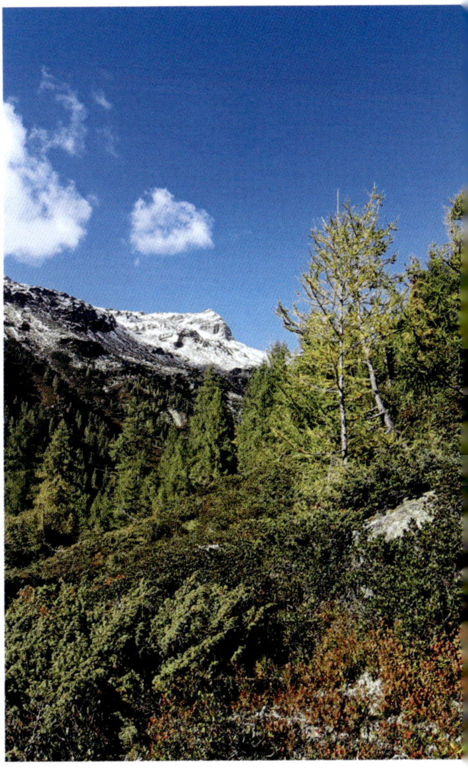

Blick zum Sillingkopf.

32 Vier-Almen-Weg

Von der Felbertauernstraße nach Matrei-Stein

5.15 Std. | 13,3 km | ↗ 800 m | ↘ 850 m

Abwechslungsreicher Almen-Höhenweg

Vier Almen, vier Almen-Stile und unzählige Geschichten und Sagen, die mit ihnen verbunden sind. Hoch über der Felbertauernstraße, die man auf den Wegen zwischen den Almen nicht wahrnimmt, und weit ab vom Reisetrubel im Tal wandern wir hier auf kleinen Wegen mit Höhenweg-Charakter und wunderbarer Aussicht von Alm zu Alm. Jede hat ihre Besonderheiten, keine gleicht der anderen: Auf der Oberen Taxeralm fühlt man sich in eine andere Zeit zurückversetzt, gibt es Tiere wohin das Auge blickt; neben der moderneren Kessleralm tost der Petersbach ins Tal; und die Hoanzer Alm ist zur Gänze aus Stein erbaut. Kulinarisch verwöhnen lassen kann man sich nicht nur auf der Hoanzer Alm, auch die in ihrem mit Lärchen gesäumten Tal eingebettete Äußere Steiner Alm bietet viel Schmackhaftes.

Ausgangspunkt: Felbertauernstraße, Abzweigung Landeggtal / Obere Taxeralm, 1385 m, Bushaltestelle. Es besteht eine Parkmöglichkeit für eine Handvoll Autos. Von Matrei kommend erreichen wir den Ausgangspunkt nach ca. 10 km auf der Felbertauernstraße, nach der Abzweigung nach Raneburg fahren wir durch eine Lawinengalerie und etwa 200 m nach dieser befindet sich der Ausgangspunkt. Vom Felbertauern Süd-Portal aus erreichen wir den Ausgangspunkt nach 6,4 km. Er befindet sich links der Straße. Navi: N47.079763 E12.531087.

Endpunkt: Matrei in Osttirol, Ortsteil Stein, 1332 m. Nach dem Tauernstüberl (von Matrei kommend) geht rechts eine unscheinbare Straße bergauf. Sie führt nach Stein, kleiner Parkplatz noch vor den ersten bewohnten Bauernhöfen.

ÖPNV: Bus Linie 955, Haltestelle Landecktal Taxeralm beim Ausgangspunkt. Bitte dem Busfahrer ankündigen, dass man dort aussteigen möchte. Vom Endpunkt noch am Fußweg hinunter zur Felbertauernstraße und dann dem Wanderwegweiser bis Matrei i. O. folgen,

An der Waldgrenze im Bereich der Kessleralm.

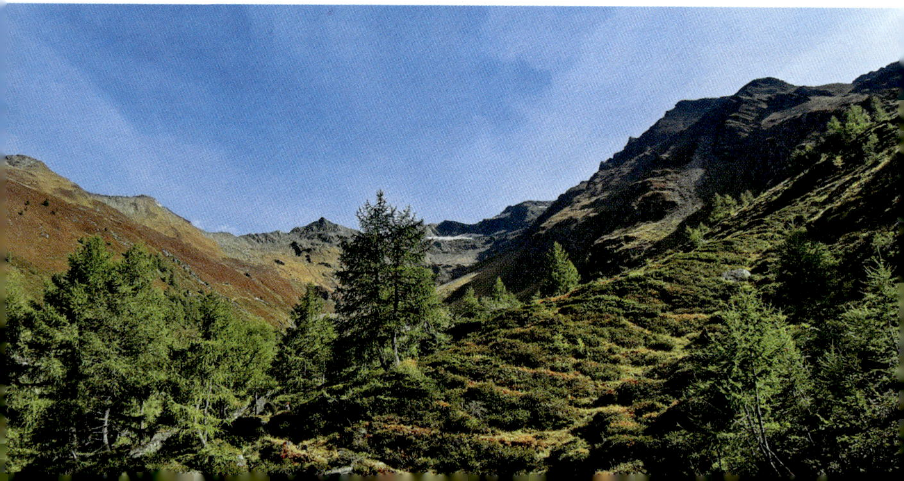

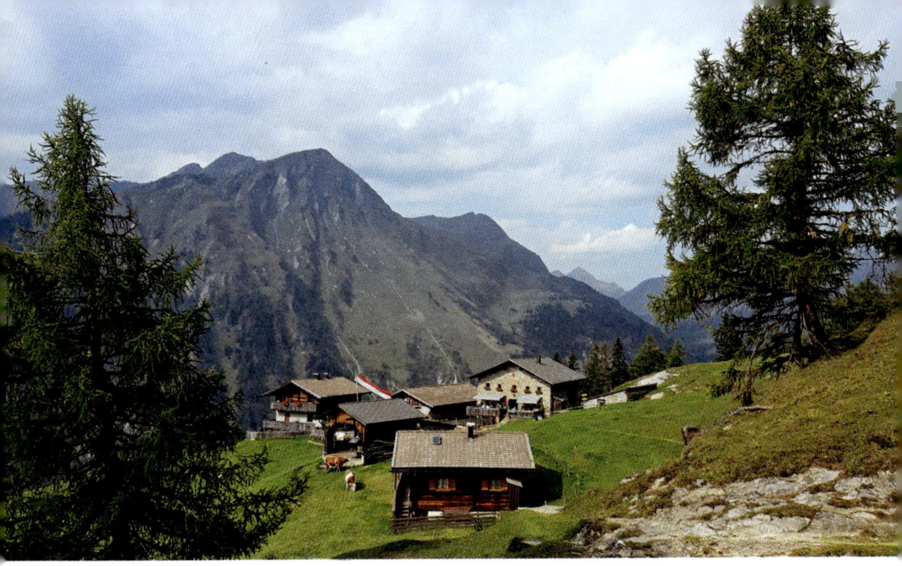

Bei der Hoanzer Alm.

Bushaltestelle Korberplatz (ca. 4,5 km).
Anforderungen: Einfache Wanderung auf Almzufahrten, gut in Schuss gehaltenen Alm-Verbindungswegen und Pfaden. Grundsätzliche alpine Erfahrung und Ausrüstung sowie Trittsicherheit ist aber trotzdem Grundvoraussetzung, ebenso wie die Kondition für eine Wanderung dieser Länge.
Einkehr: Hoanzer Alm, Tel. +43 650 2607465, und Äußere Steiner Alm, Tel. +43 664 3530372, beide geöffnet je nach Wetter von Juni bis Ende September, mit regionalen Spezialitäten, eigenen Almprodukten und noch unverfälschter Almengemütlichkeit.
Hinweis: Der Ortsteil Stein bekam erst im Jahr 2012 eine Straßenzufahrt. Dementsprechend sind ältere Karten nicht akkurat. In vielen Karten ist auch die Obere Taxeralm als Obere Taxachalm vermerkt. Ähnlich verhält es sich mit der Hoanzer Alm, die in Kartenwerken meist als Innere Steineralm eingetragen ist, vor Ort aber als Hoanzer Alm bekannt ist und als solche auch auf den Wegweisern angeschrieben steht.

Von der **Felbertauernstraße ❶** folgen wir dem Wegweiser zur **Oberen Taxeralm ❷** (Weg Nr. 502B), die wir nach drei Kehren im Wald erreichen und uns nach den ersten Almgebäuden rechts halten. Ab hier sind wir nicht mehr auf einer Almzufahrt unterwegs, sondern auf einem schmaleren Weg. Wir queren die mächtige Lawinenverbauung und folgen den Markierungen links bergauf. Der Weg wird laufend in Schuss gehalten, wir gewinnen in mehreren Kehren an Höhe und wandern über Almrosenflächen und durch schütteren Lärchenwald, bis wir etwa 1,6 Kilometer nach der Oberen Taxeralm nach einem Gatter auf einen breiteren Weg kommen. Wir sehen vor uns schon die Materialseilbahn der **Kessleralm ❸**, 1923 m, gehen oberhalb vorbei und erreichen die Alm selbst auf deren Zufahrt kurz darauf. Wir folgen dem Weg an der Almhütte und den Wirtschaftsgebäuden vorbei und queren den Petersbach, der oft im Tal mit seinen Vermurungen für Angst und Schrecken sorgt. Auf der anderen Talseite erreichen wir bei einem Stadel einen

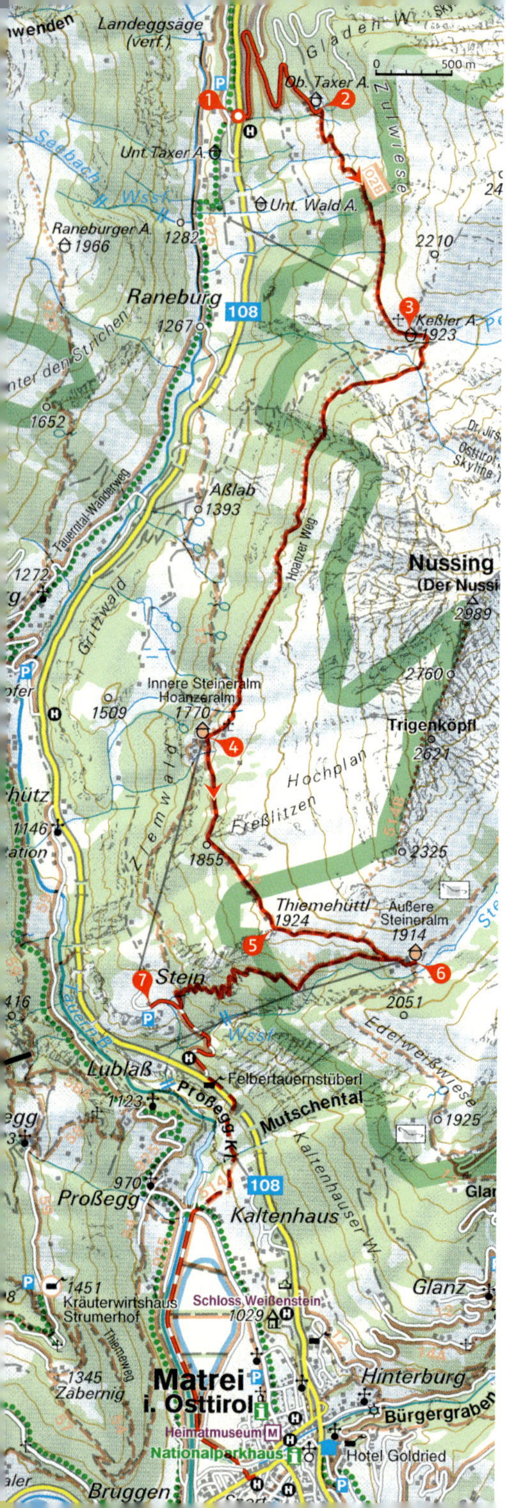

großen Wegweiser. Links bergauf geht es zur Nussingscharte und zur Sudetendeutschen Hütte, wir aber nehmen den anfangs noch etwa die Höhe haltenden Almenwanderweg, der hier mit »Hoanzer Alm« beschildert ist. Auf den Hängen des schroffen Nussingkogels, 2989 m, wandern wir nun über Almflächen und durch schütteren Wald, queren Lawinenläufe und haben immer wieder die Möglichkeit, auf hölzernen Bänken das Panorama bei einer Rast so richtig zu genießen. Das kleine Almdorf der **Hoanzer Alm 4** erreichen wir auf 1770 m. Mehrere Wege führen zur beliebten Einkehr auf dieser aus Natursteinen errichteten Alm.

Wir wandern von ihr oberhalb aller Gebäude den Wegweisern folgend in südliche Richtung. Kurz nach dem letzten Haus der Alm teilt sich der Weg, eine schmalere, aber mit markierten Pfosten versehene Option führt in Kehren bergan, der breitere Weg geht geradeaus weiter. Hier ist es egal, welchen der beiden Wege wir nehmen, sie vereinen sich bald wieder. Noch einmal geht es leicht bergauf und dann kommen wir auf offenes Gelände und zum höchsten Punkt unserer Wanderung beim **Thiemehüttl 5**. Auf den Landkarten als »Hütte« eingetragen, mag man sich vielleicht mehr als nur einen Aussichtsplatz mit Dach erwarten, aber die Aussicht hat es wirklich in sich: Vor uns im Tal die Ortschaft Matrei, wie ausgebreitet das Iseltal bis nach Lienz und seinen Dolomiten, das Virgental mit seinen unzähligen Gipfeln und natürlich die uns schon länger begleitenden

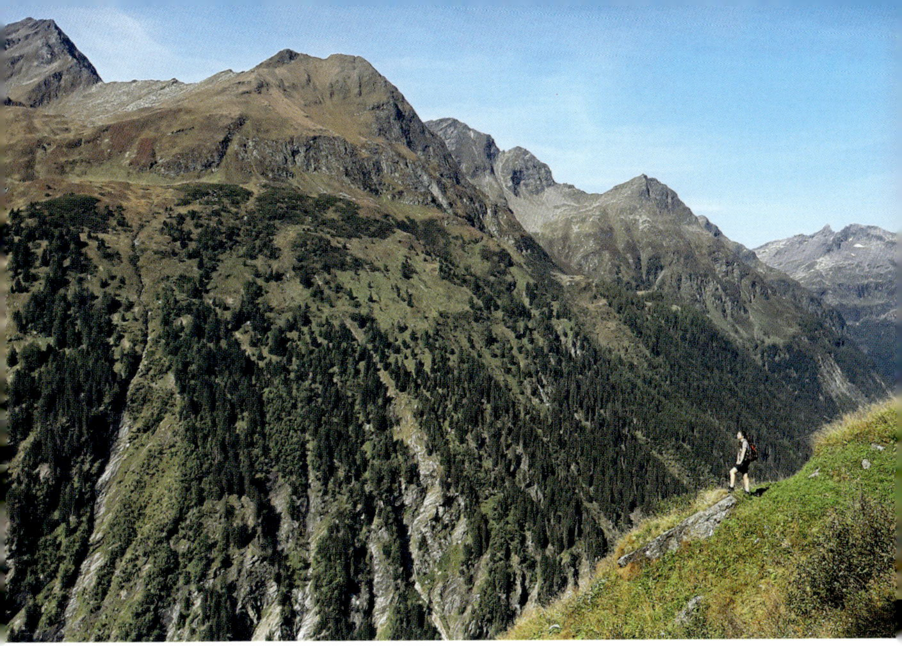

Die mächtigen Gipfel des Tauerntales sind zum Greifen nah.

Gipfel der Tauern. Das Thiemehüttl steht etwas abseits des Weges, wir kehren wieder zum Weg zurück und folgen ihm bis zu einem Gatter bei einem großen Stein. Durch dieses Gatter schreiten wir und kommen wenig später zur **Äußeren Steineralm 6** – die ersten Hütten sind privat, die bewirtschaftete Hütte befindet sich bei den Stallgebäuden. Hinter der Steineralm lacht das Gipfelkreuz vom Bretterwandkogel, am Ende des Tales thront die Sudetendeutsche Hütte und besonders bei Besuchen im Herbst bieten die gelben Lärchenwälder ein besonderes Farbenspiel. Wir gehen nun wieder zurück zum Gatter und folgen den Wegweisern hinunter nach Stein. Unser Weg ist bei der Äußeren Steineralm als »Steilweg« ausgeschrieben, verdient diese Klassifikation aber nicht. Zuerst kommen wir auf diesem für ein Quad zumeist ausreichend breiten Weg auf eine Almwiese mit Unterstand, dann geht es in unzähligen Kehren durch teils geschlägerten Wald bergab, linker Hand öffnet sich bald der Blick auf den Wasserfall des Steinerbaches.

Auf ca. 1330 m erreichen wir die erst 2012 eröffnete Straße zum Matreier Weiler **Stein** und folgen ihr nach Westen zum **Parkplatz 7**.

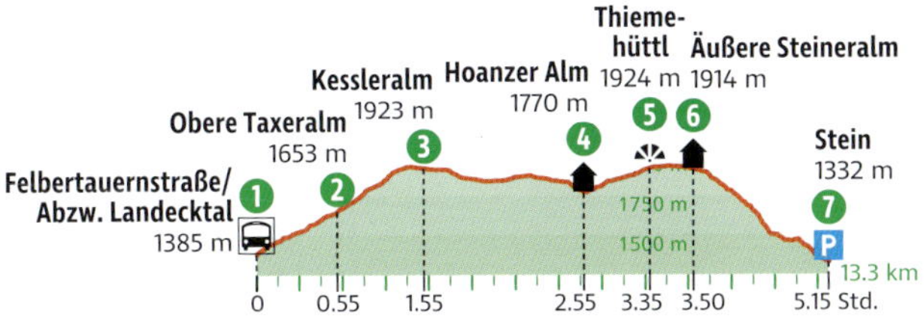

33 Thiemeweg

Von und nach Matrei in Osttirol

3.45 Std. | 10,1 km | ↗500 m | ↘500 m

Von einem Aussichtsbankerl zum nächsten

Direkt im Zentrum von Matrei in Osttirol beginnt diese Wanderung, die uns zuerst entlang des Tauernbaches mit seinem weiß-grauem Sand in die Ortschaft Prossegg bringt und von dort auf dem in sanften Kehren ansteigenden Thiemeweg hoch hinauf über Matrei. Dort geht es zum idyllisch gelegenen Zagutnighof, oder wer möchte, zum weitum bekannten Kräuterwirtshaus Sturmerhof, das mit kulinarischen Schmankerln aufwartet. Unzählige Aussichtsbänke laden zum Verweilen ein und die Blicke auf dieser Wanderung reichen von den Felber Tauern über die Schobergruppe bis zu den Gipfeln des Virgentales.

Ausgangspunkt: Matrei in Osttirol, Rauterplatz im Zentrum, 975 m. Navi: Rauterplatz 1, 9971 Matrei in Osttirol. Parkplatz Korberplatz 250 m südwestl.
ÖPNV: Matrei ist direkt und sehr gut an die Buslinien von und nach Lienz angeschlossen. Dutzende Verbindungen jeden Tag, Bushaltestelle Korberplatz, 250 m südwestl. des Ausgangspunktes.
Anforderungen: Generell einfache Wanderung mit nur sanfter Höhenmeterzunahme. Nicht für Menschen geeignet, die große Höhenangst haben, da der teils schmale Weg im Anstieg zwar mit einem Zaun gesichert ist, aber es hinter diesem durchaus einige Meter sehr steil abwärts geht. Abstieg nach Matrei anfänglich etwas steiler als man sich sonst vielleicht von einer »blauen« Wanderung erwartet.
Einkehr: Kräuterwirtshaus Strumerhof, Tel. +43 4875 6310, www.strumerhof.at, 500 m Abstecher von der Route.
Hinweis: Die Strecke nach Prossegg führt auf einer beliebten Rad- und Spazierroute und vor allem an heißen Sommertagen kann am kühlen Bach mehr los sein.

Blick ins Virgental.

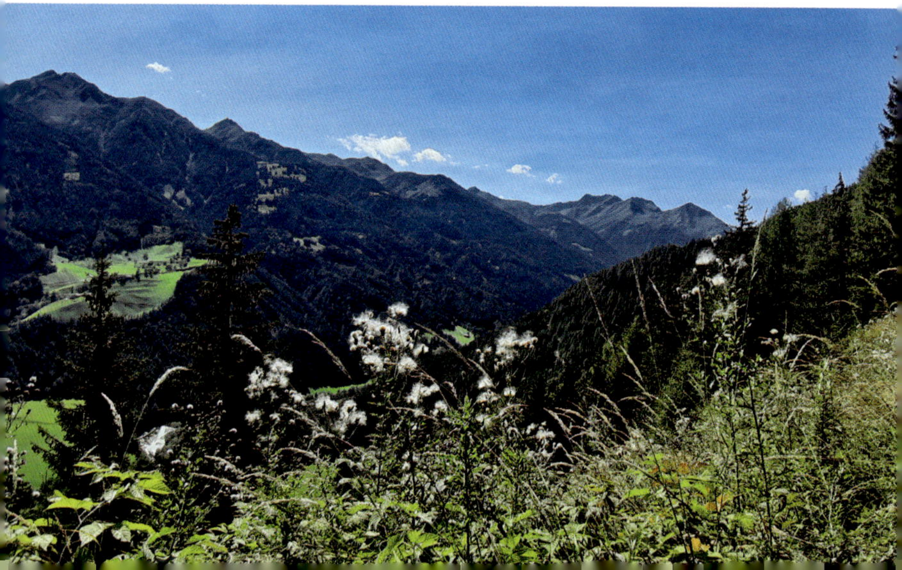

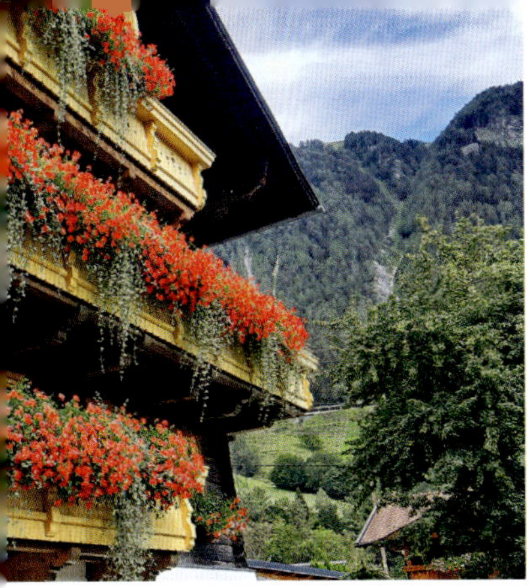

Blumenpracht in Prossegg.

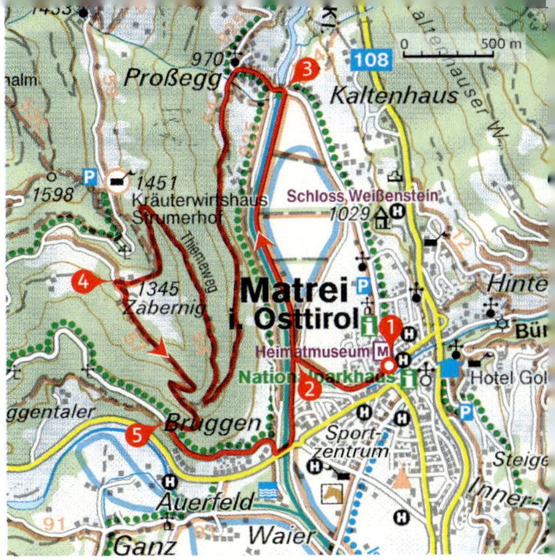

Vom **Rauterplatz** ❶ im Zentrum des Nationalparkortes **Matrei** gehen wir zwischen Tourismusinformation und Metzgerei die Wohlgemutstraße mit dem Bretterwandbach auf unserer Linken bergab. Diese führt uns direkt zum Ufer des **Tauernbaches** ❷, dessen Wasser oft grünlich milchig ist, wird es doch von den Gletschern der Hohen Tauern gespeist. Wir wandern nun, dem Wegweiser »Prossegg« flussaufwärts folgend, entweder am breiten Weg parallel zum Bach oder auf einem kleinen Fußweg zwischen Bach und breiterem Weg. Nach etwa 2,2 Kilometern kommen wir zu einer Brücke und über sie nach **Prossegg** ❸, einer Fraktion von Matrei. Wir bleiben auf der Hauptstraße, bis wir bei einem großen Kruzifix nach links abbiegen, dem Wegweiser »Strumerhof« folgend. Nach dem Wendehammer beim letzten Haus wird unser Weg schmal, führt über eine Wiese und dann recht steil, wiederum beschildert, hinauf in den Wald. Jetzt sind wir am Thiemeweg, auf dem wir des Öfteren durch Holzverbauungen gehen müssen, die sicherstellen sollen, dass kein Weidevieh in den Wald kommt. Dieser Weg führt uns gleichmäßig an Höhe gewinnend bergauf, wir kommen an kleinen Wasserläufen vorbei, und an zahlreichen Bänken, von denen wir die sich oft ändernde Aussicht genießen können. Nach einem Bankerl mit Kinderschaukel kreuzt ein kleiner Weg den unseren, wir aber folgen weiter den rot-weiß-roten Markierungen an den Bäumen und gelangen so zu einer Gabelung. Hier folgen wir dem Wegweiser »Strumerhof« nach rechts, wieder geht es gleichmäßig bergan, einige Hundert Meter nach einer Kehre mündet unser Wanderweg in einen schmalen Forstweg. Wer einen Besuch im Strumerhof plant, der geht hier noch etwa 500 Meter nach rechts.

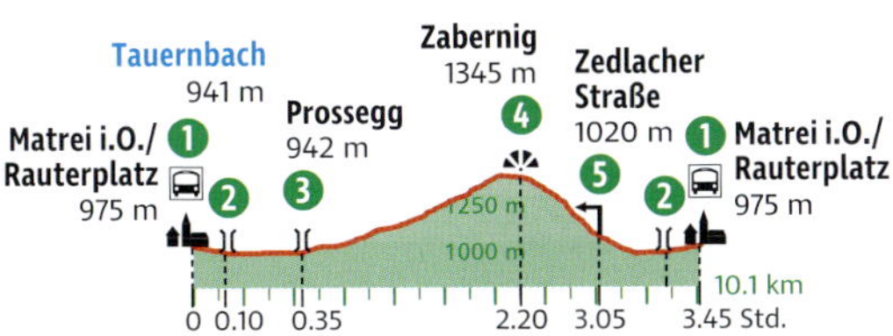

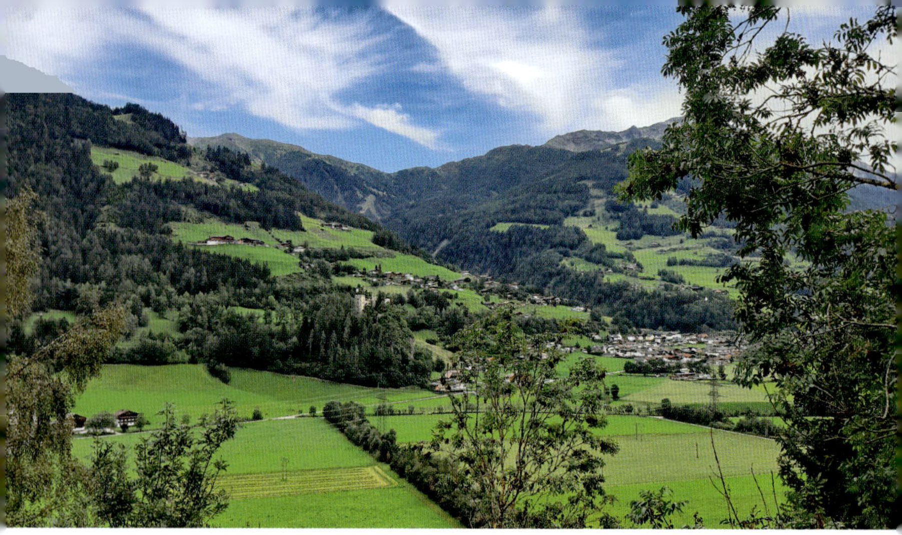

Blick auf Schloss Weißenstein und Matrei in Osttirol.

Wir aber wandern auf dem Forstweg nach links zum Bergbauernhof **Zabernig ❹**. Dieser liegt eingebettet in eine hügelige Wiesenlandschaft, dahinter das Prachtpanorama mit den Bergen der Schobergruppe und dem Großen Zunig direkt im Süden (siehe Tour 49). Wir folgen dem Weg hinunter zur Zufahrtsstraße des Hofes, biegen nach links in diese ein, gehen am Wohnhaus vorbei und folgen dem Hinweisschild »Matrei i. Osttirol« nach Süden. Am Ende der Zabernig-Wiesen tauchen wir wieder in den Wald ein, folgen dem nun etwas steileren Weg bergab bis zu einer Wegkreuzung, und auch dort entscheiden wir uns wieder für den Weg nach Matrei (rechts). Immer wieder haben wir auf diesem Abschnitt der Wanderung tolle Ausblicke auf die bekannte Nikolauskirche im Ortsteil Ganz auf der anderen Talseite. Wir erreichen dann die **Zedlacher Straße ❺**, auf die wir nach links einbiegen. Auf dieser wenig befahrenen Zufahrt des Weilers Zedlach gehen wir nun ca. 600 Meter bergab, kommen zuerst zu den Häusern der Fraktion Bergen und dann wieder zum Tauernbach. Wir folgen dem Straßenverlauf bis zur Mündung der Zedlacher Straße in die Bundessstraße, nutzen den Gehsteig auf der Brücke der Bundesstraße und wandern dann am Ostufer des Tauernbaches bis dorthin, wo wir am Anfang der Wanderung von der Wohlgemutstraße zum **Tauernbach ❷** kamen. Entsprechend dem Hinweg geht es dann durch **Matrei** zurück zum Ausgangspunkt am **Rauterplatz ❶**.

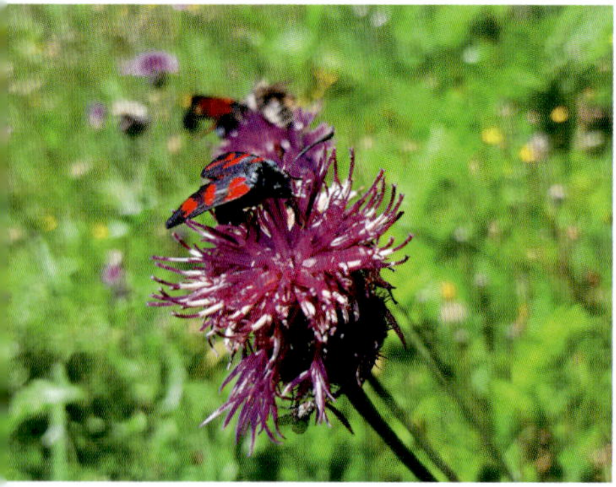

Rotwidderchen laben sich auf den Zaberniger Blumenwiesen.

Edelweißwiesen und Äußere Steineralm

Rundwanderung von Glanz

3.30 Std. | 9,4 km | ↗ 580 m | ↘ 580 m

Nomen est Omen auf den Bergblumenwiesen

Das Edelweiß übt eine große Faszination aus, wird als Symbol der Alpen von Tourismusvereinen, Musikgruppen und auch im Logo vieler Vereine geführt, ihnen allen voran von den Alpenvereinen. Österreichs Kaiserin Elisabeth, Sisi, liebte die seltene Alpenblume und trug zusätzlich zu ihrem Ruhm bei. Diesen erlangte das Edelweiß auf der Leinwand als romantisches Symbol in alpinen Heimatfilmen, im ferneren Ausland kennt man den Korbblütler vor allem durch den Kultfilm und das Musical »The Sound of Music« – das Lied kann einem fast jeder Amerikaner vorsingen. Aber diese Wanderung kann nicht nur mit Edelweiß punkten, hier hat man einen wunderbaren Ausblick auf die Gletscher der Hohen Tauern und auf vielen der Weiden grasen die seltenen Tiroler Steinschafe, aus deren Wolle traditionelle Trachtenkleidung gefertigt wird.

Ausgangspunkt: Wanderparkplatz (für max. 15 Autos) auf der linken Straßenseite vor dem letzten Bauernhof des Weilers Glanz, 1520 m, oberhalb von Matrei in Osttirol. Eigene Abzweigung auf der Felbertauernstraße nördlich von Matrei in Osttirol. Navi: Glanz 1, 9971 Glanz.
Anforderungen: Einfache Wanderung, einzig die Querung der Edelweißwiese im oberen Bereich erfordert grundlegende Trittsicherheit auf schmalem Pfad auf steiler Wiese.
Einkehr/Übernachtung: Äußere Steineralm, Tel. +43 664 3530372, bewirtschaftet in den Sommermonaten, auch Übernachtung in Matratzenlager möglich, urige Alm, eingebettet in einem Talkessel unterhalb der Sudetendeutschen Hütte.
Hinweise: 1) Das Alpen-Edelweiß (Leontopodium nivale) blüht von Ende Juni bis in den September auf den Wiesen dieser Almen besonders zahlreich. Bitte erfreuen Sie sich nur mit den Augen, die Pflanze ist streng geschützt! 2) Die Einkehr auf der Äußeren Steiner Alm ist nur ein Abstecher und kann auch ausgelassen werden.

Schafe beim Köfler Ranzn.

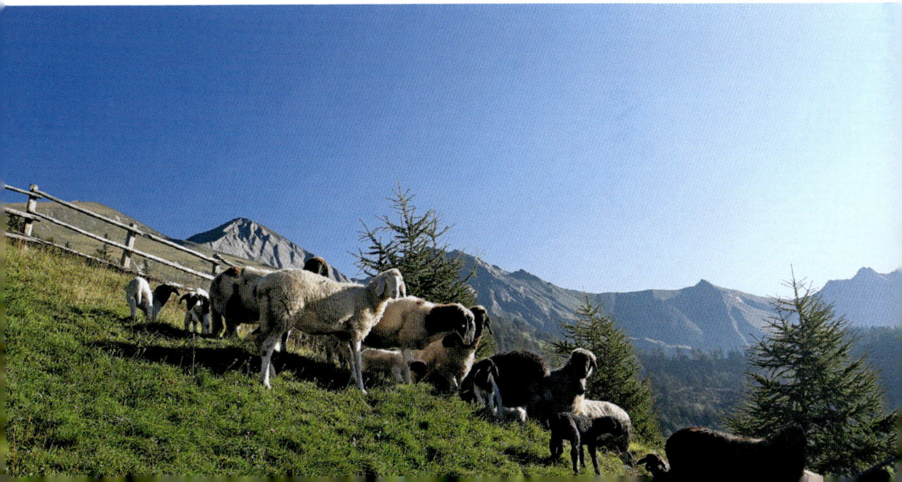

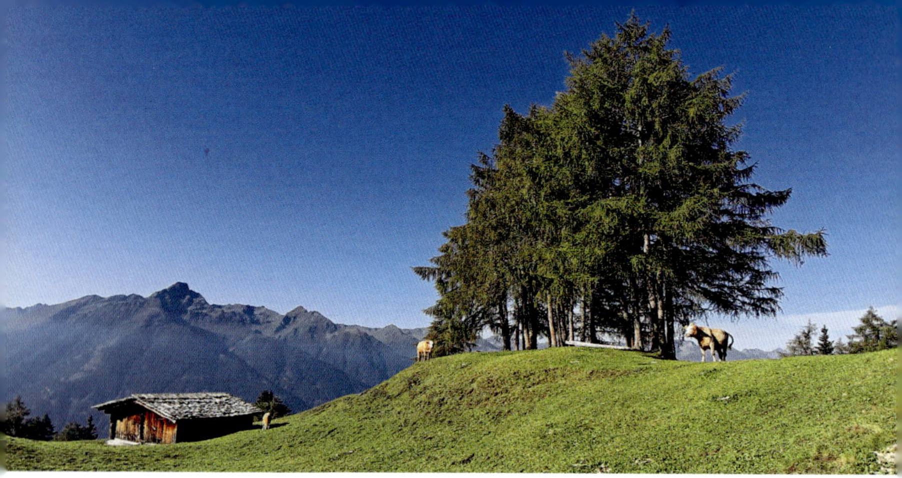

Almidylle kurz vor den Edelweißwiesen.

Wir starten am Wanderparkplatz von **Glanz ❶** und folgen dem Wegweiser in den Wald hinein. Bald schon mündet unser Weg in einen von links kommenden und auf diesem wandern wir nun bis zur Forststraße/Almzufahrt. Auf ihr setzen wir unsere Tour fort (wer möchte, kann natürlich auch den steileren Steig wählen und abkürzen). Nach einer weiten

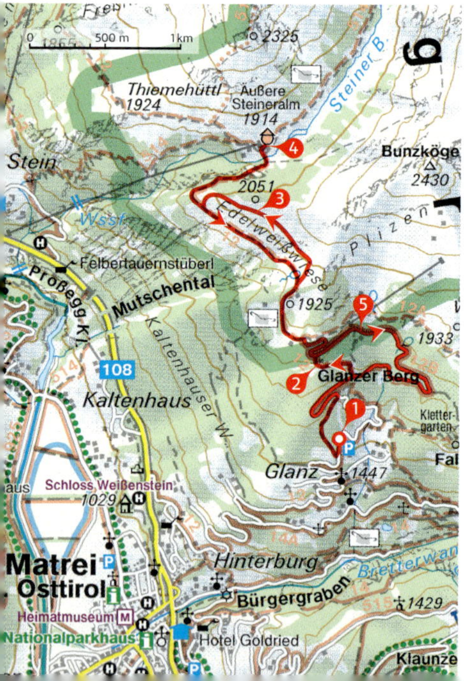

Kehre am Forstweg biegen wir links (ausgeschildert) hinauf in den Wald und erreichen nach einem steileren Stück die erste Alm unserer Wanderung, genannt **Köfler Ranzn ❷**. Wir queren den Markierungspfosten folgend den Almboden und kommen wieder auf den Almzufahrtsweg, dem wir bergauf folgen (hier gibt es für die kleine Kehre des Fahrtweges auch eine Abkürzungsmöglichkeit). So wandern wir oberhalb der Lackneralm vorbei und zum Ende des befahrbaren Almweges. Nach einem Gatter biegen wir nach rechts ab und folgen hier dem Wegweiser in Richtung »Bretterwandspitze« recht steil bergauf bis zur ersten Gabelung. Von hier führt uns der schmale Pfad nun ungefähr die Höhe haltend quer über Almwiesen, wir gehen direkt auf die Lärchen am Ende der Wiese zu. Mit ungefähr 2040 m erreichen wir hier auf den **Edelweißwiesen ❸** den höchsten Punkt unserer Wanderung, der Blick reicht von den Gipfeln der Felber Tauern im Norden über die Gletscherfelder der Virgentaler Berge, wie aufgereiht stehen die Gipfel der Lasörlinggruppe im südlichen Virgental da, und uns direkt gegenüber thront der Ochsenbug, 3007 m,

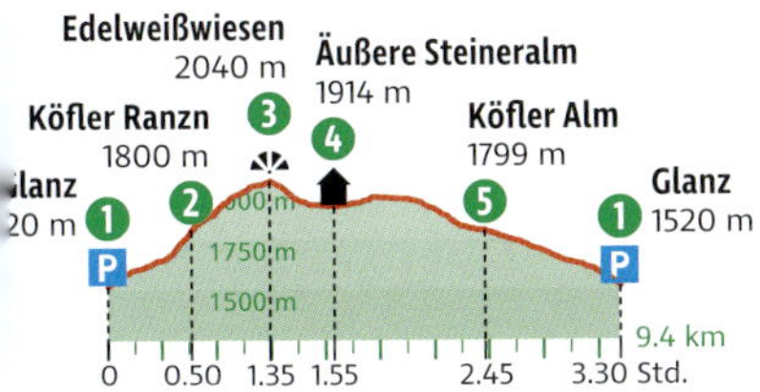

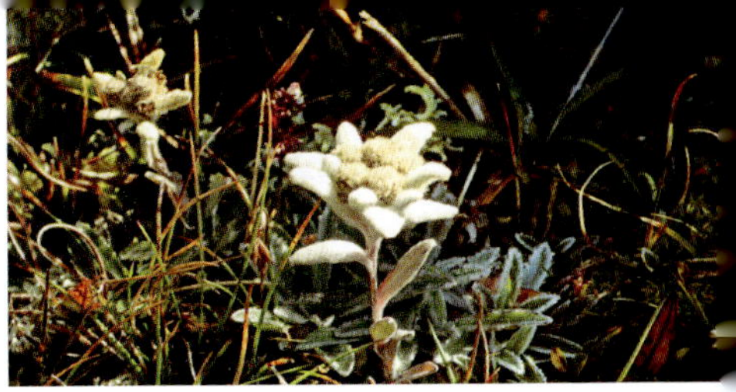

Edelweiß: Man genießt den Anblick und lässt es stehen.

hoch über Matrei. Kurz bevor wir die Lärchen erreichen, mündet unser Pfad in einen anderen ein und wir gehen nun sanft bergab, vorbei an einem kleinen Funkmast und hin zu einem Marterl mit Sitzbank. Von hier ist es nun bergab nicht mehr weit bis zum Hauptweg. Wir biegen nach rechts auf ihn ein und wandern als Abstecher zur **Äußeren Steineralm ❹**, die wir – leicht an Höhe verlierend – nach etwas weniger als einem Kilometer erreichen.

Auf dem Weg zurück bleiben wir auf dem Hauptweg, gehen also nicht mehr am Marterl vorbei bergan, sondern geradeaus. So kommen wir wieder zum Ende der Almzufahrt und bleiben bergab auf dieser. Wir passieren die **Köfler Alm ❺** und dann bei einer Kehre die Abzweigung (links) zum Falkenstein, dem markanten Felsen von Glanz, den man vom Parkplatz aus gut sehen kann. Wir aber setzen unsere Wanderung nach rechts fort und erreichen bald die Abzweigung, wo wir am Beginn der Wanderung hinauf zur Alm Köfler Ranzn gestiegen sind. Über Steig oder Forstweg geht es auf bekanntem Weg zurück zum Ausgangspunkt in **Glanz ❶**.

Rastplatz am nordwestlichen Ende der Edelweißwiesen.

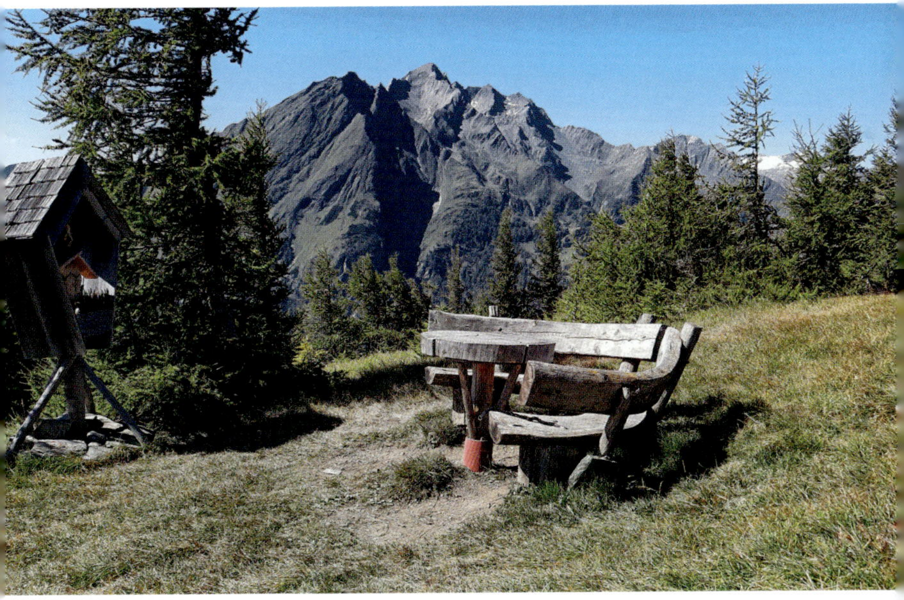

35 Bretterwandspitze, 2887 m

Von Glanz oberhalb von Matrei in Osttirol

6.30 Std. | 10,4 km | ↗1400 m | ↘1400 m

Berg der Superlative

Wenn schwere Regenfälle über Matrei in Osttirol ziehen, dann schauen die Einwohner mit besorgtem Blick hinauf zu den steilen Flanken der Bretterwandspitze: Matrei selbst liegt nämlich am Schwemmkegel des Bretterwandbaches, der seit Menschengedenken regelmäßig für Verwüstungen sorgt. Manche Häuser des Ortes haben sogar drei Kellergeschoße, weil auf vermurte Gebäudeteile einfach draufgebaut wurde. Aufgrund seiner Kraft wurde der Bach zum gefährlichsten Wildbach des Landes ernannt und ist nun einer der verbautesten. Nichts davon ist an schönen Sommertagen zu erahnen, wenn man seinen Wanderpartner auf dem markanten Felszacken fotografiert oder sich wundert, wie lange es denn noch zum Gipfel ist, das Kreuz sah ja so nahe aus! Bis spät in den Herbst grasen an den Flanken bis fast zum Gipfel hinauf Tiroler Steinschafe, und nicht selten kann man das Who's Who der Tiroler Greifvögel, Steinadler und Bartgeier, hier ihre Runden ziehen sehen.

Ausgangspunkt: Wanderparkplatz (für max. 15 Autos) auf der linken Straßenseite vor dem letzten Bauernhof des Weilers Glanz, 1520 m, oberhalb von Matrei in Osttirol. Eigene Abzweigung auf der Felbertauernstraße nördlich von Matrei in Osttirol. Navi: Glanz 1, 9971 Glanz.

Anforderungen: Auf den Wegweisern als »schwarz« markiert, ist diese Tour aber nie ausgesetzt oder wirklich technisch anspruchsvoll. Trittsicherheit auf dem Pfad zum Gipfel auf schuttigem Untergrund und Durchhaltevermögen für die vielen Höhenmeter sind aber vonnöten.

Einkehr: Keine direkt an der Route; wer möchte, kann aber zur Äußeren Steineralm weiterwandern, die in den Sommermonaten bewirtschaftet ist (siehe Tour 34 und Variante).

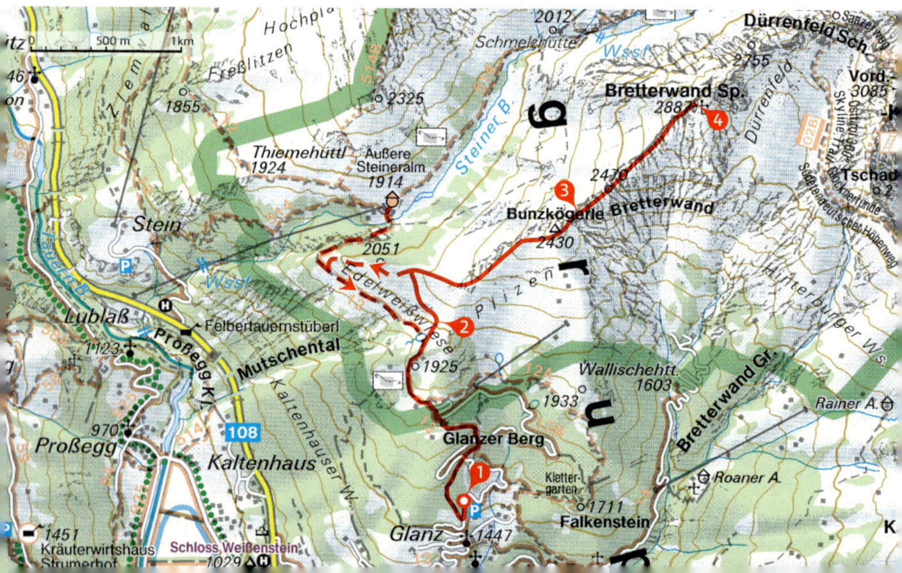

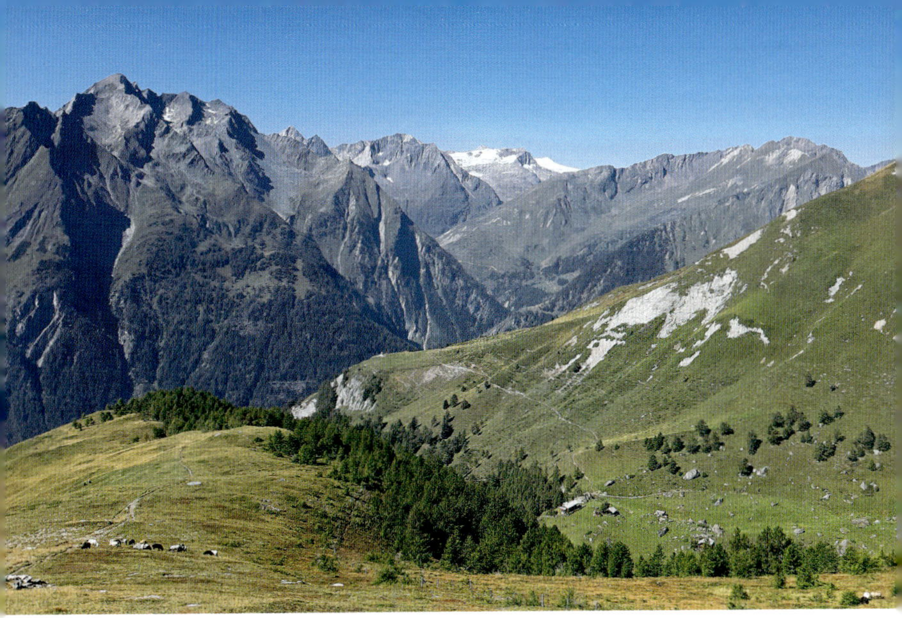

Blick auf die Äußere Steineralm (Tour 34) und den Ochsenbug, 3007 m (links).

Hinweis: Anders als in Osttirol sonst oft der Fall, gibt es auf dieser Wanderung keine Brunnen oder Bäche direkt an der Route. Kurz vor der Abzweigung in der Nähe des Almstraßenendes gibt es allerdings eine Quelle, einfach dem Weg Richtung »Sudetendeutsche Hütte« bis zur Quelle folgen.
Variante: Um in der Äußeren Steineralm einzukehren, biegt man einfach beim Abstieg nicht nach links ab, um quer über die Edelweißwiesen zu gehen, sondern folgt dem Pfad geradeaus hin zu den Lärchen, bis dieser in einen breiteren einmündet. Dort nach rechts und 800 m zur Alm. Anschließend auf dem Almweg direkt zurück zum Ausgangspunkt in Glanz ❶.

Vom Parkplatz in **Glanz ❶** folgen wir dem Wegweiser »Edelweißwiesen« auf einen Pfad hinein in den Wald, wo wir alsbald in einen von links kommenden Weg einmünden und bergauf weiterwandern, die Forststraße/Almzufahrt zweimal queren und steil durch den Wald immer höher steigen. Bei einer Lichtung rechts steht linker Hand ein wahrer Lärchen-Methusalem, wie lange es ihn wohl noch geben wird? Kurz darauf erreichen wir die erste Alm, steigen den Markierpfosten folgend quer über die Wiese und an der Hütte vorbei bergauf und erreichen dann wieder die Almzufahrt. Einmal können wir noch eine Kehre abkürzen, dann bleiben wir auf der Forststraße bis zu deren Ende, gehen durch das Gatter und erreichen dann eine Abzweigung mit Wegweiser Richtung »Bretterwandspitze«. Wir wandern nun bergauf auf einem

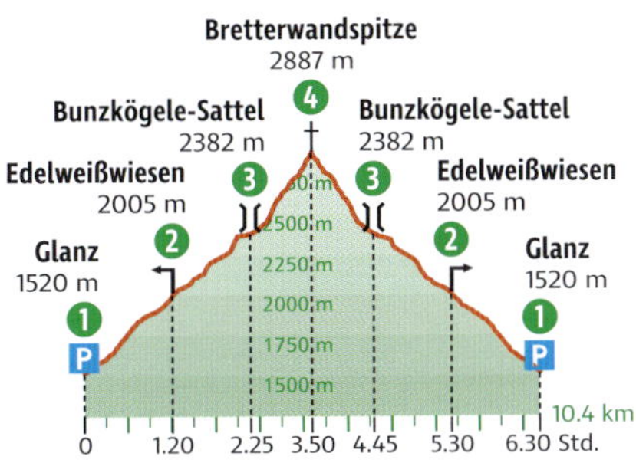

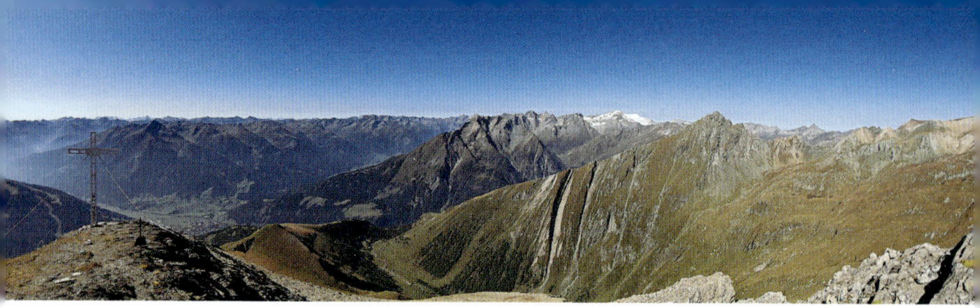

Panorama mit dem Gipfelkreuz der Bretterwandspitze, im Tal Matrei in Osttirol.

kleinen Steig quer durch die **Edelweißwiesen ❷**, halten uns bei einer Gabelung links und queren somit den Hang, bevor wir dann bei einer weiteren Gabelung rechts zum Bergrücken hinaufgehen. So erreichen wir einen von links kommenden Weg (aus Richtung der Lärchen links von uns) und steigen auf diesem deutlichen Pfad bergan. Weiter oben folgt er für einige Zeit einem Felsenband, verlässt es dann und führt südwestlich des **Bunzkögeles**, 2430 m, zu dessen **Sattel ❸**.

Der Weg führt in sicherem Abstand zu den beeindruckenden felsigen Abgründen, die sich rechts von uns auftun, hinauf zum Gipfel, der noch deutlich weiter weg ist, als man es sich vom Sattel aus vorstellen mag.

Es gibt mehrere Spuren durch das sandige Geröll der **Bretterwandspitze**, der **Gipfel ❹**, 2887 m, ist einige Meter über dem von der Feuerwehr zu Ehren ihrer verstorbenen Mitglieder aufgestellten, großen, silbernen Gipfelkreuz. Der Blick reicht von der Sudetendeutschen Hütte auf einem Plateau über dem Tal nördlich des Gipfels über die Hohen Tauern – besonders guter Blick auf den Großvenediger in all seiner Pracht – zu den Gipfeln der Schobergruppe. Nur der Großglockner versteckt sich hinter dem Gradötzkogel, 3063 m, und der Kendlspitze, 3085 m, nordöstlich der Bretterwandspitze.

Auf dem bereits bekanntem Weg kehren wir dann zum Ausgangspunkt in **Glanz ❶** zurück

Vorsicht bei spektakulären Fotos am Felsvorsprung vor dem letzten Gipfelanstieg!

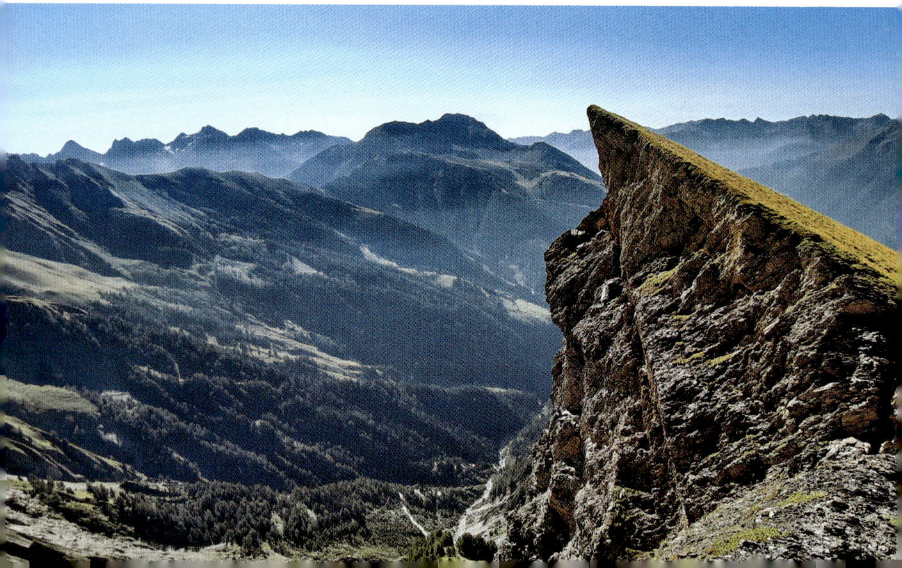

Teischnitztal
Vom Kalser Dorfertal

5.30 Std. | 15,7 km | ↗ 800 m | ↘ 800 m

Hinauf zu einem Bilderbuchtal am Fuß des Großglockners

Der Bekanntheitsgrad des höchsten Berges Österreichs, des Großglockners, bringt mit sich, dass es viele Bergbegeisterte nach Kals zieht, um einen Blick auf den Kaiser der Berge zu werfen oder diesen gar zu besteigen. Diese relativ einfache Wanderung ins Teischnitztal ermöglicht es, abseits der Massen dem Glockner und seinen Gletschern näherzukommen. Aber auch ohne die Nachbarschaft zum höchsten Berg bietet diese Tour viel: eine beeindruckende Schlucht, Berghänge, die wie mit dem Messer abgeschnitten zu sein scheinen, ein breites Hochtal mit einem noch wild sein Bett suchenden Gletscherbach, Almhütten aus aufgeschichteten Steinen, unzählige Wildblumen und die diese schätzenden Murmeltiere.

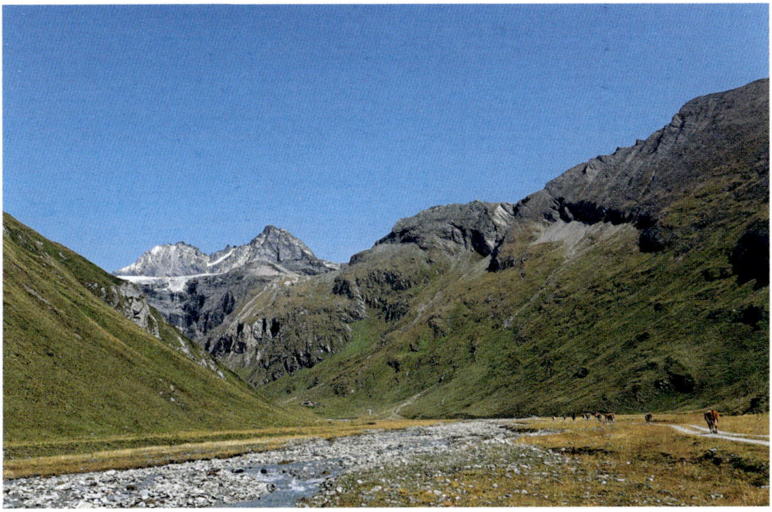

Das breite Gletschertrogtal, in das sich der Teischnitzbach noch nicht eingegraben hat, vor dem Großglockner.

Ausgangspunkt: Parkplatz Dorfertal, 1502 m, im Zwickel der Straße in den Kalser Ortsteil Burg-Taurer und der Straße ins Teischnitztal. Navi: Burg 22, 9981 Kals.

ÖPNV: Postbus Nr. 952 von Huben in Osttirol nach Kals, Haltestelle Taurer. Von dort am besten dem Wanderweg in Richtung »Stüdlhütte / Teischnitztal« steil bergauf zur Straße ins Teischnitztal folgen, von dort weiter gemäß der Routenbeschreibung.

Anforderungen: Einfache Wanderung auf breiten Wegen.

Einkehr: Keine unterwegs; im Wanderhotel Taurerwirt bei der Bushaltestelle und einige Möglichkeiten in Kals am Großglockner.

Hinweis: Die Tour ist bis zur Pifangalm 4 auch MTB-tauglich.

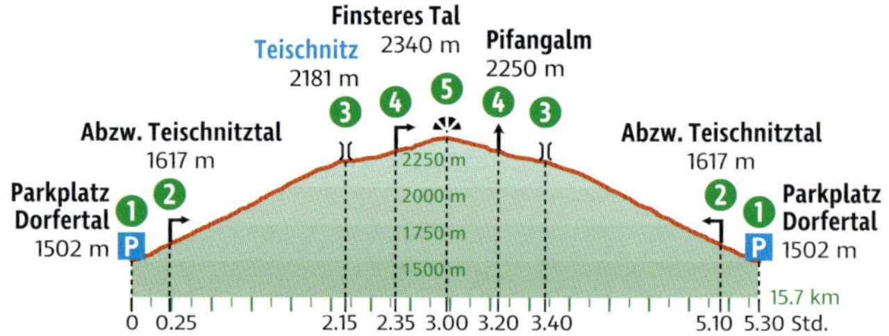

Vom **Parkplatz Dorfertal ❶** folgen wir der Zufahrtsstraße Teischnitztal (nördlich des Parkplatzes vorbeiführend), den Wegweisern in Richtung »Teischnitztal« und »Stüdlhütte« folgend. So erreichen wir nach etwa einem Kilometer die **Abzweigung Teischnitztal ❷**, ein Fahrweg, der nach rechts wegführt. Wer möchte, kann hier regelmäßig die Kehren des Fahrweges abkürzen, der sich den steilen Berg hochschlängelt. Auf der anderen Talseite bieten die Bäume, die sich weit oben nahe der nackten Felsen an den Berg klammern, ein beachtliches Schauspiel, und schon

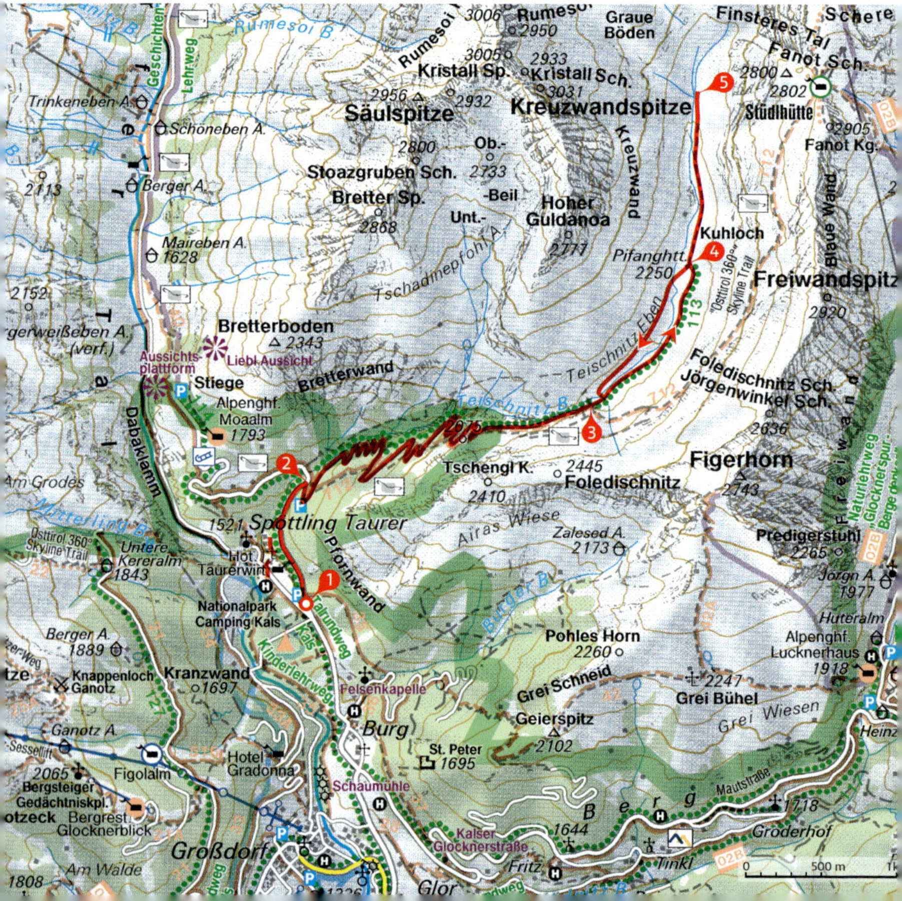

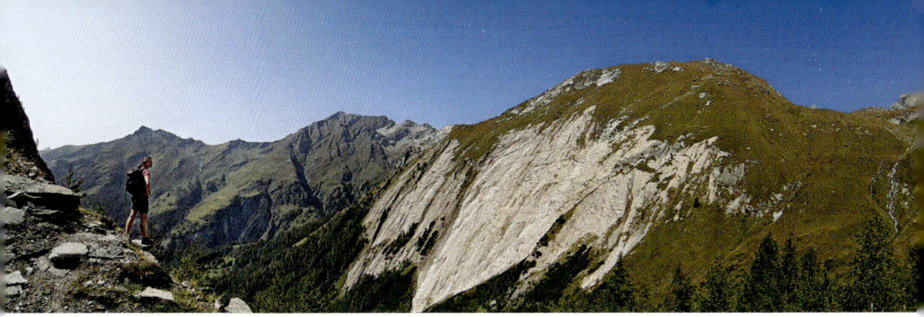

Kahle Felswände im Bereich des Bretterbodens beim Aufstieg ins Teischnitztal.

bald kommen auch Wasserfälle ins Blickfeld. Wir erklimmen so einige Höhenmeter, bevor wir am in den Felsen gehauenen Weg durch eine Schlucht in Richtung Teischnitzebene wandern, die ab der **Brücke 3** über die **Teischnitz** am Ende der Schlucht vor uns ausgebreitet liegt. Wir ignorieren die Abzweigung nach rechts zur Stüdlhütte und folgen dem breiten Weg in Richtung **Pifangalm 4**, die wir am Ende der Teischnitzebene erreichen. Wir queren den Platz vor dem aus aufgeschichteten Steinen gefertigten Stall und folgen dem nun schmaleren Pfad zum Talschluss. Dieses Areal liegt direkt unter dem Teischnitzkees des Großglockners, und Wasserfälle ergießen sich aus jenem Gletscher hinunter ins Teischnitztal, das in diesem Bereich als **Finsteres Tal 5** bekannt ist.

Wir kehren entsprechend dem Hinweg zurück zur **Pifangalm 4** und queren unterhalb der Almhütte die **Teischnitz**, um auf der westlichen Flussseite zur **Brücke 3** am Beginn der Teischnitzebene zu gelangen. Von dort wandern wir auf bekanntem Weg weiter zum Ausgangspunkt am **Parkplatz Dorfertal 1**.

Die Pifangalm, rechts hinter ihr ist das Gletschereis des Großglocknermassivs zu erkennen.

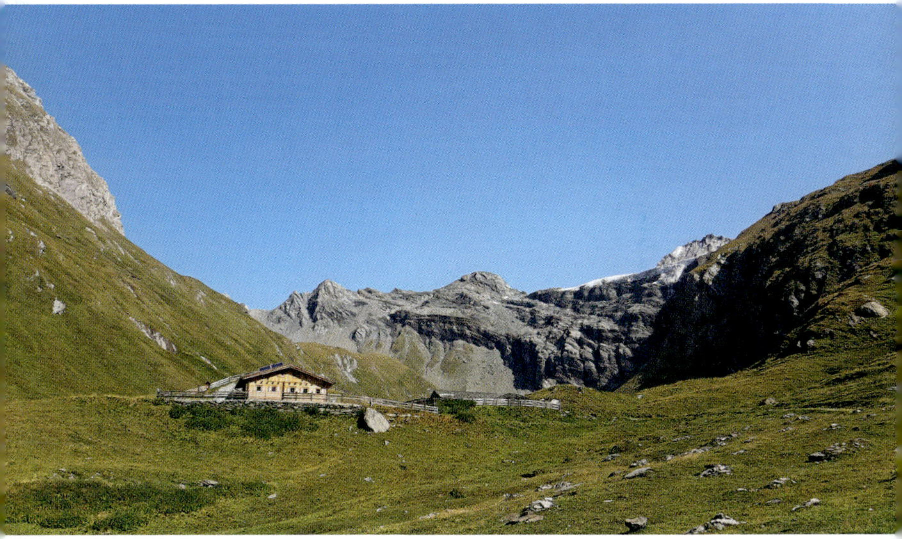

37 Felsenkapelle und St. Peter, 1695 m

Vom Weiler Burg bei Kals am Großglockner

1.30 Std. | 4,1 km | ↗ 270 m | ↘ 270 m

Kult- und Kraftplätze über Kals

Als Dank für die unversehrte Rückkehr aus dem Zweiten Weltkrieg wollte Sepp Kerer aus dem Ortsteil Burg zuerst die Ruine von St. Peter wieder aufbauen. Da es aber zu dieser keinen Weg mehr gab, beschloss er, in einen großen Felsen im Wald eine Kapelle zu schlagen. Bei den Grabungsarbeiten fanden sich alsbald viele Knochen und Geräte, deren spätere Untersuchung ergab, dass der für die Kapelle ausgesuchte Ort schon 3000 v. Chr. ein Kultplatz war, der älteste belegte in Osttirol. Aber auch die Kirche von St. Peter, auf einem strategischen Aussichtsplatz hoch über dem Kalser Tal gelegen, kann mit Rekorden aufwarten, ist sie doch die älteste sakrale Ruine Tirols. Wahrscheinlich erbaut im 16. Jahrhundert, geht man aber davon aus, dass auch dieser Ort aufgrund seiner Position schon viel früher genutzt wurde. Auf diesem Kraftplatz sieht man bis hinaus ins Iseltal und weit hinein nach Norden ins Dorfertal.

Ausgangspunkt: Kals am Großglockner, Bushaltestelle Burg, 1465 m. Parkplätze in der Nähe der Haltestelle. Navi: Burg 8, 9981 Burg.
ÖPNV: Bus Linie 952 verbindet Lienz mit Kals a. G., Haltestelle Burg.
Anforderungen: Großteils sehr einfache Wanderung auf Forstwegen, einzig der letzte Abschnitt bis zur Kapelle auf schmalem Pfad mit Seilsicherung, hier ist Trittsicherheit absolut erforderlich!
Einkehr: Keine unterwegs; einige Möglichkeiten in Kals am Großglockner.
Hinweis: Die Tour ist bis wenige Hundert Meter vor St. Peter auch MTB-tauglich.

Die Felsenkapelle von Burg, Kals am Großglockner.

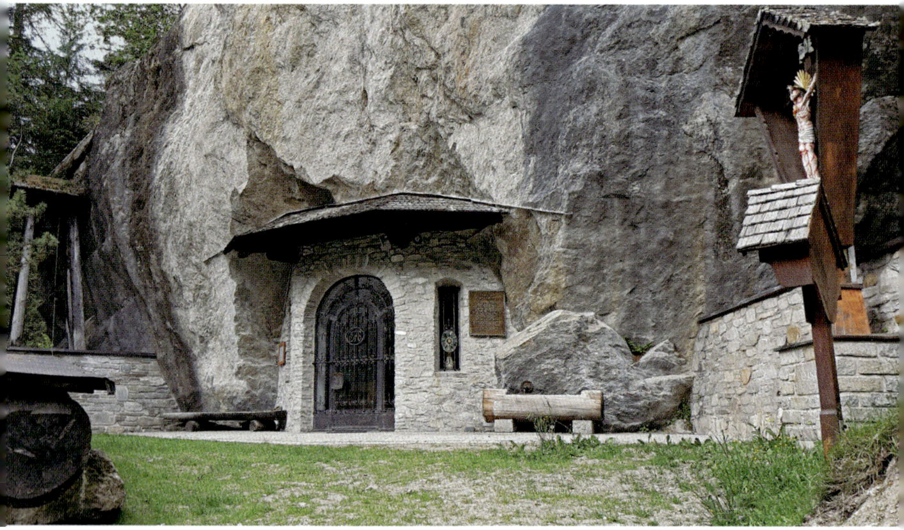

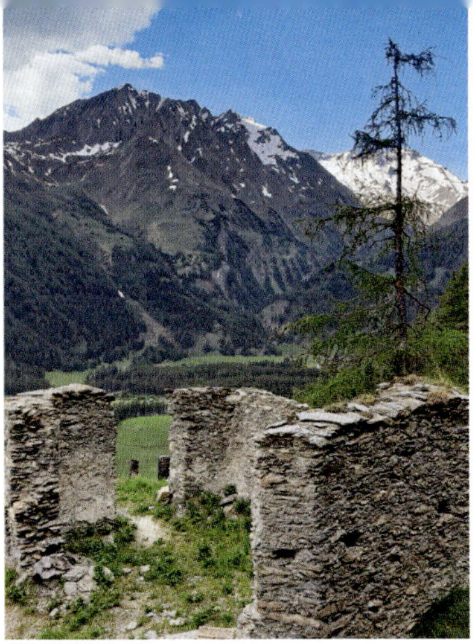

Die Ruine von St. Peter.

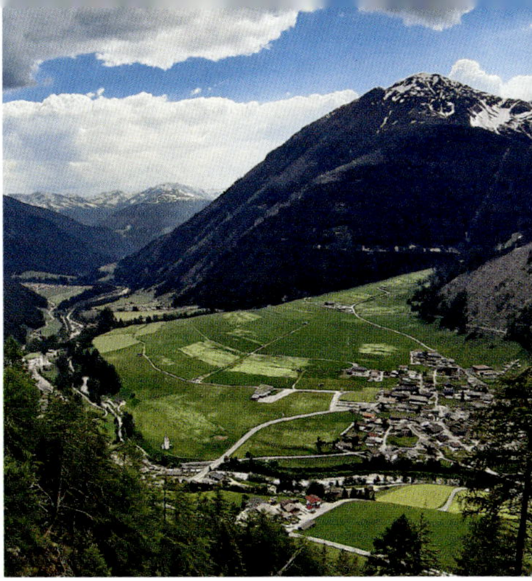

Der Kalser Ortsteil Großdorf.

Von der Bushaltestelle **Burg ❶** folgen wir der Hauptstraße für wenige Dutzend Meter nach Norden zur Brücke über den Burger Bach und biegen nach dieser rechts ein. Wir folgen nun dem Kreuzweg bergauf zur **Felsenkapelle ❷**, die der Rosenkönigin geweiht ist. Die Kapelle befindet sich links vom Hauptweg, wir wandern auf diesem weiter bergauf, anfangs den Wegweisern für das »Figerhorn« folgend. Gleich führt uns eine Brücke wieder über den Bach, dann bringt uns der Forstweg in Kehren immer höher. Immer wieder haben wir in Lichtungen schöne Blicke auf die Kalser Bergwelt, kommen an einer Wasserfassung vorbei und halten Ausschau nach einem Forstweg, der in einer Linkskehre unseres Weges nach rechts wegführt. Wo dieser abzweigt, befindet sich im Gras links des Forstweges, auf dem wir gekommen sind, ein Markierungsstein, und die rot-weißen Markierpfosten führen am Hauptweg weiter.

Wir aber biegen nun rechts ab und folgen diesem Weg, bis er kurz nach einer Lichtung sehr schmal wird. Hier beginnt die Seilsicherung, die uns bis zur Ruine der Kirche von **St. Peter ❸**, 1695 m, führt. Das Tal liegt ausgebreitet vor uns. Man kann sich gut vorstellen, dass dieser Ort seit jeher für Leuchtfeuer und zur Absicherung des Tales vor einfallenden Horden verwendet wurde, sieht man von hier doch über das ganze Tal!

Vorsichtig steigen wir von diesem besonderen Ort am bereits bekannten Weg zurück zum Ausgangspunkt in **Burg ❶**.

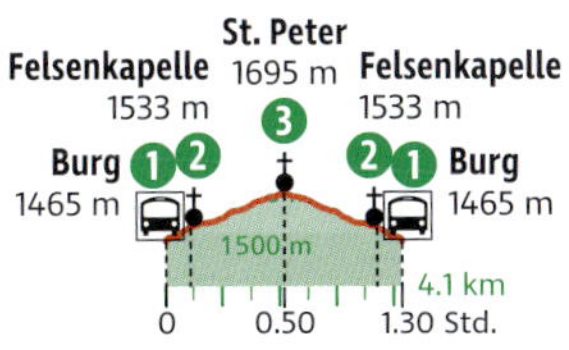

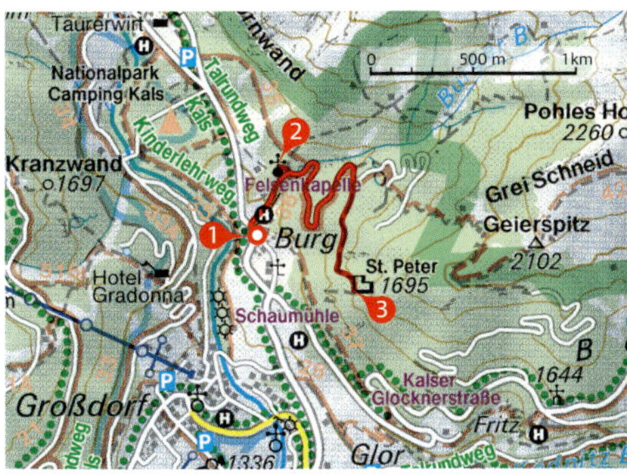

38 Eselsteig-Höhenwanderung
Rundtour via Glorer Hütte

6.15 Std. | 14,6 km | ↗ 900 m | ↘ 900 m

Der Weg ist das Ziel – ein wunderbares!

Der Großglockner zieht Menschen aus Nah und Fern in seinen Bann. Und so ist es fast schon verwunderlich, dass sich diese Wanderung im Nationalpark Hohe Tauern noch nicht mehr herumgesprochen hat. Sie führt mit Höhenwegcharakter und traumhafter Aussicht auf die Giganten der Region durch eine atemberaubende Landschaft: Feuchtgebiete mit Wollgras im Gebiet des Peischlacher Törls wechseln sich ab mit felsigen Blöcken am Westhang des Kasteneggs. Wo man auch steht und geht, gibt es hier viel zu schauen, seien es Wildblumen, Murmeltiere, Steinböcke, Gämsen, Bartgeier oder Steinadler.

Ausgangspunkt: Kleiner Parkplatz für ca. 6 Autos an der Kalser Glocknerstraße, ca. 200 m vor dem Lucknerhaus und nach der letzten Kehre, 1906 m. Siehe Wegweisertafel mit Hinweis für Glorer Hütte und Peischlachtörl. Navi: Lucknerhaus, Glor-Berg 16, 9981 Kals am Großglockner.

ÖPNV: Bus Linie 952 verbindet das Lucknerhaus (siehe Ausgangspunkt) mit Kals und Lienz. Mit der Gästekarte kann man auch diesen Bus gratis benutzen.

Anforderungen: Abgesehen von einigem Blockwerk, das im Bereich des Kastenegg-Westhanges am Wiener Höhenweg (Rückweg zum Peischlachtörl von der Hütte) zu queren ist, einfache Wanderung. Trotzdem sind Trittsicherheit und Schwindelfreiheit Voraussetzung.

Einkehr/Übernachtung: Glorer Hütte, 2642 m, Tel +43 664 3032200, www.glorer-huette.at, alpines Schutzhaus, Übernachtungsmöglichkeit in Lagern und Zimmern, besonders guter Apfelstrudel.

Hinweise: 1) Da sich die auf den Wegweisern angegebenen Wegnummern auf dieser Wanderroute mit beachtenswerter Häufigkeit ändern und dies zu Verwirrungen führen kann, werden bei dieser Beschreibung nur die Ziele auf den Wegweisern angegeben. Die Routenführung selbst ist einfach und die Markierungen häufig, so sollte das keine Schwierigkeit darstellen. 2) Die Tour ist bis zur Nigglalm ❷ auch MTB-tauglich.

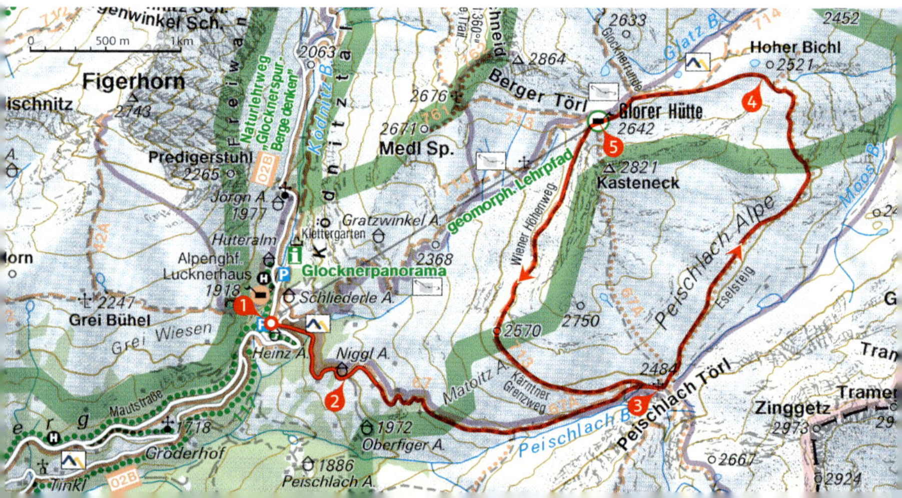

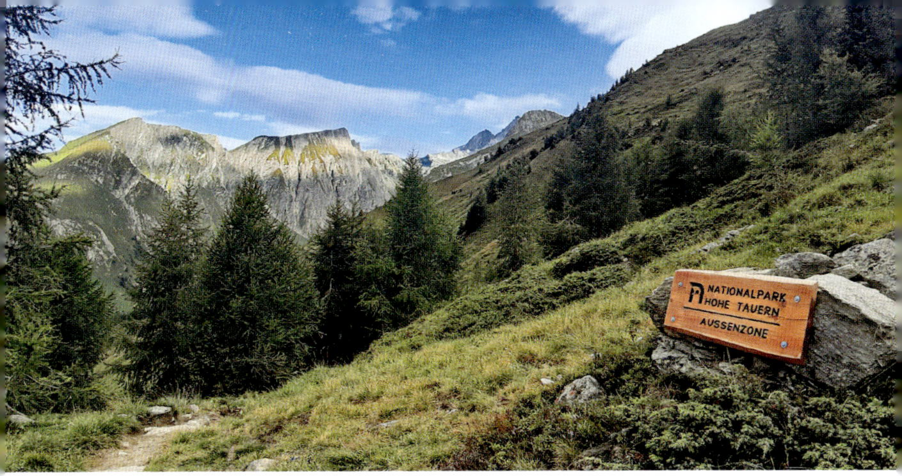

Mit noch sanftem Anstieg geht es in die Außenzone des Nationalparks.

Direkt gegenüber dem kleinen Parkplatz an der **Kalser Glocknerstraße ❶** führt ein Schotterweg nach Osten weg, markiert mit Wegweisern zum »Peischlachtörl« und zur »Glorer Hütte«. Wir folgen diesem Almweg bis zur Nigglalm, dem nach kürzester Zeit nach Norden in einer Kehre wegführenden Direktweg zur Glorer Hütte schenken wir keine Beachtung. Bei der **Nigglalm ❷** selbst folgen wir einem kleinen Wegweiser, der uns bei der Einfahrt der Hütte rechts auf einen Steig bringt. Auf ihm queren wir eine Almwiese in südöstlicher Richtung, und dann geht es in Kehren aufwärts, bevor wir im Bereich der Nationalpark-Außenzone und eines Viehunterstandes etwas flacher hinein ins Tal des Peischlachbaches und dann zum Peischlachtörl steigen. Kurz vor diesem mündet von links ein Weg in den unseren; auf ihm kommen wir gegen Ende unserer Rundwanderung von der Glorer Hütte zurück. Das **Peischlachtörl ❸**, 2484 m, selbst ist entgegen dem, was das Wort vermuten lässt, kein felsiger Bergübergang, sondern fast schon ein Plateau mit Feuchtgebieten und Wollgras. Unser Weg zur Glorer Hütte über den Eselsteig führt links hinter einem Notunterstand am Törl nach Nordosten (nicht den Weg zum Kastenegg direkt bergauf nehmen!). Wir wandern nun am Hang des Kasteneggs (der Berg auf unserer Linken) nach Nordosten, unter uns mäandert der obere Moosbach im sanften Talgrund, wir sehen im Tal auch ein paar Almhütten. So wandern wir nun etwas weniger als zwei Kilometer etwa die Höhe haltend auf

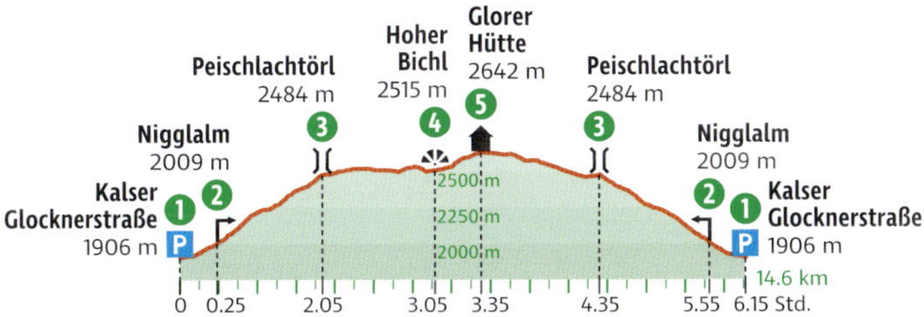

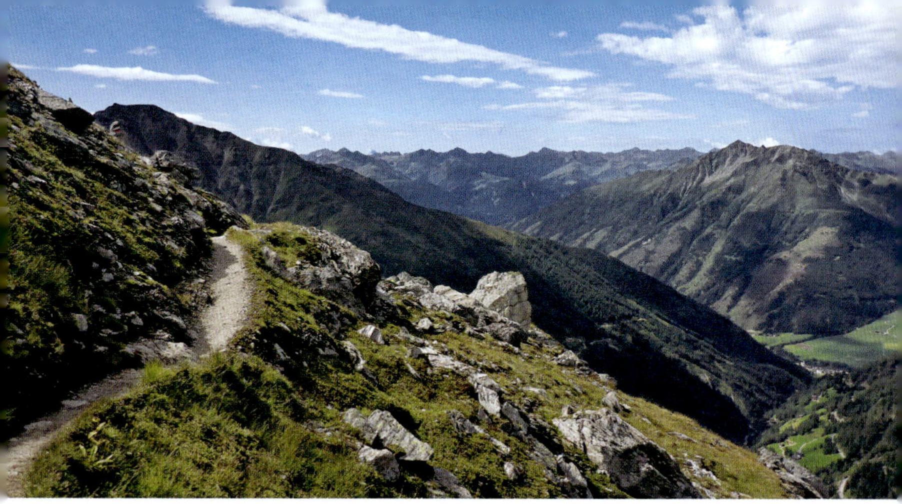

Am aussichtsreichen Wiener Höhenweg geht es zurück zum Peischlachtörl.

diesem schmalen aber gut markierten Weg dahin, bis wir um den nordöstlichen Rücken des Kasteneggs herumkommen und plötzlich vor uns der Großglockner auftaucht! Der Weg führt uns hinunter zu einem Bach, links sehen wir auf einer Anhöhe und nördlich des Kasteneggs bereits die Glorer Hütte und vor uns, aber in einiger Distanz, die Salmhütte; wer ganz besonders gute Augen hat, kann unterhalb des Kleinglockner auch die Adlersruhe-Schutzhütte erkennen. Rechts von uns befindet sich der passend benannte **Hohe Bichl ❹**: Im Angesicht des höchsten Berges Österreichs und den grauen Eminenzen Schwerteck, 3247 m, und Schwertkopf, 3099 m, erscheint er trotz seiner gut 2500 m nur noch ein Hügel (»Bichl«). Unser Weg führt uns auf den westlichen Rücken dieses Hügels, der einen See trägt, hinauf und dann in südwestlicher Richtung zur **Glorer Hütte ❺**.

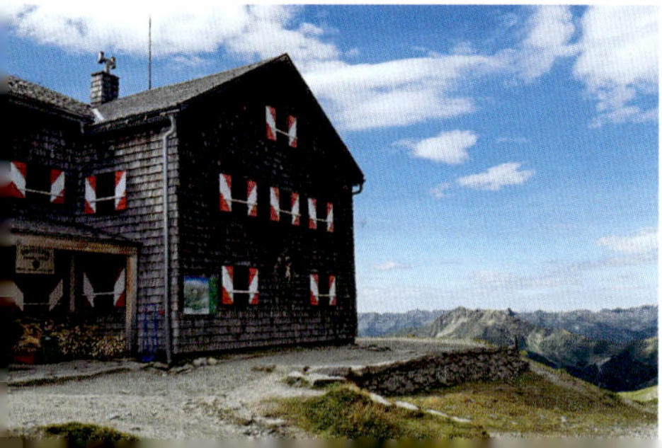

Nach einer wohlverdienten Rast setzen wir unsere Wanderung auf einem Abschnitt des Wiener Höhenweges Richtung Peischlachtörl fort. Dazu gehen wir westlich der Hütte dem Wegweiser nach Südwesten folgend unter dem Seil der Materialseilbahn durch. Im Gegensatz zu den sanften Hängen auf der Ostseite ist der Westhang des Kasteneggs von teils grobem Blockwerk gekennzeichnet. Hier halten wir uns genau an die Markierungen, auch wenn wir den weiteren Verlauf des Weges vor uns und außerhalb des Blockwerks bereits sehen können, denn die Markierungen umgehen steiles und brüchiges Gelände. Mit tollem Fernblick, der bis zum Hochgall, den Dolomiten, den Villgratner Bergen und den Bergen des Virgen- und Defereggentales reicht, kommen wir wieder zum **Peischlachtörl ❸** und auf dem bekannten Weg zum Ausgangspunkt an der **Kalser Glocknerstraße ❶**.

Der Apfelstrudel der Glorer Hütte ist eine Versuchung wert!

Leibniger Tor, 2515 m

Vom Weiler Oberleibnig

7.00 Std. | 16,8 km | ↗ 1280 m | ↘ 1280 m

Im Steinadlerrevier unterwegs zum südlichsten Punkt des Hochschoberkamms

Das Leibniger Tor, oder »Töa«, wie es die Einheimischen nennen, ist ein toller Aussichtspunkt hoch über dem Iseltal. Sobald man die satten Wiesen nahe des abgeschieden gelegenen Weilers Oberleibnig hinter sich gelassen hat, dominiert der Leibniger Wald das Bild. Dieser wird, je höher wir kommen, zum Lärchen- und Zirbenmischwald und im Bereich des Steiges ist deutlich erkennbar, welche zerstörerische Kraft die Lawinen auf die Baumwelt ausüben. Durch steinige Almflächen, die nur den Schafen vorbehalten sind, steigen wir immer höher, begleitet von Almrosen, Wildblumen und einer Vielzahl an Schmetterlingen. Beim Kreuz angekommen, haben wir ein grandioses Panorama vor uns, das von den Prijakt-Gipfeln im Nordosten hin zu den Lienzer Dolomiten, den Defregger Bergen und zu den Gletschern der Hohen Tauern reicht, bei besonders guter Fernsicht noch weiter!

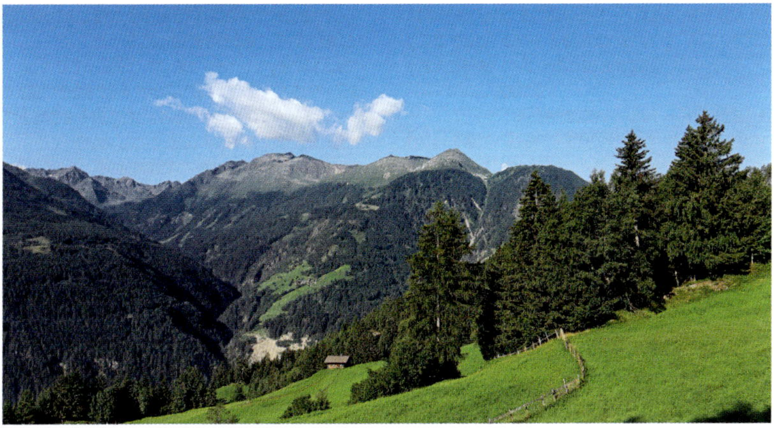

Über das frische Grün der Weiden von Oberleibnig blicken wir ins Defereggental.

Ausgangspunkt: Beim Wendehammer in Oberleibnig, 1243 m, Gemeinde St. Johann im Walde, Zufahrt im Gewerbegebiet von Ainet. In Oberleibnig selbst gibt es nur wenige Parkmöglichkeiten, in der letzten Kehre vor dem Weiler, bei der Brücke über den Leibnitzbach, ist Platz für eine Handvoll Autos. Navi: Oberleibnig 27, 9952 St. Johann im Walde.
Anforderungen: Lange Wanderung, ein Großteil auf einer Forststraße, der Steig zum Gipfel ist in Abschnitten steil und teils auch sehr schmal. Trittsicherheit erforderlich!
Einkehr: Keine.
Hinweise: 1) Der Weg ist zwar teilweise markiert, aber nur minimal beschildert. 2) Der lange Forstwegabschnitt lädt zur Mitnahme eines Mountainbikes ein, bis zur Abzweigung des Steiges ❷ auf 1880 m Seehöhe ist die Tour MTB-tauglich.

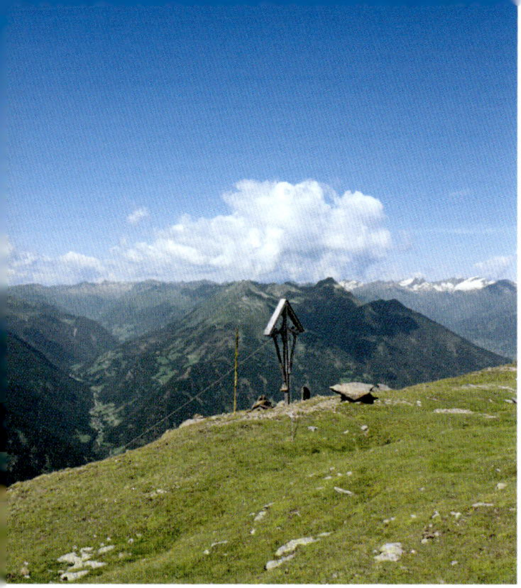

Ein kleines Kreuz ziert das Leibniger Törl.

Nördlich des Wendehammers in **Oberleibnig ❶** steht ein großer Bauernhof mit drei Balkonen, der Blumenschmuck dieses Hofes ist weitum bekannt! Mit dem Rücken zum Tal bzw. Wendehammer wandern wir links an diesem Bauernhof bergan, schon bald sehen wir das Fahrverbotsschild der Forststraße vor uns. Fast 6 Kilometer bleiben wir nun auf dieser Forststraße: Anfänglich führt sie uns hinter den letzten Häusern vorbei und nach einer Stichkehre entlang von Heuwiesen und Weideland mit Blick auf den Leibniger Berg, der in den letzten Jahren viel von seiner Bewaldung eingebüßt hat, sanft bergauf. Bei einer Gabelung noch im Bereich der Wiesen halten wir uns rechts, dem Schild »Hochschoberhütte« folgend. Nach einer Kehre kommen wir erneut zu einer Gabelung: Jetzt ginge es nach rechts zur Hochschoberhütte, wir aber wandern links bergan. Eine lange Gerade führt uns nun durch den Leibniger Wald, unterbrochen von der Querung des Baches, in dessen Quellgebiet wir später am Leibniger Alpl auf dem Weg zu unserem Ziel unterwegs sein werden.

Kurz nach dem Bach erlaubt uns eine Schneise im Wald einen perfekten Blick auf den Wasserfall ebendieses Baches. Drei Stichkehren können wir im Geiste abhaken, bevor die Route eine gewisse Wegfindungs-Vorsicht einfordert: Wo auf 1880 m Seehöhe der breite Weg wieder hörbar an den Bach heranführt, geht links vor einer kleinen Felswand ein Forstweg in den Wald hinein. Wir biegen in diesen ab und steigen etwa 20 Meter weiter bei einem kleinen hölzernen **Wegweiser ❷** rechts gleich steil bergan durch den hier nun von Zirben und

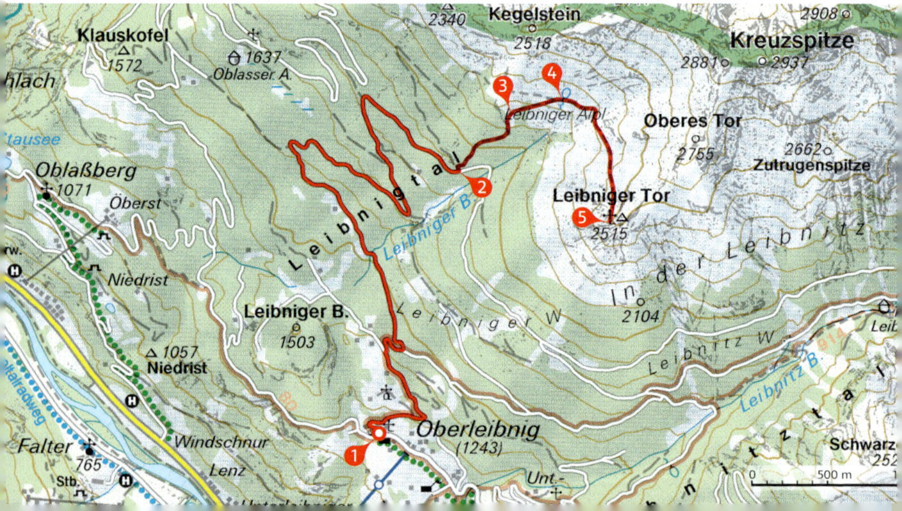

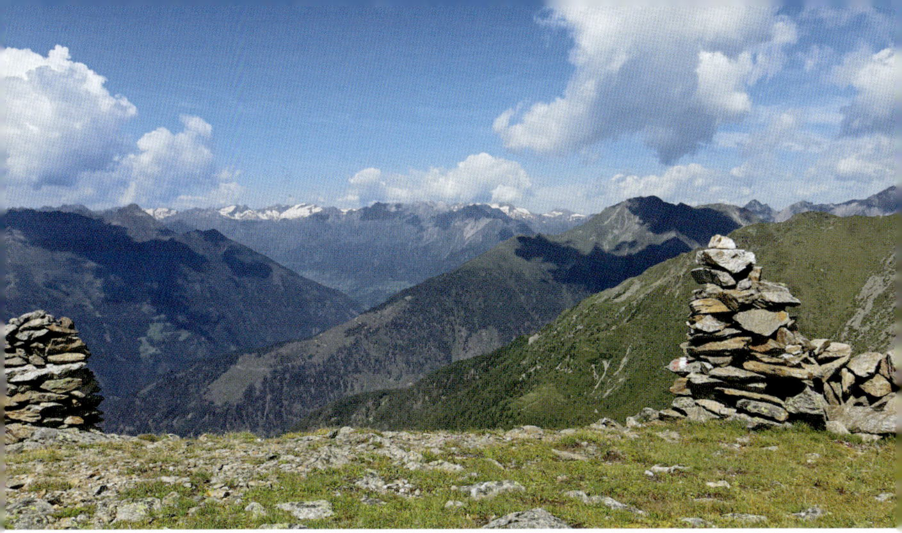

Wie ein wirkliches Tor umrahmen die Steinmänner den Weg aufs Törl.

Lärchen dominierten Wald. Für einige Zeit geht das gehörig in die Waden, ab einer Lichtung führt der Weg dann weniger steil dahin. Die Erholung für unsere Muskeln dauert aber nicht allzu lange, bald schon geht es, nun im Bereich der alpinen Kampfzone der Bäume, in kleinen Kehren vorbei an einem Rastplatz bergan aufs **Leibniger Alpl ❸**, wo vor allem Schafe im Sommer weiden.
Rechts von uns sehen wir auf der anderen Seite des Kars bereits das Leibniger Törl, und wie ein richtiges Tor sehen die zwei Steinmänner aus, die wir schon von Weitem sehen können und zwischen denen der Weg auch zum Kreuz führt. Vorher kommen wir aber noch an einer **Quelle ❹** vorbei, queren dann den Bach in seinem Oberlauf und folgen den Wegspuren (gut markiert ist der Weg hier nicht) einige Dutzend Meter nach der Querung direkt bergauf. Etwa 50 Höhenmeter später schwingt der Steig wieder nach rechts (Süden) und führt uns nun in fast gerader und noch an Höhe gewinnender Wegführung direkt zum Kreuz mit seinem Altar für Gipfelmessen. Am Hang nördlich des Kreuzes am **Leibniger Tor ❺**, 2515 m, befindet sich ein hölzerner Unterschlupf für Hirten und Jäger, von ihm aus hat man einen besonders guten Blick.
Nachdem wir uns sattgesehen haben, kehren wir auf dem Aufstiegsweg zurück nach **Oberleibnig ❶**.

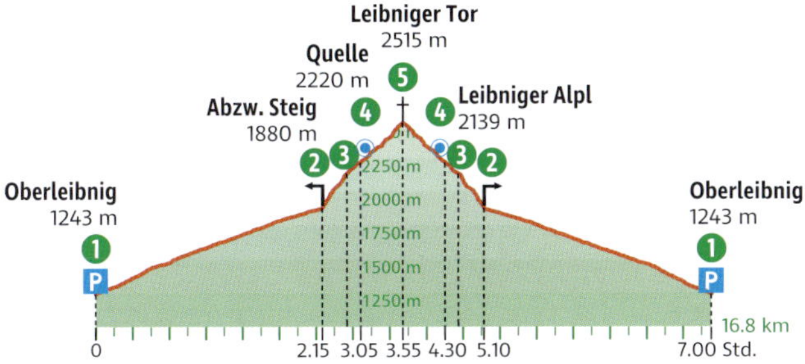

40 Kapelle Maria Schnee, 1230 m
Von St. Johann im Walde nach Oberleibnig

3.00 Std. | 5,8 km | ↗ 490 m | ↘ 490 m

Leben fast wie auf der Alm

Wer am Talboden bei der Felbertauernstraße in St. Johann im Walde steht, der kann nur an den Strängen der Seilbahn erkennen, dass hoch am Berg wohl zumindest ein paar Häuser versteckt sein müssen. Über Jahrhunderte war die Fraktion Oberleibnig nur über einen Fußweg erreichbar, dieser führte unscheinbar durch den mit Felsen durchsetzten Hang. Rund um den Weiler mit seinen ca. 100 Einwohnern ranken sich zahlreiche Mythen. So sagt man, die Kapelle sei vor dem Durchzug der napoleonischen Truppen mit Ästen zugedeckt worden, damit sie nicht vom Tal aus sichtbar auf den Weiler aufmerksam macht. Und auch das Kirchlein selbst hat eine interessante Entstehungssage: Beim Bau einer Kapelle direkt im Weiler seien die Heiligenbilder immer wieder verschwunden und an einem Baum erschienen. Aus Wut warfen die Oberleibniger die Bilder dann den Berg hinunter, die Strafe folgte auf den Fuß und die Kapelle wurde zur Wiedergutmachung an ihren heutigen Platz gebaut. Wir erfreuen uns bei dieser Wanderung über die Aussicht vom Oberleibniger Hochplateau, das mit seinen grünen Wiesen auf 1250 Meter Seehöhe an eine Almlandschaft erinnert.

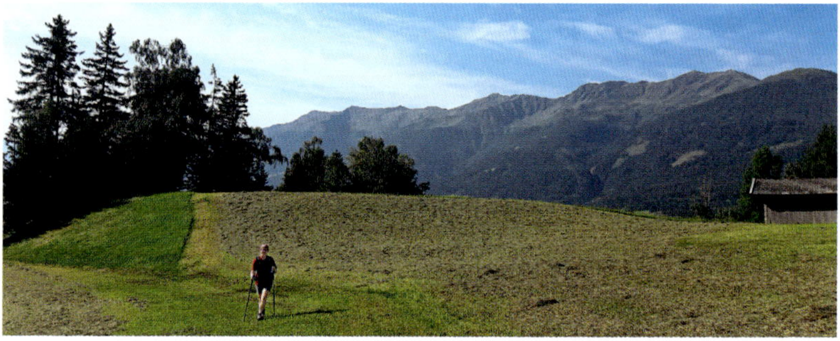

Der Weg führt über die Heuwiesen von Oberleibnig.

Ausgangspunkt: Bushaltestelle St. Johann im Walde Ort, 749 m, Fahrtrichtung Matrei i. O. Navi: St. Johann Im Walde 66, 9952 St. Johann im Walde.
ÖPNV: Sehr gute Anbindung von St. Johann im Walde an Lienz und Kitzbühel mit Bus Linie 950 und 951.
Anforderungen: Einfache Wanderung auf dem alten Weg nach Oberleibnig. Meist breite Wege, Feldweg und kleiner Abschnitt auf der Straße.
Einkehr: Keine.

Hinweise: 1) Durch den Schaden am Wald unterhalb der Kapelle durch Sturm und schwere Winter in den Jahren 2019–2021 hört man die Felbertauernstraße nun deutlicher im Anstieg. 2) Im Bereich der Kirche besteht Absturzgefahr, da diese fast genau an die Felskante gebaut wurde, hier bitte auf Kinder gut aufpassen! Ähnliches gilt auch für den Bereich kurz vor Erreichen der ersten Wiesen von Oberleibnig, wo es sehr steil hinunter zum Leibnitzer Bach geht.

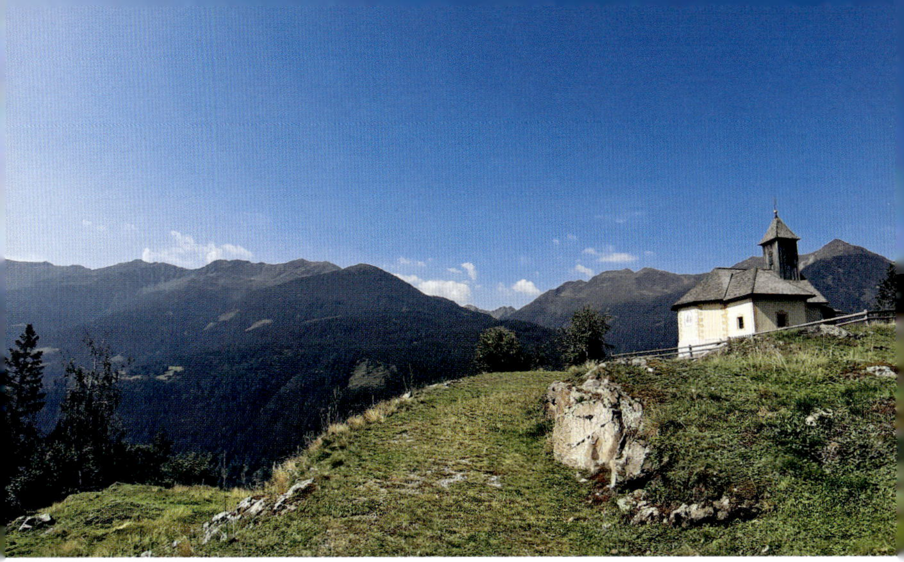

Die kleine Kapelle Maria Schnee.

Von der Bushaltestelle in **St. Johann im Walde ❶** bei der Iselbrücke folgen wir dem Wegweiser »Hochschoberhütte / Oberleibnig alter Weg« (Weg Nr. 914) nach Norden über eine Wiese Richtung Wald. Nach einem kleinen Rinnsal geht es den Markierungen folgend rechts bergan, später kommen wir auf einen breiteren Weg und setzen unsere Wanderung bergauf fort. In mehreren Kehren gewinnen wir so an Höhe, kommen an einem Kreuz vorbei und immer wieder nahe an die Geröllberge, die sich über die Jahrhunderte vom Felsen, auf dem die Kapelle steht, gelöst hatten. Kurz bevor wir die Wiesen von **Oberleibnig ❷** erreichen, hören wir rechts unter uns in einer tiefen Schlucht schon das Brausen des Leibnitzer Baches. Achtung, hier geht es steil in die Tiefe! Wir gehen geradeaus auf einer Wiese zu einer Kurve der Oberleibniger Straße und für kurze Zeit in Richtung Ort. Bei der ersten Möglichkeit biegen wir links ab, das Gebäude am Ende dieser Zufahrt war früher ein Gasthof. Auf einem Feldweg wandern wir weiter nach Südwesten, bis wir wenig später auf Höhe eines Heuschupfens links ein Gatter im Zaun nutzen, der Weg dahinter bringt uns zur **Kapelle Maria Schnee ❸**.

Anschließend wandern wir auf demselben Weg retour zum Ausgangspunkt in **St. Johann im Walde ❶**.

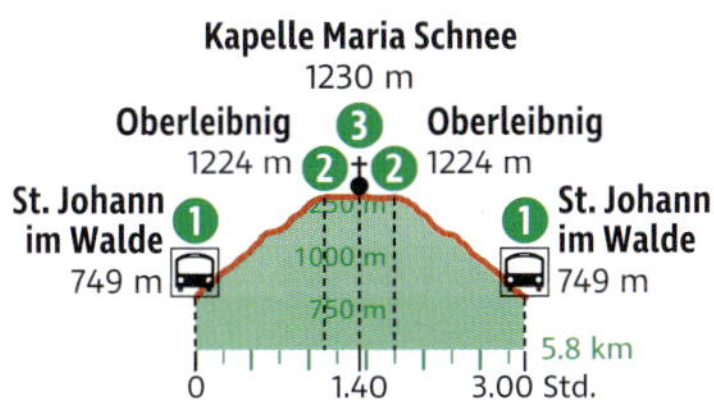

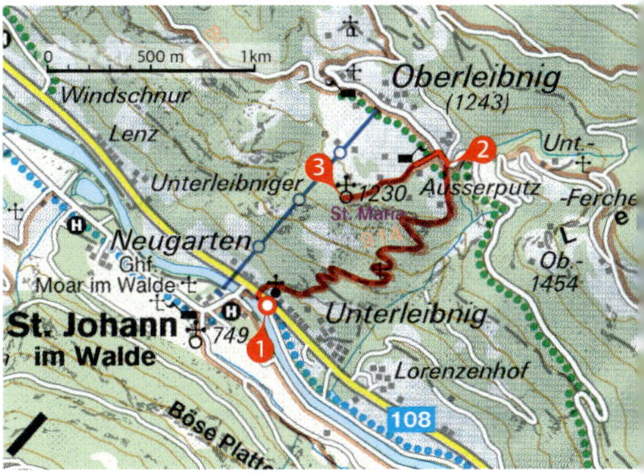

41 Hoher Prijakt, 3064 m
Über die Hochschoberhütte

8.00 Std. | 14,3 km | ↗ 1420 m | ↘ 1420 m

Markanter Dreitausender der Schobergruppe
Die imposante und fast uneinnehmbar schroffe Gestalt der Prijakt-Geschwister lässt kaum erahnen, dass man auch ohne komplexe Kletterei über den sanften Ostrücken des Berges zu dessen Gipfel, 3064 m, kommen kann. Diesen ziert seit 2020 ein 340 kg schwerer Lärchenbaum mit gedrechselter Holzkugel in seiner Mitte, das Kunstwerk ist allein schon einen Besuch wert! Belohnt wird der Bergwanderer am Hohen Prijkat aber auch mit einem tollen Ausblick auf die Lienzer Dolomiten, die Alkuser Seen, die Alkuser Rotspitze, die Gipfel der Schobergruppe und viele andere Schätze der Osttiroler Bergwelt.

Ausgangspunkt: Parkplatz Leibnitzbachbrücke, 1656 m. Diesen erreicht man vom Talboden aus, indem man im Gewerbegebiet der Gemeinde Ainet von der Felbertauernstraße, der B108, nach Norden in Richtung »Alkus / Oberleibnig« auf die L322 abbiegt und dann den Wanderwegweisern zur Hochschoberhütte folgt. Autos mit geringerer Bodenfreiheit könnten auf dem schottrigen Zufahrtsweg zum Parkplatz ihre Probleme haben. Navi: N46.915159 E12.664919.

Die erste Morgensonne lässt die Prijakte erstrahlen, links der Hohe Prijakt.

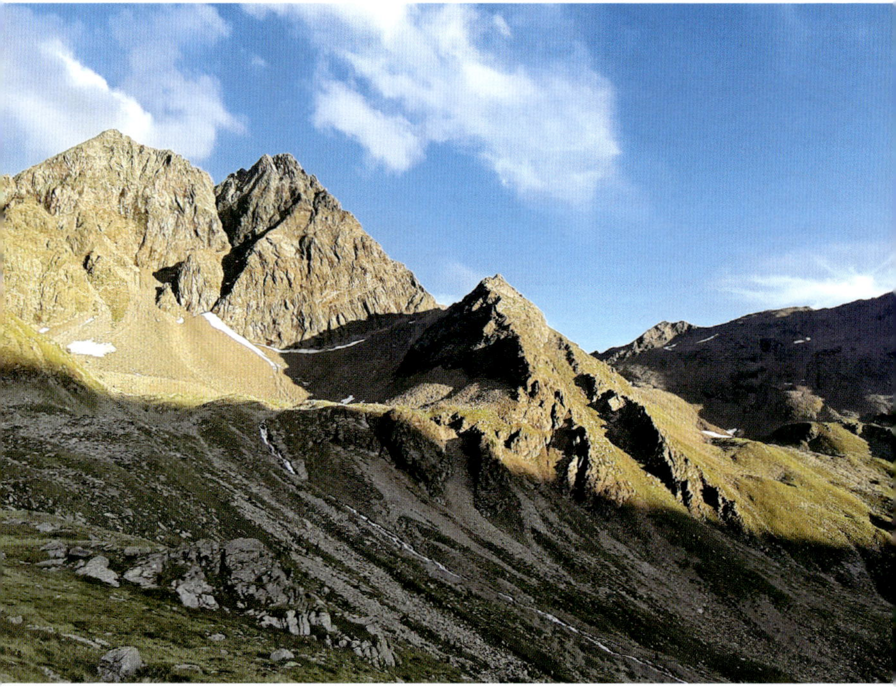

Anforderungen: Konditionell anspruchsvolle Bergtour, die Trittsicherheit und alpine Erfahrung erfordert.
Einkehr/Übernachtung: Hochschoberhütte, 2322 m, Tel. +43 4853 52163 od. +43 664 9157722, www.hochschober huette.at; je nach Wetterlage von Mitte Juni bis Mitte September bewirtschaftet, Zimmer und Lager, Traditionelles und Gerichte mit Twist, gute Kuchen und besonders guter, selbst gebrannter Zirbenschnaps.
Hinweise: 1) Vom Hohen Prijakt kann man, auf markierter Route, auch zum Niederen Prijakt, 3056 m, steigen und von diesem dann über den Nasensteig zurück zur Hochschoberhütte gelangen. Diese Alternative ist aber nur klettererfahrenen Bergsportlern vorbehalten, wenn auch eine Seilsicherung seit einigen Jahren die schweren Stellen entschärft. 2) Eine Übernachtung auf der Hochschoberhütte macht die 1420 Höhenmeter leichter.

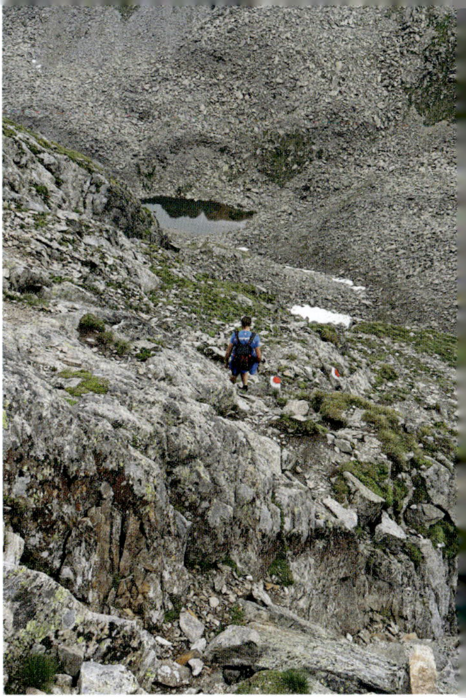

Steil, aber gut markiert geht es vom Prijakt zurück in Richtung Hütte.

Von der **Leibnitzbachbrücke** ❶ aus folgen wir dem Wegweiser »Hochschoberhütte« in den von Lärchen und Zirben dominierten Nadelwald und steigen auf dem Eduard-Jordan-Weg (Wanderweg Nr. 914) entlang des tosenden Leibnitzbaches bergauf. Etwas weniger als einen Kilometer nach Beginn der Wanderung queren wir einen Forstweg und folgen den Markierungen dann über eine Brücke. Es geht weiter bergan und dann, an der Schneiderhütte der **Leibnitzalm** ❷ vorbei, wieder über eine Brücke. Wenige Dutzend Meter nach der Brücke mündet unser schmaler Weg nun in einen weiteren Forstweg, dem wir bis nach einer weiteren Brücke folgen. Einige Meter nach dieser Brücke schwenken wir nach links und der Steig führt uns nun stetig steiler bergan. Im Bereich der letzten Bäume vor dem nun bald beginnenden offenen Hochweide-

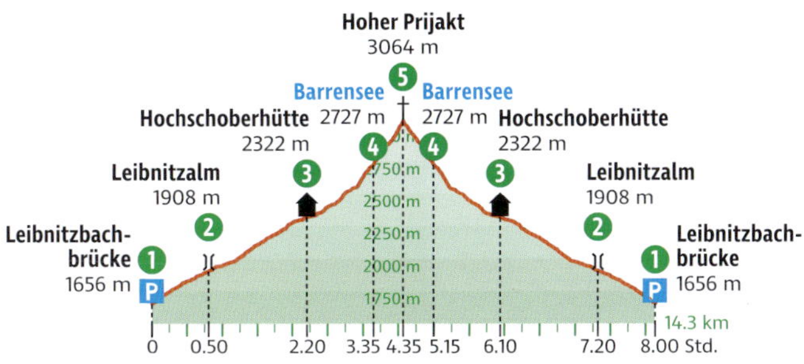

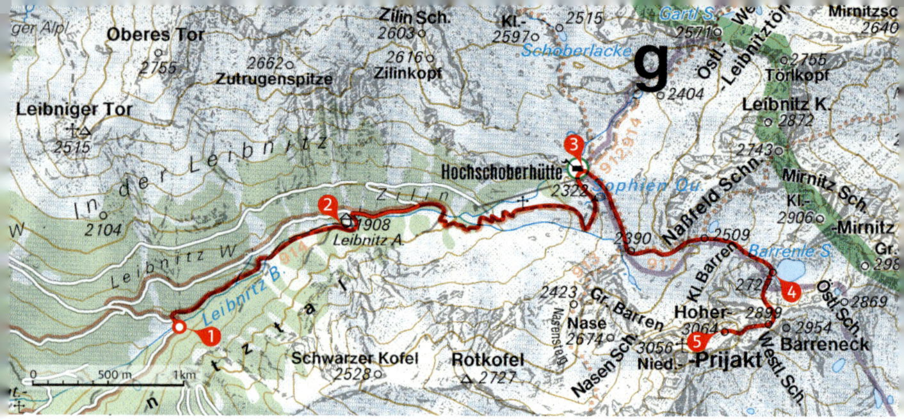

gebiet geht es noch einmal über den Leibnitzbach und dann in einigen Kehren hinauf zu einem Kreuz mit Rastplatz. Von hier hat man einen besonders guten Ausblick zurück, die Hochschoberhütte allerdings versteckt sich noch. Nach einem geraden Stück schwingt der Weg nach rechts, um mit einer großen Kehre dem letzten Anstieg zur **Hochschoberhütte ❸** die Steilheit zu nehmen. Die Kochkünste des Hüttenwirtes sind verlockend!

Wer sich aber eine Einkehr oder gar Übernachtung für den Rückweg aufspart, folgt den Wegweisern in Rich-

Der Barrensee ist für seine Farbspiele bekannt.

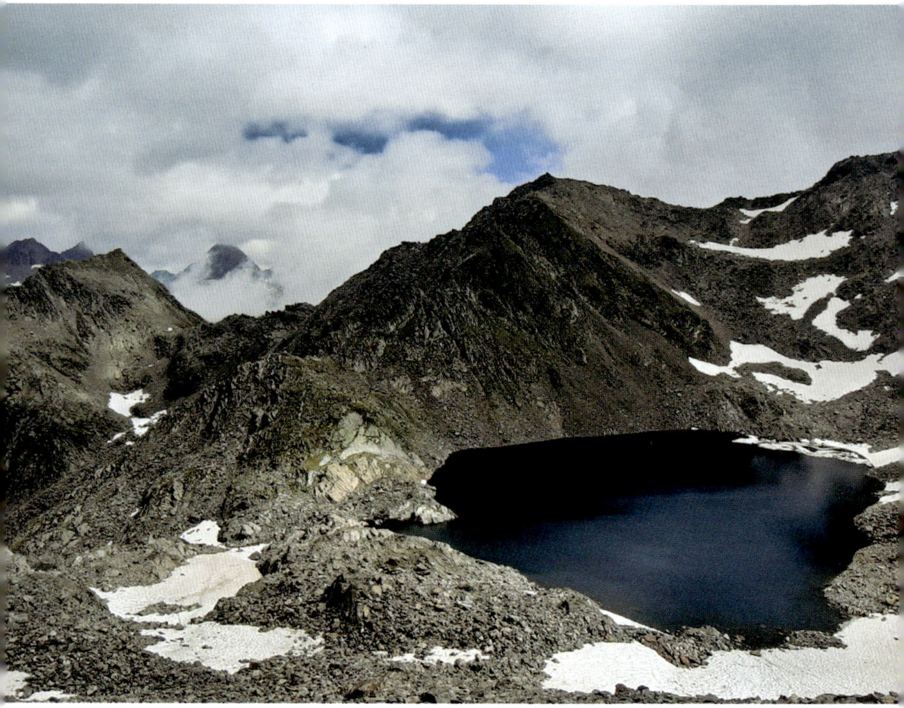

tung »Mirnitzscharte« und »Hoher Prijakt« (mit dem Rücken zur Hütte stehend in Richtung SSO.) Ein weiteres Mal erreichen wir auf diesem Weg den nun klein anmutenden Leibnitzbach. Wir queren diesen aber nicht in Richtung Niederer Prijakt und Mirschachscharte, sondern folgen dem Wegweiser »Hoher Prijakt« nach links. Der Weg wird nun rauer, leichtes Blockwerk und später auch ordentliche Blöcke wollen den häufigen Markierungen folgend überwunden werden und so gelangen wir zu einem kleinen See. Bei diesem biegt der Weg zu unserem Gipfel nun rechts ab und führt steil bergan zum **Barrensee ④**, 2727 m. Selbst im August liegt hier oft noch Schnee, ein Bad im eisigen See ist eine wahre Mutprobe! Das Farbenspiel hingegen, das je nach Wetter und Sonneneinstrahlung von Tiefblau bis Schwarz reichen kann, ist aber eine Belohnung für jeden.

Vom See führen uns die Markierungen in südlicher Richtung zum Sattel zwischen dem Barrenegg, 2958 m, im Südosten und dem Gipfelaufbau des Hohen Prijakt im Südwesten. Am Sattel selbst trennen uns nur mehr etwas mehr als 150 Höhenmeter vom Gipfel des **Hohen Prijakt ⑤**, 3064 m, den wir nach einigen von Markierungen im Blockwerk angezeigten Kehren erreichen. Was für ein Ausblick!

Auf dem vom Aufstieg bekannten Weg steigen wir dann zur **Hochschoberhütte ③** ab und von dort zum Ausgangspunkt an der **Leibnitzbachbrücke ①**.

Moderne Holzskulptur: das Gipfelkreuz am Hohen Prijakt.

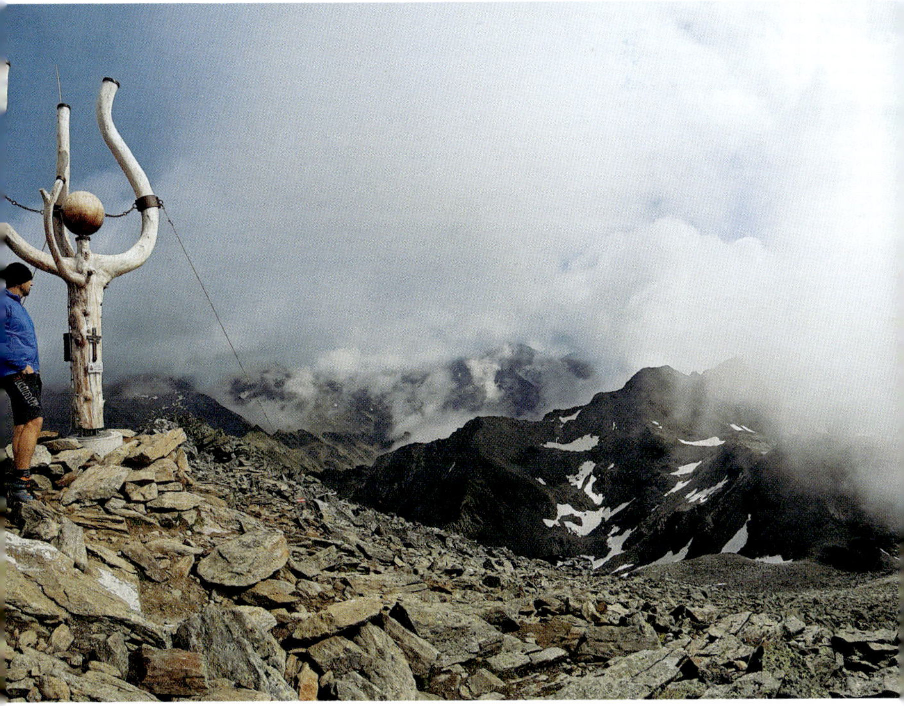

42 Kleine Schoberrunde

Über Hochschober- und Lienzer Hütte

TOP

3 Tage | 27,8 km | ↗ 2300 m | ↘ 2300 m

Abwechslungsreiche Mehrtagestour zu einigen Highlights der Schobergruppe

53 Dreitausender, unzählige Bergseen und steinige Bergwiesen bieten Steinbock, Gämse und Steinadler im Bereich zwischen Großglocknermassiv und Lienzer Becken eine oft von den Touristen übersehene Heimat. Es ist gerade aber die hier leichter zu findende Bergeinsamkeit, die die Freunde der Schobergruppe so schätzen, ebenso wie die von Zirbenwäldern geprägten Täler und die Gastfreundschaft auf den Hütten der Region. Bei dieser Mehrtagestour umrunden wir einige bekannte Gipfel im südlichen Teil der Schobergruppe, allen voran den Hohen und Niederen Prijakt (siehe Tour 41), die Mirnitzspitze, 2985 m, und die Alkuser Rotspitze, 3053 m. Der sanfte Abschnitt des Lienzer Höhenweges von der Trelebitsch Alm zur Lienzer Hütte bildet mit seinen Zirbenwäldern den krönenden Abschluss der langen Etappe am zweiten Tag. Mit 2743 Metern erreichen wir am dritten Tag auf der schroffen Mirnitzscharte den höchsten Punkt unserer Route und steigen dann über Blockwerk hinunter zur uns schon bekannten Hochschoberhütte.

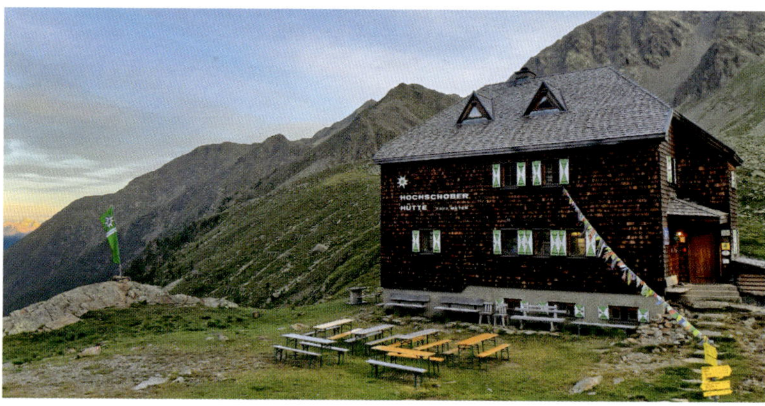

Die Hochschoberhütte im ersten Morgenlicht.

Ausgangspunkt: Parkplatz Leibnitzbachbrücke, 1656 m. Diesen erreicht man vom Talboden aus, indem man im Gewerbegebiet der Gemeinde Ainet von der Felbertauernstraße, der B108, nach Norden in Richtung Alkus/Oberleibnig auf die L322 abbiegt und dann den Wanderwegweisern zur Hochschoberhütte folgt. Autos mit geringerer Bodenfreiheit könnten auf dem schottrigen Zufahrtsweg zum Parkplatz ihre Probleme haben. Navi: N46.915159 E12.664919.

Anforderungen: Großteils »rote« Wanderung, mit einigen auch ausgesetzten, schwarzen Abschnitten, vor allem im Bereich Nasensteig (Tag 2), einiges an Blockwerk, und auch die Wegfindung bei teils verwitterter Markierung erfordert Bergerfahrung.

Einkehr/Übernachtung: 1. Übernachtung: Hochschoberhütte, 2322 m, Tel. +43 4853 52163 od. +43 664 9157722, www.hochschoberhuette.at; je nach Wetterlage von Mitte Juni bis Mitte September bewirtschaftet, Zimmer und Lager, traditionelles und Gerichte mit Twist, gute Kuchen und besonders guter, selbst gebrannter Zirbenschnaps. 2. Übernachtung: Lienzer Hütte, 1977 m, Debanttal, Tel. +43 4852 69966, www.lienzerhuette.com, bewirtschaftet von Anfang Juni bis Anfang Oktober, Zimmer und Lager, Schlipfkrapfen und Apfelstrudel sind besonders zu empfehlen.
Hinweise: 1) Bitte Hinweise zu Übernachtungen und Reservierungsprozedere auf der Website des ÖAV nachlesen: www.alpenverein.at. 2) Aufgrund der relativ kurzen Wegstrecke an Tag 1 eignet sich diese mehrtägige Hüttenrunde auch für einen Start am Anreisetag. Dabei bitte auf taugliches Bergwetter achten, nicht bei Gewittergefahr aufsteigen!

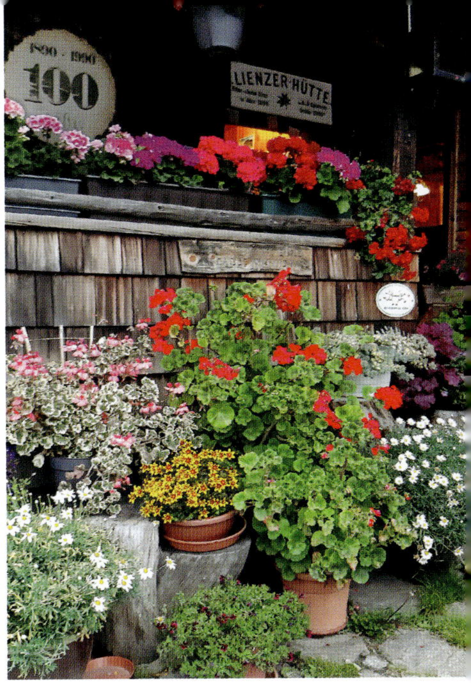

Die Wirtin der Lienzer Hütte hat einen grünen Daumen.

Tag 1: Von der **Leibnitzbachbrücke** ❶ aus folgen wir dem Wegweiser »Hochschoberhütte« in den von Lärchen und Zirben dominierten Nadelwald und steigen auf dem Eduard-Jordan-Weg (Wanderweg Nr. 914) entlang des tosenden Leibnitzbaches bergauf. Etwas weniger als einen Kilometer nach Beginn der Wanderung queren wir einen Forstweg und folgen den Markierungen dann über eine Brücke. Es geht weiter bergan und dann, an der Schneiderhütte der **Leibnitzalm** ❷ vorbei, wieder über eine Brücke. Wenige Dutzend Meter nach der Brücke mündet unser schmaler Weg nun in einen weiteren Forstweg, dem wir bis nach einer weiteren Brücke folgen. Einige Meter nach dieser Brücke schwenken wir nach links und der Steig führt uns nun stetig steiler bergan. Im Bereich der letzten Bäume vor dem nun bald beginnenden offenen Hochweidegebiet geht es noch einmal über den Leibnitzbach und dann in einigen Kehren hinauf zu einem Kreuz mit Rastplatz. Von hier hat man einen besonders guten Ausblick zurück, die Hochschoberhütte allerdings versteckt sich noch. Nach einem geraden Stück schwingt der Weg nach rechts, um mit einer großen Kehre dem letzten Anstieg zum Etappenziel **Hochschoberhütte** ❸, 2322 m, die Steilheit zu nehmen.

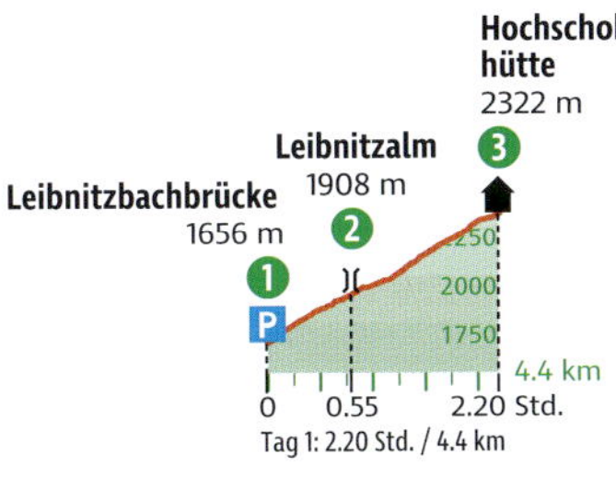

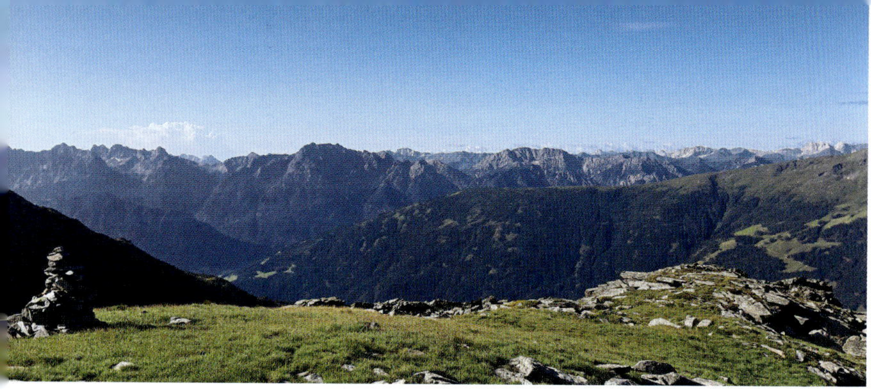

Ein grasiger Rücken, manchmal als Oberes Törl bezeichnet, bietet sich als aussichtsreicher Rastplatz an.

Tag 2: Mit dem Rücken zur Hochschoberhütte wandern wir auf die markanten Gipfel der Prijakte südlich der Hütte zu, den Wegweisern »Niederer Prijakt / Alkuser Seen« und den Markierungen folgend. Im Bereich des Oberlaufes des Baches, den wir schon vom Anstieg kennen, queren wir diesen und befinden uns nun auf dem Nasensteig (Wegnummer 913). Dieser teils etwas ausgesetzte Steig führt in einem Bogen um die steilen Hänge des Berges Nase, dem Niederen Prijakt vorgelagert, herum und dann in südlicher Richtung zur **Mirschachscharte ④**, 2693 m, hinauf. Bis in den Hochsommer kann sich im Bereich vor der Scharte noch Schnee halten, hier ist aber auch schon im losen Geröll allein Vorsicht geboten!

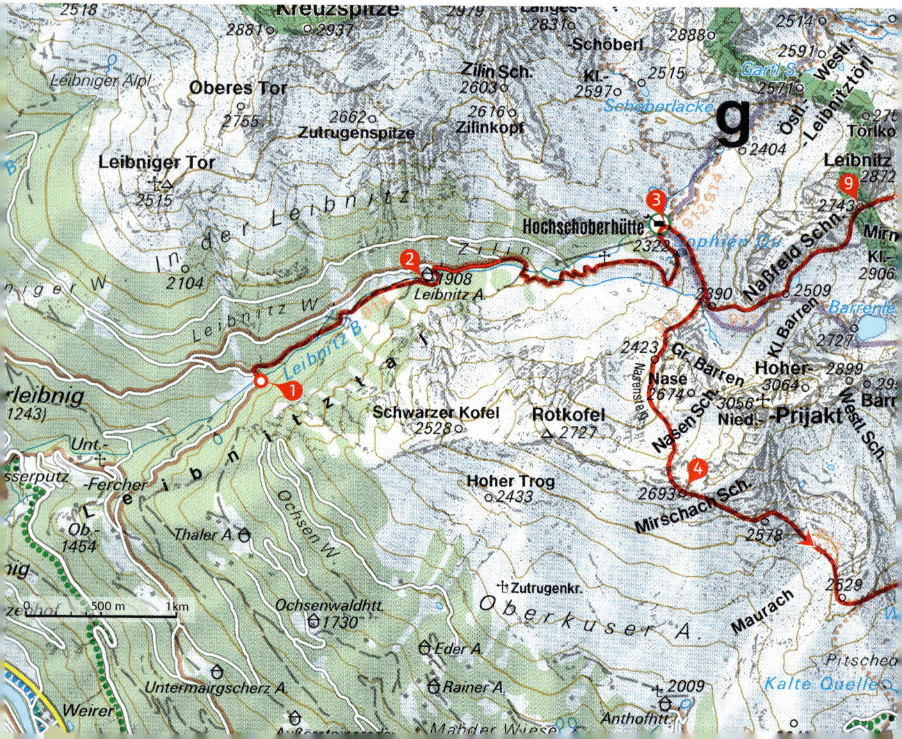

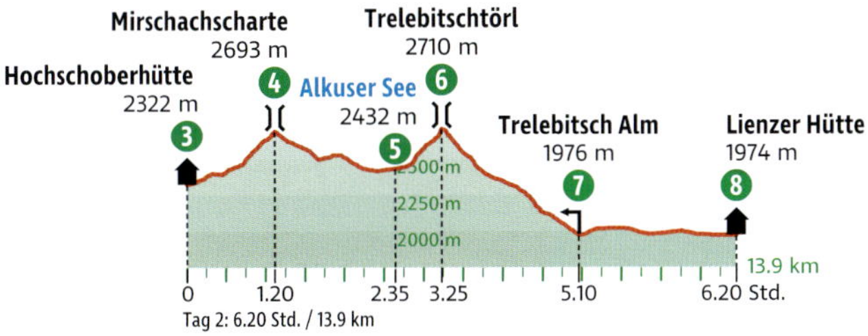

Links geht es von der Scharte hinauf zum Niederen Prijakt, wir aber überschreiten die Scharte und folgen den Markierungen (der Weg ist teilweise nur schwer auszumachen) in ein weitläufiges Kar, in dem im Sommer oft Schafe weiden. Fast 200 Höhenmeter verlieren wir, bis wir am südlichen Ende des Kars wieder leicht ansteigen und bei einem Steinmann auf einen grasigen Rücken kommen, das Obere Törl, von dem aus wir schon die Alkuser Seen sehen können. Bis dorthin dauert es aber noch, es gilt einige ausgewaschene und teils auch ausgesetzte Stellen zu überwinden. Dann queren wir einen Bach und gelangen ein paar Hundert Meter später zum kleinsten der Alkuser Seen. Die Markierungen führen uns zum Wegweiser beim nächsten See. Bei dieser Weggabelung folgen wir dem Hinweis zum »Alkuser See« nach Norden und stehen kurz darauf vor dem bisher unseren Augen verborgenen Naturjuwel, dem großen **Alkuser See 5**. Sein Blau ist oft unbeschreiblich, ändert es sich doch je

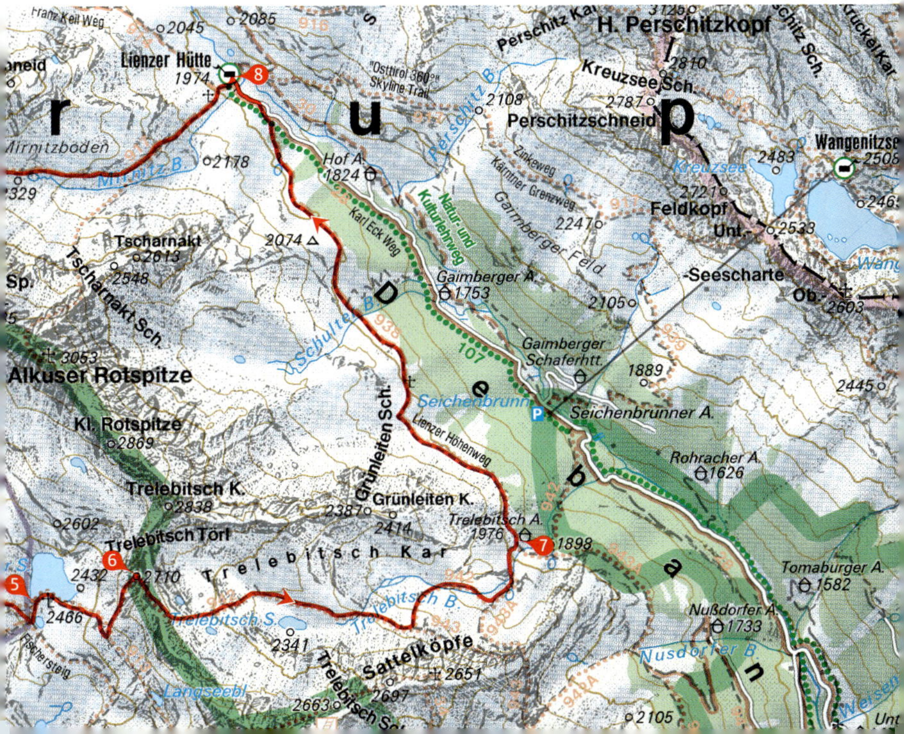

nach Blickwinkel und Wetter. Einige Bänke an seinem Ufer laden zu einer Rast ein, bevor wir den letzten großen Anstieg der heutigen Etappe zum Trelebitscher Törl in Angriff nehmen. Das Törl liegt östlich des Sees, wir erreichen es, indem wir dem Wegweiser in Richtung »Alkuser Scharte« und den Markierungen über das grasige Südufer des Sees an einem Altar für Bergmessen vorbei folgen und dann im felsigen Hang vor uns (den See zu unserer Linken) genau nach den Markierungen suchen. Diese führen uns recht steil bergauf bis zu einer Weggabelung etwa 120 Höhenmeter über dem See. Links geht es zum Trelebitschtörl (Wegnummer 942), geradeaus zur Alkuser Scharte. Vom **Trelebitschtörl ❻**, 2710 m, genießen wir noch einmal den Blick auf die Seen.

Dann geht es teilweise etwas ausgesetzt in süd-südöstlicher Richtung hinunter ins Kar nördlich des den Kamm beherrschenden Gipfels der Schleinitz. Auch in diesem Abschnitt gibt es selten eine Wegspur, wir orientieren uns an den Markierungen und kleinen Steinmännchen. Vorbei an einigen Lacken erreichen wir ca. 400 Höhenmeter tiefer den Trelebitschsee und queren kurz darauf den Bach, der dem See entspringt und kurz später als Wasserfall in die Tiefe braust. Um diese Steilstufe zu umgehen, folgen wir den Markierungen am rechten Hang und etwa 300 Meter nach der Querung des Baches folgen wir den Markierungen direkt nach links die Almwiese hinab zum Bachverlauf am Talboden und somit in Richtung Trelebitsch Alm. Bei einem markanten, mehrere Meter hohen Felsbrocken queren wir den Fluss, folgen den Markierungen auf der anderen Seite etwa 250 Meter weit, bis sie uns erneut zum Queren auffordern und wir in der Nähe eines Pferches zu Wegweisern kommen; hier wandern wir nun in Richtung »Trelebitsch Alm / Lienzer Hütte«, folgen den Markierungspfosten über eine Almwiese mit dem Trelebitschbach zu unserer Linken, queren eine kleine Brücke und kommen kurz darauf zur kleinen **Almhütte ❼** der weitläufigen **Trelebitsch Alm**. Wir wandern mit der Hütte rechts von uns in nördlicher Richtung weiter. Im Gegensatz zur Kargheit der ersten Hälfte der Wanderung ist der Abschnitt bis zur Lienzer Hütte nun geprägt vom satten Grün der Zirbenwälder und Almflächen des wildromantischen Debanttales. Die letzten knapp vier Kilometer wandern wir nun im Bereich der alpinen Kampfzone, wo mal die Baumwelt und dann doch wieder das hochalpine, harsche Klima gewinnt. Auf die raue Lebenswelt der hier dominierenden Zirben weisen auch die vielen von Lawinen geknickten Bäume hin. Mal führt uns dieser Weg höher hinauf, dann wieder tiefer in den Wald hinein, wir queren Bäche und kommen an einem verwitterten Holzkreuz im Andenken an einen verunglückten

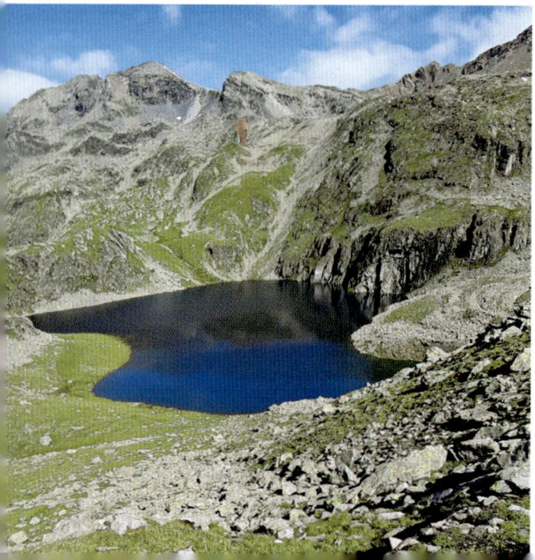

Der tiefblaue Alkuser See.

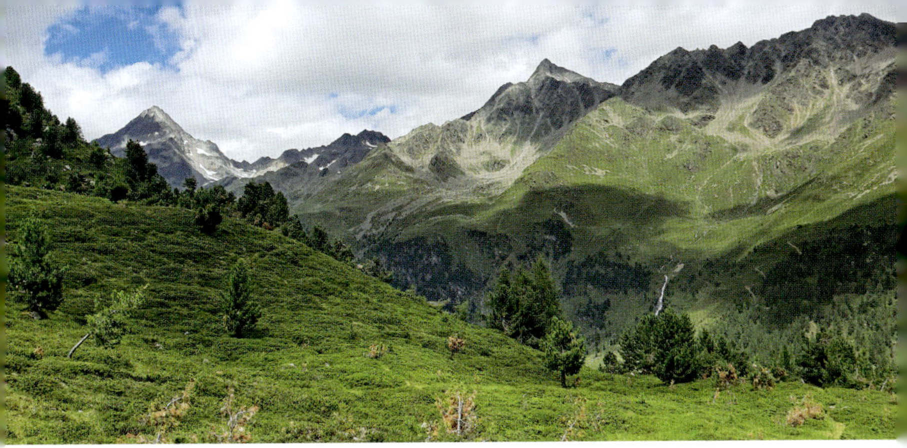

Durch schütteren Zirbenwald geht es zur Lienzer Hütte.

Hirten vorbei und schließlich bis fast hinunter zum Zufahrtsweg der Hütte. Wir können hier bereits auf diesen wechseln oder noch ein paar Meter am schmalen Weg weitergehen und münden kurz vor unserem Etappenziel, der **Lienzer Hütte ❽**, dann endgültig in deren breiten Zufahrtsweg.

Tag 3: Vom Eingangsbereich der Lienzer Hütte gehen wir gleich rechts der Hütte entlang (Spielplatzbereich zu unserer Linken) durch ein Gatter, Holzwegweiser zeigen uns hier bereits den Weg zur »Hochschoberhütte« über die Mirnitzscharte. Schon bald erreichen wir am Beginn des schütteren Waldes die gewohnten gelben Wegweistafeln (»Mirnitzscharte«, Wegnummer 917) und steigen in südwestlicher Richtung zuerst durch den Wald auf. Nach etwa 50 Höhenmetern öffnet sich bei einem Marterl vor uns das Weideland und der Weg ist nun oft nur noch schwer am Boden auszumachen, ein gutes Auge und Aufmerksamkeit ist hier bei der Suche nach den Markierungen und Steinmännchen vonnöten. Bis zur Mirnitzscharte steigen wir über die immer karger werdenden Weideflächen bergan, eine Geländestufe nach der anderen. Trittsicherheit ist im Blockwerk hinauf zur Scharte unbedingt erforderlich, technisch schwierig ist der Weg aber nicht. Mit 2743 m ist die **Mirnitzscharte ❾** der höchste Punkt unserer Route. Von hier geht es nun über teils große Blöcke hinunter zu einem kleinen See, an dessen Ende der Weg auf den Hohen Prijakt (siehe Tour 41) abzweigt. Wer noch viel Saft in den Muskeln hat, kann hier noch einen tollen Gipfelsieg einbauen.
Wir aber steigen zur Hochschoberhütte ab, die angegebenen 25 Minuten sind aber recht optimistisch. Beim Leibnitzbach kommen wir zur uns vom Vortag bekannten Abzweigung und sehen die **Hochschoberhütte ❸** schon vor uns. Nach einer kleinen Rast wandern wir schließlich auf bereits bekanntem Weg zur **Leibnitzbachbrücke ❶**.

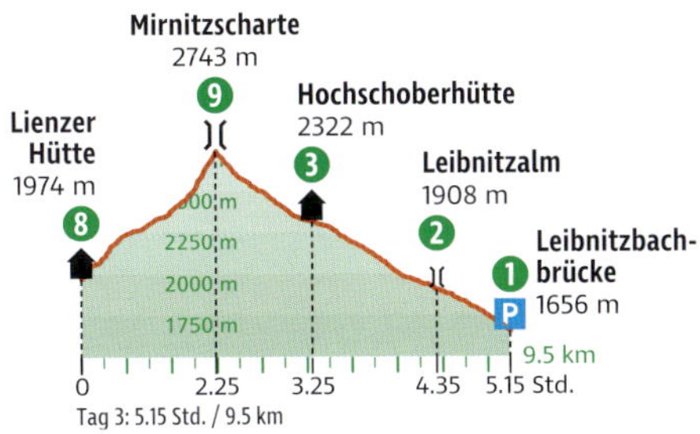

43 Trelebitschsee, 2336 m

Im Debanttal

4.00 Std. | 7,5 km | ↗700 m | ↘700 m

Durch einen Zirbenwald zum Bergsee unter schroffen Karen

Das urige, von weitläufigen Zirben- und Lärchenwäldern geprägte Debanttal ist mit seinen 16 Kilometern das längste Almtal Osttirols. Eingerahmt von den teils zerfurchten Gipfeln der Schobergruppe findet man hier durch das besondere Klima beeinflusst einen großen Artenreichtum sowohl über als auch unter der Baumgrenze. Mit etwas Glück kann man im Bereich des Sees auf über 2300 Meter Seehöhe nicht nur Gämsen sehen, auch Murmeltiere sind hier häufig, ebenso schauen Steinadler öfters in diesem Bereich der Schobergruppe vorbei.

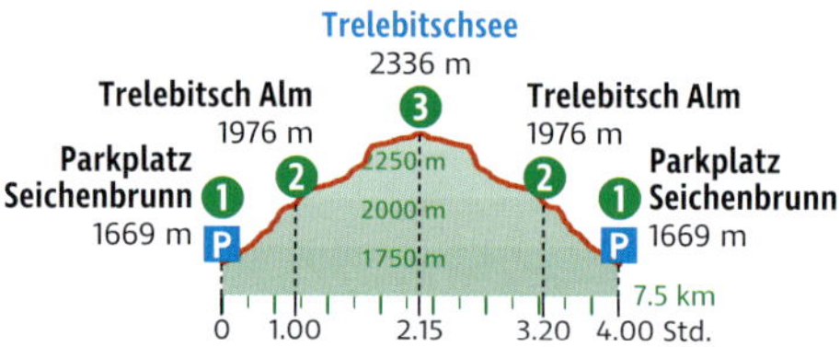

Ausgangspunkt: Südostende (Anfang) des Parkplatz Seichenbrunn im Debanttal, 1669 m, gelbes Wanderwegschild südlich der Debanter Schotterstraße, Wanderweg Nr. 942. Navi: N46.915107 E12.776216. Der Parkplatz Seichenbrunn ist auch Ausgangspunkt für Wanderungen zur Lienzer Hütte und zur Wangenitzsee-Hütte.

Anforderungen: Generell einfache Bergwanderung, die aber etwas Erfahrung in der Wegsuche sowie grundsätzliche alpine Trittsicherheit erfordert. Der Trelebitschbach muss mehrmals gequert werden.

Einkehr: Keine; die Trelebitsch-Almhütte ist zwar bewohnt, aber nicht bewirtet.

Die bewohnte, aber nicht bewirtschaftete Trelebitsch Alm.

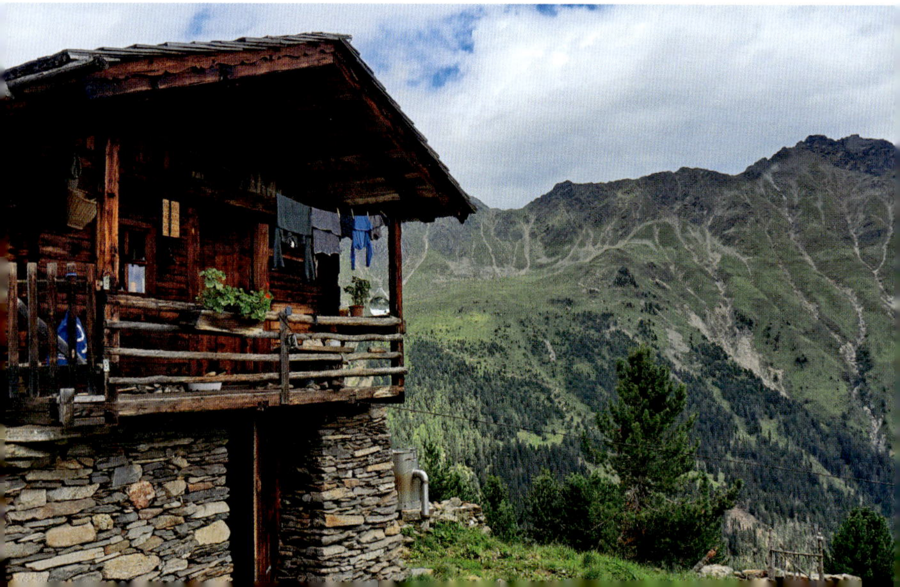

Vom **Parkplatz Seichenbrunn ❶** aus folgen wir dem schmalen Weg (Nr. 942, »Trelebitsch Alm«) in südlicher Richtung bergauf durch den dichten Wald, der von Lärchen und Zirben geprägt ist. Wir kommen so immer höher hinaus, nach einigen kleinen Kehren und einer Brücke über den tosenden Trelebitschbach steigen wir an dessen Ostseite bis zu einer Weggabelung. Hier folgen wir dem Schild nach rechts und erreichen kurz darauf und nach einer weiteren Brücke die urige kleine Hütte der **Trelebitsch Alm ❷**. Links geht es nun wieder nahe des hier in einer von Zirben umrahmten Schlucht brausenden Baches noch einige Höhenmeter bergauf, unser Weg ist nun mit »Trelebitschtörl« ausgeschildert. So kommen wir auf eine flache, von saftigen Almwiesen geprägte Geländestufe und folgen nach einer kleinen Brücke den Markierungspfosten nach rechts über die Wiese hin zu einem Wegweiser in der Nähe eines Pferchs.

Hier sind zwei Optionen zum Trelebitschtörl ausgeschildert, wir entscheiden uns für diejenige, die vorerst am Bach entlang (und diesen zwei Mal kreuzend) im Talboden bleibt. Hier sind kaum noch Wegspuren im Gras der Almwiesen auszumachen, wir folgen den Markierungen ca. 400 Meter taleinwärts und passen dann besonders auf, denn die Markierungen führen uns dort dann fast im rechten Winkel zum bisherigen Wegverlauf links steil den Hang bergan. Schroffes Gelände rechts unter uns überwinden wir so sicher weit oberhalb der Felsen und folgen den Markierungen schon bald erneut über den Trelebitschbach. Der See ist nun nicht mehr weit, versteckt sich aber noch vor unseren Blicken. Es gilt noch ein paar Dutzend Höhenmeter

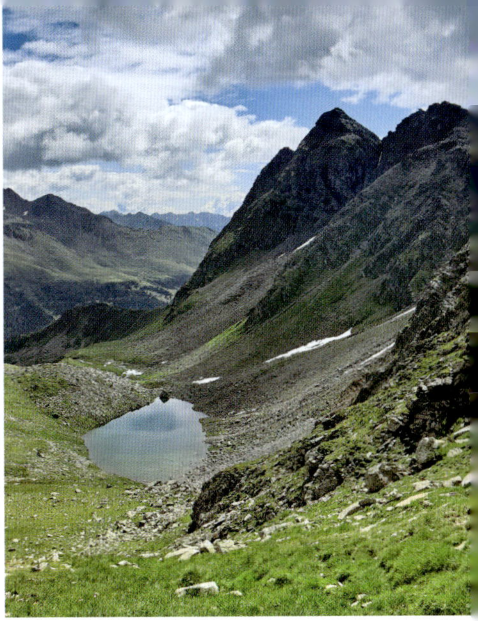

Der Trelebitschsee unterhalb der Sattelköpfe.

zu überwinden, dann sehen wir den **Trelebitschsee ❸** links unter uns in einer Senke. Weglos steigen wir zu dessen Ufer hinab, südöstlich ober dem See thronen die Sattelköpfe, 2697 m, massiv ragt die Schleinitz, 2904 m, südsüdwestlich auf.

Auf dem Aufstiegsweg steigen wir dann wieder ab zum **Parkplatz Seichenbrunn ❶**.

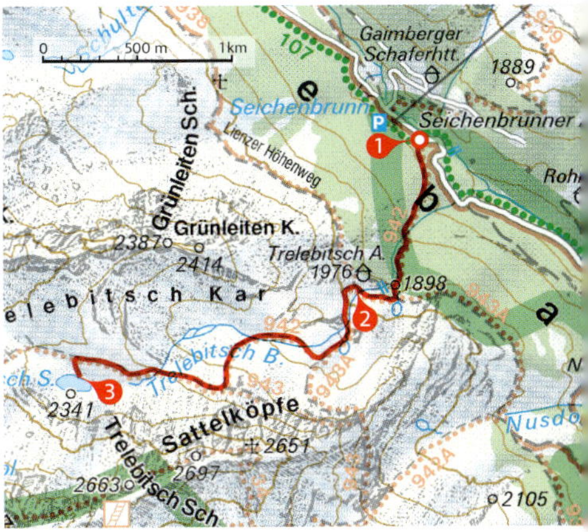

44 Schlaitner Panoramaweg

Von Schlaiten im Iseltal

3.30 Std. | 8,7 km | ↗ 570 m | ↘ 570 m

Zur Kapelle Zum Guten Hirten hoch über dem Iseltal

Versteckt auf einem Plateau etwa 150 Meter über dem Talboden liegt die kleine Gemeinde Schlaiten. Hier findet der Wanderer am Panoramaweg eine abwechslungsreiche Runde, die zu den vielen Fraktionen des Ortes führt, vorbei an uralten Bauernhöfen mit ihren Trockensteinmauern zur Feldbegrenzung und mit tollem Ausblick zur Schobergruppe und über das Iseltal bis nach Kärnten. Einige Abschnitte des Weges führen noch auf den alten Routen zwischen den Höfen, entstanden Hunderte Jahre vor den modernen Straßen.

Ausgangspunkt: Bushaltestelle Schlaiten Ort im Ortsteil Schlaiten Mesnerdorf, 876 m, unterhalb des Gasthofes Schlaitner Wirt. Navi: Mesnerdorf 61, 9954 Schlaiten.
ÖPNV: Bus Linie 954 von Lienz nach Schlaiten/Ainet, Bushaltestelle Schlaiten Ort.
Anforderungen: Einfache Wanderung auf zumeist gut befestigten und breiten Wegen. Einige Abschnitte werden auch zum Kuhtrieb verwendet und können daher etwas aufgerieben sein.
Einkehr: Keine unterwegs; Schlaitner Wirt beim Ausgangspunkt, Tel. +43 4853 5225, www.schlaitnerwirt.at.
Hinweis: Die Wanderung folgt dem ausgeschilderten Wanderweg mit der Nummer 15. Die Beschilderung ist aber etwas sporadisch.

Mit dem Schlaitnerwirt im Rücken und der Bushaltestelle zur Rechten folgen wir in **Schlaiten ❶** dem Wegweiser zum »Daberer Wasserfall« die Straße hinunter, bis etwas weniger als 100 Meter nach einer Brücke rechts der Weg zum Wasserfall ziemlich steil bergab wegführt. So kommen wir zur **Aussichtsplattform ❷** auf den **Daberer Wasserfall**. Wer möchte, kann dem Weg dann noch bis zum Wasserlauf hinunterfolgen, der Weiterweg führt aber kurz nach der Plattform und unterhalb eines im Gebüsch versteckten Wirtschaftstraktes nach links (Wegweiser »Törlmarterl«) auf eine Wiese. Wir gehen dann links an einem Wohnhaus vorbei und folgen dem Wegweiser, uns immer rechts am Waldrand haltend, bis zum **Törlmarterl ❸**, einem kunstvoll in einen Baumstamm geschnitzten Andachtsplatz. Gleich nach diesem geht es links bergauf zur Fraktion Gantschach. Auf der Zufahrtsstraße des Faltner-Hofes gelangen wir zur Hauptstraße der Fraktion, biegen nach rechts auf

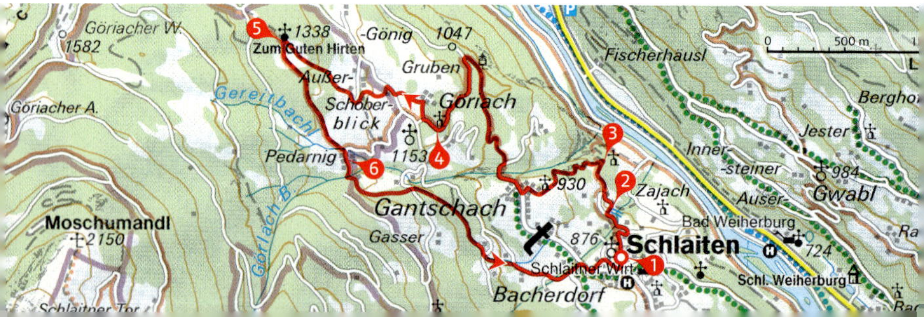

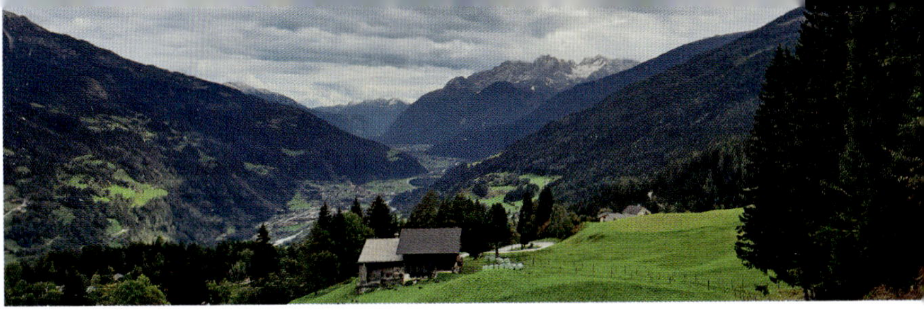

Blick nach Osten auf die Lienzer Dolomiten.

diese ein und vorbei am Sackgassenschild folgen wir dem Wegweiser (Nr. 15). Bei der ersten Möglichkeit nach einer Brücke gehen wir links einen breiten Forstweg hinauf und bleiben auf diesem (es gibt bald wieder eine Abzweigung nach links, die ignorieren wir aber). In einer großen Kehre zweigt rechts ein breiter Weg ab, wir aber bleiben am Hauptweg und erreichen etwa 600 Meter nach der Kehre das gemauerte **Joseph-Stöckl ❹**. Im Bereich der Fraktion Göriach, deren Höfe verstreut liegen, kommen wir auf eine asphaltierte Straße, die zum aus Flusssteinen erbauten Gruben-Hof führt. Kurz vor diesem biegen wir aber in der Nähe eines Hydranten nach links ab und folgen dem Wegweiser bergan auf einer der alten, mit Steinen befestigten Routen mit Steinmauern rechts und links.

So erreichen wir eine weitere Zufahrtsstraße, und nach einem ganz kurzen Abschnitt auf ihr biegen wir, einem Wegweiser in Richtung »Guter Hirte« folgend, nach links in einen weiteren Weg ein, der uns an der Pension Schoberblick vorbei bei einem kleinen Holzhaus auf eine Straße bringt. Wir folgen dieser bergauf zum letzten Hof und mit diesem zu unserer Rechten wandern wir zum Waldrand hinauf. Auf diesem Weg erreichen wir nach einer Etappe in jüngerem Fichtenwald ein Gatter, das uns auf die Weideflächen im Bereich der **Kapelle zum Guten Hirten ❺** bringt. Auf dem breiten Weg vor der Kapelle gehen wir nach links und haben wieder einen guten Blick auf das Lienzer Becken. So gelangen wir nach einem Gatter hinunter zum **Pedarnighof ❻**, auch er aus Flusssteinen erbaut. Am Hof vorbei dem Wegweiser in Richtung »Dorfplatz Schlaiten« folgend über den Bach, queren wir etwas später eine Straße und gehen weiter bergab. Vor einer Brücke gehen wir dann an einem weiteren kleinen Bach entlang bergab, queren diesen zweimal mittels Holzbrücken und ignorieren die dritte Holzbrücke.

Bei einer kleinen Gabelung halten wir uns links und kommen so zur Straße nach Mesnerdorf/Schlaiten. Wir folgen ihr bergab und gehen dann erneut vor der nächsten Brücke nach links auf einem Grasstreifen direkt neben dem Bach bergab, queren eine kleine Straße und setzen unseren Weg neben dem Bach fort, bis wir direkt nach einem alten Holzstadel rechts abbiegen, die Brücke nehmen und an der Kirche vorbei zum Ausgangspunkt in **Schlaiten ❶** zurückkehren.

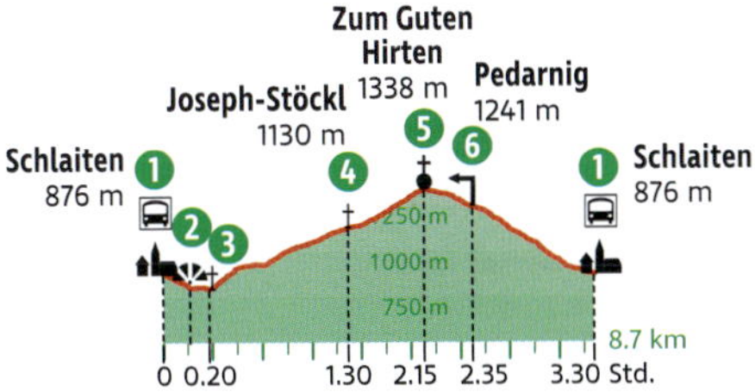

45 Friedensweg nach St. Helena, 1279 m

Von der Erasmuskapelle in Thurn-Prappernitze

2.00 Std. | 4,4 km | ↗ 290 m | ↘ 290 m

Zu einem der besten Aussichtsplätze über Lienz

Auf einem steilen Felsen thront hoch über dem Lienzer Talboden – mit tollem Panoramablick zu den Lienzer Dolomiten – das Kirchlein St. Helena. Um seinen Ursprung ranken sich viele verworrene Geschichten, aber Scherben beweisen, dass bereits die Römer diesen Aussichtsplatz genutzt hatten und erstmals urkundlich erwähnt wird die Kirche anno 1308. Fast schon so lange steht auch die Linde am Kirchenvorplatz, nirgendwo sonst wächst auf solcher Höhe dieser doch eher empfindliche Baum. 2008 wurde der Friedensweg feierlich eingeweiht und bietet Orte des Innehaltens und des Reflektierens.

Ausgangspunkt: Erasmuskapelle im Ortsteil Prappernitze, 997 m, der Gemeinde Thurn. Kaum Parkmöglichkeit am Ausgangsort; entweder in Obertrum parken oder mit öffentlichem Verkehrsmittel anreisen. Navi: Rannenberg Spitzenstein 4, 9904 Prappernitze.
ÖPNV: Bus Linie 3 von Lienz zur Haltestelle Thurn Rottmann. Von dort kurzer Fußmarsch (ca. 800 m) auf der Thurner Landesstraße nach Norden (bergauf) und dann die erste Querstraße links bis zum Ausgangspunkt.
Anforderungen: Einfache Wanderung auf Forst- und Wiesenwegen.
Einkehr: Keine.
Hinweise: 1) Obwohl man trotz der Nähe zur Bezirkshauptstadt Lienz hier oft nur wenige Wanderer antrifft, darf man auf dieser Tour nicht mit der Abgeschiedenheit und einsamen Idylle rechnen, wie auf den entfernteren Berggipfeln. 2) Diese abwechslungsreiche Wanderung bietet mit der Wassermühle und der vielen Themenstationen des Friedensweges auch für Kinder viel.

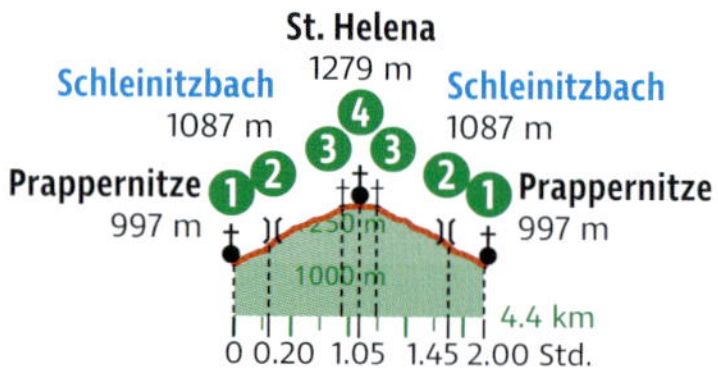

Die besondere Linde am aussichtsreichen Kirchenvorplatz.

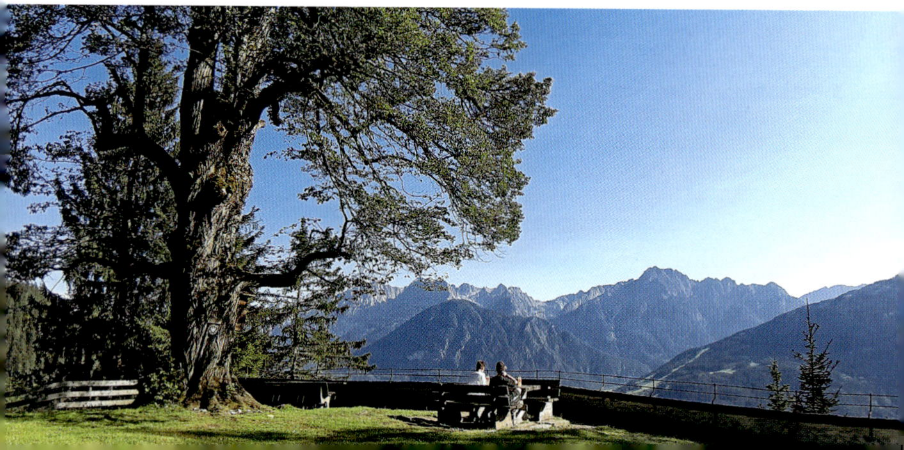

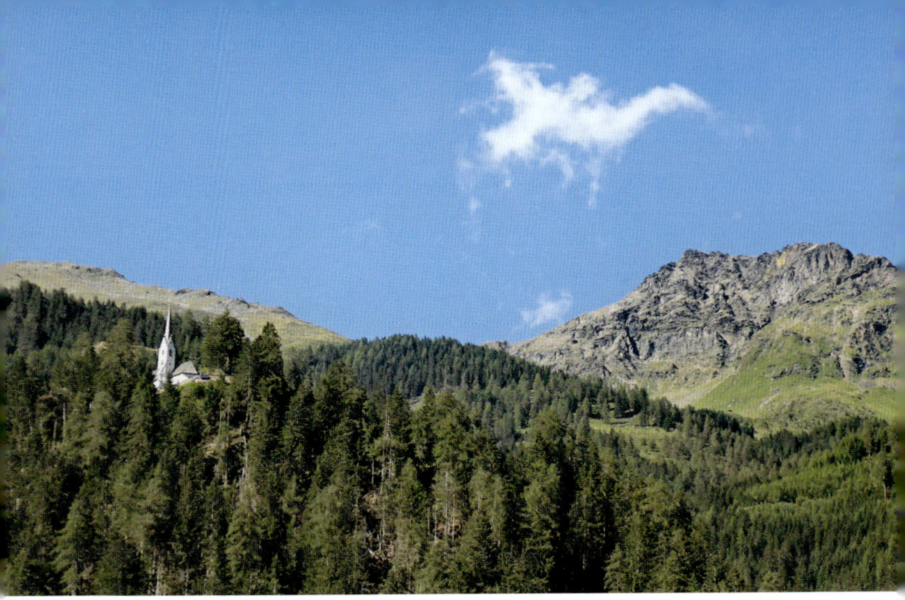

Die weiß getünchte Wallfahrtskirche St. Helena ist von weither zu sehen.

Mit der **Erasmuskapelle** ❶ zu unserer Rechten wandern wir von **Prappernitze** zuerst ganz kurz auf der Zufahrtsstraße des letzten Bauernhofes bergan und kommen schon bald zur Wassermühle, die im Sommer oft in Betrieb ist. Nach der Mühle erreichen wir ein Gatter, nach dem wir eine schüttere Lärchenwiese mit vielfältigen Wildblumen betreten. Hier führt ein breiter Weg nach links in Richtung Schleinitzbach, wir aber gehen noch etwa 50 Meter weiter und sehen dann schon einen schmaleren Pfad (Hinweisschild »Friedensweg am Baum«) ebenfalls nach links leicht bergauf über die Wiese führen. In der Nähe einer Brücke über den **Schleinitzbach** ❷ mündet dieser Wiesenweg in einen breiteren, wir queren den Bach und setzen die Wanderung bergauf über eine Wiese fort, das Rauschen des Baches begleitet uns nun im nächsten Abschnitt. Erneut münden wir in einen breiteren Weg, es ist der Forstweg, der sich in weiten Kehren bergauf windet. Wir wandern so stetig – aber nie wirklich steil – an Höhe gewinnend an einigen Stationen des Friedensweg vorbei bis zu einem **Marterl** ❸ aus dunklem Holz bei einem Brunnen, wo sich der breite Weg gabelt. Hier gehen wir nach links, nun etwas steiler bergauf und schon bald lugt der Turm der **Kirche St. Helena** ❹ durch das Grün der Bäume. An der Kirche vorbei erreichen wir den Kirchenvorplatz und die alte Linde am Aussichtsplatz.

Auf dem Aufstiegsweg kehren wir dann zurück nach **Prappernitze** ❶

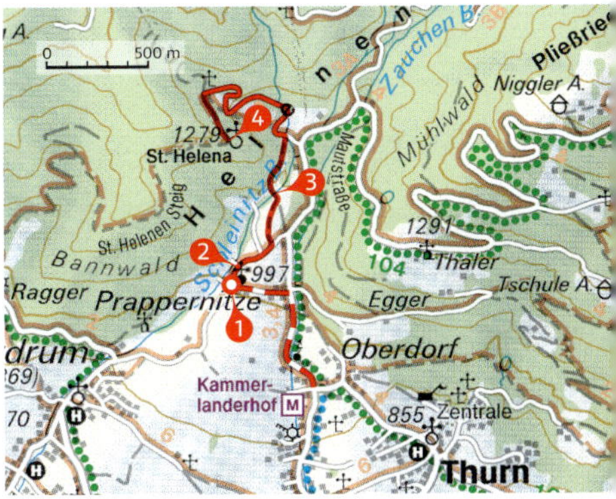

46 Gritzer Seen, 2504 m

Von der Speikbodenhütte bei St. Veit

TOP | 4.30 Std. | 9,9 km | ↗ 570 m | ↘ 570 m

Panoramawanderung zu Karseen

Als Belohnung für die anfänglichen Höhenmeter, die in einem durch erklommen werden, erwartet uns auf dem Weg zu den Gritzer Seen eine leichte Höhenwanderung auf Almwiesen hoch über dem Defereggental. Die Welt am Talboden scheint unendlich fern, Wollgras wiegt im Wind und die sanften Wiesen rund um die drei Seen laden zum Verweilen ein und an warmen Sommertagen kann man sogar ein kühlendes Bad wagen.

Ausgangspunkt: Parkplatz Speikbodenhütte, 2058 m, oberhalb von St. Veit in Defereggen. An der Kirche des Ortes vorbei und kurz danach rechts den Wanderschildern folgend in Kehren bergauf. Nach den letzten Häusern endet der Asphalt, auf der Schotterstraße weiter. Navi: Gsaritzen 43, 9962 St. Veit in Defereggen.
ÖPNV: St. Veit in Defereggen ist mit dem Postbus Linie 998/953 von Huben aus erreichbar, Haltestelle Kirche. Alternativ mit dem Anruf-Sammeltaxi, Autoreisen Blaßnig, Tel.+43 664 1964433, Fahrtanmeldung 1 Std. vor Abfahrt mit Namen, Anzahl der Personen, Ein- und Ausstieg und gewünschter Startzeit. Zu Fuß vom Ortszentrum St. Veit den Wegweisern zum Speikboden folgen (500 Hm im Anstieg und 2 Std. Gehzeit).
Anforderungen: Einfache Bergwanderung auf gut ausgeschilderten Wanderwegen, die aber doch ein Grundmaß an Trittsicherheit erfordern.
Einkehr: Keine unterwegs; Speikbodenhütte am Ausgangspunkt, Tel. +49 173 6909930, www.speikbodenhütte.at.

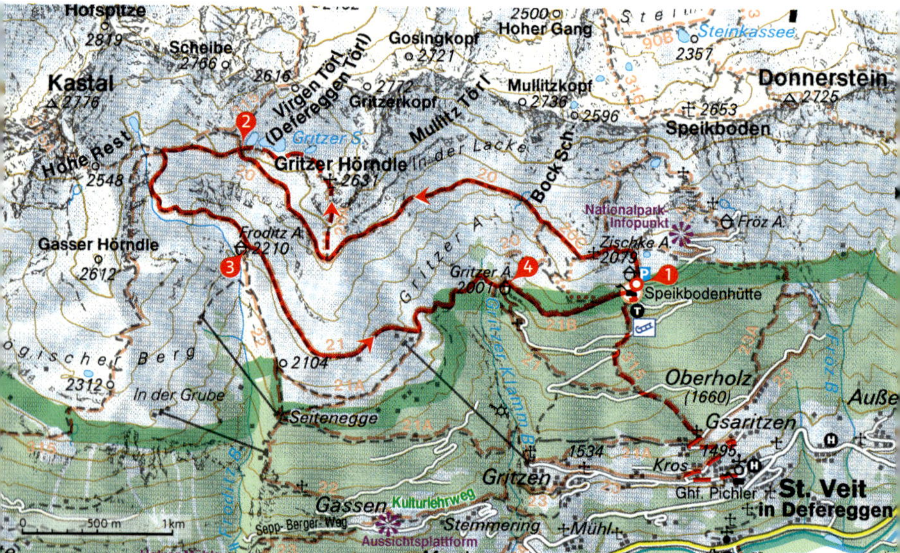

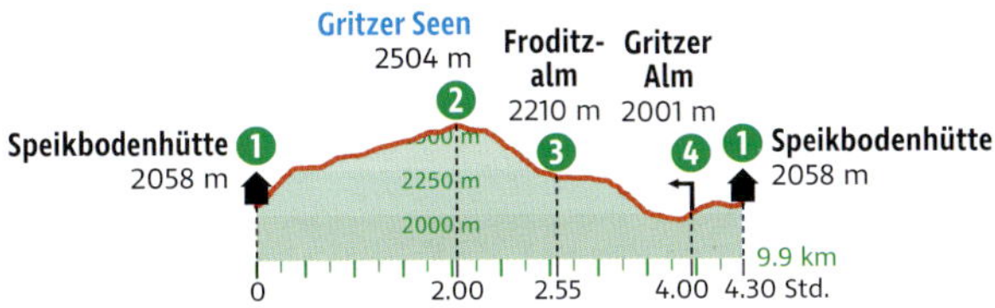

Vom Parkplatz bei der **Speikbodenhütte ①** folgen wir den gelben Wanderwegweisern steil bergauf in Richtung »Gritzer Seen«. Stetig geht es in kleinen Kehren zuerst noch durch Föhrenwald und an Almrosen vorbei, bis wir nach etwa 200 Höhenmetern in der Nähe eines Marterls und über der Baumgrenze einen Wegweiser erreichen. Wir folgen ihm nach links und beginnen nun den sanfteren Anstieg zu den Gritzer Seen. Unterhalb des Gritzer Riegels, 2736 m, queren wir dessen Hänge und kommen dann auf die des Gritzer Hörndls, 2631 m. Der Weg auf diesen kleinen Berg führt direkt am Südrücken hinauf, wie uns ein weiterer Wegweiser südlich des Gipfels erkenntlich macht. Wer einen Gipfel hinzufügen möchte, kann hier rechts abbiegen, ca. 200 Höhenmeter auf das Gritzer Hörndl, 2631 m, steigen und dem steilen Weg auf der anderen Seite hinunter zu den Gritzer Seen folgen. Uns führt aber der Höhenweg weiterhin sanft bergauf bis zu den **Gritzer Seen ②**, 2504 m. Je nach Wasserstand sind die näher beieinanderliegenden Seen verbunden oder eben nicht, der dritte See liegt deutlich weiter östlich. Wir machen uns von hier auf den Weg zu den Weiden der verfallenen Froditzalm, die etwa

Wollgras schwingt bei den Gritzer Seen in der Brise.

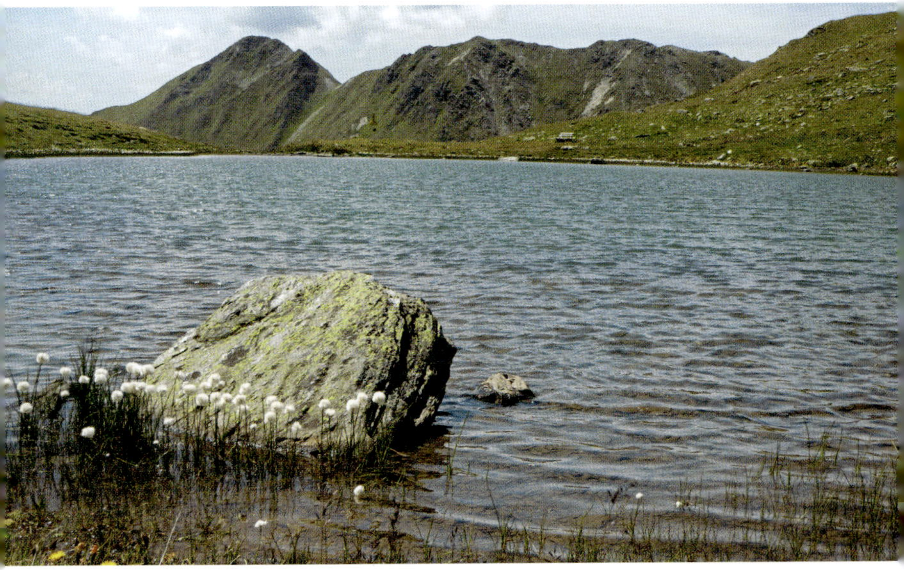

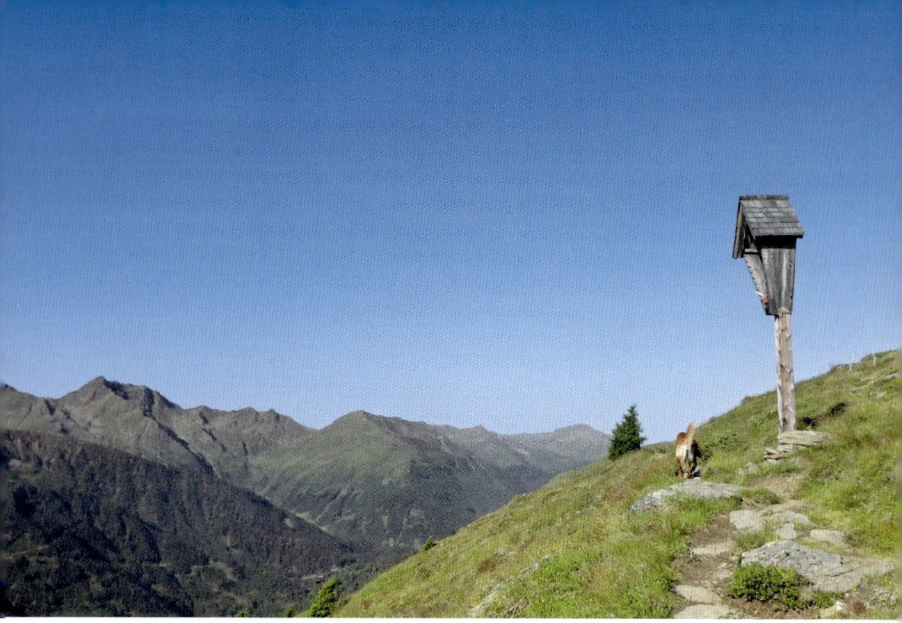

Hoch über dem Defereggental führt der Weg zu den Gritzer Seen.

300 Höhenmeter unter uns liegt. Dafür folgen wir dem Weg (Wegweiser »Froditzalm«) zuerst noch nach Westen und dann bei der nächsten ausgeschilderten Gabelung links hinunter. Mit Markierungen und Markierungspflöcken gekennzeichnet schlängelt sich unser Weg nun bergab über die Almflächen. Wir queren den Froditzbach und kommen dann zum ehemaligen Standort der **Froditzalm ❸**, etwa dort, wo ein Wegweiser auf die Abzweigung nach Seitenegge hinweist.

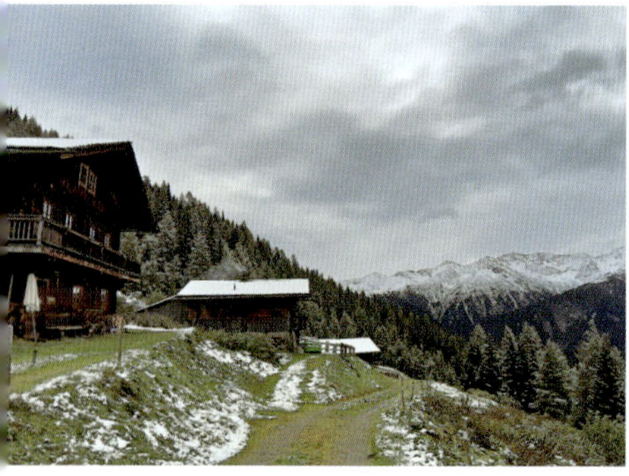

Wir bleiben aber auf unserem Weg in Richtung Gritzer Alm, der nun wieder auf dem Südrücken des Gritzer Hörndls zuerst die Höhe haltend und dann kurz sanft bergauf dahinführt. Wir haben dann einen guten Blick bis hinaus in Richtung Schobergruppe und erreichen zwei alte Heuschupfen. Etwas unter ihnen ist wieder eine beschilderte Abzweigung, wir gehen hier links, queren (im Winter gefährliche) Lawinenschneisen und dann den Gritzer Bach, nach dem wir links hinaufsteigen und zur **Gritzer Alm ❹** kommen. Noch vor der ersten Almhütte gehen wir links bergauf am Marterl vorbei und folgen dem Wegweiser in Richtung »Speikbodenhütte«. Auf diesem Weg erreichen wir angenehm durch schütteren Lärchen- und Fichtenwald wandernd nach knapp zwei Kilometern und 100 Metern Anstieg den Ausgangspunkt bei der **Speikbodenhütte ❶**.

Erster Schnee im September.

Beilspitze, 2587 m
Gipfel südlich von St. Veit in Defereggen

47

6.30 Std. | 11,3 km | ↗1350 m | ↘1350 m

Den Elementen ganz nah
Der Gsaritzer Bach bestimmt diese Wanderung mit seinem Rauschen und seiner Wucht. Generell ist man der Macht der Natur hier unmittelbar nahe: Dicke Baumstämme vermag der Bach im Frühling den Lawinenschuttkegeln im Bereich der Almen zu entreißen und über den Wasserfall ins Tal zu manövrieren – wir sehen die Auswirkungen von Steinabbrüchen, Muren und von Sturmschäden an Bäumen. Die Gsaritzer Almwiesen sind steil, in den vielen Bächen spiegelt sich die Sonne und im Sommer begleitet uns auf dem Weg zur Beilspitze der herb-süße Geruch der Almrosen ebenso wie das Gepfeife der wachsamen Murmeltiere. Beim Anstieg, der uns fast direkt an die Fallkante des Wasserfalls heranführt, kann man schon daran denken, dass man fast tausend Höhenmeter später an der Quelle dieses Baches steht.

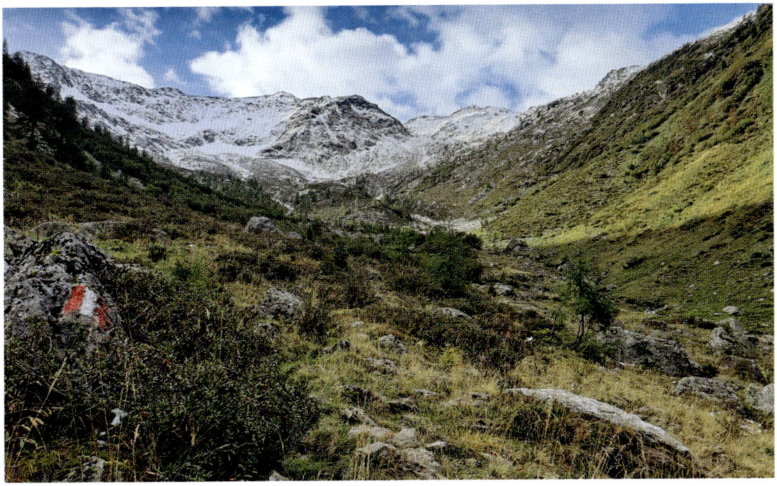

Blick in den Talschluss hinter den Almgebäuden.

Ausgangspunkt: St. Veit in Defereggen, Ortsteil Zotten, 1257 m. An der Defregger Landesstraße gelegen, bei der Kapelle nach Süden abbiegen und die Schwarzach überqueren. Dort einige Parkplätze. Navi: Görtschach 36, 9962 Görtschach.
ÖPNV: Bus Linie 953 von Huben nach St. Jakob in Defereggen, Bushaltestelle Zotten. Von der Haltestelle nach Osten zur Kapelle und von dort nach Süden über die Schwarzachbrücke zum Ausgangspunkt (150 m Fußweg).
Anforderungen: Diese Wanderung ist vor Ort als »schwarz« ausgeschrieben, was rein auf die kurzen ausgesetzten Abschnitte und seilgesicherten Passagen zur Gsaritzer Alm im Bereich des Baches zurückzuführen ist. Ansonsten eine mittelschwere Wanderung ohne nennenswerte Schwierigkeiten.
Einkehr: Keine.

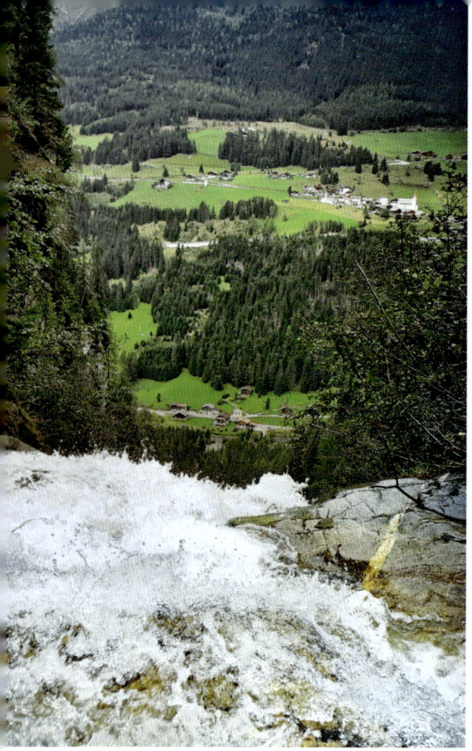

Direkt neben dem Weg tost der Wasserfall ins Tal.

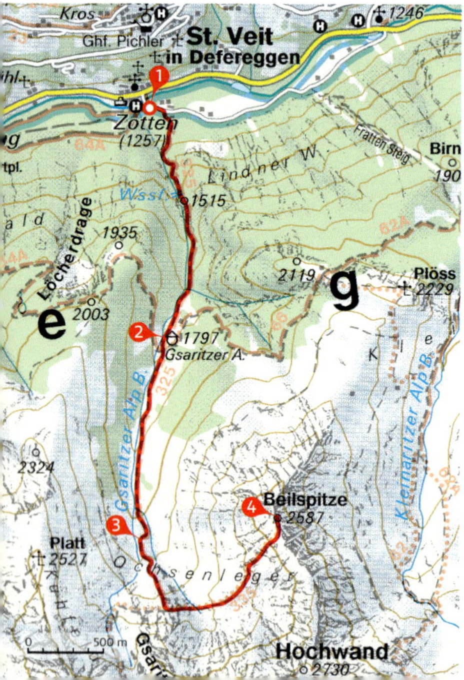

Direkt nach der **Schwarzachbrücke** in **Zotten** ❶ teilt sich die Straße, wir folgen ihr nach links bis zu ein paar Gebäuden. Hier biegen wir vor dem Wirtschaftsgebäude nach rechts in den Wald auf einen schmalen Wanderweg ab, der Wegweiser zeigt uns bereits die »Gsaritzer Alm« und den »Beilstein« an. Schon bald wird der Weg steil und schlängelt sich in Kehren den bewaldeten Bergrücken hinauf, das Tosen des Wasserfalls haben wir bereits in den Ohren. Der in diesem Abschnitt zum Teil seilversetzte Weg wird regelmäßig gewartet und verbessert, ist aber den Elementen ausgesetzt und teilweise in nicht so gutem Zustand. Wir kommen zuerst an einem Aussichtspunkt mit gutem Blick auf den Wasserfall vorbei und dann fast zur Fallkante der Kaskade selbst. Der Gsaritzer Bach oder einer seiner Hauptzuläufe begleitet uns bis ein paar Hundert Höhenmeter unter den Gipfel, beim Abstieg können wir das Anwachsen des Wassers von der Quelle bis zum tosenden Wasserfall beobachten.

Im Bereich eines Baches, der von links aus einem kleinen Seitental den Weg kreuzt, wird es weniger steil und wir sehen vor uns bereits das Dach des ersten Almgebäudes. Unterhalb der **Gsaritzer Alm** ❷ führt der Weg am Bach entlang, bei einer Brücke steht ein Wegweiser, und weiter geht es geradeaus bergauf. Ab der Brücke ist der Wegverlauf oft nur noch durch die Markierungen zu finden, aber das Gelände ist leicht und wir halten uns immer fast geradeaus am mittleren, runden Geländerücken mit dem Hauptbach zu unserer Rechten. So steigen wir durch die mit Almrosen bewachsenen Almweiden mit ihren vereinzelten Lärchen immer höher und kommen im Bereich der Baumgrenze in das als **Ochsenleger** ❸

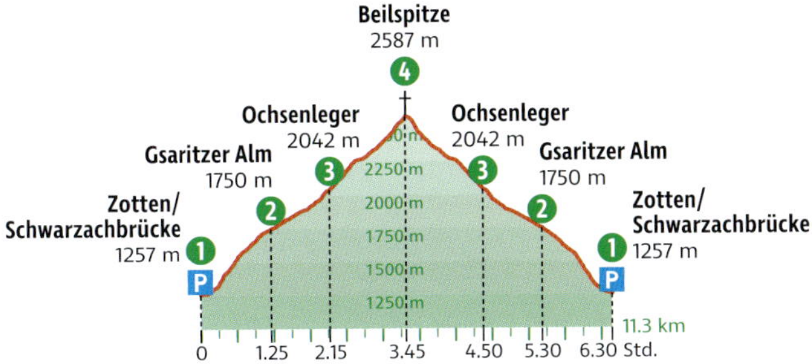

bekannte Weidegebiet. Von hier ist es nun nicht mehr weit bis zur Einmündung unseres Weges in einen vom Gsaritzer Törl kommenden Weg unter der felsigen Wand vor uns.

Wir folgen dort dem Wegweiser nach links und steigen so für ein paar Hundert Meter fast eben nach Osten dahin über die flachen Gebiete im Bereich der Quellen des Gsaritzer Baches. Etwas weniger als 300 Höhenmeter trennen uns noch vom Gipfel, zuerst noch über Almwiesen, dann nehmen die Steine der Beilspitze eine Vormachtstellung ein und wir orientieren uns an den rot-weiß-roten Markierungen, die uns in recht gerader Linie auf den Gipfel der **Beilspitze 4**, 2587 m, bringen. Kein Gipfelkreuz ziert ihn, aber eine alte Box mit Stempelkissen. Wir haben hier einen guten Blick auf die Nachbargipfel und hinüber auf die andere Talseite zu Donnerstein, Speikboden und Gritzer Hörndl.

Nach wohlverdienter Rast kehren wir auf demselben Weg zur **Schwarzachbrücke** in **Zotten 1** zurück.

Die alte Stempelstelle auf der Beilspitze, dahinter die Gipfel der Villgratner Berge, rechts im Bild etwa die Hochwand, 2730 m.

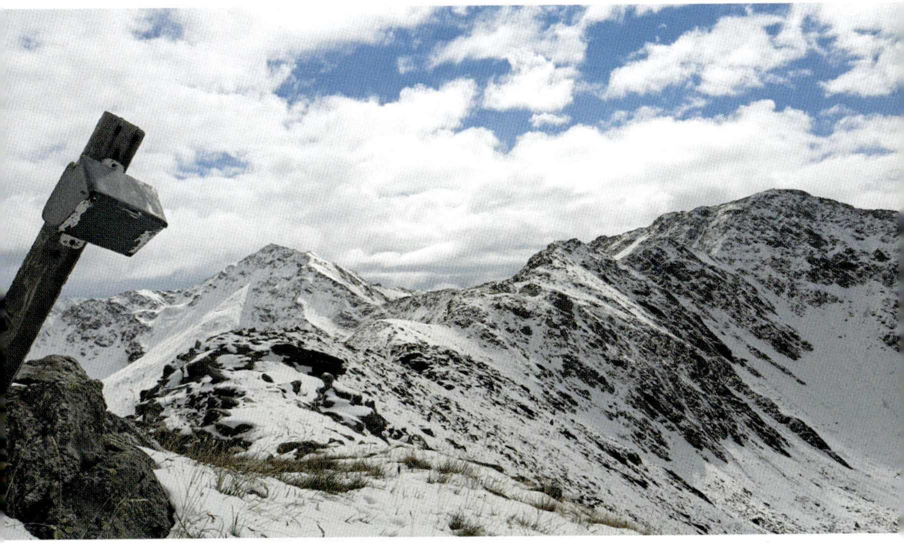

48 Ratzeller Bergwiesen

Vom Weiler Hof bei Hopfgarten in Defereggen

5.00 Std. | 12,9 km | ↗800 m | ↘800 m

Abwechslungsreiche Wanderung im Reich des Apollofalters

Hoch über dem Defereggental führt diese Wanderung zuerst durch den Wald, dann über Almwiesen und unter den steilen Felsen des Deferegger Riegels zur panoramareich gelegenen Glanzalm, bevor wir über den Schmetterlingslehrpfad »Im Reich des Apollo« wieder zurück zum Weiler Hof der Gemeinde Hopfgarten in Defereggen wandern. Dabei kombinieren wir den Edelweißweg mit dem Apolloweg, Blumenreichtum mit den die Blüten bestäubenden Flattertieren. All das wird nur noch vom Blick auf die Defregger Berge getoppt, im Bereich der Glanzalm stehen auch der Großglockner und die Schobergruppe Spalier.

Ausgangspunkt: Hopfgarten in Defereggen, Allerheiligenkapelle im Ortsteil Hof, 1459 m. Im Ortskern abbiegen, am kleinen Lebensmittelladen vorbei und in vielen Kehren den Berg hinauf. Dort gibt es eine Parkmöglichkeit für einige wenige Autos bei der Kapelle im Zentrum des Weilers Hof. Navi: Hof 6, 9961 Hof.

ÖPNV: Bus Linie 953 verkehrt regelmäßig, Bushaltestelle Hopfgarten i. D. Plon. Von dort den Wanderwegweisern nach Hof folgen (ca. 2 km Fußweg, 450 Hm zusätzlich).

Anforderungen: Trittsicherheit und Schwindelfreiheit sind absolut erforderlich. Einige Abschnitte sind etwas ausgesetzt und teilweise seilgesichert. Bergversierten und -erfahrenen Wanderern sind diese Stellen nicht der Rede wert, für Menschen mit Höhenangst bedeuten sie ein Umkehren.

Einkehr: Keine; die Glanzalm bewirtete bis 2020, schloss aber 2021 für wahrscheinlich immer ihren Gastbetrieb.

Die höchsten Berge des Defereggentales haben schon eine Schneekappe.

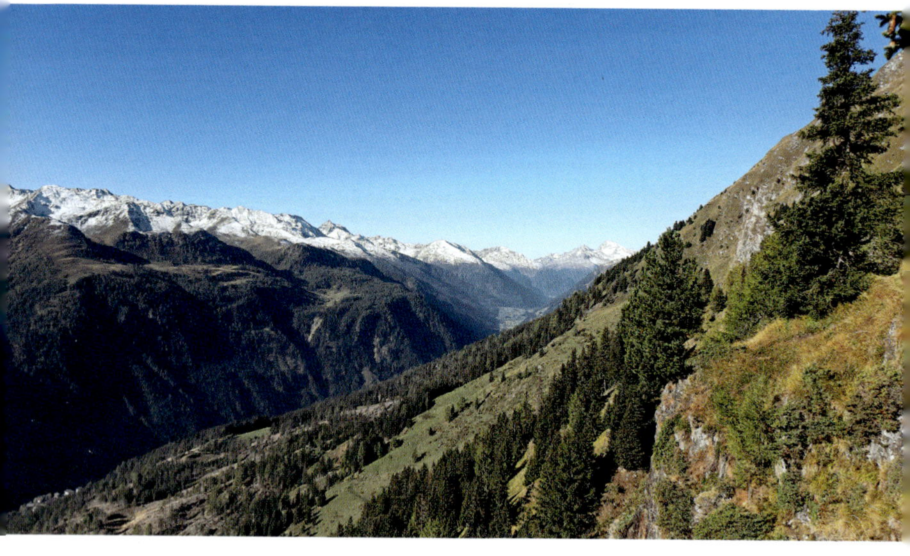

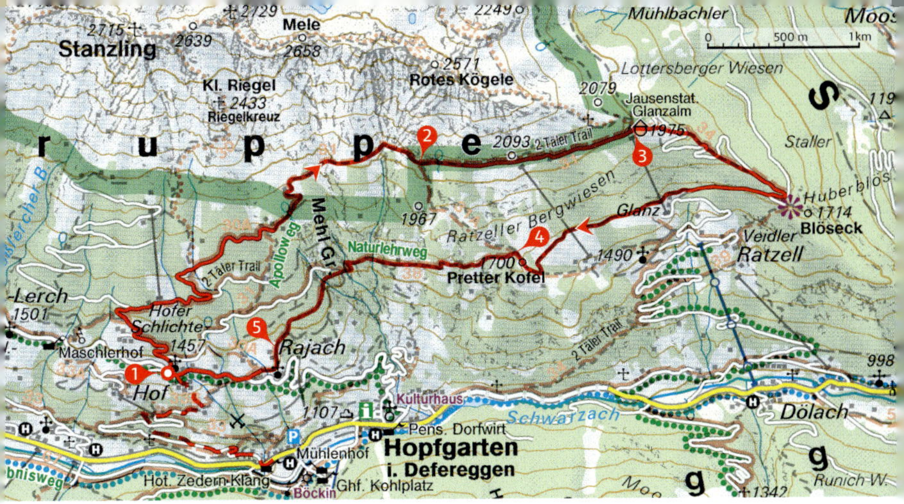

Vor der **Allerheiligenkapelle** von **Hof** ❶ wandern wir auf dem Wanderweg Nr. 31 die Zufahrt der letzten Höfe bergan, bis diese nach dem letzten Bergbauernhof zu einem Schotterweg bzw. einer Forststraße wird. Gleich beim Ende des Asphalts gabelt sich diese, wir gehen hier rechts bergan. Wegweiser (wir halten uns hier in Richtung »Glanzalm«) zeigen uns bei Abzweigungen in diesem von Forstwegen durchzogenen Gebiet den rechten Weg und wir gewinnen stetig, aber nie steil, an Höhe. So wandern wir über Almweiden und Waldflächen, queren Kahlschläge und kommen auf ca. 1800 m, der Weg ist hier schon schmaler und mit Gras bewachsen, zu einem Gatter, hinter ihm zwei Holzhütten. Nach einem weiteren Gatter, zu dem wir kurz darauf kommen, gehen wir scharf nach links, jetzt auf einem Steig, den Markierungen folgend in Kehren teils steil bergan über eine Bergwiese. Dieser Steig führt uns dann über eine Wildbachverbauung, anschließend angenehm eben für ein kurzes Stück bis zur ersten von einigen Schluchten- bzw. Lawinenbereichsquerungen. Die Macht der Natur wird uns hier sehr bewusst, weiter unten im Tal müssen die Wehranlagen immer in Schuss gehalten werden, trotzdem sind Unwetter hier gefürchtet! Über Stufen geht es nun steil bergauf, wir kommen alsbald zu einer weiteren Schluchtenquerung und nach dieser gilt es, auch ein kurzes Stück über einfaches Blockwerk zurückzulegen. Hoch über dem Tal und teilweise etwas ausgesetzt gelangen wir zum Rastplatz **Wegscheid** ❷, 2040 m. Hier beginnen nun die **Ratzeller Bergwiesen**, wir nehmen den oberen

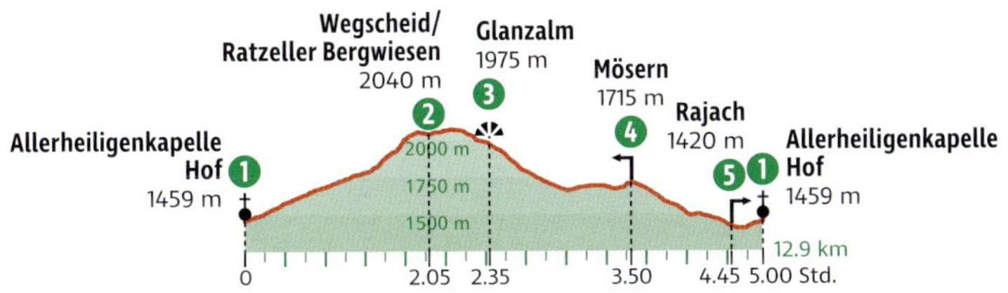

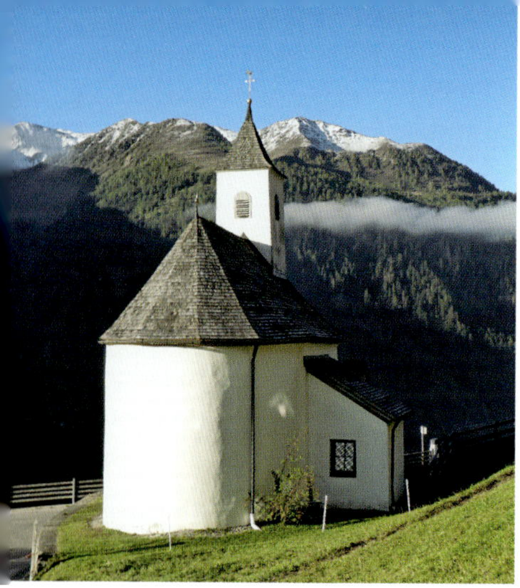

Die Allerheiligenkapelle Hof am Ausgangsort.

Weg und folgen somit wieder dem Wegweiser zur »Glanzalm«. Die Blumenpracht der Wiesen ist betörend, auf zuerst schmalem Pfad schreiten wir dahin, später wird er breiter und hat bei einem Holzhüttchen dann Fahrbreite. Wir gelangen auf diesem Weg zur **Glanzalm ❸**, wo das Panorama schon ein besonderes ist. Wer möchte, kann hinter der Alm noch einen Weg bis zum Glocknerblick hinaufsteigen, ein Umweg von etwa 10 Minuten. Der höchste Berg Österreichs ist aber auch auf der hier beschriebenen Route im Blick.
Wir wandern auf dem mit »Ratzell« ausgeschilderten Fahrweg oder auf den markierten Abkürzungspfaden durch den Wald hinunter in Richtung Ratzell. Den Weiler selbst erreichen wir aber nicht, denn wo die Zufahrt der Glanzalm in einer großen Kehre eines anderen Forstweges in diesen mündet, befindet sich ein kleiner Parkplatz mit vielen Wegweisern. Hier beginnt der Apolloweg (Weg Nr. 34A) als Forststraße, die bergauf in Richtung Westen führt. Mit Blick auf die Defregger Berge wandern wir nun ca. 1,2 Kilometer auf dieser Forststraße, die Wegführung ist bis auf eine Ausnahme klar: Bei einem Wendeplatz gehen wir am oberen Weg weiter, bis uns ca. 500 Meter weiter auf einer Weidefläche ein Wegweiser nach rechts bergauf führt (»Weg Nr. 31, Apolloweg, Rajach«). Wir steigen über die Almweide bergan, kommen zu einem Gatter und sehen nach diesem bereits einen weiteren Wegweiser in der Nähe einer Bank, das Gebiet **Mösern ❹** liegt vor uns.

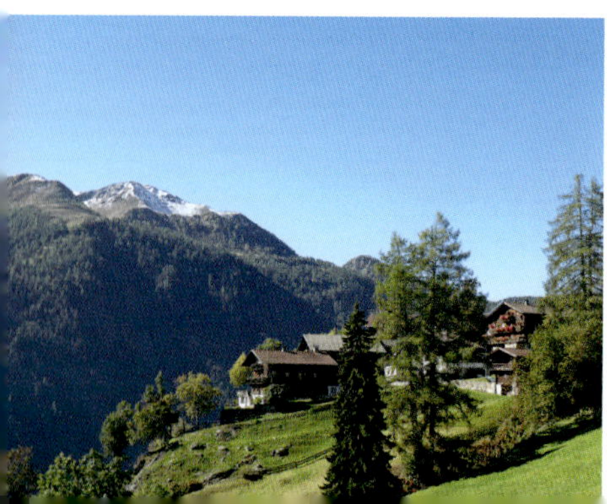

Von hier geht es geradeaus hinauf zum Rastplatz Wegscheid, wir aber gehen links in Richtung Wald und sind nun auf einem dem steilen Hang abgerungenen Pfad unterwegs. Auf ihm kommen wir zuerst am Rastplatz Bödilisklapf mit Hinweistafeln und etwas später dann an den renovierten Tröglisschupfen, ebenfalls mit Infomaterial zum Apolloweg, vorbei. Auch in diesem Abschnitt gilt es, von den Gewalten des Wassers und der Lawinen geprägte Schluchten zu queren, bevor wir dann zu den ersten Höfen des Weilers **Rajach ❺** kommen. Wir folgen der Rajacher Straße hinunter zur Hauptstraße und wandern auf ihr zum Ausgangspunkt bei der **Allerheiligenkapelle Hof ❶**.

Das schön gelegene Hof ist ein Ortsteil von Hopfgarten in Defereggen.

Großer Zunig, 2776 m
Von Ratzell über die Glanzalm

49

7.30 Std. | 15,3 km | ↗1300 m | ↘1300 m

TOP

Über wunderschöne Hochflächen mit Seen von Süden auf den Matreier Hausberg

Aufgrund seiner zentralen Lage ist der Große Zunig ein besonders toller Aussichtsberg, kaum jemand besteigt ihn aber von Ratzell im Defereggental aus. Die Route ist zwar kilometertechnisch länger als der Direktanstieg von Ganz bei Matrei, dafür aber gespickt mit landschaftlichen Feinheiten wie etwa einem Abschnitt durch jungen Lärchenwald und Almrosenfeldern, von Gletschern abgerundete Senken, die nun mit Seen verziert sind, an deren Ufer Wollgras im Wind weht und wo die Bartgeier und Steinadler sich so richtig wohlfühlen. Einige steilere Passagen lassen das Herz von ambitionierteren Bergfexen höherschlagen, eine Besteigung des Großen Zunig auf dieser Route braucht ein Grundmaß an alpinistischer Erfahrung und gute Ausdauer. Die Belohnung ist dafür aber groß!

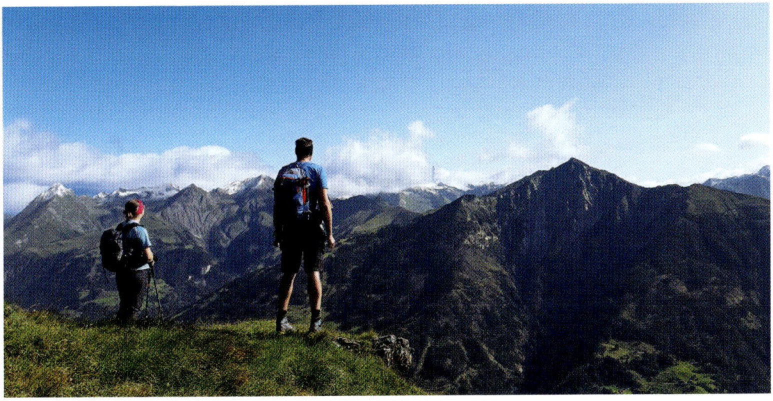

Der Großglockner ist noch in den Wolken verborgen, der Rotenkogel (rechts) ist schon komplett zu sehen.

Ausgangspunkt: Wanderparkplatz am Ende der Ratzeller Bergstraße, 1655 m. Achtung: Diese Bergstraße ist steil und eng, nicht für Wohnmobile etc. geeignet! Navi: Ratzell 1, 9961 Ratzell.
Anforderungen: Anspruchsvolle Bergtour mit seilgesicherten, ausgesetzten Passagen, die absolute Trittsicherheit und Schwindelfreiheit voraussetzen.
Einkehr: Keine; die Glanzalm bewirtete bis 2020, schloss aber 2021 für wahrscheinlich immer ihren Gastbetrieb.

Hinweise: 1) Der Aufstieg über die beschriebene Route ist etwas ausgesetzt, man kann auch direkt zum Zunigtörl gehen und damit über die Abstiegsroute aufsteigen. Aber auch diese Route ist eindeutig als »schwarz« einzuordnen. 2) Aufgrund der seltenen Markierungen und der manchmal schwer erkennbaren Wegspuren, ist es nicht ratsam, diese Tour bei schlechter Sicht zu unternehmen. 3) Die Tour ist bis zur Glanzalm ② auch MTB-tauglich.

Am **Wanderparkplatz 1** gehen wir von der Infotafel »Ratzeller Bergwiesen / Glanzalm« nach Osten und folgen der Forststraße zur Glanzalm. Es gibt markierte Abkürzungen, die allerdings in den Jahren 2019 bis 2021 durch Stürme und Schneedruck verlegt wurden. Hinter dem Wirtschaftstrakt der äußerst malerisch gelegenen **Glanzalm 2** folgen wir dem Wegweiser in Richtung »Zunig« und kommen auf Weideland an den Bänken und der Infotafel des Glocknerblicks vorbei. Wir steigen dann wieder zum schütteren Lärchenwald hinauf und beim nächsten Wegweiser geht es wieder Richtung »Zunig«. So sind wir nun am Hang des Roten Kögeles, 2570 m, unterwegs, ein schmaler, aber landschaftlich ausgesprochen ansprechender Höhenweg, der durch den Almrosenhang fast einen Kilometer dahinführt. Wir folgen dann am Ende des Hanges einem felsigen Bergrücken bergauf, die Markierungen und Wegspuren sind hier nicht mehr ganz deutlich, der Weg vermeidet aber ausgesetzte und besonders felsige Passagen. Auf ca. 2350 m Seehöhe schwenkt der Pfad über den hier nicht mehr felsigen Rücken nach rechts und führt, teilweise etwas ausgewaschen, in ein flaches Quellgebiet und in die Weiten der Schafweiden südlich des Zunig. Im Bereich einer alten Steinmauer und eines Baches erreichen wir im **Lackach** genannten Weidegebiet eine beschilderte **Wegkreuzung 3**. Wir gehen hier nun links bergauf in Richtung »Rottörl / Arnitzalm / Zunig«, von rechts unten kommt unser Rückweg herauf. Unser Weg zum Zunig-Gipfel verläuft zuerst nach Westen, schwenkt vor einer Geröllfläche dann aber nach Norden und führt steil und mit einigen zu überwindenden Felspassagen hinauf zu einem See. Wer hier genau schaut, wird noch viele kleinere Lacken entdecken! Der hier wieder recht gut markierte Weg führt zuerst kurz

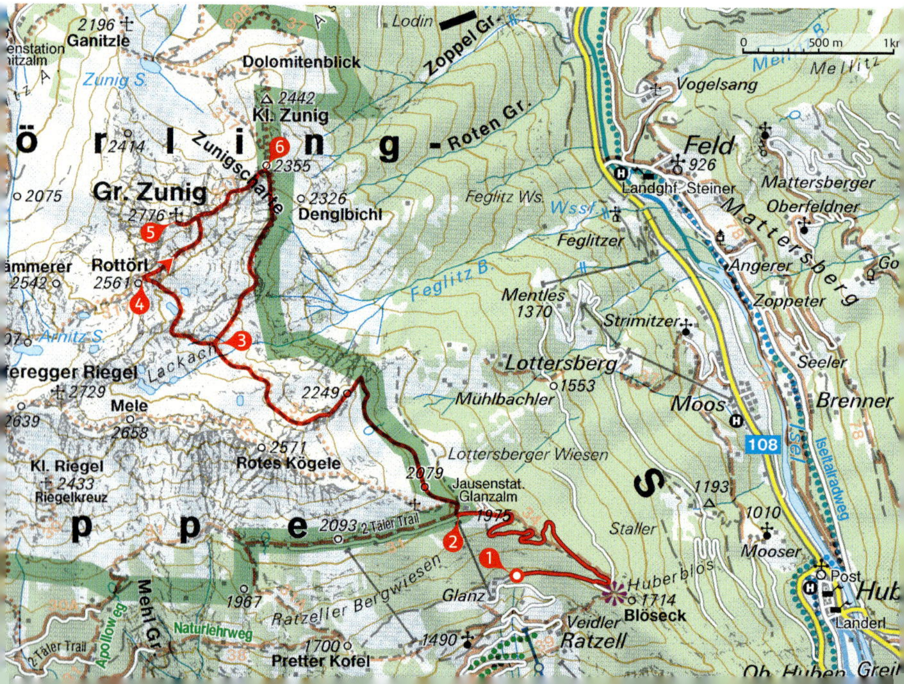

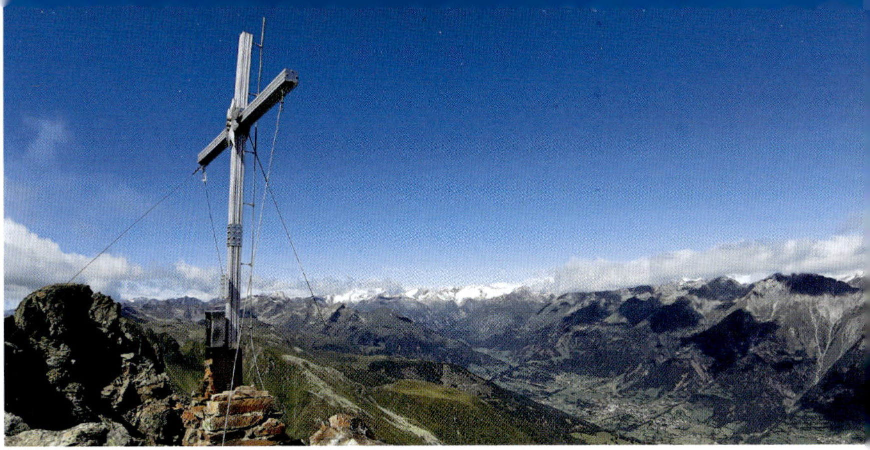

Ausgebreitet liegen die Dreitausender der Hohen Tauern vor dem Großen Zunig.

parallel zum See dahin, dann leicht nach Nordosten und durch steiniges Gelände nach Westen hinauf bis kurz vor dem **Rottörl ❹**, wo es zur Arnitzer Alm und in weiterer Folge auch nach Virgen ginge. Wir aber steigen nun vorsichtig zum Zunig hoch, die Markierungen führen uns durch zum Teil ausgesetztes und mit Stahlseilen versetztes Gelände nach Nordosten. Am Osthang des Zunig angekommen, entschärft sich der Steig und führt über einen erstaunlich guten Weg durch das Geröll bis hin zur Einmündung in den Gipfelpfad, der vom Zunigtörl heraufkommt. Wir steigen nun die letzten ca 180 Höhenmeter zum Gipfel des **Großen Zunig ❺**, 2776 m. Steinadler und Bartgeier kommen vielleicht bei der wohlverdienten Rast vorbeigeflogen, was für ein Aussichtsberg!

Der Abstieg erfolgt über den Steig zum **Zunigtörl ❻**, 2355 m. Dort biegen wir nach rechts ab und folgen dem Wegweiser zur »Glanzalm«. Dieser einsame Weg führt uns unterhalb der felsigen Passagen der Zunig-Ostwand auf einem schmalen, teils verwachsenen Pfad zurück ins Weidegebiet, in dem wir vorher standen, und nach links zum Zuniganstieg gingen. Einige Höhenmeter müssen wir aber wieder erklimmen, um zu dieser Wegkreuzung im Weidegebiet **Lackach ❸** zu kommen!

Auf bereits bekanntem Weg wandern wir zurück zur **Glanzalm ❷**, diesmal mit tollem Blick auf die Gipfel der Schobergruppe und vor uns das Iseltal, die Dolomiten als krönender Abschluss! Auf der bekannten Forststraße kommen wir zurück zum **Wanderparkplatz Ratzell ❶**.

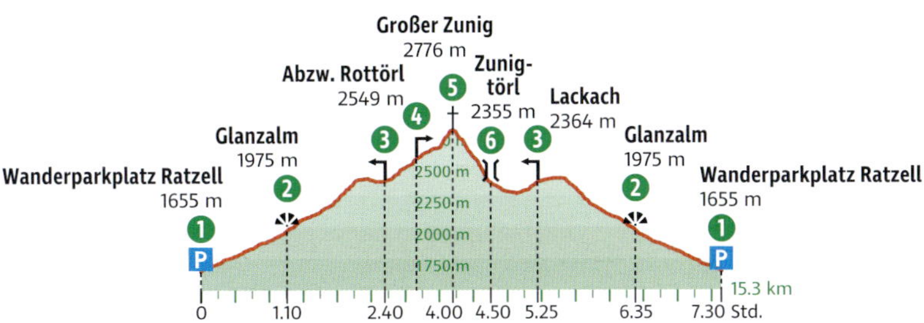

50 Weißspitze, 3300 m
Von Wallhorn bei Prägraten via Eisseehütte

9.30 Std. | 20,0 km | ↗ 1600 m | ↘ 1600 m

Ganz hoch hinaus in der Venedigergruppe

Die Weißspitze ermöglicht dem ausdauernden und trittsicheren Wanderer ein ganz besonderes Wandererlebnis, kann man auf dieser Route doch so vieles, was die Alpen in Osttirol ausmachen, bestaunen. In direkter Nachbarschaft zum Großvenediger erreichen wir ohne Gletscherbetretung und über relativ einfaches Terrain diesen besonderen Aussichtsgipfel. Der Abstieg erfolgt am Rand des Garaneberkees, führt zum neuen Kreuz auf der Seewandspitze und hinunter zum tiefblauen Eissee. Enzian blühen auf dieser Route, im Bereich der Eisseehütte kann man Murmeltiere aus der Nähe beobachten und der Blick von der Ochsenalm auf die Lasörlinggruppe sucht seinesgleichen. Eine besondere Tour!

Ausgangspunkt: Parkplatz Bodenalm, dafür den Wegweisern ab der Virgener Landstraße im Ortsteil Wallhorn folgen, die Mautstraße endet am Parkplatz. Navi: Wallhorn 33, 9974 Prägraten am Großvenediger.
ÖPNV: Bus Linie 951 von Lienz/Matrei nach Prägraten, Haltestelle Ort. Von dort Aufstieg über Wallhorn zum Zufahrtsweg zur Bodenalm. Aufgrund der jeweils ca. 3 km und 500 Hm zusätzlich empfiehlt sich eine Übernachtung in der Eisseehütte.
Einkehr/Übernachtung: Eisseehütte, 2521 m, Tel. +43 680 2041698, www.eisseehuette.at, meist von Mitte Juni bis Ende September geöffnet, je nach Schneelage auch kürzer/länger, Übernachtungsmöglichkeit in Lagern und Zimmern. Achtung: Die in vielen Karten und Wanderführern als Jausenstation gelistete Bodenalm ist seit 2020 geschlossen.
Anforderungen: Trittsicherheit und Schwindelfreiheit sowie Ausdauer sind erforderlich. Von dem abgesehen ist diese Tour erstaunlich einfach für einen Berg von diesem Kaliber. Schuttfelder, Fels, Blöcke und sandige Hänge sollten bereits bekanntes Terrain für Wanderer

Auf dem einst vom Gletscher abgeschliffenen Felsen steht jetzt eine Bank: Was für ein Platz für eine Pause!

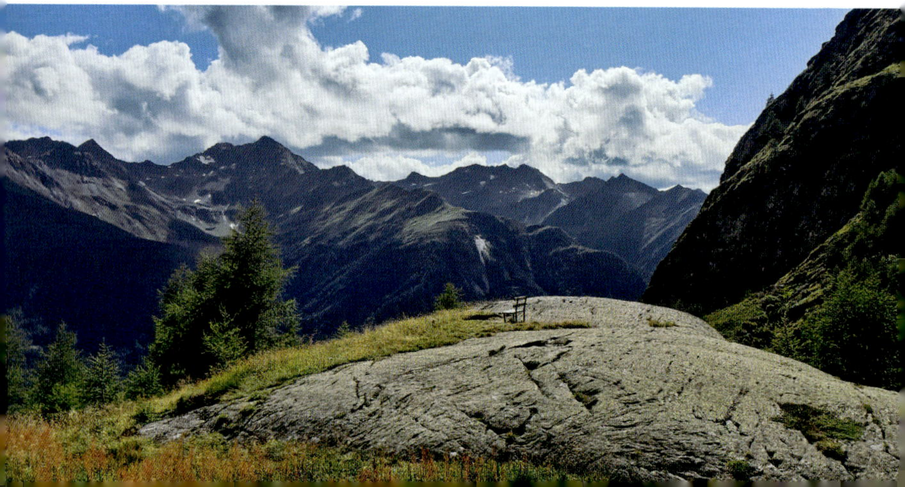

sein, die diese Tour unternehmen wollen. Außerdem erforderlich sind grundlegende Wegfindekenntnisse, da im Bereich Wallhörner Törl bis Weißspitze keine Markierungen vorhanden sind. Der hier beschriebene Abstieg erfordert einiges Überwinden von Blöcken und steilem Terrain (mit Markierungen) und ebenso kleinere Gegenanstiege. Wer dies nicht möchte, kehrt am Aufstiegsweg zurück.

Hinweise: 1) Die Eisseehütte ist ein beliebtes Wanderziel, es kann bis dorthin durchaus auch belebter sein. Der Aufstieg zur Weißspitze und der Bogen hinunter zum Eissee sind aber wahre Orte der Ruhe. 2) Achtung: In manchen Wanderkarten ist der markierte Weg über die Seewandspitze nicht eingezeichnet. 3) In dieser Bergtour sind auch Abschnitte des Hochalpinen Pilgerweges (www.osttiroler-hoehenwege.at/hochalpiner-pilgerweg) inkludiert; Pilgertafeln findet man an mehreren Plätzen, wie etwa auf der Weißspitze oder dem Eissee. 4) Die Tour ist bis kurz nach der kleinen Ochsnerhütte auch MTB-tauglich.

Vom **Bodenalm-Parkplatz ❶** wandern wir auf dem Zufahrtsweg der Bodenalm bergauf; nach einem Gatter bei einem Bach können wir auf einen Abkürzungsweg rechts abbiegen, so sparen wir uns das Ausgehen der Kehren und kommen zur **Bodenalm ❷**. Am von der Wildbach- und Lawinenverbauung gut ausgebauten Weg gelangen wir hoch über dem Virgental zu einem mit einem Edelweiß verzierten großen Felsen, etwa 50 Meter nach ihm biegt unser Steig rechts ab (Wegweiser »Eisseehütte, Nr. 28«). Auf ihm gelangen wir ins Tal des Timmelbaches, münden in den Fahrweg zur Materialseilbahn der Hütte

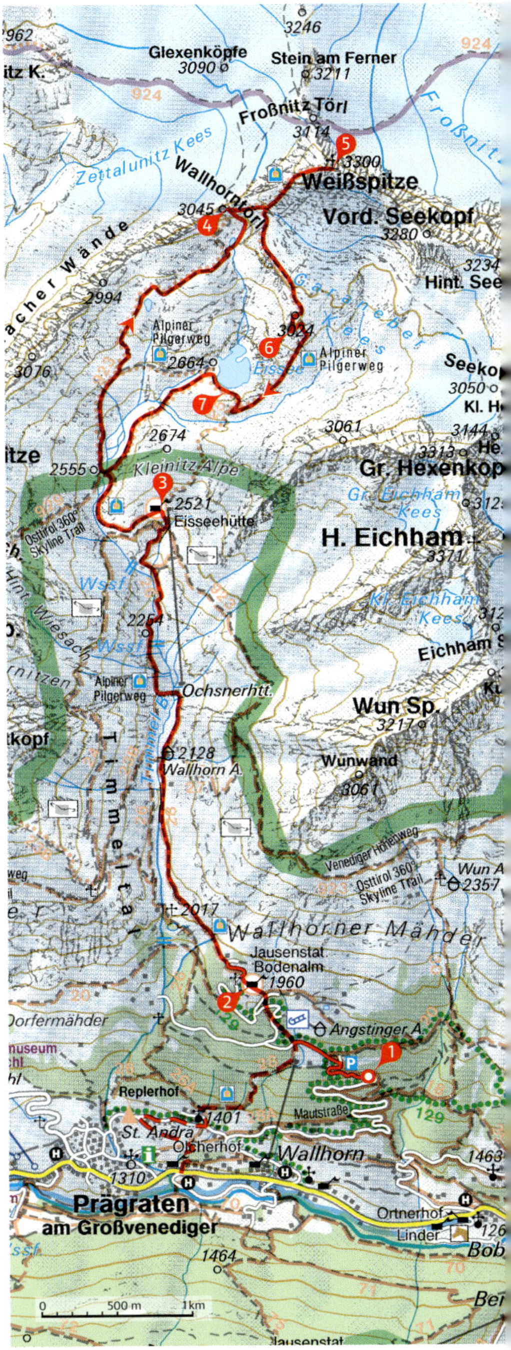

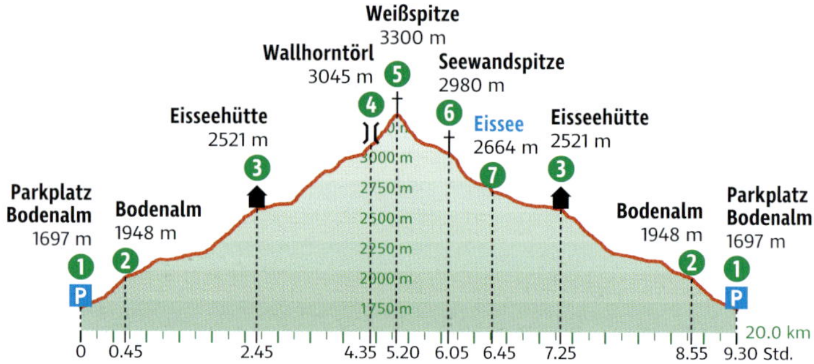

und wandern auf diesem vorbei an der kleinen Ochsnerhütte, einer Alm, bis etwa 100 Meter vor der Seilbahn ein gelber Wegweiser über den Bach weist. Eine kleine Brücke hilft uns hinüber und wir gehen auf dem diesseitigen Wanderweg zur Eisseehütte, die wir bereits seit dem Talanfang sehen können, weiter. Vorbei an Wasserfällen führt der gut markierte Weg (Nr. 923) zur **Eisseehütte 3**.

Wir gehen unterhalb der Hütte vorbei, dem hier zum ersten Mal auftauchenden Wegweiser zur »Weißspitze« (Nr. 923) folgend. Dieser Weg führt uns zuerst in südwestlicher Richtung wieder näher an den Bach heran, dann in nördlicher Richtung in ein bezauberndes Gletschertrogtal. Ziemlich am Anfang dieses Tales betreten wir die Kernzone des Nationalparks, folgen einem Wegweiser nach links (die Weißspitze ist hier nicht angeschrieben) über eine kleine Brücke und folgen dort dann einem weiteren Wegweiser nach Norden durch kleine Felsblöcke und Steine, der Weg ist aber gut markiert. Nach diesem eher flachen Intervall geht es den Markierungen nach eine alte Seitenmoräne hinauf, dann durch die immer raueren und der Vegetation immer feindlicher werdenden Hänge unter den Gastacherwänden, vorbei an einem kleinen See auf etwa 2830 m und nach diesem in kleinen Kehren auf eine weitere Geländestufe. Die Markierungen führen uns über eine kleine Erhöhung und vor uns können wir schon das Wallhorntörl ausmachen, das westlich unseres Gipfelzieles den Übergang zum Defreggerhaus darstellt. Wir erreichen es nach einigen Kehren, die bei einem weiteren Gebirgssee beginnen. Dieser ist selbst im Juli/August oft zugefroren! Das **Wallhorntörl 4**, 3045 m, ist eine kurze Pause wert, haben wir hier doch einen tollen Blick auf die Gletscher im Bereich des Großvenedigers mit seinen Brüdern und Schwestern. Der Weg vom Törl auf die Weißspitze war zum Zeitpunkt der letzten Recherche nicht markiert und führt vom Törl in östlicher Richtung in

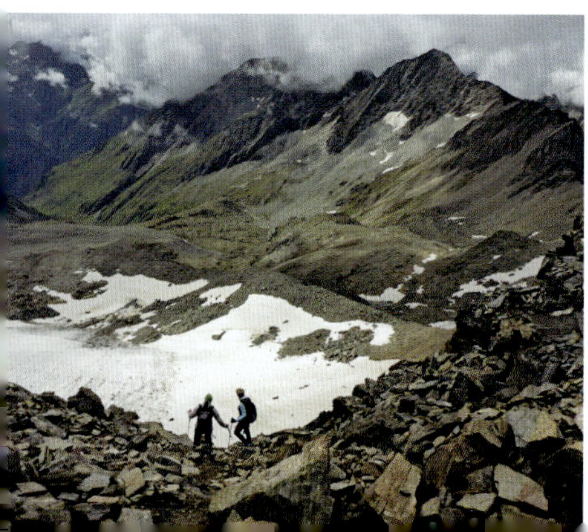

Abstieg mit Blick auf das Gletscherfeld.

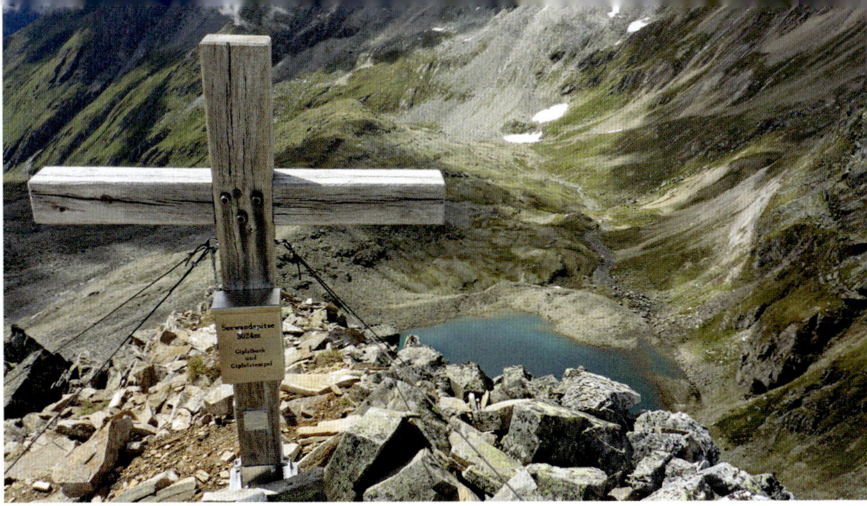

Von der Seewandspitze sieht man auf den Eissee direkt darunter.

den Engpunkt des Kars und dann auf dessen Scheitel hinaus. Dort haben wir bereits einen guten Blick auf das Garaneberkees, den Gletscher unseres Gipfels. Am Hang nördlich des Gletscherfeldes quert der Weg zuerst einen sandigen Hang, dann führt er durch felsiges Gelände steil bergauf nach Nordosten, bis wir dem Gipfelkamm in östlicher Richtung zum Gipfelkreuz der **Weißspitze ❺**, 3300 m, folgen. Nach wohlverdienter Pause steigen wir bis zum Scheitel des im Aufstieg beschriebenen Kars oberhalb des Törls und dort folgen wir dann aber den deutlichen Markierungspunkten in Richtung Süden am Rand des Keeses und seiner Schneefelder. Diese Route führt über einiges an kleinerem Blockwerk, um Geländeschwierigkeiten herum (auch wenn sich das vielleicht manchmal nicht so anfühlen mag) und ist etwas anspruchsvoller als die Aufstiegsroute. Vor uns sehen wir den Gipfel der **Seewandspitze** (auch als Garaneberkopf bekannt) und die markierte Route führt zum recht neuen **Gipfelkreuz ❻**, 2980 m, das zwar unterhalb des Gipfels steht, trotzdem aber die 3024 m der Gipfelhöhe angibt. Von dem Kreuz sieht man gut zum unterhalb gelegenen Eissee.

Um zu dem See zu gelangen, gehen wir einige Dutzend Meter zurück, wenden uns dann nach rechts (bergab) und steigen, uns an den hier nur sporadischen Markierungen und Steinmännchen orientierend, durch gerölliges Gelände hinunter ins Tal. Dort angekommen, wandern wir anfänglich direkt an einem Bach, dann in größerer Distanz zu ihm den Markierungen folgend in südwestliche Richtung, bis wir auf Seehöhe 2735 m an einer kleinen Senke im Rücken an unserer Rechten bereits zum **Eissee ❼** hinuntersehen können und auf einem markierten Steig zu ihm hinabsteigen. An dessen westlichen Ende führt der Weg dann durch eine Landschaft, die deutlich von ihrer glazialen Geschichte spricht, hinunter zu der sandigen Ebene am Beginn der Kernzone des Nationalparks, uns bereits vom Aufstieg bekannt.

Von hier kehren wir auf bereits vertrautem Weg über die **Eisseehütte ❸** und die **Bodenalm ❷** zum **Parkplatz ❶** zurück.

51 Rundwanderung Berger Kogel, 2656 m

Zwischen Prägraten und Virgen

7.00 Std. | 14,7 km | ↗1400 m | ↘1400 m

Abwechslungsreiche Almenwanderung mit Gipfel-Bonus

Der Berger Kogel thront, der Lasörlinggruppe leicht vorgelagert, in einer wahren Aussichtsposition über dem Virgental. Die hier beschriebene Route führt über die Almrosen-und Wildblumenhänge der Marcher und Berger Almen hinauf zur Bergeralmscharte und nach dem Gipfelabstecher hinunter zum Berger See, dessen Wollgraswiesen das Herz höherschlagen lassen. Der Höhenweg zur Berger Alm führt dann am Wetterkreuz, wieder ein toller Aussichtspunkt, durch lichte Lärchenwälder zu einer urigen Alm, die zur Einkehr lädt.

Ausgangspunkt: Kleiner Wanderparkplatz im Weiler Welzelach-Berg, 1360 m, der Gemeinde Virgen. Im Ortszentrum von Virgen nach Welzelach abbiegen, durch den Talboden und dann hinauf nach Welzelach-Berg. Vorbei an den Höfen von Welzelach-Berg, ein paar Hundert Meter nach der Brücke über den Bach in der Schlucht befindet sich links ein kleiner Parkplatz für etwa 6 Autos, rechts Wanderwegweiser. Navi: Welzelach-March 1, 9972 Welzelach.

Anforderungen: Technisch wenig anspruchsvolle Wanderung, die aber durchaus Kondition erfordert.

Einkehr/Übernachtung: Bergerseehütte, direkt am Bergersee, Tel. +43 664 4338333, www.bergerseehuette.at, Übernachtungsmöglichkeit in Lagern und Zimmern; Bergeralm, gegen Ende der Tour, Tel. +43 4874 5458 od. +43 660 5426312, die urige Jausenstation ist besonders zu empfehlen, wechselnde Öffnungszeiten.

Hinweis: Der Berger Kogel ist ein beliebter Berg, der aber zumeist über seinen Nordgrat oder von der Bergerseehütte aus bestiegen wird.

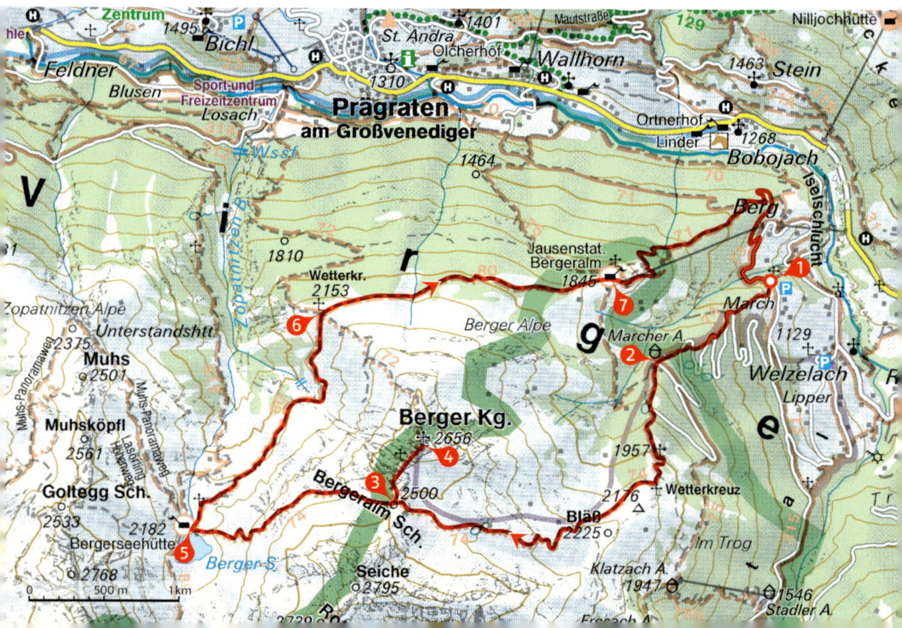

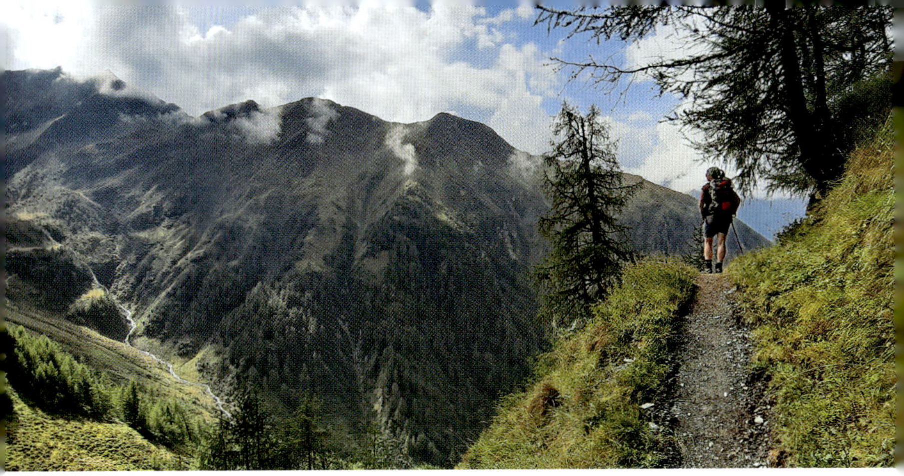

Höhenweg-Charakter auf dem Abschnitt zum Wetterkreuz.

Wir folgen am **Parkplatz Welzelach ❶** dem Wegweiser in Richtung »Marcher Alm« (Weg Nr. 74) am Waldrand gleich steil hinauf bis zu einem breiteren Weg, den wir aber schon nach etwa 20 Metern wieder verlassen und den rot-weiß-roten Markierungen steiler bergan in den Wald folgen. So erreichen wir dann den Forstweg, der zur Marcher Alm führt. Man kann entweder den Abkürzungssteigen zwischen den Kehren des Forstweges folgen oder den Forstweg ausgehen. Bei der **Marcher Alm ❷** geht es steil bergan zwischen den Almhütten hindurch in den Lärchenwald (Wegweiser »Berger Kogel«) und etwa 130 Höhenmeter nach der Alm kreuzen wir im Bereich des Umkehrhammer eines Forstweges ebendiesen. Wir folgen den Markierungen wieder in den Lärchenwald hinein und gewinnen gut an Höhe. Bei einem Marterl kommen wir auf eine Almfläche und etwa 50 Höhenmeter später schwenkt der Weg nach rechts und führt uns dann, erstmal weniger steil als bisher, nach Westen auf die Böden der Almen. Den Markierungen folgend geht es nun stetig bergauf zur Bergeralmscharte, die rauen Schuttfelder des Berges Seiche, 2795 m, zu unserer Linken sehen wir rechts vor uns bereits den Berger Kogel. Der Kontrast zwischen den grünen Almflächen und den Almrosenhängen des Berger Kogels auf der einen und den grauen Felsen der Seiche auf der anderen Seite ist beeindruckend. Der Weg führt uns vor Erreichen der **Bergeralmscharte ❸** noch direkt an einer

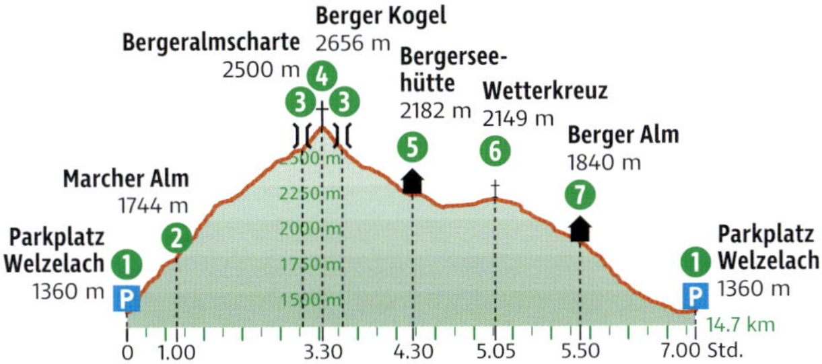

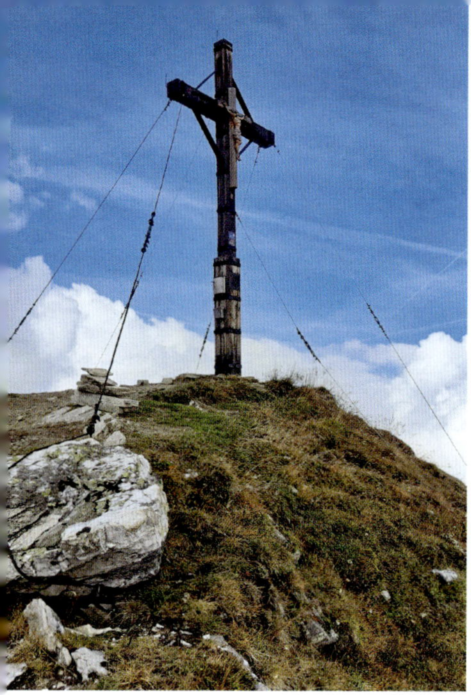

Am Bergerkogelkreuz kommen mehrere Routen zusammen.

kleinen Hütte vorbei und von der Scharte wandern wir noch die letzten 150 Höhenmeter in nördlicher Richtung hinauf zum Gipfel. Nach einigen Metern glaubt man schon das Gipfelkreuz zu erkennen, es ist aber ein kleines Kreuz auf einem Nebengipfel. Von der Bergerseehütte aus kann man allerdings meinen, das kleine Kreuz ziere den Hauptgipfel! Vom Gipfel des **Berger Kogels ❹**, 2656 m, hat man ein gigantisches Panorama auf die Gletscher der Hohen Tauern, den Lasörling südwestlich und das gesamte Virgental.

Nachdem wir uns sattgesehen haben, kehren wir auf dem bekannten Weg zu **Bergeralmscharte ❸** zurück und gehen nun nach Westen (rechts) zum Berger See. Direkt an dessen Auslass steht die **Bergerseehütte ❺**. Wenige Meter nördlich bzw. flussabwärts der Hütte folgen wir dem Wegweiser »Wetterkreuz / Berger Alm« und wandern so zuerst auf einem guten Pfad leicht bergab, um eine Felswand zu umgehen und dann wieder leicht an Höhe gewinnend zum **Wetterkreuz ❻** unterhalb des Nordgrats des **Berger Kogels**. Wir kreuzen dort einen Weg, der vom Berger Kogel hinunter ins Tal führt, und wandern in östlicher Richtung parallel zum Talboden des oberen Virgentales zumeist leicht bergab bis zur **Berger Alm ❼**.

Im Bereich der Berger Alm fängt sich der Kreis dieser Wanderung an zu schließen, haben wir doch hier freien Blick auf die Marcher Alm, den Wald, durch den wir steil auf die Almrosenflächen hinaufstiegen und die weiten Almflächen, die wir auf dem Weg zur Scharte querten. Wir gehen zwischen den Gebäuden der Berger Alm hindurch (Wegweiser »Welzelach«) und folgen den Markierungen anfangs der Lastenseilbahn entlang. Dann biegt der Wanderweg stark nach links ab, um eine Steilwand zu umgehen. Steil geht es nun auch für uns im Wald bergab, wir kommen zu einem Forstweg und folgen den Wegweisern in Richtung »Welzelach-Berg«. Beim Wegweiser auf etwa 1400 m Seehöhe, der die Standortangabe »LZ1902« trägt, können wir nun etwas abkürzen, indem wir auf dem Forstweg bleiben, also nicht dem Wegweiser folgen, der uns nach Welzelach leiten würde. Auf dem Forstweg kommen wir nämlich direkt hinunter zur Straße, der wir ein paar Hundert Meter nach rechts zum **Parkplatz Welzelach ❶** folgen. Wer versehentlich in Welzelach-Berg gelandet ist, also auch dem letzten Wegweiser noch nachging, der hat einen etwas längeren Rückweg der Straße nach zum Parkplatz, kommt aber auch ans Ziel.

Über die Hohe Bank

Von Obermauern nach Wallhorn

52

2.15 Std. | 6,4 km | ↗ 340 m | ↘ 320 m

Blumenwiesen, Weiden, Kapellen, eine tiefe Schlucht und Alpenpanorama

Die Isel stellt in Österreich einen ganz besonderen Fluss dar, darf sie doch als letzter Gletscherfluss noch frei von Dämmen und Begradigung fließen. Im Bereich dieser Wanderung tost sie tief unter dem Weg durch eine Schlucht, der Mensch muss sich ihrer Macht beugen. Abseits der Schlucht führt diese Wanderung über steile Bergwiesen, von denen viele noch per Hand gemäht werden, vorbei an mit Blumen geschmückten Bauernhäusern, an Kapellen und zu Beginn an einer bedeutenden Wallfahrtskirche, Maria Schnee in Obermauern. Dieser spätgotische Bau beinhaltet Fresken der Leidensgeschichte Jesu und ist auf jeden Fall eine Besichtigung wert.

Ausgangspunkt: Parkplatz parallel zu Straße und Bach in Obermauern, 1278 m, unterhalb der Kirche. Navi: Obermauern 64, 9972 Obermauern.
Endpunkt: Bushaltestelle Prägraten Wallhorn, 1280 m, an der Virgener Landesstraße L24 im Ortsteil Wallhorn, Gemeinde Prägraten am Großvenediger.
ÖPNV: Bus Linie 951 verkehrt von Sillian nach Prägraten, und mit der Gästekarte kann man gratis zurück zum Ausgangspunkt fahren. Bushaltestellen Abzweigung Obermauern (200 m südlich des Ausgangspunktes) und Prägraten Wallhorn (Endpunkt).
Anforderungen: Bis auf einen kurzen Abschnitt im Bereich der Hohen Bank selbst ist diese Wanderung leicht. Hoch über der Iselschlucht ist der Weg aber schmal und erfordert Trittsicherheit, es gibt auch eine Seilsicherung. Nicht für Wanderer mit Höhenangst!
Einkehr: Keine.
Variante: Alternativ zur Rückfahrt mit dem Bus kann man auch vom Endpunkt zur Isel hinunter, am Fluss entlang nach Welzelach und von dort über Niedermauern auf einem weiteren Wanderweg nach Obermauern gehen. Aufgrund des neuen Iseltrails ist die Iselschlucht aber sehr populär (ca. 6,3 km und 310 Hm zusätzlich).

Unterwegs nach Wallhorn.

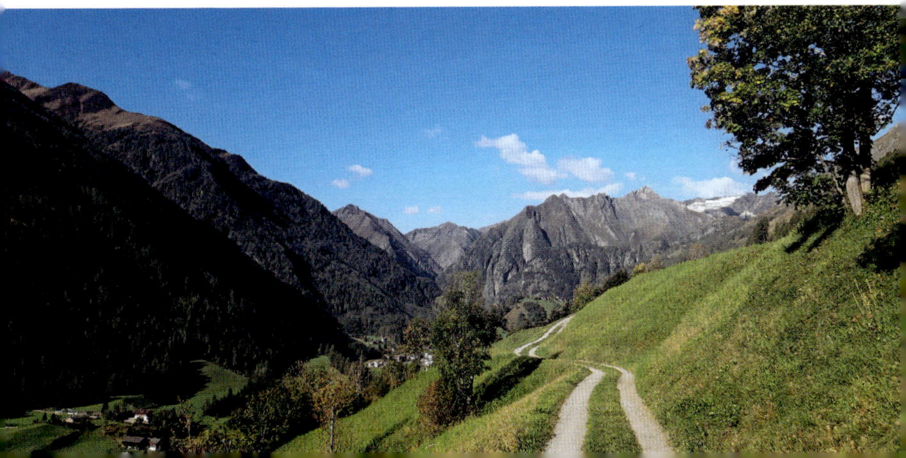

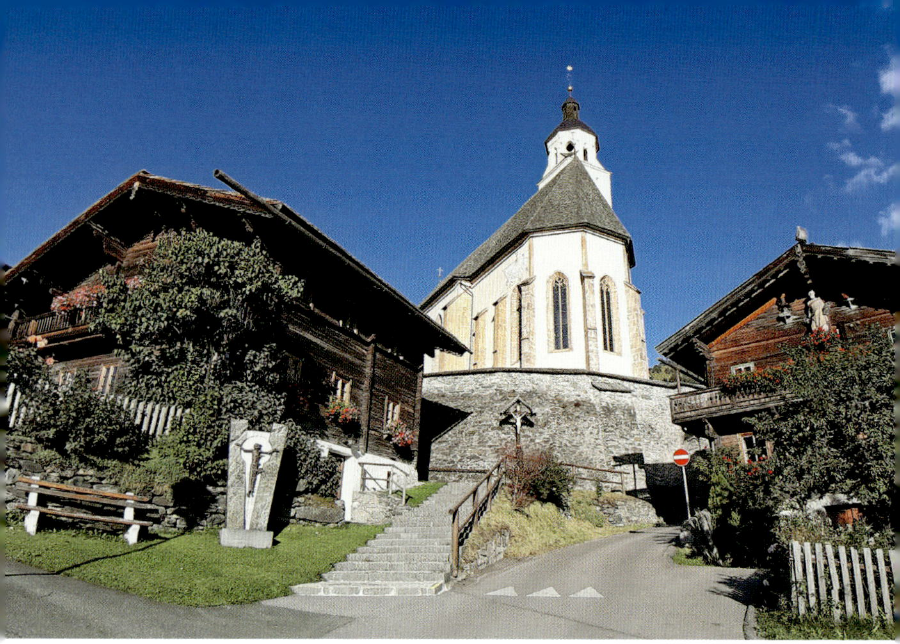

Wallfahrtskirche Maria Schnee in Obermauern.

Mit dem Nilbach auf unserer Rechten gehen wir vom Parkplatz in **Obermauern ①** auf die Kirche Maria Schnee zu, neben ihr alte, hölzerne Bauernhäuser, und dann an ihrer rechten Seite vorbei an einer Begrenzungsmauer entlang bergauf. Wir biegen nach dem kleinen Gebäude der Freiwilligen Feuerwehr in die erste Straße links ein und folgen ihr und dem Wegweiser »Bobojach / Hohe Bank« bis die Straße nach den letzten Häusern nach rechts wegschwingt und wir geradeaus auf einem geschotterten Feldweg weitergehen. Dieser führt nach ca. 250 Metern links hinauf auf einen Hügel, wir aber gehen auf einem ausgeschilderten, nun schmalen Weg (»Bobojach, Hohe Wand, Weg Nr. 31«) geradeaus. Es geht nun leicht bergauf, wir kommen zur **Hohen Bank ②**, einem tollen Aussichtsplatz Marterl und Heuhütten, und gehen dann direkt unterhalb einer Heuhütte rechts von uns weiter. Auf der Heuhütte befindet sich eine Markierung, eine breitere Wegspur führt nämlich bergab – diese nehmen wir nicht. So kommen wir alsbald in den steilen Wald oberhalb der Iselschlucht, unser Weg quert diesen teils mit Felsen durchsetzten Bereich, wir queren einen Murstoß bzw. Lawinenstrich und kommen kurz nach ihm zu einer Weggabelung bei einem Gatter. Links geht es nach Bobojach, rechts bergauf nach Stein, angeschrieben als »Bobojach über Blaserhof, Weg Nr. 31A« und kurz darauf »Oberstein, Weg Nr. 31B«. Wir steigen nun durch den Wald bergauf, bei einer unscheinbaren Gabelung halten wir uns erneut rechts und gelangen

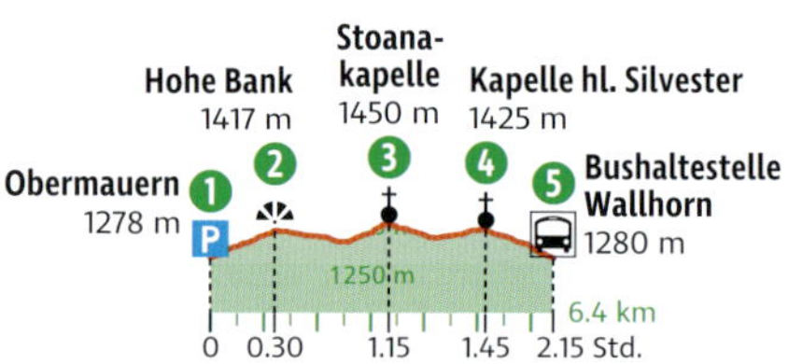

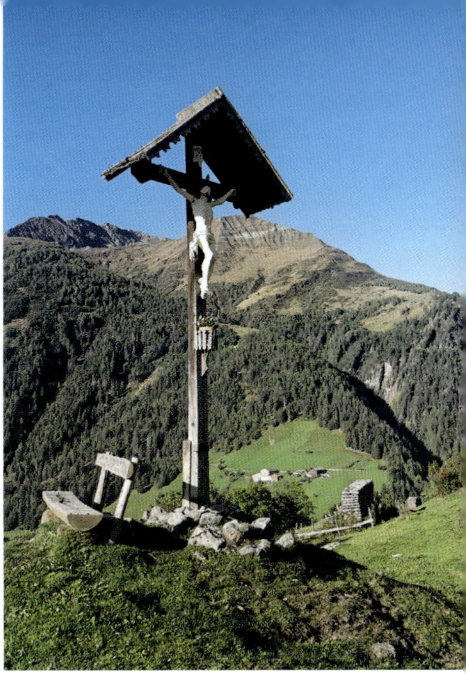

Die namensgebende Hohe Bank.

so zum östlichsten Bauernhof von Stein, den Untersteinerhof. Auf dessen Zufahrtsstraße wandern wir nun zum nächsten Hof, dem Obersteiner, bei dem eine der Dreifaltigkeit gewidmete Kapelle steht, die **Stoanakapelle ❸**. Mit 1450 m Seehöhe haben wir hier den höchsten Punkt dieser kurzen, aber abwechslungsreichen Wanderung erreicht.
Wir folgen der Zufahrtsstraße der beiden Steiner Höfe bis nach der zweiten Kehre über eine Brücke und biegen nach dieser rechts in einen Feldweg ein. Mit ausladendem Blick über die kleingliedrige Felderwirtschaft (früher wurde hier auch noch Getreide für den Eigenbedarf angebaut) und die Gipfel der Virgentaler Berge bis hin zu den Malhamgletschern kann man das Wandern hier so richtig genießen. Wir kommen unterhalb des Osemahofes vorbei und kurz darauf auf die Wallhorner Straße ins Ortsgebiet von **Wallhorn**, wo gleich beim Ortsschild eine dem **hl. Silvester ❹** geweihte Kapelle steht. Wir folgen der Straße hinunter zur Virgentaler Landesstraße, vorbei an alten Bauernhöfen und in der letzten Kehre vor Erreichen der **Bushaltestelle Wallhorn ❺** auch noch an der Kapelle zu den Armen Seelen.

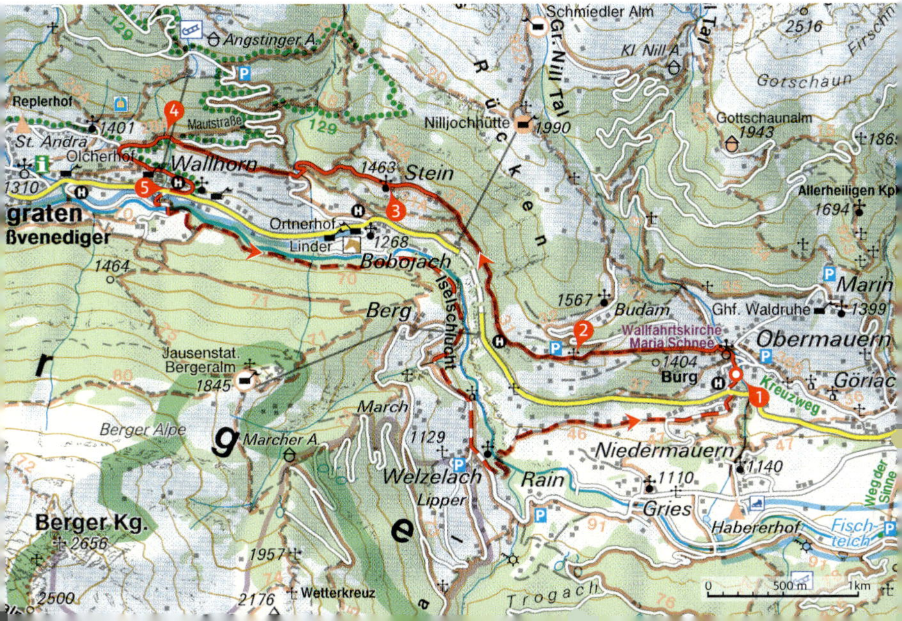

53 Merschenalm, 2249 m

Vorbei an der Würfelehütte von Virgen aus

6.30 Std. | 17,6 km | ↗1270 m | ↘1270 m

Hoch gelegene Alm im Steinkastal

Eine Wanderung ins Steinkastal hat viel zu bieten: Von der hier bereits mächtigen Isel im Tal gelangen wir durch dichten Fichtenwald immer höher, wandern auf angenehm sanften Forstwegen bis ins hintere Tal, wo wir dann über die Almweiden bis zur Almhütte hinaufsteigen, deren Ausblick genau das Glocknermassiv, den Nussing und die Bretterwand inkludiert. Aufgrund der für eine Alm relativ hohen Lage ist diese nur von Juli bis Mitte September bewirtschaftet, aber auch im Herbst ist es mit eigener Jause im Gepäck ein wahrer Genuss, die Pracht der Farbenpalette zu genießen. Frühlingstouren macht meist die Lawine in der Engstelle am Eingang zum Almgebiet einen Strich durch die Rechnung, der Weg wird im Winter oft meterhoch verschüttet, in manchen Jahren wird der Lawinenschnee sogar im Oktober/November vom ersten Neuschnee zugedeckt! Schnee im Sommer ist nicht nur bei Kindern ein besonderer Wanderbonus!

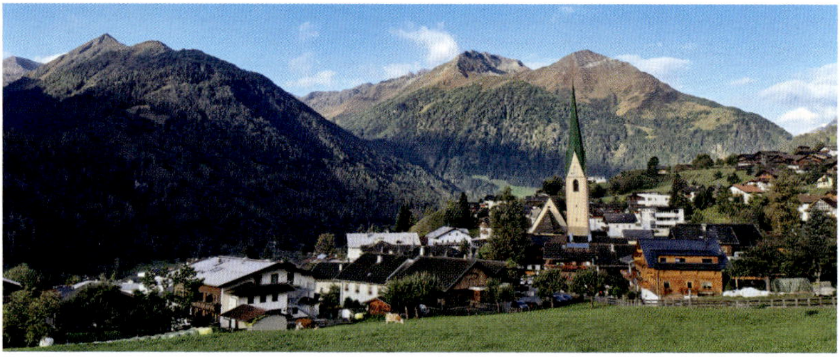

Der Ortskern von Virgen in Osttirol.

Ausgangspunkt: Parkplatz Würfelehütte, 1090 m, am Talboden unterhalb von Virgen. Von Matrei kommend vor der Kirche links abbiegen, vor dem Bach wieder links und an der Mittelschule vorbei hinunter ins Tal, über die Iselbrücke und dann rechts bis zum Parkplatz. Navi: Tratteweg 20, 9972 Virgen.
ÖPNV: Bus Linie 951 mit Verbindung nach Matrei i. O. bzw. Prägraten, Haltestelle Virgen i. O. Kirche. Von dort der Beschreibung zum Ausgangspunkt folgen (ca. 1,1 km Fußweg).
Anforderungen: Großteils einfache Wanderung auf Forstwegen und Steigen durch den Wald, später über die Almflächen. Der Abstieg von der Thunalm nach Niedermauern ist im Vergleich zur restlichen Wanderung eher steil.
Einkehr: Merschenalm, Tel. +43 650 9228411, meist von Juli bis Mitte September bewirtschaftet, einfache Kost aus almeigenen Produkten.
Hinweise: 1) Die Merschenalm ist auf manchen Karten auch als Merschenhütte angeschrieben. 2) Bei den Überresten der Lawine am Steinkasbach am Beginn des Almgebietes Merschenalm ist Vorsicht geboten. Der Bach fließt unter dieser durch und die geschaffene Schneebrücke kann unverhofft einbrechen.

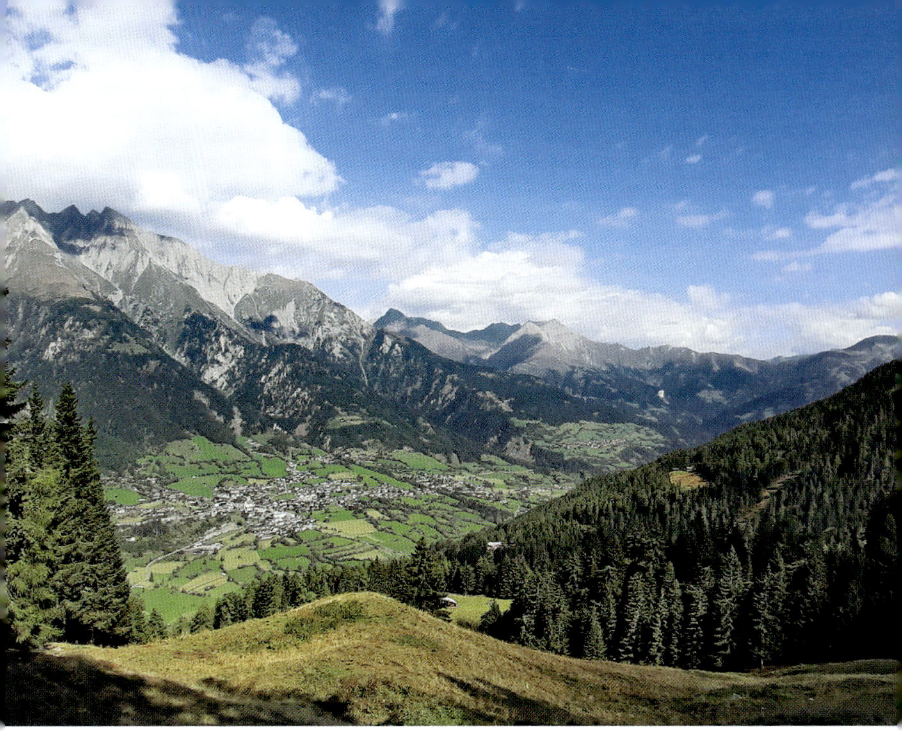

Blick auf Virgen von den Weiden der Thunalm aus.

Mehrere Wege führen vom **Parkplatz Würfelehütte ❶** an der Isel zur Würfelehütte, wir wählen den, welcher zuerst in östlicher (talauswärts) Richtung bergauf in den Wald führt. Nach etwa 400 m führt rechts ein steilerer Weg weg, auf dem wir unsere Wanderung fortsetzen. Dieser Weg spaltet sich, wir bleiben hier am breiteren links, kommen an einem Kreuz vorbei und wenig später wieder auf den Forstweg. Parallel zum Forstweg verläuft hier noch ein Weg, es spielt aber keine Rolle, auf welchem wir gehen, Hauptsache, wir verlassen den Forstweg kurz darauf wieder auf der linken Seite, die Würfelehütte können wir vor uns schon sehen und die Merschenhütte (Weg Nr. 79/316) ist bereits angeschrieben. Wenig später kreuzen wir erneut einen breiten Forstweg und folgen wieder dem Wegweiser. Wir gewinnen nun einige Höhenmeter im Wald, queren dann die Almfläche der Motschendaberalm und

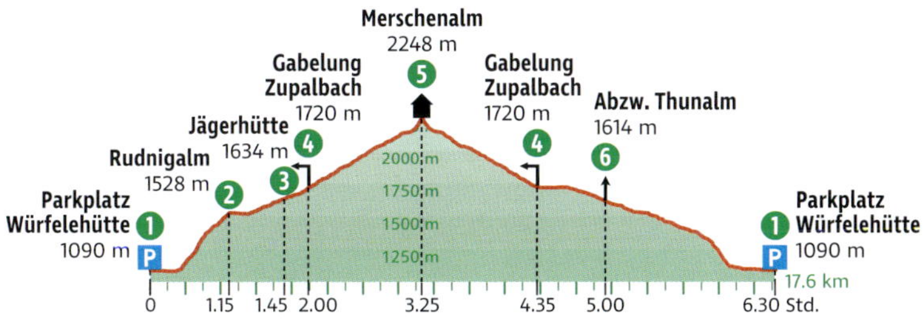

kommen durch ein Gatter auf einen Forstweg, dem wir nach rechts ins Steinkastal folgen. Entspannt ist das Wandern auf diesem anfänglich fast flach dahinführenden Weg, wir kommen zuerst an der **Rudnigalm ②** vorbei, dann auch an einer kleinen **Jägerhütte ③**, queren den **Zupalbach** und erreichen eine **Weggabelung ④**: Rechts geht es zur Thunalm, wir aber bleiben links und wandern weiter hinein in das Steinkastal, das nun immer schmaler wird. An seiner schmalsten Stelle tosen im Winter oft Lawinen herab, ihre Spur ist an den fehlenden Bäumen gut erkennbar. Kurz nach dem Lawinenstrich endet die Forststraße und wir wandern im nun wieder breiter werdenden Tal auf einem Steig, der rechts des Talbodens markiert ins hintere Steinkastal führt. Die Merschenalm bleibt bis kurz vor Ihrem Erreichen verborgen. Nachdem wir einen Bach gequert haben, schwingt der Weg von Südwest auf West und führt, vorbei an den Resten einer Alm, in kleinen Kehren nun steiler bergan und uns direkt zur **Merschenalm ⑤**, deren Wirtschaftsgebäude auf der anderen Talseite sind.

Nach wohlverdienter Rast wandern wir auf dem bereits bekannten Weg zurück bis zur **Weggabelung ④**

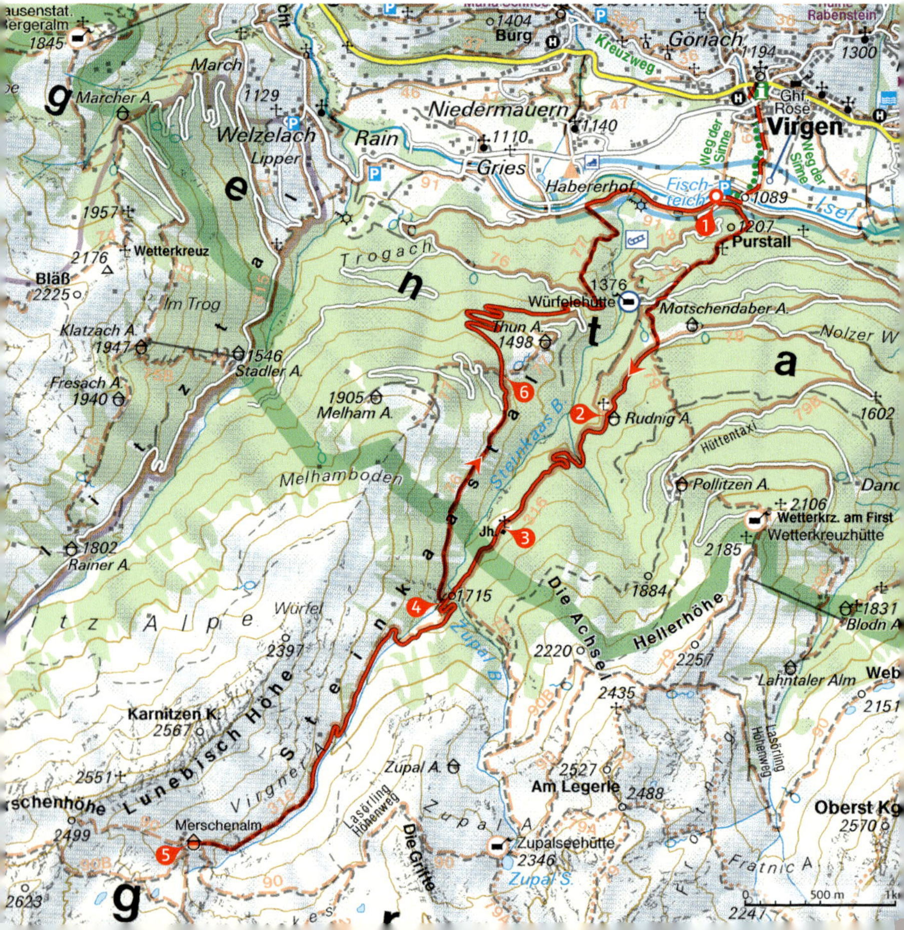

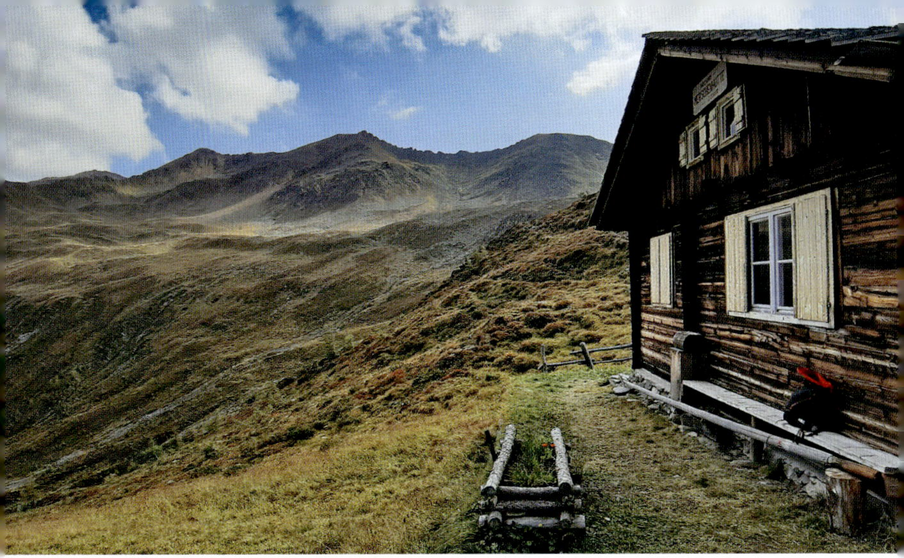

An der Merschenalm mit Blick auf den Donnerstein, 2725 m, im Hintergrund.

vor dem **Zupalbach**. Wir nehmen die Abzweigung links zur Thunalm, queren den Steinkasbach auf einer Holzbrücke und folgen dem eben dahinführenden, breiten Weg über Almwiesen und durch den Wald, bis er in einer Kehre in einen Forstweg einmündet. Auf diesem mit »Niedermauern« ausgeschilderten Weg wandern wir bergab, bis rechter Hand die ersten Weideflächen der **Thunalm ❻** zu sehen sind. Am Beginn dieser Weideflächen führt rechts ein Weg nach Niedermauern, den man alternativ zum Fahrweg nehmen kann. Vor allem während der Weidezeiten empfiehlt sich aber der Fahrweg, der uns nach fünf Kehren und einem längeren geraden Abschnitt zu einer weiteren Abzweigung zur Thunalm bringt. Wir aber bleiben am Hauptweg, und nach einer weiteren Kehre mündet von oben der Thunalm-Steig ein. Noch eine Kehre gilt es bergab am Forstweg zu gehen, einige Dutzend Meter nach dieser führt rechts ein Steig bergab in den Wald. Er ist markiert, aber nicht ausgeschildert. Auf diesem Weg, der immer wieder tolle Blicke auf die Virgener Bergwelt und den Ort selbst freigibt, steigen wir nun bergab, queren eine Forststraße und gehen bei einer kleinen Bank wieder auf dem Steig hinunter ins Tal, bis wir auf den breiten Talweg entlang der Isel kommen. Auf ihm wandern wir flussabwärts bis zum Ausgangspunkt am **Parkplatz Würfelehütte ❶**.

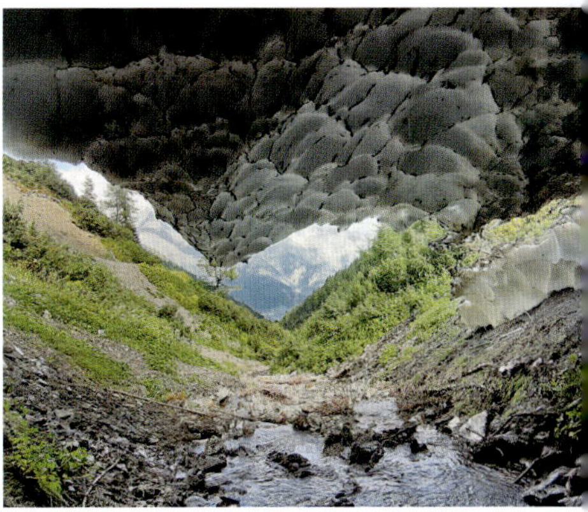

Mächtige Lawinen halten sich oft weit in den Sommer hinein.

54 Oberstkogel, 2570 m
Gipfelüberschreitung von Virgen-Mitteldorf

8.30 Std. | 22,4 km | ↗ 1570 m | ↘ 1570 m

Hoch hinaus in der Lasörlingruppe
Eine Wanderung für konditionsstarke Bergfreunde, die mit tollem Panorama, einsamen Passagen, einem idyllisch gelegenen Bergsee und einer modernen Interpretation eines Gipfelkreuzes belohnt. Aufgrund der langen Etappen auf Almwegen und Forststraßen trotz der vielen Höhenmeter eher knieschonend.

Ausgangspunkt: Parkmöglichkeit an der Mündung der Straße, die vom Virgener Ortsteil Mitteldorf hinunter zur Isel, 1011 m, führt. Wo sie am Talboden in den Weg entlang der Isel mündet, gibt es Parkmöglichkeiten. Navi: Mitteldorf 43, 9972 Mitteldorf.
ÖPNV: Bus Linie 951 mit Verbindung nach Matrei i. O. bzw. Prägraten, Haltestelle Virgen Mitteldorf. Von dort die erste Straße rechts hinab nehmen, an der Kirche vorbei hinunter zur Isel und zum Ausgangspunkt (ca. 800 m Fußweg).

Anforderungen: Diese Wanderung ist bis auf die letzten 50 Höhenmeter vor dem Gipfel eindeutig als mittelschwer (»rot«) einzuordnen. Auf dem Gipfelgrat, sowohl im Abstieg als auch im Anstieg, gibt es aber einige ausgesetzte Stellen mit Seilsicherung. Aufgrund dessen schafft es diese Tour gerade in den Bereich schwierig (»schwarz«). Erfahrene Bergwanderer werden angesichts dieser Stellen aber nicht in Schweiß ausbrechen.
Einkehr: Keine.

Blick über die Almwiesen nach Zedlach, dahinter der Nüssingkogel und die Bretterwandspitze (Tour 35)

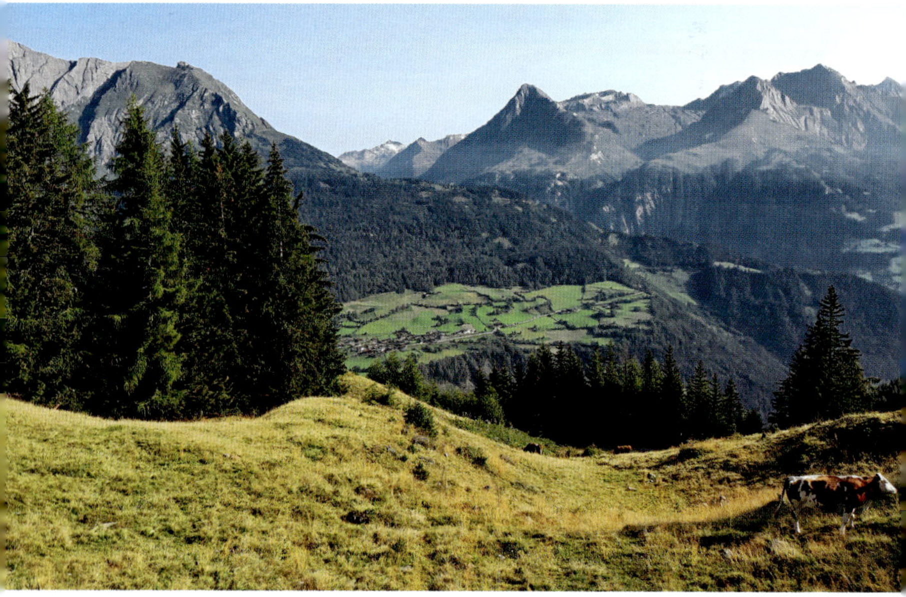

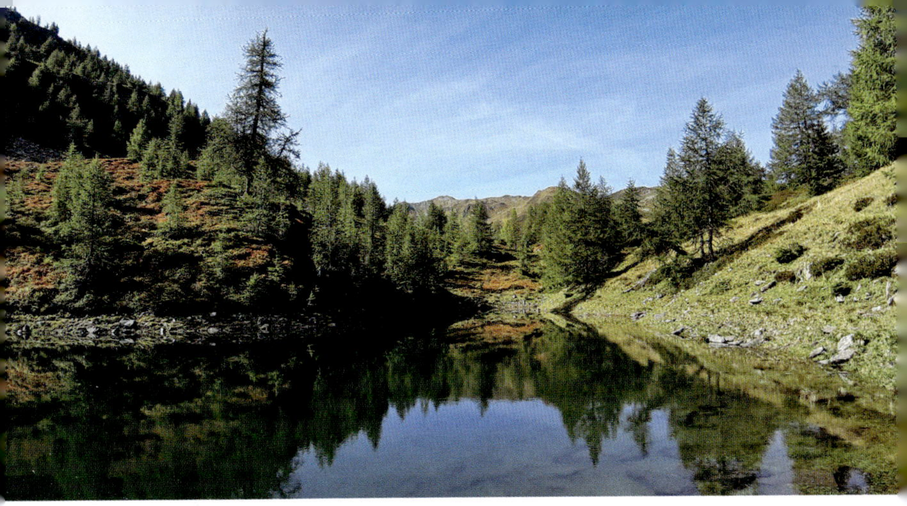

Der Lackensee auf dem Weg zum Oberstkogel.

Wir wandern vom Ausgangspunkt an der **Isel 1** kurz flussabwärts bis zur Brücke über den mächtigen Gletscherfluss. Nach der Brücke geht es ausgeschildert auf dem Weg Nr. 83 in Richtung »Lackensee / Oberstkogel« auf einem Forstweg bergan. Die Beschilderung ist sehr gut, wir bleiben immer am Hauptweg, etwaige Holzwege ignorieren wir. So geht es in vielen Kehren bergan, immer wieder haben wir dabei einen guten Blick auf das Virgental und queren später einige kleine Almweiden. Am Ende des Forstweges angelangt, wandern wir, jetzt den rot-weiß-roten Markierungen folgend, über eine Wiese hinein in den Wald. Schon bald sehen wir in einiger Entfernung eine kleine Hütte und wenig später erreichen wir eine Wegkreuzung. Hier folgen wir wieder dem Wegweiser »Lackensee«. Unser Pfad führt uns jetzt weniger steil als bisher in südwestliche Richtung zum malerisch in einer Senke gelegenen **Lackensee 2**.

Hier führt ein Weg nach rechts (Westen) zur Zupalseehütte, wir aber gehen links auf dem mit »Oberstkogel« ausgeschilderten schmalen Weg nach Nordosten.Direkt bei einem auf einer kleinen, flachen Schulter am Hang stehenden unscheinbaren Steinmann geht es dann aber ans Eingemachte: Der wahre Anstieg zum Oberstkogel beginnt nun. Der Weg ist markiert und führt zumeist am Grat oder in dessen Nähe zum

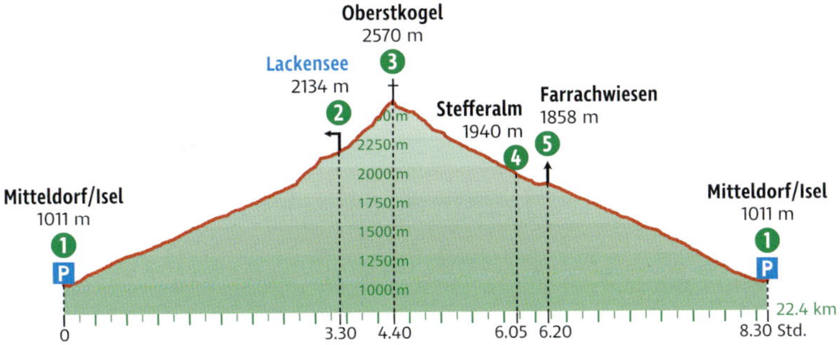

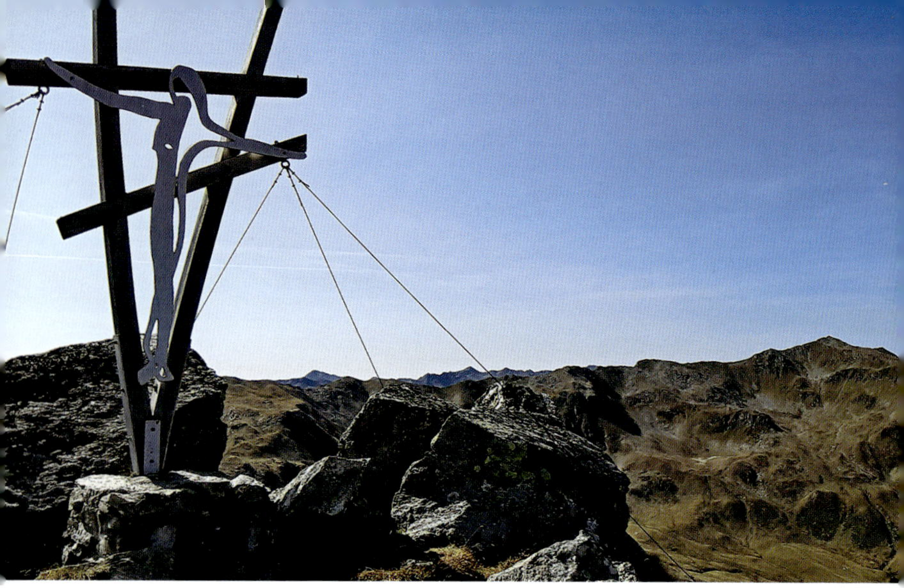

Am Oberstkogel mit seinem modernen Gipfelkreuz bietet sich ein prächtiges Panorama in die Virgener Bergwelt.

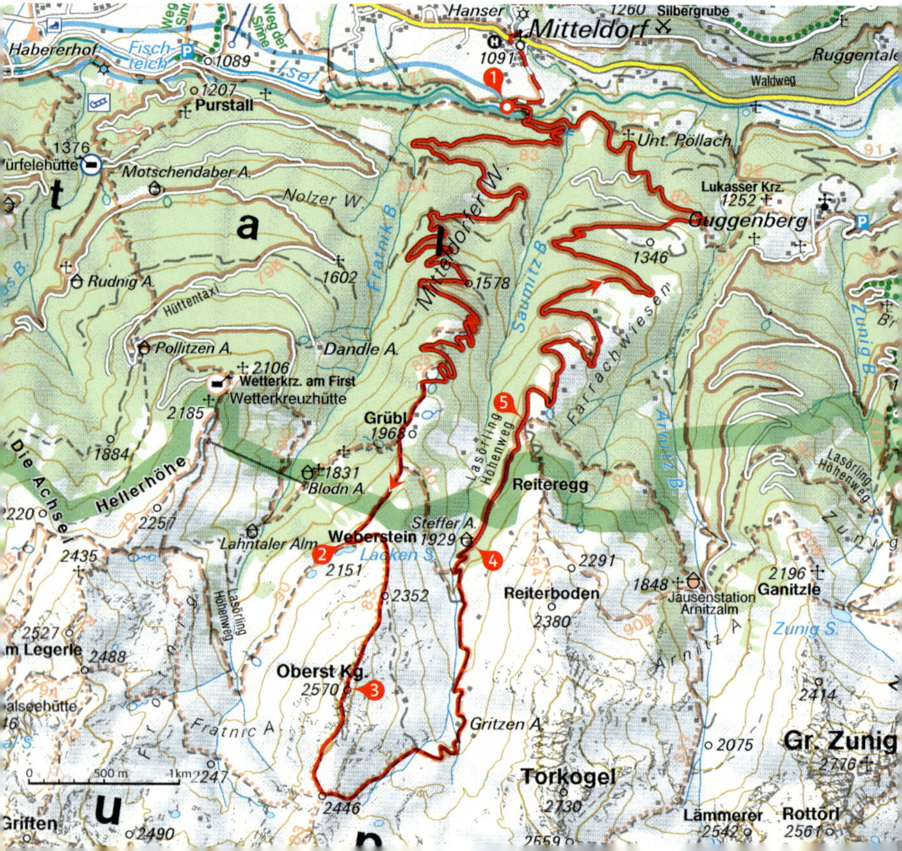

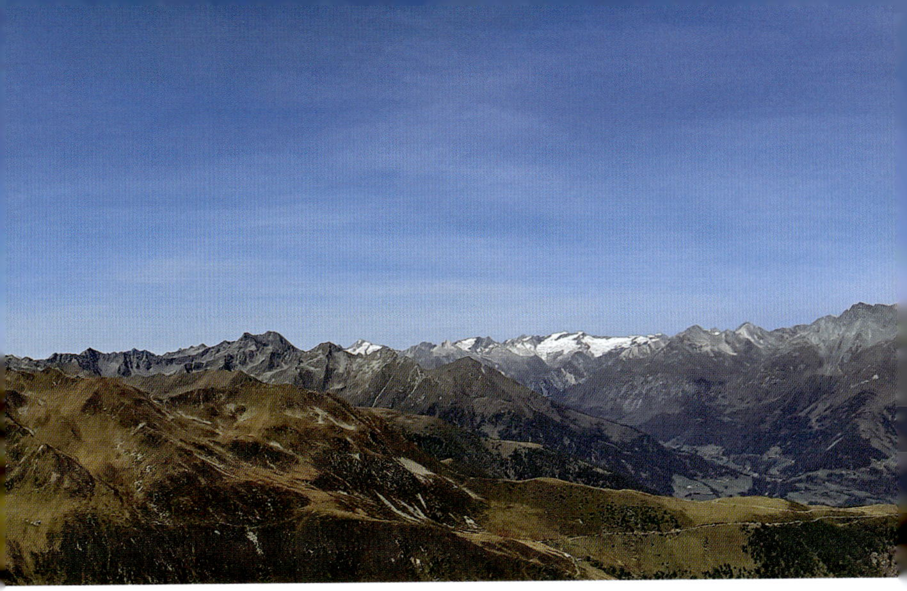

Gipfel, dabei sind die letzten paar Meter seilgesichert. Den **Oberstkogel ❸**, 2570 m, ziert ein modernes Gipfelkreuz, und die Blicke in die Venedigergruppe sind atemberaubend.

Im Abstieg folgen wir weiterhin dem markierten Grat in Richtung Süden, die Route führt – teilweise mit Seilen versetzt – durch die teils felsigen, teils von steilen Grasflanken dominierte Südhälfte des Oberstkogels hinunter zu einer Steinmauer, der wir zu einem Wegweiser folgen. An dieser Vier-Wege-Kreuzung biegen wir fast in einem rechten Winkel nach links ab in Richtung »Arnitzalm«. Der Weg ist hier mehr eine Wegspur, die immer wieder nur sehr schwer sichtbar ist. Das Terrain ist aber recht einfach, und wer nicht im Gras die Markierungen auf den Steinen am Boden suchen möchte, der folgt einfach weglos der Mauer bis hinunter zum Fahrweg der Almen, den wir schon in einiger Entfernung sehen. Auch der markierte Wanderweg mündet in den Fahrweg, auf dem wir nun bergab wandern. Dieser führt an mehreren teils verfallenen, teils noch bewirtschafteten Gebäuden der Außerbachlealm vorbei und wir erreichen dann eine Brücke, wo wir bei einer Gabelung geradeaus weitergehen, dem Wegweiser nach »Mitteldorf« folgend.

Nachdem wir linker Hand die **Stefferalm ❹** passiert haben, mündet nach einer kurz leicht aufwärtsführenden Passage von rechts ein weiterer Weg in den unseren ein, rechts von uns befinden sich Almwiesen: die **Farrachwiesen ❺**. Der Almweg schlängelt sich in vielen Kehren mal über diese Wiesen, mal durch den Wald und führt uns, gut ausgeschildert, immer weiter ins Virgental hinunter. Nach einer langen Passage im Wald sehen wir durch die Bäume vor uns Mitteldorf und linker Hand ein großes Marterl. Wir folgen dem Fahrweg weiterhin bergab, queren eine Brücke, hinter der ein Wasserfall braust, und kommen bei der uns vom Anfang der Wanderung bekannten Brücke zur **Isel** zurück. Nur noch wenige Dutzend Meter trennen uns vom **Ausgangspunkt ❶**.

Stichwortverzeichnis

A
Ahornalm 47
Alfenalm 31
Alkuser See 157
Anras 95, 98
Arnschartl 106
Arnsteiger Biwak 105
Ascher Alm 97
Ascher Kaser 96
Äußere Steineralm 127, 131
Außervillgraten 66

B
Barrensee 153
Beilspitze 169
Beim See 120
Bergen (Obertilliach) 85
Berger Alm 184
Bergeralmscharte 183
Berger Kogel 182
Berger See 184
Bergletalm 38
Bichl (Assling) 107
Birgl 71
Bockstein 103
Bodenalm 179
Brandalm 60
Bretterwandspitze 134
Brunnalm 57
Burg (Kals a. Gr.) 140

C
Compedal, Skihütte 108

D
Daberer Wasserfall 162
Debanttal 160
Dorfberg 82

E
Edelweißwiesen 131, 136
Eggen (Untertilliach) 92
Einattal 36, 40, 42
Eissee 181
Eisseehütte 178
Eselsteig Kals 142

F
Falkamsee 49
Farrachwiesen 195
Felsenkapelle (Kals a. Gr.) 140
Finsterkofelkreuz 98
Friedensweg St. Helena 164
Fürhapter Kapelle 34

G
Gabesitten 46
Gabesittenhang 48
Gaishörndl 24
Galleralm 35
Gamper Kaser 110
Gannekofel 30
Gatterspitze 72
Gedalerkaser 108
Geigenseehütte 102, 105
Gissetörl 31
Glanzalm 174, 175
Glanz (Matrei i. O.) 131, 134
Gliefenalm 61
Glorer Hütte 142
Grabenstein 52
Gripp 82
Gritzer Alm 168
Gritzer Hörndl 167
Gritzer Seen 166, 167
Großer Zunig 175
Gsaritzer Alm 170

H
Heimwaldjöchl 29
Heinkaralm 50
Herrgottslärche 66
Hoanzer Alm 126
Hochegg 75, 103
Hochgrabe 42
Hochschoberhütte 150, 154, 155
Hochspitz 88
Hof (Hopfgarten i. D.) 172
Hohe Bank 185
Hoher Bichl 144
Hoher Bösring 78
Hoher Prijakt 150
Hopfgarten in Defereggen 172
Huber Kaser 110, 112

I
Innervillgraten 30, 32, 33, 36, 40, 42, 46
Iselschlucht 185

J
Jakober Kaser 111, 112

K
Kalksteiner Jöchl 29
Kalkstein (Innervillgraten) 24, 27, 30
Kals am Großglockner 140
Kalser Dorfertal 137
Kartitsch 70, 72, 75, 82
Kessetaler Seen 46
Kircher Almen 92
Kobreil 99
Kreuzspitze 27
Kristeinertal 102

L
Lackenkammer-Alm 53, 59
Lackensee 193
Landeggalm 121
Landeggtal 120
Lavant 117
Lavanter Alm 117
Lavanter Alpl 115
Lavanter Kolm 114
Leibniger Alpl 147
Leibniger Tor 145
Leibnitzalm 151, 155
Leisacher Alm 59
Leitertal 78
Lesachtal 92
Lienzer Hütte 154, 159
Lipperalm 28

M
Marcher Alm 183

Noch mehr Wanderglück ...

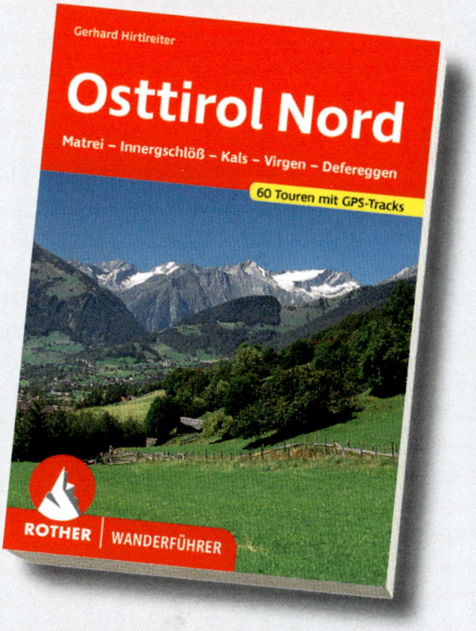

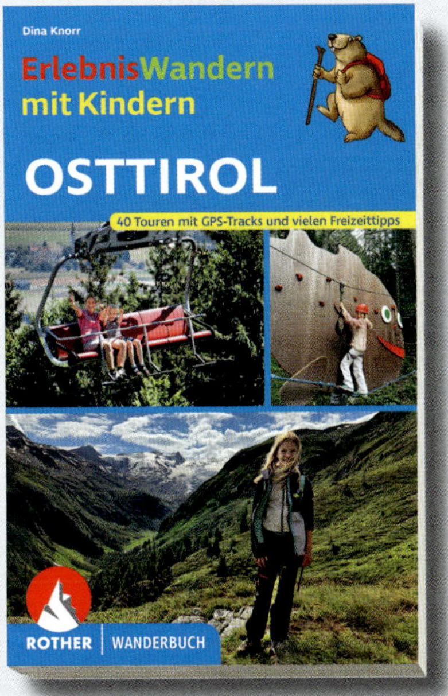

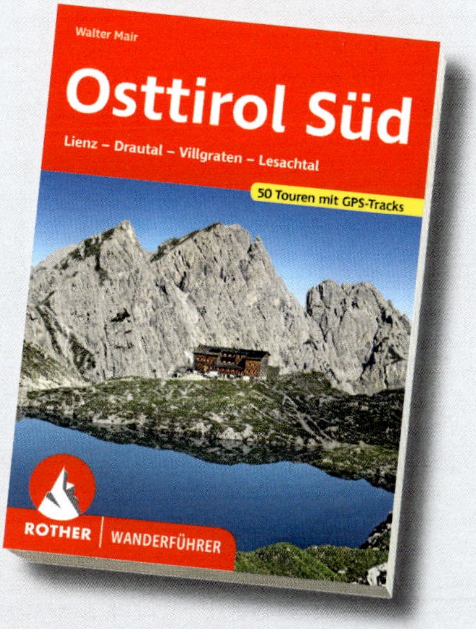

ROTHER | WWW.ROTHER.DE

Maria Schnee, Kapelle 148
Matrei in Osttirol 124, 128
Merschenalm 188, 190
Mirnitzscharte 159
Mirschachscharte 156
Mitteldorf (Virgen) 192
Mitterkarbiwak 89
Mösern 174
O
Oberarnalm 57
Oberleibnig 145, 148
Obermauern 185
Oberstkogel 192
Obertilliach 78, 82, 85
Obstanser Almboden 72
Obwurzen 60
Ochsensee 105
Öfenspitze 75
P
Paintner Alm 104
Pedretscher Kaser 110
Peischlachtörl 143
Pfannegg 83
Pfanntörl 26
Pifangalm 139
Platzoller Alm 104
Prägraten 178
Prantekammernalm 32, 33
Prappernitze 164
Prinz-Heinrich-Kapelle 73
Prossegg 129
Pürglesgungge 24
Pustertaler Almweg 110
R
Rajach 174
Rals 85
Ratzell 175
Ratzeller Bergwiesen 172
Rauchenbach 75
Rautalm 68
Regenstein 102, 106
Reiserspitze 107
Remesseen 36
Rieder Gampen 100
Rodarm 78
Rosstal 27
Rotes Kinkele 36
Rotlahner 27
Rottörl 177
Ruschletalm 25
S
Salzsteig 56
Sauspitze 52
Schlaiten 162
Schupferalm 65, 68
Schusteregg 70
Schuster (Kartitsch) 70
Schustertal 70
Schwebaskofel 32, 33
Seeland 77
Seetörl 123
Seewandspitze 181
Seichenbrunn 160
Sichelsee 106
Sieben Seen 42
Speikbodenhütte 166
Spielbichl 95
Stefferalm 195
Steinkastal 188
Stein (Matrei i. O.) 124
St. Johann im Walde 148
Stoanakapelle 187
St. Peter, Kirchenruine (Kals a. Gr.) 140
Stuckensee, Oberer 81
St. Veit in Defereggen 169
T
Teischnitztal 137
Thiemeweg 128
Tilliachalm 69
Trelebitsch Alm 158, 161
Trelebitschsee 160
Trelebitschtörl 158
Tullnkogel 107
V
Versellerberg 60
Villgratental 36
Villgrater Joch 59
Villponer Alm 52, 54
Virgen 188
Volkzeiner Hütte 49, 56, 59
W
Wacht (Lavant) 117
Wallhorn 178, 185
Wallhorntörl 180
Weißspitze 178
Welzelach-Berg 182
Wilfernertal 112
Winkeltal 52, 56
Winkeltaler Almen 66
Winkl (Untertilliach) 88
Wurzeralm 63, 68
Wurzerhof 62
Wurzfläche 62
Z
Zabernig 130
Zare 97
Zotten 169
Zunigtörl 177

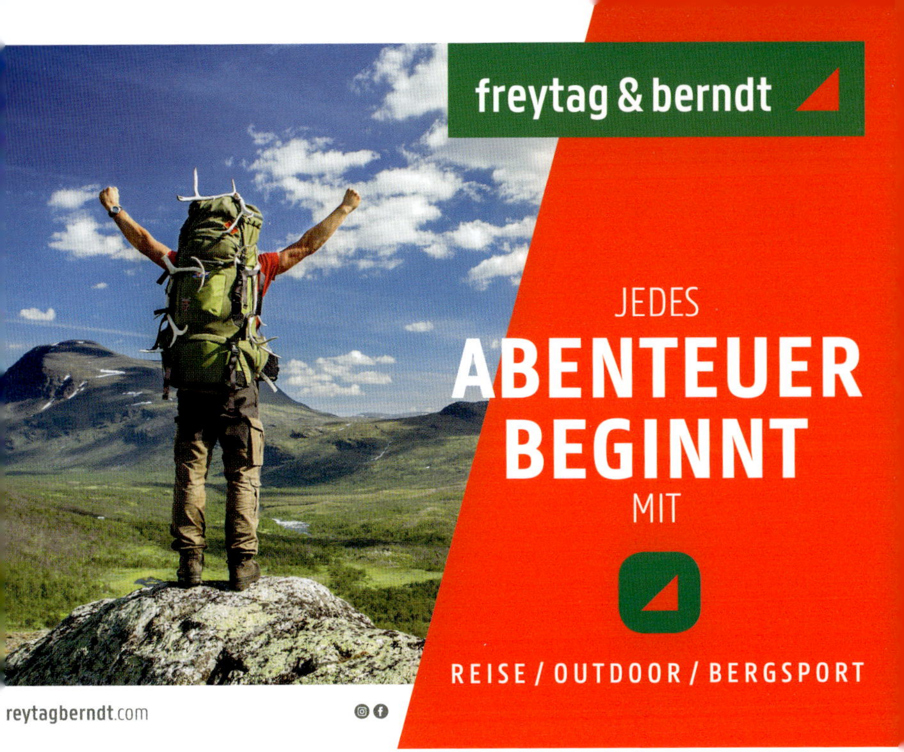
freytag & berndt
JEDES
ABENTEUER
BEGINNT
MIT
REISE / OUTDOOR / BERGSPORT
reytagberndt.com

Impressum

Umschlagbild: Im Bereich des Schwebaskofels (Tour 4).

Bild im Innentitel: Die Autorin mit treuer Begleiterin vor dem Großglockner (Tour 38).

Alle 182 Fotos von der Autorin, ausgenommen die Fotos auf den Seiten 127 (Ludwig Buder jun.) sowie auf den Seiten 10 und 139 oben (Elisabeth Ketter).

Kartografie: 54 Wanderkärtchen im Maßstab 1:50.000
sowie 2 Übersichtskärtchen im Maßstab 1:300.000 und 1:900.000

Die Ausarbeitung aller in diesem Wanderführer beschriebenen Touren erfolgte nach bestem Wissen und Gewissen der Autorin. Die Benützung dieses Führers geschieht auf eigenes Risiko. Soweit gesetzlich zulässig, wird eine Haftung für etwaige Unfälle und Schäden jeder Art aus keinem Rechtsgrund übernommen.

1. Auflage 2022

ISBN 978-3-7633-3298-4

FSC www.fsc.org MIX Papier aus verantwortungsvollen Quellen FSC® C021956

Wir freuen uns über jeden Korrekturhinweis zu diesem Wanderbuch!
Bitte per E-Mail an: **leserzuschrift@rother.de**

ROTHER BERGVERLAG · Keltenring 17 · D-82041 Oberhaching
Tel. +49 89 608669-0 · www.rother.de